TABLE DES MATIÈRES

Luc Bernet-Rollande
Philippe Chanoine

PRINCIPES DE TECHNIQUE BANCAIRE

L'indispensable pour les professionnels de la finance

28e ÉDITION

DUNOD

Éditorial : Marie-Cécile de Vienne et Églantine Assez
Couverture : Florie Bauduin, Studio Dunod
Fabrication : Cédric Mathieu

Mise en page : Belle Page

NOUS NOUS ENGAGEONS EN FAVEUR DE L'ENVIRONNEMENT :

PAPIER CERTIFIÉ

Nos livres sont imprimés sur des papiers certifiés pour réduire notre impact sur l'environnement.

Le format de nos ouvrages est pensé afin d'optimiser l'utilisation du papier.

Depuis plus de 30 ans, nous imprimons 70 % de nos livres en France et 25 % en Europe et nous mettons tout en œuvre pour augmenter cet engagement auprès des imprimeurs français.

Nous limitons l'utilisation du plastique sur nos ouvrages (film sur les couvertures et les livres).

11 rue Paul Bert, 92240 Malakoff
www.dunod.com
ISBN : 978-2-10-086190-3

PARTIE I

LE SYSTÈME BANCAIRE FRANÇAIS

1 • HISTORIQUE ET ACTEURS

Executive summary

- Quelle est l'évolution historique du système bancaire français ? Quelles sont les différentes catégories d'établissements de crédit ? En quoi consiste l'activité des établissements de paiement ? Quels en sont les organes représentatifs et les autorités de tutelle ? Quel est le rôle des établissements de crédit ?
- De plus en plus réglementé, le système bancaire français a beaucoup évolué ; il comprend des établissements de crédit, des entreprises d'investissement et des établissements de paiement d'une part, des organes représentatifs et des autorités de tutelle d'autre part.

1 • LES ÉTAPES CLÉS DE L'ÉVOLUTION DU SYSTÈME BANCAIRE FRANÇAIS

L'histoire du système bancaire français est riche et complexe, s'étendant sur plusieurs siècles. Voici un aperçu des moments clés dans l'évolution du système bancaire en France.

Moyen-âge et Renaissance : au Moyen Âge, les activités bancaires étaient principalement gérées par des changeurs et des prêteurs privés. Cependant, la première banque officielle, la Banque de Saint-Georges, a été créée à Gênes (en Italie) en 1407. Elle a posé les bases du système bancaire moderne.

1800 : la Banque de France a été fondée en 1800 par Napoléon Bonaparte. Elle a reçu le monopole d'émission des billets de banque en France. Son rôle initial était de financer les dépenses militaires du Premier Empire, mais elle est rapidement devenue un élément central du système financier français.

XIXe siècle : des banques régionales, comme le Crédit Lyonnais (1863) et la Société Générale (1864), ont été créées pour soutenir le développement économique régional.

1929 : la Grande Dépression aux États-Unis a eu un impact mondial et a incité la France à renforcer la réglementation financière. Des lois ont été mises en place pour stabiliser le système bancaire et prévenir les risques excessifs.

1941 : réglementation de la profession.

1945 : après la Seconde Guerre mondiale, en 1945, le gouvernement français a nationalisé la plupart des grandes banques pour réguler plus étroitement le secteur et mobiliser les ressources financières pour la reconstruction du pays.

1980-1990 : la France a entrepris un processus de libéralisation financière. Cela a ouvert le marché à la concurrence étrangère et a conduit à une diversification des services bancaires.

1984 : loi relative à l'activité et au contrôle des établissements de crédit entraînant une refonte complète de l'organisation et de la réglementation des organismes de crédit.

1996 : loi de modernisation des activités financières.

1988 : accord de Bâle I.

1999 : la France a adopté l'euro comme monnaie unique en 1999, ce qui a renforcé l'intégration économique avec d'autres pays de la zone euro.

2001 : loi « Murcef » sur les mesures urgentes de réformes à caractère économique et financier.

2003 : loi sur la sécurité financière (LSF) créant notamment l'Autorité des marchés financiers.

2004 : accord de Bâle II.

2007 : directive MIF et directive sur les services de paiement.

2008 : la crise financière mondiale (notamment la crise des *subprimes* aux États-Unis) a eu un impact significatif sur le système bancaire français, comme dans le reste du monde. Cela a conduit à des réformes et à une surveillance plus stricte pour prévenir les crises futures.

2010 : loi de régulation bancaire et financière et accord de Bâle III.

2016 : loi Eckert, entrée en vigueur le 1er janvier 2016, relative à la protection des épargnants et des ayants droit d'un contrat d'assurance-vie ou de comptes inactifs.

XXIe siècle : émergence de la technologie et des services bancaires en ligne (fintechs et néobanques). Les banques françaises ont dû s'adapter pour rester compétitives dans un environnement de plus en plus numérique.

Aujourd'hui, le système bancaire français est caractérisé par une combinaison de grandes banques nationales, de banques régionales, de coopératives et de banques étrangères opérant sur le marché national. Il est également soumis à des réglementations strictes pour assurer la stabilité financière et la protection des consommateurs.

2 • LES DIFFÉRENTES CATÉGORIES D'ENTREPRISES FINANCIÈRES

Le système bancaire français comprend plusieurs catégories d'entreprises financières qui remplissent des rôles et fonctions spécifiques.

- **Les banques commerciales :** ce sont les institutions financières les plus courantes et les plus visibles pour le grand public. Elles offrent une gamme complète de services bancaires aux particuliers, aux entreprises et aux autres institutions. Cela inclut la gestion des comptes courants et d'épargne, les prêts, les cartes de crédit, les services d'investissement, les assurances et plus encore.
- **Les banques de financement et d'investissement (BFI) :** ces institutions se concentrent principalement sur les marchés de capitaux et les services aux grandes entreprises et aux investisseurs institutionnels. Elles fournissent des services, tels que la négociation d'actions et d'obligations, les fusions et acquisitions, les opérations de financement structuré, et d'autres services liés à la gestion des capitaux.
- **Les banques mutualistes et coopératives :** ces banques sont détenues et gérées par leurs membres, qui sont également leurs clients. Les décisions importantes sont souvent prises collectivement, et les bénéfices peuvent être réinvestis dans l'institution ou redistribués aux membres sous forme de dividendes ou d'avantages.

- **Les sociétés de gestion de portefeuille :** ces entreprises sont spécialisées dans la gestion d'actifs pour le compte de clients, qu'il s'agisse de particuliers, d'institutions ou d'entreprises. Elles offrent une variété de services, tels que la gestion de fonds communs de placement, la gestion de portefeuille discrétionnaire et des services de conseil en investissement.
- **Les compagnies d'assurance :** bien que distinctes des banques, les compagnies d'assurance jouent un rôle majeur dans le secteur financier. Elles fournissent une gamme de produits d'assurance, y compris l'assurance-vie, l'assurance maladie, l'assurance automobile et divers autres types de couverture.
- **Les sociétés de financement :** ces entreprises se spécialisent dans le financement d'investissements spécifiques, tels que les biens d'équipement pour les entreprises ou les biens immobiliers. Elles peuvent offrir des solutions de crédit-bail, de location financière et d'autres formes de financement spécialisées.
- **Les fintechs et néobanques :** ces entreprises technologiques sont entrées sur le marché avec des solutions financières innovantes, souvent centrées sur la technologie et les services numériques. Elles proposent des services bancaires en ligne, des paiements mobiles, des prêts et d'autres solutions innovantes.
- **Les banques étrangères opérant en France :** de nombreuses banques internationales opèrent également en France, offrant une gamme complète de services bancaires pour les clients locaux et internationaux.
- **Les autres catégories d'entreprises financières** : ce sont les sociétés de financement, les entreprises d'investissement, les établissements de paiement, les établissements de monnaie électronique et les changeurs manuels.
- **Les sociétés de financement (SF)** : elles effectuent des opérations de crédit dans les conditions et limites définies par leur agrément. Ce statut nécessite de ne pas avoir de fonds remboursables du public et n'est pas applicable aux sociétés de crédit foncier et de financement de l'habitat.
- **Les entreprises d'investissement (EI)** : ce sont des entreprises financières ayant reçu un agrément pour fournir des services d'investissement tels que la réception et la transmission d'ordres, l'exécution d'ordres pour le compte de tiers, la négociation pour compte propre, la gestion de portefeuille, le conseil en investissement, etc.
- **Les établissements de paiement (EP)** : ce sont des entreprises agréées par l'Autorité de contrôle prudentiel et de résolution (ACPR) dont l'activité consiste à fournir, dans le cadre d'un compte de paiement, certains services de paiement (par carte, par virement, par prélèvement ou à partir d'un dispositif de télécommunication numérique ou informatique), de versements ou de retrait sur comptes de paiement. Ils peuvent aussi proposer des services de change, des services de garde, l'enregistrement et le traitement de données et la garantie de l'exécution d'opérations de paiement.

- **Les établissements de monnaie électronique** : ce sont des personnes morales, autres que les établissements de crédit et les établissements de paiement, qui émettent et gèrent à titre de profession habituelle de la monnaie électronique. Cette dernière est une valeur monétaire qui est stockée sous une forme électronique, y compris magnétique, représentant une créance sur l'émetteur. Elle est émise contre la remise de fonds aux fins d'opérations de paiement et qui est acceptée par une personne physique ou morale autre que l'émetteur de monnaie électronique.
- **Les changeurs manuels** : ce sont des intermédiaires financiers dont le métier principal est le change manuel, c'est-à-dire l'échange immédiat d'une devise contre une autre. Ce sont donc des commerçants négociant des billets de banque. Ils doivent faire l'objet d'un agrément.

En synthèse, Il existe deux grandes catégories d'entreprises financières : les établissements de crédit et les autres entreprises financières. Dans les établissements de crédit, on trouve les banques, les banques mutualistes et coopératives, les caisses de crédit municipal et les établissements de crédit spécialisés.

- **Les banques** sont des sociétés anonymes au capital ouvert à tous. La plupart de ces banques sont des banques « à réseau » (elles disposent d'un réseau local ou national d'agences) mais certaines d'entre elles sont des banques de siège (elles n'ont pas d'agence en dehors de celle du siège).
- **Les banques mutualistes et coopératives** dans lesquelles les sociétaires ont la double qualité de clients et de détenteurs de parts de capital. Il s'agit des caisses de Crédit Agricole, des Banques Populaires et Caisses d'Épargne et des caisses de Crédit Mutuel. Dans ces établissements, les sociétaires ont la double qualité de clients et de détenteurs de parts de capital. Ils peuvent effectuer toutes les opérations de banque (dépôts, crédits, services bancaires de paiement).
- **Les caisses de crédit municipal** qui sont des établissements publics communaux de crédit et d'aide sociale. Elles ont notamment pour mission de combattre l'usure par l'octroi de prêts sur gages corporels dont elles ont le monopole. Elles peuvent réaliser toutes opérations avec les établissements de crédit, recevoir des fonds des personnes physiques et des personnes morales, mettre à la disposition de ces personnes des moyens de paiement et réaliser avec elles des opérations connexes. Elles exercent leur activité après avoir obtenu l'agrément de l'ACPR.
- **Les établissements de crédit spécialisés (ECS)** ne sont généralement pas autorisés à effectuer toutes les opérations de banque. Leur agrément précise les activités qu'ils peuvent exercer dont les plus courantes sont le crédit à la consommation, le crédit-bail mobilier, le crédit-bail immobilier, le crédit aux entreprises, l'affacturage, les cautions et garanties, etc.

Ce statut d'ECS est entré en vigueur au 1er janvier 2014. Les anciennes « sociétés financières » sont depuis cette date des ECS, sauf si elles ont décidé d'opter pour le statut de

« société de financement ». Les sociétés de crédit foncier et les sociétés de financement de l'habitat relèvent du statut d'ECS dans la mesure où elles émettent des obligations sécurisées qui constituent de la réception de fonds remboursables du public.

Il est important de noter que ces différentes catégories d'entreprises financières sont régies par des réglementations spécifiques émises par les autorités de régulation financière en France, notamment l'Autorité des marchés financiers (AMF), l'Autorité de contrôle prudentiel et de résolution (ACPR) et la Banque de France. Chacune de ces catégories contribue de manière significative à la diversité et à la vitalité du système financier français.

3 • LES CONTRAINTES RÉGLEMENTAIRES

Le système bancaire français est soumis à un ensemble complexe de réglementations et de contraintes qui sont conçues pour assurer la stabilité, la sécurité et la transparence du secteur financier, et prévenir les pratiques financières frauduleuses. Les institutions financières en France sont tenues de respecter ces réglementations sous la surveillance de l'ACPR et de la Banque de France.

La Banque des règlements internationaux (BRI), dont le siège est à Bâle (en Suisse), a établi des **ratios de solvabilité** qui établissent des normes de capital que toutes les banques doivent respecter. Ainsi, institutions financières contribuent à maintenir la stabilité du système financier et à minimiser les risques pour les déposants et les investisseurs. Cela favorise la confiance dans le secteur bancaire et contribue à prévenir les crises financières majeures.

Les réglementations prudentielles ont été largement influencées par la prise de conscience croissante du risque systémique au sein du système financier mondial.

En 1974, suite à la faillite de la banque Herstatt en Suisse, le Comité de Bâle est instauré. Dès 1975, il donne naissance au Concordat de Bâle, un accord qui établit que le Comité se réunira dorénavant à Bâle (Suisse) quatre fois par an, sous l'égide de la BRI.

Les crises des pays émergents et les défaillances d'emprunteurs aux États-Unis dans les années 1980 ont quant à elles conduit à la mise en place de la **première réglementation de Bâle en 1988**. On parle aussi du « Ratio Cooke », du nom du directeur de la Banque d'Angleterre, Peter Cooke, qui a proposé une réunion des banques centrales et des superviseurs bancaires des pays du G10 (Allemagne, Belgique, Canada, États-Unis, France, Italie, Japon, Pays-Bas, Royaume-Uni, Suède, Suisse), essayant d'apporter une réponse à la prise de conscience du risque systémique. Il se mesurait en comparant le niveau des engagements d'une banque (crédits et autres placements) au montant de ses fonds propres (capital apporté par les actionnaires et profits de la banque). Il était égal à 8 %. Cela signifiait que **pour prêter un total de**

100 millions d'euros, une banque devait avoir au minimum 8 millions d'euros de fonds propres pour être considérée comme solvable.

Dans les années 1990, plusieurs événements financiers majeurs ont également secoué l'économie mondiale, conduisant à des révisions significatives dans le cadre réglementaire international. En 1995, le scandale de la banque Barings a éclaté, marquant l'une des plus grandes faillites bancaires de l'histoire. L'année suivante, en 1996, à la suite de cette faillite et aux leçons tirées, un amendement est apporté pour mieux réguler les risques de marché. Cependant, les années qui ont suivi ont été marquées par une série de crises économiques majeures, notamment la crise mexicaine de 1995, la crise asiatique de 1997 et la faillite de Long-Term Capital Management (LTCM) en 1998. Ces événements ont révélé les lacunes des réglementations financières existantes et ont mis en évidence la nécessité d'une surveillance renforcée et de mesures de régulation plus strictes.

En 2004, le Comité a introduit le **ratio Bâle II**, également connu sous le nom de ratio McDonough en référence au président du Comité en exercice pendant le processus d'établissement de l'accord, William J. McDonough. Il représente un ensemble de normes de capital adoptées par la plupart des pays à travers le monde et a été conçu pour mieux aligner les exigences en matière de fonds propres des banques avec les risques qu'elles prennent.

Bâle II repose sur trois piliers essentiels qui structurent et renforcent la réglementation financière des banques à l'échelle internationale :

1. **Exigences de capital minimum** : il fixe le montant minimum de capital que les banques doivent détenir en fonction de leurs actifs pondérés par les risques (RWA – *Risk-Weighted Assets*). Il comprend les exigences de capital de base (Tier 1) et les exigences de capital total.
2. **Surveillance et évaluation par les régulateurs** : les régulateurs pèsent si les banques ont suffisamment de capital pour couvrir les risques non pris en compte dans le pilier 1.
3. **Divulgation et transparence** : les banques sont tenues de divulguer des informations détaillées sur leur situation financière, leur niveau de capital et leurs risques.

Ces accords dits de **Bâle II** ont permis de mettre en place, à partir de 2006, un ratio de solvabilité fondé sur le même principe du rapport entre les fonds propres et le montant des crédits distribués pondérés par les risques associés.

Le ratio global était notamment décomposé en deux parties : un ratio dit « **Tier 1** » de 4 % où le capital était supposé être du « vrai » capital (c'est-à-dire comme les actions, seule ressource non remboursable) et un autre ratio de 4 % dit « **Tier 2** » qui désigne notamment les fonds propres complémentaires, par exemple les plus-values latentes ou les provisions.

Le Tier 1 lui-même a été décomposé lui aussi en deux : le **Core Tier 1** de 2 % pour lequel étaient pris en compte seulement les actions et les profits de la banque réinvestis et l'autre partie du Tier 1 (parfois appelé **Tier 1 supplémentaire**) où des titres hybrides (comme les obligations convertibles) étaient considérés comme des quasi-fonds propres.

La crise des *subprimes* et la faillite de Lehman Brothers, de 2007-2008 a montré les insuffisances des règles concernant les ratios de solvabilité. D'une part, ils ont été contournés par les banques dans le cadre de la titrisation. D'autre part, ils se sont avérés insuffisants pour limiter l'effet de levier des banques et des prises de risques excessives de leur part.

Le 12 septembre 2010, le Comité de Bâle a adopté de nouvelles règles concernant les fonds propres des banques (règles dites de Bâle III). Cette réglementation dite Bâle III est une série de normes émises par le Comité de Bâle sur le contrôle bancaire. Elle vise à renforcer la solidité financière des banques en augmentant leurs niveaux de capital et en améliorant leur gestion des risques. L'accord a été avalisé par les chefs d'État et de gouvernement lors de la réunion du G20 à Séoul, les 11 et 12 novembre 2010. Le minimum de fonds propres que les banques doivent détenir a été relevé. L'exigence minimale de fonds propres réglementaires (Tier 1 et Tier 2) en regard des risques pondérés reste inchangée et est égale à 8 %. Toutefois, le ratio minimal de fonds propres durs (Core Tier 1) est porté de 2 % à 4,5 % du total des risques pondérés. En outre, un « coussin de sécurité » égal à 2,5 % est institué dans lequel les banques pourront puiser en cas de difficultés de sorte qu'elles puissent conserver un niveau de capital minimum. Aussi, le ratio « Core Tier 1 » minimal est-il fixé à 7 % (contre seulement 2 % sous Bâle II) et le ratio de solvabilité minimal passe de 8 % à 10,5 %.

Bâle III impose également au secteur bancaire la constitution d'un coussin contra-cyclique, une sorte de « matelas de sécurité » que les banques alimenteront en phase d'expansion économique, et dans lequel elles pourront à l'inverse puiser en cas de récession. L'alimentation de ce coussin est toutefois laissée à l'appréciation des régulateurs nationaux.

Des exigences en matière de coussins spécifiques pour les établissements d'importance systémique sont aussi prévues. À ce titre, les États membres de l'Union européenne peuvent instaurer **depuis le 1er janvier 2016** des coussins « de risque systémique » **de 1 à 3,5 %** des fonds propres de base en regard de l'ensemble des risques pondérés pour ces établissements. Le niveau de ce coussin pourra même atteindre 5 % des expositions nationales pondérées.

Le **ratio de liquidité à court terme** (LCR ou *Liquidity Coverage Ratio*) est l'un des principaux indicateurs de la liquidité d'une institution financière. Il mesure la capacité d'une banque à faire face à des pressions de liquidité sur une période de 30 jours. Le

LCR exige que les banques reçoivent suffisamment d'actifs liquides (tels que des espèces et des titres négociables) pour couvrir leurs sorties de trésorerie nettes attendues au cours de cette période.

$$\frac{\textit{Encours d'actifs liquides de haute qualité}}{\textit{Sorties nettes de trésorerie sur les 30 jours suivants}} \geq 100\ \%$$

Le **Ratio de financement à long terme** (NSFR ou *Net Stable Funding Ratio*) vise à évaluer la stabilité du financement à long terme d'une institution financière. Il compare les sources stables de financement à long terme avec les actifs à long terme qui ont nécessité un financement.

$$\frac{\textit{Montant de financement stable disponible}}{\textit{Montant de financement stable exigé}} \geq 100\ \%$$

La nature des risques pris en compte a cependant été enrichie (prise en compte du risque de marché, du risque de crédit et du risque opérationnel) et les méthodes de calculs des risques ont été améliorées.

Il existe malgré tout une différence dans l'évaluation du niveau de fonds propres requis entre les modèles interne des banques et les modèles « standards » (un modèle plus conservateur qui serait appliqué uniformément à toutes les banques).

C'est pourquoi il existe **un « plancher » sous lequel les modèles internes ne peuvent pas dévier du modèle standard**. Ce plancher, actuellement de 50 %, sera porté à 72,5 % en 2027. Cependant, même avec un plancher de 72,5 %, il n'y aurait pas de renforcement significatif des exigences imposées aux banques en termes de fonds propres.

Depuis le 31 décembre 2021, **le ratio de solvabilité Common Equity Tier1 (CET1) est de 15,5 % en moyenne pour les six principaux groupes bancaires français**. Ce ratio est en constante augmentation depuis 2008, année à laquelle il n'atteignait que 5,8 %. En définitive, le ratio de solvabilité de Bâle III pour les banques françaises les plus importantes peut les contraindre de passer leur ratio de 10,5 % à 18 %.

En 2022 et 2023, les banques ont été attentives aux incidents de cybersécurité qui peuvent engendrer des pertes importantes. Les fintechs constituent une concurrence certaine mais ce sont les GAFAM qui doivent être surveillées, notamment dans les services de paiement. De plus, l'ACPR souligne le risque climatique pour certains secteurs d'activité. En respectant les règles de liquidité, les institutions financières contribuent à maintenir la stabilité financière et à minimiser les risques de crise de liquidité. Cela garantit que les déposants et les déficits peuvent avoir confiance dans la capacité de l'institution à honorer ses engagements financiers, même dans des circonstances difficiles.

Il y a trois directives et réglementations majeures conçues pour renforcer la transparence, la protection des investisseurs et la sécurité des données personnelles.

- **MiFID II (marchés d'instruments financiers II) :** il s'agit d'une directive européenne visant à renforcer la transparence et la protection des investisseurs sur les marchés financiers. Elle impose des exigences plus strictes en matière de divulgation d'informations et de conduite des affaires pour les entreprises d'investissement.
- **Anti-blanchiment d'argent (AML) et conformité (KYC) :** les banques françaises doivent mettre en place des politiques et des procédures pour prévenir le blanchiment d'argent et identifier les clients (KYC – *Know Your Customer*). Elles sont tenues de surveiller les transactions suspectes et de signaler tout comportement frauduleux.
- **RGPD (Règlement général sur la protection des données) :** cette réglementation européenne impose des règles strictes sur la protection et le traitement des données personnelles des clients. Les banques doivent mettre en place des mesures pour garantir la confidentialité et la sécurité des informations sensibles.

4 • LES ORGANES REPRÉSENTATIFS

Les organismes représentatifs, dans le contexte financier, sont des organisations ou des entités qui agissent en tant que porte-parole ou défenseur des intérêts d'un secteur spécifique de l'industrie financière. Ces organismes jouent un rôle essentiel en rassemblant les acteurs du secteur, en plaidant pour des politiques favorables à l'industrie financière, en fournissant des conseils et des orientations, et en contribuant à la formulation de réglementations appropriées.

• La Fédération bancaire française (FBF)

La FBF est l'organisation professionnelle qui représente les banques françaises. Elle agit comme un interlocuteur entre les banques et les autorités régulatrices, et joue un rôle clé dans la définition des politiques et des réglementations bancaires en France. La Fédération bancaire française regroupe 330 entreprises bancaires adhérentes, dont 117 banques étrangères. Elle promeut l'activité bancaire et financière sur les marchés français, européens et internationaux, et définit les positions et propositions de la profession vis-à-vis des pouvoirs publics et des autorités du domaine économique et financier. Elle est constituée de trois pôles.

- Le pôle Études et Activités bancaires et financières assure la négociation et la coordination avec les pouvoirs publics, les administrations centrales et les autorités de régulation, au niveau français comme au niveau européen.
- Le pôle Information et Relations extérieures est chargé des affaires publiques, tant sur le plan national que régional : relations avec le monde politique, les parlementaires, les médias, les consommateurs, les jeunes et le monde enseignant, les autres

professions et associations... Il assure l'information des entreprises bancaires et l'animation des comités FBF en région.

- Le pôle Affaires européennes et internationales, installé à Paris et à Bruxelles, assure les relations avec les institutions de l'Union européenne et les organisations représentatives de l'activité bancaire et financière en Europe.

• L'Association française de la gestion financière (AFG)

L'AFG représente les sociétés de gestion d'actifs en France. Elle promeut les intérêts des gestionnaires d'actifs et contribue au développement de l'industrie de la gestion d'actifs, elle représente et défend les intérêts des professionnels de la gestion de portefeuille pour compte de tiers. Créée en 1961, elle réunit tous les acteurs du métier de la gestion d'actifs, qu'elle soit individualisée sous mandat ou collective via les organismes de placement collectif (OPC). Ses membres sont les sociétés de gestion de portefeuille, entrepreneuriales ou filiales de groupes bancaires ou d'assurance, français et étrangers. Depuis 2009, l'AFG accueille des « membres correspondants » représentatifs de l'écosystème de la gestion : avocats, cabinets de conseil, SSII, fournisseurs de données, succursales.

L'AFG a pour mission d'informer, d'assister et de former ses membres. Elle leur apporte un concours permanent dans les domaines juridique, fiscal, économique, comptable et technique. Elle anime la réflexion de la profession sur l'évolution des techniques de gestion, la recherche, et la protection et l'orientation de l'épargne. Interlocuteur des pouvoirs publics français, européens et internationaux, l'AFG contribue activement à l'évolution de la réglementation en définissant les règles de déontologie de la profession et en jouant un rôle moteur en matière de gouvernement d'entreprise. Elle participe également à la promotion et au rayonnement de la gestion française (l'une des premières au monde) auprès de l'ensemble des acteurs concernés : investisseurs, émetteurs, politiques et médias, en France et à l'international.

L'AFG prend part aux travaux et consultations des instances européennes (et des associations professionnelles telles que l'EFAMA (*European Fund and Asset Management Association*). Au niveau mondial, l'AFG est membre de l'IIFA (*International Investment Funds Association)*, et participe aux travaux de l'OICV (Organisation internationale des commissions de valeurs mobilières).

• L'Association française des établissements de crédit et des entreprises d'investissement (AFECEI)

Créée par l'article 23 de la loi bancaire du 24 janvier 1984, l'AFECEI a pour mission de promouvoir et de défendre les intérêts collectifs de ses membres auprès des autorités régulatrices, des instances gouvernementales et des autres acteurs de l'industrie financière. Elle représente les intérêts des établissements de crédit et des entreprises d'investissement en France. Elle joue un rôle actif dans la formulation de réglementations et de politiques qui régissent le secteur financier français.

En tant qu'organisation professionnelle, l'AFECEI offre également un forum d'échange pour ses membres afin de discuter des enjeux et des défis auxquels ils sont confrontés dans leur domaine d'activité.

• L'Association française des marchés financiers (AMAFI)

L'Association française des marchés financiers est un organisme professionnel regroupant les sociétés tirant leurs profits de la Bourse et des marchés financiers en France, principalement des entreprises d'investissement, mais aussi des établissements de crédit et des opérateurs d'infrastructures de marché et de post-marché.

L'AMAFI représente les acteurs des marchés financiers en France, y compris les intermédiaires financiers, les établissements de crédit et les investisseurs institutionnels. Elle contribue à la définition des réglementations liées aux marchés financiers.

Ces organismes représentatifs jouent un rôle crucial dans la définition des politiques, la formulation des réglementations et la promotion des intérêts de leurs membres respectifs dans le secteur financier. Ils sont des acteurs essentiels pour le bon fonctionnement et la stabilité du système financier.

L'association revendique plus de 150 adhérents de la sphère financière, à la fois français et étrangers, qui représentent plus de 10 000 professionnels de la Bourse et de la finance actifs à Paris.

L'AMAFI se fixe comme missions :

- la promotion et le développement des activités de marchés financiers en France ;
- la représentation et la défense des intérêts des adhérents ;
- la représentation de l'avis de ses membres ;
- l'information de ses adhérents ;
- un travail général de réflexion et de propositions.

• Le Comité consultatif du secteur financier (CCSF)

Créé le 1er août 2003, c'est une instance consultative en France qui réunit les représentants des consommateurs, des professionnels du secteur financier et des autorités publiques. Son objectif principal est de favoriser le dialogue entre ces différents acteurs afin d'améliorer le fonctionnement du marché financier et de renforcer la protection des consommateurs.

Composé de représentants des associations de consommateurs, des professionnels du secteur financier (banques, assurances, établissements de crédit, etc.) et des autorités publiques (ministère de l'Économie et des Finances, Banque de France, ACPR, etc.), il a pour mission de formuler des avis et des recommandations sur les questions relatives au secteur financier. Il examine notamment les pratiques commerciales, les produits et services financiers, ainsi que les dispositifs de protection des consommateurs.

Il peut être consulté par les autorités publiques ou les professionnels du secteur financier sur divers sujets. Il émet des avis et des recommandations qui peuvent être prises en compte dans la formulation de politiques ou la prise de décisions réglementaires. Une partie importante de son travail vise à renforcer la protection des consommateurs dans le domaine des services financiers. Cela inclut la transparence des produits financiers, les pratiques commerciales équitables et la lutte contre les abus et les fraudes.

De plus, il organise régulièrement des réunions et des débats entre ses membres pour discuter des enjeux et des défis du secteur financier. Ces échanges permettent de mieux comprendre les préoccupations de chaque partie prenante.

Bien qu'il n'ait pas de pouvoir décisionnel formel, ses avis et recommandations sont souvent pris en considération par les autorités publiques et peuvent influencer les politiques et les réglementations mises en place dans le secteur financier.

Le CCSF joue donc un rôle important dans le dialogue et la coopération entre les différentes parties prenantes du secteur financier en France. Ses travaux contribuent à promouvoir un environnement financier plus transparent, équitable et sécurisé pour les consommateurs et les acteurs du marché.

• Le Comité consultatif de la législation et de la réglementation financières (CCLRF)

Le pouvoir réglementaire du monde bancaire et des assurances était auparavant délégué au Comité de la réglementation bancaire et financière (CRBF), dont les règlements étaient homologués par un arrêté du ministre avant leur entrée en vigueur. Ce Comité a mis en place en 1997 un règlement central sur les « conditions d'exercice du contrôle interne des établissements bancaires », le « CRBF 97.02 », qui impose aux banques d'établir un système de contrôle interne. Ce texte constitue le socle actuel du contrôle interne des établissements de crédit et institutions financières.

Promulguée au *Journal officiel*, la loi de sécurité financière n° 2003-706 du 1er août 2003 a réorganisé ce pouvoir réglementaire. Aussi bien dans la banque que dans l'assurance, le pouvoir réglementaire est dorénavant directement exercé par le ministre de l'Économie, après avis du CCLRF, qui remplace conséquemment le CRBF et la commission de la réglementation du Conseil national des assurances (CNA).

Aujourd'hui, le CCLRF rend des avis sur tous les projets de textes normatifs à portée générale (loi, ordonnance, décret, arrêté, règlement et directive communautaires,) dans les domaines suivants :

- l'assurance ;
- les établissements de crédit ;
- les établissements de monnaie électronique ;
- les établissements de paiement ;
- les entreprises d'investissement.

Sont toutefois exclus de sa compétence les textes portant sur l'Autorité des marchés financiers (AMF) ou entrant dans les compétences de celle-ci. Le Comité est doté d'un pouvoir renforcé en matière d'avis sur les projets de décret ou d'arrêté.

Le pouvoir réglementaire est exercé par le ministre chargé de l'économie et des finances, assisté par le CCLRF (articles L. 614-1et suivants et articles D. 614-1, et suivants du Code monétaire et financier). Celui-ci complète le Comité consultatif du secteur financier, ou CCSF. Le CCLRF est présidé par le ministre de l'Économie et des Finances et comprend 17 autres membres. C'est une instance consultative en France créée en février 1997, qui a pour mission d'émettre des avis sur les projets de lois et de règlements liés au secteur financier. Il est chargé d'analyser les implications juridiques et réglementaires des propositions législatives et réglementaires dans le domaine financier.

Bien que le CCLRF n'ait pas de pouvoir décisionnel formel, ses avis sont prévus comme des contributions importantes dans le processus législatif et réglementaire. Ils contribuent à garantir la qualité et la pertinence des lois et règlements qui régissent le secteur financier en France.

• L'Autorité de contrôle prudentiel et de résolution (ACPR)

Créée le 21 janvier 2010, c'est une autorité administrative indépendante en France. Elle fait partie de la Banque de France et est placée sous la surveillance de la Banque centrale européenne (BCE). L'ACPR a été créée pour superviser et réglementer les institutions financières, notamment les banques, les assurances et les entreprises d'investissement. Elle est chargée de superviser les établissements financiers en France. Cela inclut les banques, les sociétés d'assurance, les mutuelles, les institutions de prévoyance, ainsi que les entreprises d'investissement. Elle a également pour mission de garantir la stabilité financière et la protection des intérêts des clients du secteur financier. Cela implique de veiller à ce que les institutions respectent les réglementations et les normes en vigueur.

L'ACPR émet des réglementations et des directives qui concernent les règles et les normes que les institutions financières doivent suivre. Elle surveille également leur conformité et peut prendre des mesures correctives en cas de non-respect. Par ailleurs, elle met en place des mécanismes de supervision pour s'assurer que les institutions financières gèrent de manière adéquate leurs risques, tels que les risques de crédit, les risques de marché et les risques opérationnels.

En tant qu'autorité française, l'ACPR participe aux travaux des instances européennes, en particulier au sein du Mécanisme de surveillance unique (MSU), qui est responsable de la surveillance des grandes banques de la zone euro. Elle collabore étroitement avec d'autres autorités de régulation et de surveillance financière en France et à l'étranger, et travaille également en coordination avec l'Autorité des marchés financiers (AMF), qui supervise les marchés financiers.

En cas de difficultés financières graves d'une banque, l'ACPR intervient dans le processus de résolution pour garantir une gestion ordonnée de la situation et protéger les intérêts des déposants et des déficits.

Le CRB IV et le CRR 3, respectivement la Directive sur les exigences de fonds propres et le Règlement sur les exigences de fonds propres, sont des cadres réglementaires établis par l'Union européenne. L'ACPR publie annuellement une notice précisant les conditions de la mise en œuvre de cette réglementation européenne. Elle couvre divers aspects tels que le suivi de la solvabilité, des grands risques, du levier, de la liquidité, ainsi que de la déclaration des charges grevant des actifs[1].

L'ACPR joue donc un rôle central dans la supervision et la réglementation du secteur financier en France. Ses actions contribuent à maintenir la stabilité et la sécurité du système financier, tout en protégeant les intérêts des consommateurs et des investisseurs.

• L'Autorité des marchés financiers (AMF)

Créée en 2003, l'AMF est l'autorité publique indépendante chargée de réguler et de surveiller les marchés financiers en France. Elle est responsable de veiller au bon fonctionnement et à la protection de l'intégrité des marchés financiers, ainsi qu'à l'information des investisseurs. Sa mission consiste à réguler les marchés financiers français. Cela inclut les marchés d'actions, les marchés d'obligations, les marchés dérivés et autres plateformes de négociation.

Elle joue un rôle crucial dans la protection des investisseurs en veillant à ce que les informations fournies par les entreprises cotées soient précises, claires et non trompeuses. Elle émet des recommandations et des directives visant à garantir la transparence et l'intégrité des marchés.

1. Pour obtenir des informations spécifiques sur les modalités de calcul et de publication des ratios prudentiels dans le cadre de la CRDIV, accompagnées des éventuelles modifications apportées, il est recommandé de consulter la notice 2023 sur le site de l'ACPR.

De plus, l'AMF supervise un large éventail d'entités et d'acteurs du secteur financier, tels que les sociétés de gestion d'actifs, les sociétés de Bourse, les intermédiaires financiers, les entreprises d'investissement et les conseillers en investissement.

En tant qu'autorité de surveillance, l'AMF mène des enquêtes sur les comportements ou pratiques potentiellement en violation des réglementations financières. En cas d'infractions avérées, elle peut imposer des sanctions administratives ou disciplinaires.

Pour informer les investisseurs, l'AMF fournit des informations visant à les aider à comprendre les risques et les opportunités associés aux investissements financiers. Elle promeut également l'éducation financière.

Enfin, l'AMF collabore étroitement avec d'autres autorités de régulation et de surveillance financière en France et à l'étranger, renforçant ainsi la coopération et la coordination dans la supervision des marchés financiers à l'échelle nationale et internationale.

Elle a repris les attributions de la Commission des Opérations de Bourse (COB) créée le 28/09/1967.

Considérée comme le « Gendarme de la Bourse », l'AMF joue donc un rôle essentiel dans la protection des investisseurs et la stabilité des marchés financiers en France. Ses actions visent à garantir un environnement financier transparent, équitable et sécurisé pour tous les participants du marché.

• La Banque de France au sein de la zone euro

Depuis janvier 1999, une bonne partie des missions qui étaient dévolues à la Banque de France est de la compétence de la Banque centrale européenne.

La BDF, comme toutes les banques centrales, est chargée de la mise en pratique des politiques monétaire et de change. L'organisation des opérations de politique monétaire et de change est décentralisée : les décisions sont prises par la BCE.

La politique monétaire

Les opérations de politique monétaire sont conduites exclusivement en euros dans le cadre du Système européen de banques centrales (SEBC) qui comprend la Banque centrale européenne (BCE) et les banques centrales nationales (BCN).

Les appels d'offres réguliers de monnaie centrale constituent le principal instrument de refinancement et de pilotage des taux d'intérêt à court terme. Les concours octroyés par cette voie prennent la forme de prises en pension ou de prêts garantis.

Le SEBC dispose d'une palette d'instruments de réglage fin de la liquidité sous forme de diverses opérations d'***open-market*** susceptibles d'être mises en œuvre par appels d'offres restreints ou dans un cadre bilatéral (prises et mises en pension, opérations fermes). D'autres techniques telles que les émissions de papier de banque centrale, swaps de change, emprunts à terme... ne sont pas exclues.

Les réserves obligatoires figurent aussi parmi les instruments dont peut disposer le SEBC. La définition de leur régime (établissements assujettis, assiette, coefficients, conditions de rémunération) fait l'objet d'un règlement du Conseil de l'Union européenne et de textes d'application de la BCE. La mise en place de réserves obligatoires relève de la compétence de la BCE.

La politique de change

Sur le marché des changes, les opérations effectuées par la Banque de France contre devises tierces, de même que les cotations, sont exclusivement exprimées en euro, depuis le 1er janvier 1999.

Dans le cadre des directives de la BCE, la Banque de France opère sur le marché des changes pour les besoins éventuels d'intervention sur le taux de change de l'euro contre monnaies tierces (qu'il s'agisse des grandes devises mondiales ou des monnaies européennes liées à l'euro par un accord de change).

La Banque de France continue de gérer des réserves de change, pour le compte de la BCE s'agissant des réserves transférées à cette dernière, et pour son propre compte s'agissant des réserves qu'elle aura conservées.

La BDF en tant que Banque centrale nationale au sein de l'Union bancaire européenne

L'Union bancaire décidée lors du Conseil européen des 28 et 29 juin 2012, repose sur trois piliers : le mécanisme de surveillance unique (MSU), le Mécanisme de résolution unique (MRU) et le règlement uniforme.

Le **Mécanisme de surveillance unique** (MSU) fait de la Banque centrale européenne (BCE) le superviseur prudentiel central des établissements bancaires de la zone euro (environ 6 000 banques) et des pays non-euro qui décident de participer au MSU. Depuis le 4 novembre 2014, la BCE contrôle directement les plus grandes banques tandis que les autorités nationales continueront de superviser les autres banques. La principale tâche de la BCE et des autorités de supervision nationales, coopérant étroitement au sein d'un système intégré, sera de vérifier que les banques respectent les règles bancaires européennes et de remédier aux problèmes avant qu'ils ne deviennent critiques.

Le **Mécanisme de résolution unique** (MRU) s'appliquera aux banques couvertes par le MSU. Dans les cas où une banque devrait faillir en dépit de sa surveillance renforcée, le mécanisme permettra une gestion plus efficace de sa résolution, via un Conseil de résolution unique et un Fonds de résolution unique financé par le secteur bancaire. L'objectif est de garantir une résolution ordonnée des banques défaillantes, en réduisant au minimum la charge qui pourrait retomber sur les contribuables et l'économie réelle.

Le **« règlement uniforme »** constitue le socle de l'Union bancaire. Il s'agit d'un ensemble de textes législatifs que toutes les institutions financières (dont environ 8 300 banques) dans l'UE doivent respecter. Ces règles définissent notamment les exigences en fonds propres pour les banques, la protection des déposants, et le cadre de redressement et de résolution des banques défaillantes.

5 • LES INSTANCES DE RÉGULATION DU SECTEUR FINANCIER

Les instances de régulation du secteur financier sont des organismes, agences ou autorités chargées de surveiller, réglementer et superviser les acteurs et les activités financières. Elles veillent à ce que les institutions financières et les marchés fonctionnent de manière transparente, équitable et en conformité avec les réglementations en vigueur.

• Les instances de régulation au niveau international

La Banque des règlements internationaux (BRI) est une organisation internationale qui encourage la coopération entre les banques centrales et propose des recommandations en matière de politique monétaire et de stabilité financière.

Le Conseil de stabilité financière (FSB) est un organisme international qui coordonne et fait des recommandations sur les normes et les réglementations financières mondiales. Il vise à renforcer la stabilité financière mondiale.

L'Organisation internationale des commissions de valeurs (OICV) rassemble les régulateurs des marchés de valeurs mobilières du monde entier. Elle émet des normes pour réguler les marchés financiers et veiller à la protection des investisseurs.

• Les instances de régulation au niveau européen

La **Banque centrale européenne (BCE)** est la banque centrale de la zone euro. Elle est responsable de la politique monétaire de la zone euro et participe à la surveillance des banques de la zone euro.

L'**Autorité bancaire européenne (ABE)** est une agence de l'Union européenne qui contribue à garantir la stabilité et l'efficacité du système bancaire de l'Union en régulant et en supervisant les banques.

L'**Autorité européenne des marchés financiers (AEMF ou ESMA)** supervise les marchés financiers de l'Union européenne et veille à la protection des investisseurs.

• Les instances de régulation en France

L'**Autorité des marchés financiers (AMF)**, comme mentionné précédemment, est l'autorité française chargée de réguler et de surveiller les marchés financiers en France.

L'**Autorité de contrôle prudentiel et de résolution (ACPR)** est chargée de superviser et de réguler les institutions financières en France, notamment les banques, les assurances et les entreprises d'investissement.

Le **Tracfin** (Traitement du renseignement et action contre les circuits financiers clandestins) est l'unité de renseignements financiers en France. Elle a pour mission de lutter contre le blanchiment d'argent et le financement du terrorisme (LB - FT).

Le **Comité consultatif de la législation et de la réglementation financières (CCLRF)** examine les projets de lois et de règlements liés au secteur financier et émet des avis sur leur cohérence et leur pertinence.

Ces instances de régulation jouent un rôle crucial dans la stabilité et la transparence du secteur financier, et contribuent à la protection des investisseurs et des consommateurs. Elles travaillent en collaboration pour assurer un fonctionnement efficace et équitable des marchés financiers, tant au niveau national qu'international.

6 • LE RÔLE DES ÉTABLISSEMENTS DE CRÉDIT

Les établissements de crédit jouent un rôle fondamental dans le système financier en fournissant des services financiers essentiels aux particuliers, aux entreprises et aux gouvernements. Leur mission principale est de mobiliser et de servir d'intermédiaire dans les ressources financières, en accordant des prêts et en offrant d'autres produits et services financiers.

L'intermédiation financière est en effet un pilier essentiel du fonctionnement économique moderne. Les établissements de crédits servent d'intermédiaires entre les détenteurs d'épargne et ceux qui ont besoin de financement. Ils collectent les dépôts des clients et utilisent ces fonds pour accorder des prêts et d'autres formes de crédit.

Ces institutions accordent également des prêts et des facilités de crédit à divers acteurs économiques, y compris les ménages, les entreprises et les gouvernements. Cela permet aux emprunteurs d'investir, de consommer ou de financer des projets, ce qui stimule l'activité économique.

En plus de servir de canal de financement, les établissements de crédit facilitent les paiements et les transactions financières en offrant des services tels que les comptes courants, les cartes de crédit, les transferts électroniques de fonds, les chèques et d'autres moyens de paiement.

Ils proposent par ailleurs des produits d'épargne qui permettent aux particuliers et aux entreprises de conserver et de faire fructifier leur argent. Cela inclut les comptes d'épargne, les dépôts à terme, les certificats de dépôt, entre autres.

En outre, les établissements de crédit offrent des services de gestion de trésorerie aux entreprises, qui incluent le contrôle des flux de trésorerie, la gestion des paiements, et l'optimisation des placements de trésorerie.

Dans le contexte du commerce international, ces institutions facilitent le commerce international en proposant des produits et des services de financement, tels que les lettres de crédit et les garanties internationales, qui permettent aux entreprises d'importateur et d'exportateur de biens et des services.

Certains établissements de crédit offrent des services de conseil financier pour aider les clients à planifier leurs investissements, à gérer leur patrimoine et à atteindre leurs objectifs financiers.

Enfin, certaines institutions, telles que les banques d'investissement, proposent des services de gestion de portefeuille et des produits de placement pour les investisseurs institutionnels et les particuliers. Ces services permettent une diversification des investissements et une gestion professionnelle des actifs, contribuant ainsi à la création et à la préservation de la richesse.

Dans un monde économique de plus en plus interconnecté, ces établissements offrent des services de changement pour les entreprises qui opèrent sur les marchés internationaux et peuvent également fournir des produits de couverture pour atténuer les risques de changement.

En remplissant ces fonctions, les établissements de crédit contribuent à la stabilité et à la croissance économique en fournissant les ressources financières nécessaires au fonctionnement des entreprises et au financement des projets d'investissement. Ils jouent également un rôle central dans le maintien de la confiance et de la stabilité du système financier dans son ensemble.

Synthèse sur les établissements de crédit

Dans notre économie moderne, les établissements de crédit sont présents dans la presque totalité des échanges de biens ou de services, qui se fait par l'intermédiaire de la monnaie fiduciaire (billets de banque et pièces) et de la monnaie scripturale (opérations ayant pour support les dépôts ou crédits bancaires).

Chaque agent économique (État, entreprises, particuliers, etc.) peut détenir, à certains moments, une quantité de monnaie supérieure à ses besoins ; il se peut, au contraire, qu'à d'autres moments, il vienne à en manquer pour faire face à ses besoins de trésorerie ou d'équipement.

La banque joue donc un rôle d'intermédiaire entre ceux qui ont trop de disponibilités (les déposants) et ceux qui n'en ont pas assez (les emprunteurs).
Les établissements de crédit offrent leurs services à trois grandes catégories de clients :

- aux particuliers : on entend par particulier, toute personne agissant en dehors de son activité professionnelle ;
- aux entreprises : individus ou groupements d'individus étudiés sur le plan de leur activité professionnelle ;
- aux collectivités locales : régions, départements, communes qui gèrent de plus en plus fréquemment leurs finances comme des entreprises.

Ils interviennent pour satisfaire leur clientèle, particuliers, entreprises et collectivités locales, les établissements de crédit doivent exercer plusieurs activités.

À chaque fois qu'elle le peut, la banque emprunte à ses clients qui deviennent ainsi ses fournisseurs ; cette activité est appelée la collecte de dépôts. On entend par dépôts, l'ensemble des disponibilités confiées par la clientèle au banquier. Ces dépôts peuvent être effectués à vue, c'est-à-dire avec possibilité de retrait à tout moment ou à terme, le retrait n'étant alors, en principe, possible qu'à une échéance déterminée d'avance.

Il est imposé au banquier de restituer au déposant la chose déposée après en avoir assuré la garde ; entre-temps, le banquier peut utiliser ces dépôts pour son propre compte. Seules les banques à réseau ou certaines banques de siège à clientèle haut de gamme sont à même de collecter des fonds auprès de leur clientèle.

Si la collecte des fonds est insuffisante, les banques peuvent emprunter sur le marché monétaire qui est le marché des capitaux à court terme. Les prêteurs sont des banques, des compagnies d'assurance, des caisses de retraite, des organismes de placement collectif en valeurs mobilières (SICAV et fonds communs de placement), voire la Banque de France. Elles peuvent aussi, pour disposer de ressources longues, emprunter sur le marché financier en émettant des emprunts obligataires.

On peut définir le crédit comme une assistance financière du banquier à l'égard de son client. Ce crédit peut donner lieu à une mise à disposition de fonds et l'on parlera alors de crédits par décaissement (ex. découvert). Il peut être aussi, plus simplement, l'engagement par le banquier d'honorer la signature de son client en cas de défaillance de ce dernier, il s'agira alors de crédits par signature (ex. cautions). Les crédits par décaissement peuvent être à court, moyen ou long terme. Les crédits par signature sont le plus souvent à court terme et appelés, dans le langage courant, des cautions.

Les établissements de crédit peuvent aussi effectuer des opérations sur les marchés monétaire et financier sous la forme de placements ou d'opérations spéculatives plus complexes sur les actions, les taux d'intérêt, les devises ou sur des produits dérivés.

Il existe un certain nombre de services proprement dits que le banquier est à même d'offrir à sa clientèle. On distingue les services matériels (service de caisse, location de coffres, etc.) et les services intellectuels (conseils, gestion de portefeuille, gestion de patrimoine, etc.).

L'ESSENTIEL

- Les entreprises financières sont classées en deux grandes catégories : les établissements de crédit et les autres entreprises financières.
- L'activité des banques est exercée sous le contrôle d'un certain nombre d'organismes de tutelle, de la Banque de France et de la Banque centrale européenne.
- Les accords de Bâle I, Bâle II et Bâle III ont conduit à des réglementations contraignantes pour les banques en ce qui concerne notamment leur niveau de fonds propres et la gestion des risques et de leur liquidité.
- Le rôle principal des établissements de crédit est de financer l'économie en collectant des fonds sous forme de dépôts et en accordant des crédits aux particuliers, aux entreprises et aux collectivités publiques.

Quiz : Le système bancaire français

http://dunod.link/techbanc01

2 • LES OUTILS INTERBANCAIRES

Executive summary

- Pour assurer leurs missions, les banques disposent d'un certain nombre d'outils : systèmes de règlement et fichiers.
- Comment sont organisés les circuits de transferts interbancaires ? Quels sont les fichiers gérés par la Banque de France et le ministère de l'Économie et des Finances ?

1 • LES SYSTÈMES DE PAIEMENT ET OUTILS INTERBANCAIRES

• Les systèmes de paiement

Le rôle des systèmes de paiement

Un système de paiement, aussi appelé système interbancaire de transfert de fonds (IFTS ou *interbank funds transfer system*) est un mécanisme d'échange multilatéral. Le Comité sur les paiements et les infrastructures de marché (CPMI) de la Banque des règlements internationaux (BRI) le définit comme « un ensemble d'instruments, de procédures et de règles afférents au transfert de fonds entre participants ». Le recours à un système de paiement est le moyen le plus efficace d'effectuer des transferts de fonds entre banques lorsque les flux sont échangés entre plus de deux contreparties dans une même devise et dans les mêmes conditions.

Un système de paiement fournit une plateforme commune pour centraliser et rationaliser les flux échangés entre participants. Cette mise en commun des ordres de paiement au sein d'une plateforme multilatérale permet également d'optimiser leur règlement, qui peut être effectué en mode net (après compensation) ou en mode brut (sans compensation). En l'absence d'un système de paiement commun, les établissements de crédit doivent recourir à des échanges bilatéraux.

Le fonctionnement sans faille des systèmes de paiement est essentiel à la vie économique et financière en France ainsi qu'au maintien de la stabilité financière du système financier dans son ensemble.

Les différentes catégories de systèmes de paiement

On peut classer les systèmes de paiement selon deux principaux critères :

- les systèmes de paiement de détail ou de masse, ou de montant élevé ;
- les systèmes de règlement brut en temps réel et les systèmes à règlement net différé.

Les **systèmes de paiement de détail** (*retail payment systems* – RPS) traitent exclusivement les flux de paiement émis par la clientèle de particuliers et d'entreprises des banques ;

Les **systèmes de paiement de montant élevé** (*large value payment system* – LVPS) traitent les flux interbancaires liés à la politique monétaire, aux règlements d'opérations de marché interbancaires et à certains paiements de clientèle d'un montant élevé et de nature urgente.

Les infrastructures des systèmes de paiement se sont substituées au modèle de banque correspondante (ou *correspondent banking*), qui reposait sur la conclusion d'accords bilatéraux entre deux établissements de crédit pour passer des ordres de paiement. Le système de banque correspondante continue d'exister dans le domaine des paiements de change internationaux, mais n'a plus cours pour les opérations quotidiennes. Pour les paiements dans une même devise, le traitement automatisé, et de masse, de flux par les systèmes de paiement a permis d'atteindre un haut niveau d'efficience tout en réalisant d'importantes économies d'échelle.

Les **systèmes à règlement brut en temps réel** *(real time gross settlement* – RTGS) sont des systèmes dans lesquels chaque transaction est échangée et réglée unitairement. Il s'agit d'un processus continu de règlement des paiements sur la base de transactions individuelles, sans compensation des débits et crédits dans les livres d'une banque centrale. Donc chaque instruction de paiement donne lieu à un échange immédiat et irrévocable entre les banques concernées sur leurs comptes en banque centrale.

Les **systèmes à règlement net différé** (*deferred net settlement* – DNS) sont des systèmes dans lesquels les transactions entre les différents participants sont cumulées et la compensation réalisée avant règlement du solde. Les transactions concernent des montants faibles ou de « petits montants ». Ces systèmes sont donc adaptés aux paiements de masse. Ils portent aussi le nom d'ACH (*Automated Clearing House*) ou Chambres de compensations automatisées.

• Les outils interbancaires

Les outils interbancaires sont des mécanismes et des instruments financiers utilisés par les institutions bancaires pour gérer leurs opérations et leurs transactions avec d'autres banques. **Ils facilitent le fonctionnement du système financier en permettant aux banques de prêter, emprunter et échanger des fonds entre elles.** Essentiels pour le bon fonctionnement du système financier, ils permettent aux banques de gérer leur liquidité, de répondre à leurs besoins de financement et d'assurer un flux de fonds régulier entre les institutions financières. Cela contribue *in fine* à maintenir la stabilité et la confiance dans le système financier.

Au cœur de ces différents outils se trouve notamment le **marché interbancaire** où les banques échangent des fonds entre elles. Il peut être divisé en deux segments :

- le marché interbancaire de dépôts (où les banques placent leurs excédents de liquidité) ;
- le marché interbancaire des prêts (où les banques empruntent des fonds pour répondre à leurs besoins de financement).

Les banques peuvent par exemple placer leurs excédents de liquidité auprès d'autres banques à travers des **dépôts à terme**. Ces dépôts ont des échéances fixes et sont rémunérés par des intérêts. Elles peuvent aussi **prêter des fonds directement à d'autres banques**. Ces prêts peuvent être garantis par des actifs ou non.

En tant que BCN (Banque centrale nationale), la Banque de France peut proposer des facilités de prêt aux banques commerciales en cas de besoin de liquidités à court terme, similairement à d'autres institutions de ce type comme la Banque centrale européenne (BCE) ou la Réserve fédérale aux États-Unis. Ces prêts sont généralement assortis de taux d'intérêt compétitifs.

Toujours en tant que BCN, la Banque de France peut proposer aux banques mener des **opérations de pension livrée** (repo) qui sont des transactions dans lesquelles une banque vend temporairement ses titres à une autre banque avec un accord de rachat à une date ultérieure. Cela lui permet de mobiliser des liquidités tout en conservant les titres dans son portefeuille sans perdre le droit de propriété.

Les banques peuvent aussi conclure des **contrats de swap de devises** pour échanger des montants équivalents dans différentes devises à des taux de change convenus. Ces swaps sont utilisés pour gérer les besoins de liquidités et les risques de changement.

Autre possibilité : fournir **des prêts à d'autres banques à taux variable** (*variable rate loans*), ce qui signifie que le taux d'intérêt du prêt peut fluctuer en fonction des taux d'intérêt du marché.

Enfin, les banques peuvent établir des **lignes de crédit** avec d'autres banques pour se prêter des fonds en cas de besoin. Celles-ci peuvent être utilisées comme source de financement d'urgence.

2 • LES CIRCUITS ET OUTILS DE TRANSFERTS INTERBANCAIRES

Les circuits de transferts interbancaires sont des mécanismes qui permettent le déplacement de fonds ou de titres entre différentes banques, que ce soit à l'échelle nationale ou internationale. Ils sont essentiels pour le fonctionnement fluide des transactions financières entre les institutions bancaires.

• Les transferts de capitaux

Les systèmes interbancaires nationaux : Target2 et CORE

Depuis novembre 2007, la communauté bancaire de la zone euro s'est dotée d'un nouveau système de règlement brut en temps réel de gros montants (RTGS). Appelé **Target2** (*Trans-European Automated Real-time Gross Settlement Express Transfer System*), il est utilisé par la Banque centrale européenne pour le **règlement brut en temps réel** des transferts interbancaires en euro au sein de l'Union européenne.

En tant système de transferts monétaires qui relie les institutions financières de la zone euro, il est principalement utilisé pour les paiements relatifs aux opérations de politique monétaire, aux opérations interbancaires et aux flux nets des ACH nationaux (systèmes auxiliaires). Les banques centrales nationales interviennent comme banque de règlement via le système Target2, pour les transactions nationales de gros montants et/ou urgentes, et pour les systèmes auxiliaires nationaux. Les « soldes T2 » sont les positions des banques centrales nationales vis-à-vis de l'Eurosystème. À titre d'exemple, la Banque de France (BDF) gère Target2-BDF sur lequel sont réglés les soldes du système de paiement de masse français CORE. Les banques centrales de l'union monétaire ont donc l'obligation de rejoindre Target2. Les banques centrales de l'Union européenne qui n'ont pas encore adopté l'euro ont également la possibilité de participer à Target2 pour faciliter le règlement des transactions en euros.

CORE (*Compensation Retail* ou compensation de détail) est le système français qui a succédé aux deux systèmes PNS (*Paris net settlement*) et TBF (Transfert Banque de France).

En tant que standard de communication informatique, il permet de **standardiser les échanges électroniques entre les banques et leurs clients professionnels**. Il facilite donc les transactions financières en fournissant un cadre commun pour la transmission d'informations. Il a été développé par le Groupement d'intérêt économique des moyens de paiement (GIE-COM.PA), qui regroupe les principales banques françaises. C'est une plateforme de compensation interbancaire ou ACH (*Automated Clearing House*). Il est communément appelé « système STET-CORE » car il est géré par la société STET (Systèmes technologiques d'échange et de traitement).

Il s'agit d'un outil crucial pour les entreprises qui automatisent leurs transactions financières avec leurs banques puisqu'il facilite les opérations de transferts scripturaux, de prélèvements automatiques et d'autres transactions électroniques entre les entreprises et les institutions financières. CORE est basé sur des normes internationales définies par les autorités financières et les organismes de réglementation qui garantit la conformité aux réglementations en vigueur dans le domaine des paiements. Il assure ainsi la compensation des moyens de paiement de détail (virements, prélèvements, image chèques, opérations par carte, etc.) entre l'ensemble des banques installées en France. Il permet de plus d'échanger des virements SEPA au niveau national et européen.

De plus, il définit les protocoles et les formats de messages à utiliser pour l'échange d'informations entre les banques et les entreprises. Cela inclut souvent l'utilisation de protocoles sécurisés, tels que HTTPS ou d'autres protocoles de communication sécurisés. Il prend par ailleurs en charge différents types de transactions, notamment les virements électroniques, les prélèvements automatiques, les paiements par carte, etc. Il s'adapte aux besoins variés des entreprises et des institutions financières.

En plus d'intégrer des mesures de sécurité robustes pour protéger les informations sensibles échangées entre les parties (cela peut inclure des méthodes d'authentification, le cryptage des données et d'autres techniques de sécurité), il offre une standardisation des échanges de paiements, ce qui favorise une automatisation accrue des processus financiers.

De plus, en éliminant le besoin de saisie manuelle des données, CORE permet aux entreprises et aux banques d'économiser du temps et des ressources précieuses. Son intégration aisée avec les systèmes internes des entreprises et des banques facilite encore davantage son adoption. Il peut être parfaitement synchronisé avec les systèmes de gestion de trésorerie et d'autres logiciels financiers, offrant ainsi une solution complète et cohérente.

Enfin, grâce à l'utilisation d'identifiants uniques et de données de suivi, CORE simplifie le suivi des paiements et le rapprochement des transactions. Cette fonctionnalité améliore la gestion des comptes et des finances, offrant une visibilité et un contrôle accrus sur les flux de trésorerie.

Pour les entreprises, l'adoption de CORE représente bien plus qu'une simple modernisation des processus de paiement. C'est une solution efficace qui renforce la gestion des paiements, réduit les risques d'erreurs humaines et de fraudes, et offre une meilleure compréhension des flux financiers.

En définitive, CORE évolue en parallèle avec les technologies avancées, intégrant les dernières innovations pour garantir une communication et des transactions financières sécurisées et efficaces. Se faisant, il contribue à la stabilité et à l'efficacité des marchés financiers.

Depuis le 21 novembre 2016, CORE SDD (SEPA direct debit) a été migré sur la nouvelle plateforme pan-européenne SEPA.EU, tandis que « CORE SCT » (SEPA credit transfert) a migré en 2018. Cette nouvelle plateforme a permis l'« instant payment » depuis le 21 novembre 2017 et la gestion des API[1] nécessaires dans la DSP2 pour les services d'information et de paiement sur comptes bancaires.

Les systèmes interbancaires paneuropéens

Le système SEPA

Le **système SEPA** (*Single Euro Payments Area*) est une initiative de l'Union européenne visant à créer un marché unique pour les paiements en euros.

Son objectif principal est de faciliter les transferts d'argent transfrontaliers en euros, en éliminant les différences entre les paiements nationaux et internationaux. Grâce au système SEPA, les particuliers et les entreprises peuvent donc effectuer des virements, des prélèvements et des paiements par carte bancaire en euros, de manière

1. API ou *Application Programming Interface* ou « interface de programmation d'application ou applicative » est une interface logicielle qui permet de « connecter » un logiciel ou un service à un autre logiciel ou service afin d'échanger des données et des fonctionnalités.

simple et standardisée, dans tous les pays participants. Cette harmonisation favorise ainsi l'intégration économique et financière de l'Europe en créant un espace unique de paiements en euros.

Le système EBA STEP 2

Le **système de paiement à règlement net EBA STEP 2** est un service de traitement des paiements en euros géré par EBA Clearing, une entité détenue par de grandes banques européennes et spécialisée dans les infrastructures de paiement paneuropéennes. Cette organisation est chargée de la gestion de plusieurs systèmes de paiement interbancaires en Europe, parmi lesquels figure le système STEP 2 dédié aux paiements en euros.

EBA Clearing opère et supervise des systèmes de paiement d'importance majeure en Europe. Lancé en 2003 en collaboration avec le fournisseur italien de systèmes de paiement SIA, STEP 2 est spécifiquement conçu pour faciliter les transactions en euros. L'accès direct à STEP 2, permettant l'envoi et la réception de fichiers à partir du système, est réservé aux banques opérant dans la zone SEPA, ainsi qu'à certains systèmes de compensation et de règlement de cette zone.

En tant que pilier essentiel du paysage des paiements européens, STEP 2 joue un rôle crucial dans la facilitation des transferts de fonds sécurisés et efficaces à travers la région, contribuant ainsi à l'intégration financière de l'Europe et au fonctionnement harmonieux du marché unique des paiements en euros.

Le système RTGS

Des **systèmes RTGS** (*Real-Time Gross Settlement Systems*) sont utilisés par de nombreuses banques centrales à travers le monde pour le règlement brut en temps réel de transferts interbancaires de grande valeur.

Parmi ces systèmes, on retrouve le **Target2** détenu et exploité par l'Eurosystème (voir ci-avant). En termes de valeur traitée, c'est l'un des systèmes de paiement les plus importants au monde. Les opérations de paiement dans Target2 sont réglées une par une sur une base continue, en monnaie banque centrale avec finalité immédiate.

L'approche RTGS

L'**approche RTGS** désigne une manière d'aborder le règlement des paiements qui suit les principes fondamentaux des systèmes RTGS, mais sans nécessairement se référer à un système de paiement spécifique. Des pays tels que le Mexique et la Suisse l'ont adopté. Sa particularité est qu'il n'y a pas de compensation des transactions entre les participants, le règlement s'effectuant sur une base unitaire en monnaie banque centrale. Le risque de règlement est donc parfaitement inexistant. Toute transaction initiée par une banque sans alimentation préalable de son compte banque centrale sera immédiatement rejetée. La banque centrale opérant le système effectue le règlement après vérification des soldes et transmet l'information de crédit à la banque du bénéficiaire.

Les systèmes BACS et CHAPS

Le Royaume-Uni dispose quant à lui de deux systèmes de paiement majeurs, chacun ayant ses propres caractéristiques et fonctions distinctes.

Le système de paiement à règlement net appelé **BACS** (*Bankers Automated Clearing Services*) le plus grand système de paiement de masse au Royaume-Uni. Il permet la compensation et le règlement des transferts électroniques à la fois de débit (prélèvement) et de crédit (virement) libellés en livres sterling entre les participants au système. Le règlement a lieu sur les comptes des participants à la Banque d'Angleterre.

CHAPS (*Clearing House Automated Payment System*) est le système de paiement en temps réel de gros montants (RTGS) en livres sterling au Royaume-Uni. C'est l'un des systèmes de gros montants les plus importants au monde. Il offre des paiements efficaces, réglés individuellement sur une base brute, sans risque et irrévocables. Le système est géré par la Banque d'Angleterre. Il garantit le paiement le jour même tant que les instructions de paiement sont reçues dans la limite des *cut-off* (ou heures limites). Le système CHAPS compte plus de vingt-cinq participants directs et plus de cinq mille institutions financières qui sont des sous-participants ou participants indirects.

Le système FedWire Funds Services

Enfin, **FedWire Funds Services** est un système de règlement brut en temps réel géré par la Réserve fédérale des États-Unis (FED) qui permet aux participants d'initier un transfert de fonds immédiat, définitif et irrévocable. Il est utilisé pour les paiements de grande valeur et/ou à délai critique (urgents). Chaque transaction est traitée individuellement et réglée via un réseau électronique hautement sécurisé. Les réserves fédérales régionales, par l'entremise de ce système, fournissent des services RTGS à leurs participants.

Le système CLS

La croissance des systèmes transnationaux améliore l'efficacité des paiements transfrontaliers en réduisant les délais de compensation et de règlement. Lancé en septembre 2002, le **système CLS** (*Continuous Linked Settlement*) est un bon exemple de système transnational qui est spécialisé uniquement pour le règlement des opérations de change et non pour les paiements transfrontaliers des entreprises. Pour les banques, la durée d'exposition au risque de règlement peut s'étendre jusqu'à plusieurs jours. Cette durée résulte d'une addition de délais durant le circuit de paiement de chacune des deux jambes devises de la transaction.

Au vu de cette problématique, les banques centrales des pays du G10 ont émis des recommandations à l'encontre du secteur bancaire visant à réduire ce risque de règlement. Est donc apparu, le système CLS, qui par le mécanisme de paiement contre paiement, assure l'interdépendance et la synchronisation du règlement des deux jambes devises. Dix-sept devises peuvent être traitées dans CLS : AUD, CAD, CHF, DKK, EUR, GBP, HKD, ILS, JPY, KRW, MXN, NOK, NZD, SGD, SKK, USD, ZAR.

Les autres systèmes internationaux

CHIPS et Fedwire

Il existe plusieurs systèmes de paiement américains qui diffèrent principalement par leur portée géographique, leurs capacités de traitement (volume, valeur), leurs délais de traitement et leur gestion.

Les numéros de compte ne respectant pas le format IBAN, beaucoup de banques américaines n'ont pas de code BIC. Elles ont donc des codes de compensation locale qui sont utilisés pour les paiements nationaux et transfrontaliers. On distingue deux systèmes de paiement brut en temps réel (RTGS) aux États-Unis.

- **CHIPS** (*Clearing House Interbank Payments System*) est le système utilisé pour le règlement des paiements interbancaires en dollars américains. Il est exploité par la Réserve fédérale des États-Unis.
- **Fedwire** (Réserve fédérale américaine) est utilisé pour les transferts de fonds à grande valeur et à haut volume entre les institutions financières américaines et certains établissements financiers étrangers.

Le système ACH et l'EPN

On distingue également deux systèmes de paiement de masse : un réseau d'ACH répartis dans le territoire national et un système net privé appelé EPN (*Electronic Payment Network*). Le **système ACH** américain (*Automated Clearing House* ou chambre de compensation automatisée) est un réseau financier centralisé qui permet aux établissements bancaires et aux coopératives de crédit d'émettre et de recevoir des paiements électroniques et des transferts d'argent.

Géré par la National Automated Clearing House Association (NACHA), ce système de paiement de masse est utilisable pour des virements et des prélèvements dits « de petits montants », tels que les dépôts directs de salaires, les paiements de factures récurrentes, etc. À la différence des autres systèmes de paiement de masse, ce n'est pas un système unique : il y en a douze, correspondant aux différentes réserves fédérales américaines[1].

1. Chaque État américain est rattaché à une banque centrale appelée « réserve fédérale régionale » qui assure la compensation et le règlement des transactions qui ont lieu dans son périmètre.

L'**EPN** (*Electronic Payment Network*) est quant à lui un réseau privé exploité par The Clearing House (TCH). Contrairement à l'ACH, qui est un système de paiement en lots, l'EPN fonctionne comme un système de paiement net en temps réel. Il est principalement utilisé le traitement des transactions par carte de crédit et de débit, ainsi que pour d'autres formes de paiements électroniques.

SWIFT (Society for Worldwide Interbank Financial Telecommunication)

Fondé en 1973, SWIFT est un réseau mondial de communication sécurisé qui facilite les transferts de fonds et les messages financiers entre les institutions financières. Il est utilisé pour diverses transactions, y compris les paiements internationaux, les transferts de fonds entre banques et les communications liées aux transactions financières.

Possédé par les banques qui sert aux échanges interbancaires mondiaux (plus de 7 800 institutions y sont raccordées dans plus de 205 pays), il a su s'imposer comme un standard dans différents systèmes de règlement européens tels TBF, PNS, ABE. Fort de ses 11 000 utilisateurs, SWIFT est le réseau de communication privilégié pour un transfert de données de paiement sécurisé, surtout lorsque de gros montants sont en jeu. Son architecture ultra-sécurisée est sans doute son plus grand atout commercial.

Depuis son lancement en 2017, le projet SWIFT GPI (*Global Payment Innovation*) a connu une adoption rapide. Il consiste à une initiative lancée par SWIFT visant à améliorer et à moderniser les paiements transfrontaliers. On dénombre plus de 150 institutions financières à travers le monde qui ont déjà adhéré à ce service, avec la possibilité de canaliser les paiements vers plus de 220 corridors. Les participants actuels représentent 78 % du total des paiements transfrontaliers de SWIFT en volume. Les banques GPI peuvent échanger des transactions GPI sur les 56 infrastructures de marché connectées à SWIFT, dont EURO1, Target2, CHAPS.

Le modèle du correspondent banking

Le modèle du *correspondent banking* repose sur les comptes *nostri/lori*[1] qui permettent la circulation de la liquidité, pour toutes devises transférables, dans tous les pays du monde. Rappelons qu'un compte *nostro* est un compte ouvert par la banque A (propriétaire du compte) chez la banque B (teneur du compte), du point de vue de la banque A et un compte *loro* est le reflet de ce compte du point de vue de la banque B.

Selon le modèle actuel, les banques doivent surveiller les fonds disponibles dans leurs comptes *nostri* en ne s'appuyant que sur les relevés de comptes fournis en fin de

1. Vient de l'italien. *Nostro/nostri* : notre compte domestique chez notre correspondant étranger ; *loro/lori* : leur compte étranger en France.

journée par leurs correspondants ou au mieux sur un nombre limité de relevés périodiques reçus pendant la journée.

N'ayant aucune visibilité en temps réel de leurs positions de liquidité, elles se retrouvent soit en situation de sur-mobilisation, soit dans une position d'utilisation excessive de leurs lignes de crédit sans pour autant s'en rendre compte.

Certains systèmes de paiement locaux n'utilisant pas SWIFT sont également en train d'inclure la référence de suivi GPI dans leurs formats. Il s'agit entre autres des systèmes FedWire, CHIPS, etc.

• Les outils et circuits de transferts de titres

Les systèmes RELIT et RGV

Le **système RELIT** (Règlement et livraison de titres) et son successeur, le **système RGV** (RELIT grande vitesse) d'Euroclear permettent de gérer les opérations de compensation et de transformation de revenus et de garanties pour les clients membres du LCH.Clearnet, une chambre de compensation internationale.

Opérant en temps réel, RELIT traite instantanément les opérations de compensation, y compris celles impliquant des instruments financiers tels que les dérivés. Ce système facilite également la transformation des revenus et des garanties associées à ces opérations, permettant ainsi d'effectuer des ajustements en fonction des variations de taux d'intérêt et d'autres facteurs financiers.

En intégrant RELIT à la plateforme de LCH.Clearnet, les opérations de compensation s'exécutent de manière transparente, contribuant ainsi à gérer les risques et à assurer la conformité aux réglementations. Cependant, pour répondre aux besoins croissants et aux exigences en constante évolution du marché financier, RELIT a été remplacé par le système RGV (RELIT grande vitesse) en 1998.

RGV se concentre sur la validation et l'exécution efficaces des transferts de titres. Ce processus comprend plusieurs étapes clés, telles que la vérification des instructions, la disponibilité des titres, les informations de contrepartie, ainsi que le contrôle des frais et des taxes. Une fois ces vérifications effectuées, le transfert est confirmé et exécuté, garantissant ainsi la réglementation et la conformité aux politiques internes des établissements financiers.

Ainsi, avec le lancement de RGV, Euroclear a introduit un service de règlement brut irrévocable et au fil de l'eau, répondant aux besoins de rapidité, de sécurité et de conformité dans le domaine des valeurs mobilières et de la gestion de portefeuille.

Les transferts de titres

- Les transferts de titres, également connus sous le nom de transferts de valeurs mobilières, sont des opérations qui consistent à déplacer des titres (actions, obligations, etc.) d'un compte à un autre. Ces transferts peuvent se faire entre différents comptes détenus par un même titulaire ou entre comptes détenus par des personnes ou des entités différentes. Ils peuvent être effectués pour diverses raisons, chacune présentant des implications spécifiques.
- **Vente ou achat de titres.** Lorsqu'un investisseur vend ou achète des titres, il y a un transfert de la propriété des titres entre les comptes du vendeur et de l'acheteur.
- **Transferts entre comptes propres.** Un investisseur peut déplacer des titres entre ses comptes personnels, par exemple entre un compte d'investissement et un compte de retraite.
- **Transferts entre entités juridiques.** Les entreprises peuvent déplacer des titres entre leurs comptes ou entre les comptes de filiales.
- **Transferts lors de fusions ou d'acquisitions.** Lorsqu'une entreprise est acquise ou fusionnée avec une autre, les titres peuvent être transférés entre les comptes des entités concernées.
- **Transferts lors d'opérations de pensions livrées (REPO).** Enfin, les transferts de titres sont également fréquents dans les REPO. Cette opération financière, souvent conclue entre une institution financière et une banque centrale ou une autre entité, implique la vente de titres avec un engagement de les racheter à une date ultérieure. Ces opérations fournissent un mécanisme de financement temporaire, offrant des avantages financiers tant pour le prêteur que pour l'emprunteur, tout en minimisant les risques associés à la transaction.

Les pensions livrées, prêts de titres et REPO

Les REPO (*Sale and Repurchase Agreement*) jouent un rôle crucial sur les marchés financiers en permettant aux institutions financières de gérer leur liquidité à court terme. Ces transactions impliquent deux parties principales : le prêteur, qui fournit les fonds, et l'emprunteur, qui cède temporairement les titres en échange de ces fonds. Les deux parties conviennent des détails de l'opération, notamment les titres concernés, le montant du prêt, le taux d'intérêt et la date de rachat (échéance).

Le REPO américain est un accord entre deux parties dans lequel une contrepartie vend des titres à une autre avec l'engagement de les racheter à une date ultérieure à un prix convenu. Cette transaction repose sur le principe de la cession temporaire de titres, avec une intention claire de rachat ultérieur. Le vendeur, également appelé prêteur, prête des titres au preneur ou acheteur, qui offre des garanties sous la forme d'une somme d'argent. Le rachat se fait généralement à un prix légèrement plus élevé que le prix de vente initial, créant ainsi un rendement pour le prêteur.

Les REPO peuvent varier en termes de durée, allant d'une journée à plusieurs mois, et peuvent être classés en fonction de leur échéance, tels que :

- les REPO Intraday, qui ont une échéance d'un jour ouvrable, ce qui signifie qu'elles sont conclues pour une journée ;
- les REPO Overnight, qui durent de quelques jours à plusieurs mois, selon les besoins de financement des participants.

Les taux d'intérêt des REPO ont un impact direct sur les taux du marché monétaire et sont souvent utilisés par les banques centrales pour influencer la politique monétaire. En raison de la garantie fournie par les titres, ces transactions sont considérées comme relativement sûres, limitant ainsi le risque de contrepartie pour le prêteur.

Essentielles pour maintenir l'efficacité et la fluidité des marchés de capitaux, elles ne sont toutefois pas sans risque. L'emprunteur pourrait faire défaut, on parle alors de risque de contrepartie. Par ailleurs, il existe un risque lié aux fluctuations des prix des titres. Cependant, avec la dématérialisation des titres et l'utilisation de systèmes de livraison électronique, ces risques sont réduits et les opérations deviennent plus efficaces.

Le processus de règlement des titres, souvent effectué avec la participation d'une chambre de compensation, peut varier en fonction des règles du marché, avec un règlement le jour même de la transaction ou avec un délai de quelques jours. Ces systèmes offrent un environnement sûr et efficace pour les opérations de règlement et de livraison, garantissant ainsi la légalité et la conformité des opérations sur les titres.

En somme, les REPO jouent un rôle essentiel dans la gestion de la liquidité sur les marchés financiers, offrant un mécanisme de financement temporaire tout en minimisant les risques associés aux transactions sur les titres.

La plateforme unique d'Euroclear

La Plateforme unique d'Euroclear représente une initiative majeure visant à rationaliser et simplifier les processus de réglementation et de conservation des titres en Europe. Elle a été créée pour harmoniser les services de règlement-livraison de titres sur les marchés financiers européens, et faciliter ainsi les opérations transfrontalières tout en réduisant la complexité administrative pour les investisseurs et les institutions financières.

Euroclear travaille en étroite collaboration avec les autorités de régulation et les régulateurs nationaux pour garantir que la plateforme est conforme aux réglementations européennes, telles que la Directive sur les Marchés d'instruments financiers (MiFID ou *Markets in Financial Instruments Directive*) et le Règlement sur les infrastructures du marché (MiFIR ou *Markets in Financial Instruments Regulation*).

En consolidant les processus et les systèmes, elle permet réduire les coûts opérationnels et les risques liés aux opérations sur titres et repose sur des technologies avancées pour assurer un traitement efficace, rapide et sécurisé des transactions. Elle résulte du rapprochement en 2000 des dépositaires français, belge et néerlandais avec Euroclear Bank, devenu un nouveau groupe, Euroclear. Ce processus s'est déroulé en trois étapes :

- introduction du Moteur unique de règlement/livraison (SSE) pour unifier les systèmes de règlement et de livraison des titres ;
- définition du périmètre des titres traités par Euroclear ;
- consolidation des bases de données des dépositaires en un système unifié.

La migration vers cette plateforme unique a impliqué a abouti à la création de la Single Platform (SP), qui uniformise les procédures de transmission des instructions chez les participants.

La chambre de compensation unique LCH (London Clearing House)

LCH SA est la chambre de compensation française pour les transactions sur actions, obligations et dérivés actions exécutées sur les marchés Euronext Paris, Bruxelles, Amsterdam et Lisbonne, ainsi que sur des plateformes de négociations européennes. Elle appartient pour 88,9 % au groupe LCH, lui-même détenu à 82,6 % par le London Stock Exchange Group (LSEG). Les autres parts sociales sont détenues principalement par les adhérents compensateurs et les plateformes de négociation.

LCH SA exerce également une activité de compensation sur les titres de dettes d'État française, italienne, espagnole, et depuis 2017 sur les titres de dettes d'État allemande et belge.

Depuis 2010, la chambre a également développé une solution de compensation des CDS (*credit default swaps*). LCH SA remplit son rôle de contrepartie centrale devenant la contrepartie unique du vendeur et de l'acheteur, et garantissant la bonne fin des transactions en cas de défaut d'une autre contrepartie. Afin d'assurer un fonctionnement solide de son mécanisme de garantie, LCH SA a mis en place d'importantes mesures de contrôle du risque.

Du fait du son rôle pivot pour la stabilité financière, elle fait l'objet d'une supervision et d'une surveillance rapprochées. En France, cette supervision et surveillance, qui bénéficie du statut d'établissement de crédit, sont assurées conjointement par la Banque de France, l'Autorité de contrôle prudentiel et de résolution (ACPR) et l'Autorité des marchés financiers (AMF). Les autorités compétentes nationales exercent leur mission en prenant l'avis du collège EMIR, qui comprend près de vingt autorités (banques centrales et autorités de marché) émanant d'une dizaine de juridictions.

En outre, compte tenu de l'appartenance de LCH SA au groupe LCH (bunker informatique installé dans la banlieue de Londres), les autorités françaises entretiennent des relations étroites avec les autorités britanniques supervisant le groupe, pour tous les sujets d'intérêt commun.

• La Banque de France et l'Eurosystème

Le rôle de la Banque de France est surtout une mission de surveillance, définie par la loi et dans le cadre du traité sur le fonctionnement de l'Union européenne (TFUE), consiste à veiller au bon fonctionnement et à la sécurité des systèmes de paiement et à la sécurité des systèmes de compensation, de règlement et de livraison des instruments financiers.

Dans le domaine des systèmes de paiement de montant élevé, la Banque de France gère TARGET ou T2-BDF et est responsable des comptes ouverts dans T2-BDF par les établissements de crédit enregistrés sur le territoire national, ainsi que des relations avec ces derniers.

Les systèmes de paiement de détail français, CORE (FR) et SEPA(EU), sont gérés par la société STET, détenue par des grandes banques françaises. Le système de compensation français est géré par la chambre de compensation LCH SA, qui a le statut d'établissement de crédit en droit français. Enfin, le système de règlement-livraison français ESES (Euroclear settlement for Euronext securities) France est géré par le dépositaire central Euroclear France, société anonyme non financière intégrée au groupe Euroclear. ESES France utilise la plateforme commune de règlement-livraison européenne T2S pour le règlement-livraison de ses titres, de l'appariement jusqu'au dénouement.

Les surveillances française et européenne

Dans le cadre de l'Eurosystème, la Banque de France assume un rôle crucial dans la surveillance des infrastructures financières françaises ainsi que dans la supervision coopérative des infrastructures européennes et internationales.

Systèmes de paiement. Désignée en tant qu'autorité compétente, la Banque de France surveille le système de paiement d'importance systémique (SPIS) CORE(FR) et participe à la surveillance des autres SPIS de la zone euro. Au niveau international, elle fait partie du groupe de surveillants du système international multidevise CLS et du réseau de télécommunication interbancaire SWIFT.

Dépositaires centraux de titres et systèmes de règlement livraison. De plus, la Banque de France exerce une surveillance et une supervision du système de règlement-livraison ESES (Euroclear settlement for Euronext securities), agissant également en tant qu'autorité concernée au nom de l'Eurosystème. Cette responsabilité est partagée avec d'autres autorités compétentes telles que l'Autorité des marchés financiers (AMF) ainsi que les autorités des États membres où le SSS ESES opère, notamment en Belgique et aux Pays-Bas.

Systèmes de compensation. Par ailleurs, en collaboration avec l'Autorité de contrôle prudentiel et de résolution (ACPR) et l'AMF, la Banque de France joue un rôle majeur dans la surveillance des systèmes de compensation. Elle préside également le collège EMIR de la chambre de compensation française LCH SA, et participe activement aux collèges EMIR d'autres chambres de compensation européennes.

Registres centraux de données. Enfin, conformément au règlement européen EMIR, l'Autorité européenne des marchés financiers (ESMA) est chargée de l'agrément et de la supervision des registres centraux de données établis dans l'Union européenne (UE). Les registres centraux de données hors de l'UE sont soumis à une procédure d'agrément par l'ESMA, suivie d'une supervision continue pour garantir leur conformité au règlement EMIR. En collaboration avec l'AMF et l'ACPR, la Banque de France bénéficie d'un accès permanent aux données détaillées des transactions sur produits dérivés dans le cadre de son mandat de surveillance.

3 • LES FICHIERS GÉRÉS PAR LA BANQUE DE FRANCE

La Banque de France gère différents types de fichiers dans le cadre de ses missions réglementaires et de surveillance du système financier français.

• Le fichier des incidents de paiement (FICP)

Ce fichier recense les incidents de remboursement de crédits aux particuliers. Il vise à prévenir le surendettement en informant les établissements financiers des situations délicates. Le FICP ne recense que les incidents de paiement sur des crédits accordés à des particuliers.

Ce fichage peut intervenir pour plusieurs motifs :

- un retard dans le remboursement d'un crédit ;
- le dépôt d'un dossier de surendettement qui est en cours d'instruction ou pour lequel des mesures ont été prises.

Dans tous les cas, l'établissement doit avertir la personne susceptible d'être fichée pour lui demander de régulariser sa situation. Elle dispose alors de 30 jours pour régulariser. À défaut, l'établissement demandera à la Banque de France de l'inscrire au FICP. La durée d'inscription est alors de cinq ans maximum.

• Le fichier central des chèques (FCC)

Le FCC enregistre les interdictions bancaires d'émettre des chèques. Cela concerne les personnes ayant fait l'objet d'un retrait de chéquier pour des raisons liées à des incidents de paiement.

L'inscription au fichier est effacée en cas de régularisation de la situation ou automatiquement après un délai de deux à cinq ans. Le FCC peut être consulté par des organismes autorisés. Dans ce fichier figurent donc toutes les personnes, appelées « Interdits bancaires », c'est-à-dire **frappées d'une interdiction d'émettre des chèques** que cette interdiction soit bancaire ou judiciaire ainsi que les personnes ayant fait un usage abusif de leur carte bancaire. Une personne fichée peut également y accéder et demander la rectification des informations qui le concerne.

• Le fichier national des chèques irréguliers (FNCI)

Il regroupe les informations sur les interdits bancaires. Il recense notamment les oppositions pour pertes et vols de chèques, les déclarations de compte fermés et les numéros de faux chèques. Il ne comporte pas les noms des titulaires des comptes bancaires concernés.

Il permet à toute personne payée par chèque pour la vente d'un bien ou d'un service (essentiellement les commerçants) de vérifier :

- si le chèque n'a pas fait l'objet d'une déclaration de vol ou de perte ;
- s'il n'a pas été émis sur un compte clos ;
- si son titulaire n'a pas été frappé d'interdiction bancaire ou judiciaire, etc.

Les informations recensées sont relatives au compte (numéro, interdiction...) et au chèque (heure de saisie des données, vol, perte...). Le nom du titulaire du compte n'y figure pas.

• Le fichier des crédits aux entreprises (FIBEN)

Il collecte des données sur les encours de crédits consentis par les établissements financiers aux entreprises. Les entreprises qui ont leur siège social en France peuvent être cotées à partir d'informations contenues dans la base de données FIBEN (Fichier bancaire des entreprises). Il répertorie les établissements de crédit, leurs filiales et succursales présentes en France.

• La cotation BDF

La Banque de France est une agence agréée de notation. Sa cotation est une appréciation sur la capacité d'une entreprise, domiciliée en France, à honorer ses engagements financiers à un horizon d'un an à trois ans. La cotation est utilisée :

- pour les besoins de la politique monétaire, comme outil de sélection des créances qui peuvent être utilisées par les banques pour leur refinancement auprès de l'Eurosystème. En effet, celles-ci peuvent se refinancer auprès de l'Eurosystème en apportant en garantie des créances qu'elles détiennent sur des entreprises dont la cote de crédit est favorable ;
- pour l'analyse des risques sur les entreprises, comme appui aux établissements de crédit dans l'appréciation de la solidité de leurs actifs ;
- pour le calcul des besoins en fonds propres des établissements de crédit au titre des règles de solvabilité.

Grâce à la cotation, la Banque de France :

- fournit aux prêteurs une information sur la qualité des engagements qu'ils s'apprêtent à décider ou qu'ils ont déjà pris ;
- aide les chefs d'entreprise à identifier les facteurs qui influent sur leur situation financière, notamment par rapport à un « risque de crédit » ;
- facilite le dialogue prêteur-entreprise en mettant à disposition une référence commune et reconnue de tous.

Il est important de noter que ces fichiers sont soumis à des règles strictes en matière de protection des données et de confidentialité, conformément aux lois et réglementations en vigueur. Leur utilisation est encadrée par des dispositions légales pour garantir le respect de la vie privée des individus et la confidentialité des informations financières.

4 • LES FICHIERS GÉRÉS PAR LE MINISTÈRE DE L'ÉCONOMIE ET DES FINANCES

Le ministère de l'Économie et des Finances en France gère divers fichiers et bases de données pour remplir ses missions de gestion économique et financière du pays.

• Le fichier des comptes bancaires et assimilés (FICOBA)

Le FICOBA, fichier des comptes bancaires, est géré par la Direction générale des finances publiques. Il répertorie l'ensemble des comptes bancaires et des contrats d'assurance-vie ouverts en France (comptes de dépôts et comptes courants, comptes d'épargne, comptes-titres, etc). Il liste aussi les coffres-forts loués en France.

• Le fichier EVAFISC

EVAFISC (Éléments sur les virements d'avoirs à l'étranger fiscaux) est le fichier des comptes détenus hors de France créé par la Direction générale des finances publiques est un outil utilisé dans le cadre de la lutte contre l'évasion fiscale. Il vise à collecter des informations sur les avoirs détenus à l'étranger par les résidents français, afin d'assurer la conformité fiscale. Ces informations incluent les comptes bancaires, les placements financiers, les biens immobiliers, etc. En effet, les résidents français sont légalement tenus de déclarer à l'administration fiscale française l'existence et les détails de leurs comptes détenus hors de France. En cas de non-déclaration d'avoirs détenus hors de France, des sanctions financières peuvent être appliquées par l'administration fiscale.

Les informations recueillies sont soumises à des mesures strictes de confidentialité et de sécurité pour garantir la protection des données. Elles sont mises à disposition de l'administration fiscale française pour vérifier la conformité fiscale des résidents français. C'est ainsi qu'EVAFISC contribue à lutter contre l'évasion fiscale en identifiant les avoirs non déclarés à l'étranger par les résidents français.

La France participe à des échanges d'informations fiscales internationales avec d'autres pays pour lutter contre la fraude fiscale à l'échelle mondiale et la mise en place du fichier EVAFISC s'inscrit dans le cadre des recommandations et des standards internationaux en matière de lutte contre l'évasion fiscale.

• Le fichier TRACINFO

TRACINFO (Traitement du renseignement et action contre les circuits financiers clandestins) est un fichier de vigilance qui transmet et permet à TRACFIN et à la Banque de France de lutter contre le blanchiment d'argent et le financement du terrorisme en France (Directive et Règlement LCB-FT de l'ACPR).

TRACFINFO a pour mission de collecter, traiter, analyser et exploiter les déclarations de suspicion émanant des professionnels assujettis à la lutte contre le blanchiment d'argent et le financement du terrorisme (comme les banques, les notaires, les avocats, etc.). En effet, les professionnels assujettis sont tenus de déclarer à TRACFINFO tout mouvement ou opération qui leur paraît suspect (déclarations de soupçon), notamment en raison de son montant, de la fréquence ou de l'absence de justification économique ou juridique.

TRACFINFO analyse les informations reçues pour identifier d'éventuelles opérations suspectes. En cas de soupçons avérés, il peut transmettre les dossiers aux autorités compétentes (notamment à la justice). Il collabore avec les autorités judiciaires et administratives, notamment les services de police, les magistrats et les organismes de contrôle, pour mener des enquêtes et contribuer à la répression des infractions.

Par ailleurs, il coopère avec des organismes équivalents à l'étranger dans le cadre de la lutte globale contre le blanchiment d'argent et le financement du terrorisme.

Tous ces fichiers sont utilisés à des fins administratives, statistiques, fiscales, économiques, et dans le cadre de la régulation et de la gestion des activités économiques du pays. Ils sont régis par des dispositions légales et réglementaires pour garantir la confidentialité et la protection des données.

L'ESSENTIEL

- Les opérations interbancaires sont assurées par des systèmes (SWIFT, RGV, TARGET, SEPA, RELIT-RGV, etc.) qui permettent d'effectuer des transferts rapides de capitaux et de titres sécurisés et à faible coût.
- Pour assurer leurs missions, les banques disposent d'un certain nombre de fichiers tenus soit par la Banque de France (FCC, FICP, FIBEN), soit par le ministère de l'Économie et des Finances (FICOBA, TRACINFO, EVAFISC).

Quiz : Les outils interbancaires

http://dunod.link/techbanc02

3 • LES RISQUES DU MÉTIER DE BANQUIER

Executive summary

- Le banquier exerce un métier délicat, car il est en relation avec ses propres clients à qui il doit des prestations de qualité et avec des tiers qui peuvent le solliciter compte tenu des particularités de son métier ; il est tenu de ce fait à des nombreuses obligations.
- Quels sont les risques courants du métier de banquier ? Comment et par qui sa responsabilité peut-elle être mise en jeu ? En quoi consiste le secret bancaire et quelles en sont les limites ? Quel est le rôle du banquier dans la lutte contre le blanchiment de capitaux ? Qu'est-ce que le FATCA ?

1 • LES RISQUES SPÉCIFIQUES DU MÉTIER DE BANQUIER

Toute entreprise, confrontée à divers risques tels que la baisse du chiffre d'affaires ou la morosité économique, doit également composer avec des risques spécifiques, particulièrement pour les banques. Ces risques incluent le risque de crédit, de marché, de liquidité et opérationnel.

Le **risque de crédit**, caractérisé par le non-remboursement ou le retard de paiement, s'accompagne également d'une menace liée au taux, avec un coût de refinancement pouvant dépasser le taux du prêt. De plus, la situation financière de l'emprunteur, qu'il s'agisse de particuliers surendettés ou d'entreprises en difficulté, représente un risque significatif.

De plus, les **fluctuations des marchés financiers**, comme les variations des taux d'intérêt, des prix des actions ou des devises, exposent les banques à des incertitudes. Ces changements soudains peuvent impacter la valeur des actifs détenus et engendrer des répercussions graves sur l'ensemble du système financier, constituant ainsi un risque systémique.

Par ailleurs, pour **répondre aux demandes de retraits des clients**, les banques doivent garantir leur capacité à convertir rapidement leurs actifs en liquidités. L'incapacité à le faire peut entraîner des difficultés financières considérables.

Les **risques opérationnels**, englobant les processus internes, les erreurs humaines et les défaillances informatiques, ainsi que les exigences réglementaires non respectées, représentent également des dangers. À cela s'ajoutent cybercriminalité et les pannes de systèmes, qui constituent des risques inhérents à la dépendance technologique croissante des banques.

Enfin, notons aussi que les banques utilisent des modèles mathématiques pour évaluer les risques et les prix des produits financiers. Cependant, des erreurs dans ces modèles ou l'omission de scénarios réalistes peuvent conduire à des décisions erronées et à des pertes financières.

In fine, afin de maintenir la solidité financière de leur institution et éviter des conséquences néfastes, les banquiers doivent évaluer et gérer ces risques de manière proactive. Les réglementations et les pratiques de gestion des risques sont ainsi mises en place pour atténuer ces dangers autant que possible.

2 • LA RESPONSABILITÉ DU BANQUIER

La responsabilité des banquiers varie en fonction du pays, des lois et des réglementations spécifiques, ainsi que des politiques internes de chaque institution financière.

Cependant, en général, les banquiers ont des devoirs envers leurs clients, envers la loi et envers leur institution, et ils sont tenus d'agir de manière professionnelle, éthique et responsable dans l'exercice de leurs fonctions.

• La responsabilité légale du banquier

Sur le plan légal, les banquiers sont assujettis à diverses réglementations qui encadrent leur conduite. Cela englobe le respect des lois financières, la conformité aux normes de lutte contre le blanchiment d'argent, ainsi que la protection des droits des consommateurs. Le non-respect de ces réglementations expose les banquiers à des sanctions légales et financières, tout en compromettant la réputation de l'institution financière.

En outre, les banquiers sont souvent tenus de se conformer à des normes éthiques élevées, ce qui implique l'adoption de pratiques commerciales responsables et transparentes. Ils sont également encouragés à s'engager dans des initiatives socialement responsables, démontrant ainsi leur engagement envers la société et leur souci du bien-être commun.

La gestion des risques constitue un aspect essentiel de la responsabilité des banquiers. Ces derniers ont pour mission de minimiser les risques associés aux activités bancaires en adoptant des pratiques de gestion des risques adéquates. Cela vise à prévenir les crises financières et à garantir la stabilité financière de l'institution.

Enfin, les banquiers ont la responsabilité de protéger les intérêts de leur institution. Cela implique la préservation des actifs de la banque, la prise de décisions financières judicieuses et la préservation de la réputation de l'établissement. En agissant ainsi, les banquiers contribuent à maintenir la confiance du public dans le secteur financier et à assurer la pérennité de leur institution.

• La responsabilité civile du banquier

Les banquiers ont la responsabilité de traiter équitablement leurs clients et de leur fournir des services financiers conformes à leurs besoins. Cela implique par exemple de donner des conseils appropriés, de fournir des informations claires sur les produits et services, et de protéger les données personnelles des clients.

Sur le plan financier, ils doivent gérer les fonds des clients de manière prudente et responsable. Cela implique de minimiser les risques excessifs, de maintenir des normes de sécurité élevées pour les transactions financières et d'assurer la stabilité financière de la banque.

De plus, lorsqu'un banquier fournit des conseils financiers à un client, il a la responsabilité de s'assurer que ces conseils sont appropriés et correspondant aux besoins et à la situation financière du client. Des erreurs dans ces conseils pourraient engager la responsabilité du banquier.

Enfin, lorsqu'ils accordent des prêts, les banquiers doivent évaluer soigneusement les risques et s'assurer que les emprunteurs ont la capacité de remboursement. Ils ont la responsabilité de minimiser les risques de défaut de paiement.

• La responsabilité pénale du banquier

Il arrive que les banquiers soient engagés dans des activités illégales ou criminelles dans le cadre de leurs fonctions bancaires. Les infractions pénales dans le domaine bancaire peuvent inclure divers actes répréhensibles.

- **La fraude financière** peut impliquer la falsification de documents, la manipulation de comptes, ou des actes intentionnels visant à tromper les clients, les investisseurs ou les régulateurs.
- **Le blanchiment d'argent**, c'est-à-dire lorsque les banquiers sont impliqués dans des transactions visant à dissimuler l'origine de fonds illégaux, en les faisant passer pour des fonds légitimes.
- **La manipulation de marché** qui consiste à mener des activités illégales visant à influencer les prix des actifs financiers, comme la manipulation des taux d'intérêt, des devises ou des marchés boursiers.
- **Le non-respect des lois et réglementations financières** établies peut également constituer une infraction pénale, que ce soit en matière de protection des consommateurs, de lutte contre le blanchiment d'argent ou de respect des normes comptables.
- **Les délits d'initié**, qui consiste à l'exploitation d'informations confidentielles ou privilégiées pour réaliser des opérations sur les marchés financiers, peut aussi entraîner des poursuites pénales.
- **Les activités de corruption**, telles que des pots-de-vin, des dessous-de-table ou d'autres formes de corruption, sont également punissables pénalement.
- **La violation des devoirs fiduciaires** envers ses clients, qui constitue un abus de leur confiance, pourrait entraîner des poursuites pénales pour mauvaise conduite professionnelle.
- **La négligence criminelle** correspond au cas où un banquier agit avec une négligence grave dans ses fonctions, ce qui entraîne des conséquences préjudiciables pour l'institution ou ses clients.

3 • LE SECRET BANCAIRE EN FRANCE

Comme la plupart des professions, les banquiers sont tenus au secret professionnel et ils ne peuvent le lever que dans des conditions précises, au profit le plus souvent d'administrations, mais quelquefois aussi de personnes ordinaires.

• Le principe du secret bancaire

La loi bancaire de 1984 dit que tout membre d'un Conseil d'administration ou d'un Conseil de surveillance, ainsi que toute personne qui a un titre quelconque et qui participe à la gestion d'un établissement de crédit ou qui est employée par celui-ci, est tenu au secret professionnel.

La violation de cette obligation est passible de sanctions pénales. En outre, la banque peut se voir condamnée à des dommages-intérêts au profit des personnes qui auraient subi un préjudice du fait de cette indiscrétion Si un employé de banque violait, pour quelque raison que ce soit, ce secret, il pourrait être puni selon l'article L. 561-36 du Code monétaire et financier, d'une amende pouvant aller jusqu'à 375 000 euros et serait passible de peines d'emprisonnement allant jusqu'à trois ans, comme prévu par l'article L. 571-2 du même code).

Les professionnels de la banque, tout en étant tenus au secret professionnel, sont également confrontés à des obligations légales qui peuvent restreindre ce secret dans certains cas spécifiques, tels que les enquêtes, les procédures criminelles judiciaires ou les demandes officielles des autorités compétentes.

En effet, en France, le secret bancaire est régi par des lois strictes visant à protéger la confidentialité des informations financières des clients. Ces règles ont leurs limites et il y a des exceptions dans certaines circonstances spécifiques :

- lutte contre le blanchiment d'argent et le financement du terrorisme ;
- requêtes et réquisitions judiciaires ;
- fiscalité ;
- coopération internationale et accords d'échange d'informations ;
- protection des tiers, des intérêts publics et prévention des infractions graves.

Dans le cadre de sa lutte contre la fraude fiscale, la France a renforcé sa législation en imposant aux banques françaises l'obligation de signaler les comptes les détenus par des résidents étrangers aux autorités fiscales. De plus, elle participe activement à l'échange automatique d'informations avec d'autres pays pour lutter contre l'évasion fiscale.

S'agissant de la question du blanchiment d'argent et du terrorisme, les banques sont soumises à des réglementations strictes pour identifier, surveiller et signaler les transactions suspectes. Elles doivent coopérer avec l'organisme français de lutte contre le blanchiment d'argent (TRACFIN) en signalant les activités suspectes.

• Les limites du secret bancaire à l'égard des personnes privées

Beaucoup de personnes peuvent exiger de la banque la communication de renseignements concernant la clientèle.

Les ayants droit du client de la banque

La banque ne peut pas opposer le secret aux personnes qui ont des intérêts communs avec son client, mais elle doit limiter les communications de ses informations à ce qui concerne uniquement cette communauté.

Le compte joint

Tous les cotitulaires d'un compte joint peuvent demander des relevés du compte et le détail des opérations effectuées, y compris les noms des personnes au profit desquelles ont été émis les chèques tirés sur ledit compte.

Les époux

Les banques doivent opposer le secret professionnel à l'égard du compte que le conjoint a ouvert en son nom personnel.

Il est donc interdit à la banque de dévoiler, même au conjoint, les opérations effectuées par l'un des époux sur ses comptes personnels. Bien entendu, il ne peut y avoir de secret si les époux se sont donné mutuellement procuration sur leurs comptes.

Les mandataires

Le secret professionnel ne peut être opposé au mandataire, mais uniquement dans la limite des termes du mandat.

Ainsi, la banque doit conserver une grande discrétion à l'égard du salarié d'une société à qui l'on a donné une procuration sur le compte de l'entreprise.

Les héritiers

Normalement, la banque ne peut pas opposer le secret professionnel aux héritiers d'un défunt, qui doivent pouvoir connaître la nature des opérations dont ils vont hériter.

Il faut cependant distinguer entre les opérations purement patrimoniales et celles qui peuvent relever de la vie privée du défunt. Ces dernières doivent rester secrètes.

Les cautions

Les banques n'ont pas le droit de lever le secret professionnel au profit des cautions ; ce principe souffre deux exceptions :

- Les banques sont obligées d'informer une fois par an au moins les personnes qui se sont portées caution à leur profit du total de l'engagement du débiteur principal. Si cette condition n'est pas remplie, la sanction en est la déchéance des intérêts du débiteur principal au détriment de la banque et au bénéfice de la caution.
- Les banques doivent aussi indiquer à la caution ce qu'elle doit, à partir du moment où la caution vient à jouer. Dès lors il n'y a plus de secret.

Les relations commerciales

Les relations commerciales entre des entreprises ou des particuliers amènent très souvent les banques à devoir divulguer certains renseignements sans enfreindre pour autant le secret professionnel, et pourtant ces informations ne sont pas toujours favorables au client de la banque.

Les incidents de paiement

Une banque ne viole pas le secret professionnel lorsqu'elle rejette un effet de commerce ou un chèque pour manque de provision, bien qu'en réalité, elle se trouve avoir ainsi informé le bénéficiaire que le compte de son client est insuffisamment provisionné.

En cas d'émission de chèques sans provision, les banques ont l'obligation d'avertir la Banque de France et il existe une diffusion interbancaire des interdits de chèques.

De plus, tout bénéficiaire d'un chèque peut avoir accès à un fichier lui permettant de savoir si le chèque est émis régulièrement.

Les photocopies de chèques

La banque ne peut normalement remettre à son client ni le chèque ni la photocopie complète d'un chèque qu'il a lui-même émis. Les formules de chèques, lorsqu'elles ont été utilisées, peuvent comporter, en effet, des mentions confidentielles.

Par exemple, les endos qui indiquent le nom de la banque du bénéficiaire et parfois le numéro de compte de ce dernier. Seule la photocopie du recto peut être communiquée au tireur.

Les saisies-attribution

Lorsqu'un compte bancaire est saisi par un créancier, la banque devra communiquer au commissaire de justice tous les renseignements concernant la réalité des biens saisis. Elle devra ainsi indiquer tous les avoirs qu'elle détient et qui appartiennent au client saisi : compte courant, compte d'épargne, etc.

En revanche, les sommes déposées au coffre ne sont pas saisies et la banque n'a même pas à signaler l'existence de ce coffre.

Les pensions alimentaires et injonctions de payer

Les banques sont quelquefois requises pour prélever d'office sur le compte d'un client des pensions alimentaires non réglées, notamment en cas de divorce. C'est une procédure qui s'appelle « injonction de payer ». Elles doivent alors communiquer à l'autorité intervenante le montant du compte.

Les renseignements commerciaux

Lorsqu'elles sont interrogées sur la situation financière d'un de leurs clients, les banques ne doivent pas communiquer d'informations sur le fonctionnement du compte, mais une simple appréciation sur le client.

Les cartes bancaires

Les commerçants peuvent, lors de tout achat réglé par carte, interroger le centre de paiement de la carte concernée, qui à son tour interroge la banque du client, du moins lorsque les montants sont relativement importants. L'interrogation porte uniquement sur la solvabilité de l'acheteur, et notamment sur les incidents de paiement dont il aurait pu faire l'objet. Le centre de paiement de la carte doit se contenter de donner une autorisation ou un refus non motivé au commerçant, d'accepter ou de refuser la carte.

• Les limites de secret bancaire à l'égard des administrations

Le Fisc

L'administration fiscale a un droit général de communication dans la comptabilité des banques.

Le droit de communication

Le droit de communication permet aux inspecteurs du fisc de consulter dans la banque tous les comptes (relevés de comptes, bordereaux de remise de chèques ou d'effets, copies de chèques) d'un contribuable et des membres de sa famille sur une durée de six ans. Ils peuvent en prendre photocopie. Toutefois, les agents des impôts n'ont pas accès aux coffres des clients et ne peuvent exiger d'être présents lors de l'ouverture d'un coffre au moment d'une succession.

Les déclarations à l'administration

Les banques sont tenues, envers l'administration, d'effectuer certaines déclarations qui concernent leur clientèle.

- **Déclaration des ouvertures de comptes :** lors de chaque ouverture de compte (compte courant, compte à terme, compte de titres, prêts, etc.), les banques doivent déclarer l'identité du titulaire. Elles déclarent également les clôtures et les modifications qui peuvent intervenir sur ces comptes. L'administration gère l'ensemble de ces renseignements sur un fichier informatique appelé « FICOBA ».
- **Déclaration des revenus :** les banques déclarent au fisc tous les revenus qu'elles ont encaissés pour le compte de leur clientèle ainsi que l'identité des bénéficiaires (intérêts versés par la banque, revenus de portefeuille titre, achats et ventes de titres). Elles doivent aussi déclarer les intérêts versés aux non-résidents.

- **Successions :** en cas de succession, les banques n'ont aucune déclaration spéciale à fournir. Elles doivent simplement répondre à l'administration, si celle-ci les interroge sur le montant des avoirs du défunt au jour du décès. Une seule exception concerne les comptes joints. Le décès d'un cotitulaire doit être déclaré au service de l'Enregistrement.

L'anonymat

Les transactions sur l'or

Depuis 1986, les banques ne sont plus tenues de mentionner sur un registre de police l'identité des acheteurs et des vendeurs d'or, cependant dès qu'il y a suspicion de fraude, de blanchiment ou de financement du terrorisme, en vertu de la Loi LCB-FT, le banquier est tenu de les déclarer (le délit de blanchiment est défini par l'article L. 324-1 du Code pénal).

Les bons de caisse

Les banques sont autorisées à émettre des bons de caisse dont les porteurs peuvent conserver l'anonymat vis-à-vis du fisc, en contrepartie d'une fiscalité très lourde (prélèvement libératoire sur les intérêts de 75,5 % et impôt sur le capital de 2 % à chaque 1er janvier).

Les titres au porteur

Les titres au porteur ne sont anonymes que par leur forme. En effet, l'identité des bénéficiaires des dividendes versés fait l'objet d'une déclaration annuelle de la part de la banque qui tient le compte des titres de son client.

Les douanes

L'administration des douanes peut pratiquement se faire communiquer tout document. Elle peut même se faire ouvrir les coffres.

La justice

Les banques sont déliées du secret professionnel à l'égard de la justice, tout au moins devant les juridictions pénales. Elles doivent alors remettre tous les documents qui leur sont demandés et, le cas échéant, répondre à toutes les questions qui leur sont posées. En revanche, le secret peut, de façon générale, être opposé aux juges civils ou aux juges de commerce, à l'exception des procédures de divorce et de celles relatives aux procédures collectives.

La Banque de France

La Banque de France tient le fichier des « interdits de chèques » au vu de la déclaration que lui fournissent les banques chaque fois qu'un de leur client a émis un chèque sans provision. Les banques doivent déclarer périodiquement à la Banque de France le montant des crédits professionnels (au-dessus d'un certain seuil) qu'elles ont octroyés et l'identité des bénéficiaires.

L'Autorité des marchés financiers (AMF)

L'AMF a un droit de regard sur les banques. Ce droit ne s'exerce cependant que pour surveiller la correction des opérations effectuées sur les marchés financiers ou en cas de placements.

• Les fichiers des banques

Les fichiers des clients des banques sont tenus de façon informatique. Les banques sont donc soumises à la loi informatique et libertés.

Elles ne peuvent utiliser ces fichiers que conformément à leur objet, c'est-à-dire uniquement pour la gestion des clients. En d'autres termes, elles ne peuvent pas divulguer leur contenu à des tiers.

Les clients des banques peuvent exiger de celles-ci communication des renseignements qui les concernent et qui figurent au fichier et, le cas échéant, exiger la rectification des erreurs qu'il conviendrait.

Enfin, la banque ne peut opposer le secret professionnel à la Commission nationale de l'informatique et des libertés.

4 • LA LUTTE ANTI-BLANCHIMENT DE CAPITAUX

La Convention des Nations unies contre le trafic illicite de stupéfiants, signée le 20 décembre 1988, pose les principes d'une coopération internationale en la matière.

• Les principaux textes

La lutte anti-blanchiment est régie, pour le système bancaire, par les principales lois suivantes :

- La loi du 31 décembre 1987 crée le délit spécifique de blanchiment des fonds en provenance du trafic de stupéfiants.
- La loi du 12 juillet 1990 institue le principe de la déclaration de soupçon auprès de Tracfin pour les transactions paraissant suspectes. Elle renforce les obligations de vigilance et impose notamment d'identifier les clients et de conserver la trace de leur identité.
- La loi du 29 janvier 1993 étend la participation des banques à la lutte contre le blanchiment de capitaux provenant de l'activité d'organisations criminelles.

- La loi du 13 mai 1996 généralise le délit de blanchiment au produit de tout crime ou délit, y compris le produit de la fraude fiscale.
- La loi du 15 mai 2001 relative aux nouvelles régulations économiques étend l'obligation de signalisation aux opérations qui « pourraient provenir d'activités criminelles organisées » et non plus simplement qui « paraissent provenir de l'activité d'organisations criminelles ».
- L'obligation de déclaration à Tracfin est étendue aux opérations dont l'identité du donneur d'ordre ou du bénéficiaire reste douteuse ou qui sont effectuées avec des personnes physiques ou morales agissant sous forme ou pour le compte de fonds fiduciaires ou de tout autre instrument de gestion d'un patrimoine d'affectation dont l'identité des constituants ou des bénéficiaires n'est pas connue.
- Le règlement CRBF d'avril 2002 concernant l'obligation de contrôler les chèques.
- Par ailleurs, depuis le 30 janvier 2009, la législation française impose à l'ensemble des banques de nouvelles obligations de vigilance vis-à-vis de leurs clients dans le cadre de la transposition de la 3e directive européenne sur la lutte contre le blanchiment des capitaux et le financement du terrorisme (*cf.* Code monétaire et financier, article L. 561-1 et suivants).

La Commission européenne a présenté, le 5 février 2013 une proposition dite 4e directive anti-blanchiment. La directive proposée renforce le cadre de lutte contre le blanchiment des capitaux et le financement du terrorisme, avec l'extension du champ d'application, l'obligation de conserver et de mettre à disposition des informations sur les bénéficiaires effectifs et le renforcement de l'arsenal répressif.

Ainsi, les établissements financiers devront désormais évaluer les risques de blanchiment et prendre des mesures de vigilance appropriées, justifiées et prouvées uniquement sur la base du risque.

Ces facteurs de risque se décomposent en trois niveaux : facteurs inhérents aux clients, facteurs liés aux produits, services, transactions ou canaux de distribution et facteurs de risque géographiques.

Concernant les obligations de vigilance à l'égard de la clientèle, la directive prévoit des mesures de vigilances différenciées : simplifiées, standards ou renforcées, en fonction du risque évalué. Des mesures renforcées devront être adoptées lorsque les risques sont plus importants, et lorsque les risques sont moindres, l'établissement financier pourra appliquer des mesures simplifiées. La directive révisée supprime ainsi les exonérations des obligations habituelles de vigilance à l'égard de la clientèle pour certains types de clients ou de produits, prévues dans la 3e directive.

Par ailleurs des registres publics contenant la liste des véritables propriétaires des sociétés et des trusts devront être créés.

Ces nouvelles dispositions ont été adoptées le 19 février 2014 par les eurodéputés de la commission des affaires économiques et monétaires et de celle des libertés civiles.

• Le délit de blanchiment

Le délit de blanchiment est défini par l'article L. 324-1 du Code pénal :

« Le blanchiment est le fait de faciliter, par tout moyen, la justification mensongère de l'origine des biens ou des revenus de l'auteur d'un crime ou d'un délit ayant procuré à celui-ci un profit direct ou indirect.

Constitue également un blanchiment le fait d'apporter un concours à une opération de placement, de dissimulation ou de conversion du produit direct ou indirect d'un crime ou d'un délit. »

• Les professionnels concernés

Sont concernés par la lutte contre le blanchiment :

- les organismes, institutions et services régis par les dispositions du titre Ier du livre Ier du Code monétaire et financier (exemple : banques, établissements de crédit, établissements de paiement) ;
- la Banque de France, l'Institut d'émission des départements d'outre-mer et l'Institut d'émission d'Outre-mer ;
- les entreprises et services mentionnés à l'article L. 310-1 du Code des assurances et les courtiers d'assurance et de réassurance ;
- les institutions ou unions régies par les titres III et IV du livre IX du Code de la sécurité sociale ou relevant du II de l'article L. 727-2 du Code rural ;
- les organismes entrant dans le champ de l'article L. 111-1 du Code de la mutualité ;
- les entreprises d'investissement, membres des marchés réglementés d'instruments financiers et personnes morales mentionnées aux articles L. 421-8 et L. 442-2 du Code monétaire et financier, organismes de placement collectif en valeurs mobilières mentionnés au 1 du I de l'article L. 214-1 du Code monétaire et financier, sociétés de gestion d'organismes de placements collectifs mentionnées au II de l'article L. 214-1 du Code monétaire et financier, intermédiaires en biens divers mentionnés au titre V du livre Ier du Code monétaire et financier, personnes habilitées à procéder au démarchage mentionnées aux articles L. 341-3 et L. 341-4 du Code monétaire et financier et conseillers en investissements financiers ;
- les changeurs manuels ;
- les personnes qui réalisent, contrôlent ou conseillent des opérations portant sur l'acquisition, la vente, la cession ou la location de biens immobiliers ;

- les représentants légaux et directeurs responsables de casinos et groupements, cercles et sociétés organisant des jeux de hasard, des loteries, des paris, des pronostics sportifs ou hippiques ;
- les personnes se livrant habituellement au commerce ou organisant la vente de pierres précieuses, de matériaux précieux, d'antiquités et d'œuvres d'art ;
- les entreprises bénéficiant de l'exemption prévue par le II de l'article L. 511-7 ;
- les experts comptables et commissaires aux comptes ;
- les notaires, commissaires de justice, administrateurs judiciaires et mandataires judiciaires à la liquidation des entreprises, avocats au Conseil d'État et à la Cour de cassation et avoués près des cours d'appels ;
- les sociétés de ventes volontaires de meubles aux enchères publiques ;
- les intermédiaires habilités mentionnés à l'article L. 211-4.

• Les obligations des organismes financiers

Les obligations de vigilance

Les obligations de vigilance strictes consistent à :

- identifier tout client avant l'ouverture d'un compte ;
- identifier les clients « occasionnels » demandant d'effectuer des opérations supérieures à 8 000 € ou de louer un coffre ;
- surveiller particulièrement les opérations supérieures à 150 000 €, qui se présentent dans des conditions inhabituelles de complexité et ne paraissent pas avoir de justification économique ou d'objet licite. Les entreprises bancaires doivent se renseigner auprès du client des caractéristiques de l'opération et consigner ces caractéristiques par écrit.

Lors de l'ouverture d'un compte et, tout au long de la relation, la banque doit s'informer sur « la situation professionnelle, économique et financière du client ».

Pour les personnes physiques, elle doit demander les documents suivants :

- la justification de l'adresse du domicile ;
- les activités professionnelles actuellement exercées ;
- les revenus ou tout élément permettant d'estimer les ressources ;
- tout élément permettant d'apprécier le patrimoine du client.

Pour les personnes morales, elle doit demander les documents suivants :

- la justification de l'adresse du siège social ;
- les statuts ;

- les mandats et pouvoirs ;
- les éléments permettant d'apprécier la situation financière.

Certaines opérations doivent faire l'objet d'une surveillance renforcée : il s'agit des opérations atypiques ; selon l'article L. 561-10-2 du Code monétaire et financier, sont considérées comme des opérations atypiques les opérations complexes, portant sur un objet semblant illicite, d'un montant élevé ou sans justificatif.

La troisième directive a prévu trois cas dans lesquels la vigilance doit être accrue :

- l'absence de contact en face à face avec le client ;
- les relations de correspondant bancaire transfrontalières ;
- les relations avec des personnes politiquement exposées.

Les déclarations de soupçon

Doit faire l'objet d'une déclaration de soupçon :

- toute opération suspecte en considération de sa nature ou de son montant ;
- toute opération dont l'identité du donneur d'ordre ou du bénéficiaire reste douteuse malgré les diligences effectuées ;
- toute opération effectuée par les organismes financiers pour compte propre ou pour compte de tiers avec des personnes physiques ou morales, y compris leurs filiales ou établissements, agissant sous forme ou pour le compte de fonds fiduciaires ou de tout autre instrument de gestion d'un patrimoine d'affectation dont l'identité des constituants ou des bénéficiaires n'est pas connue.

Chaque organisme financier doit désigner ceux de ses dirigeants et de ses préposés qui sont normalement habilités par lui à effectuer la déclaration. Il communique l'identité de ces personnes tant au service destinataire de la déclaration qu'à l'autorité de contrôle dont il dépend.

La déclaration doit, en principe, être faite avant l'exécution de l'opération. Dans ce cas, la déclaration est assortie de l'indication du délai d'exécution de l'opération. Le service destinataire de cette déclaration doit en accuser réception. Cet accusé de réception doit être mis dans le délai d'exécution de l'opération. Il peut être assorti d'une opposition qui oblige l'organisme financier à reporter l'exécution de l'opération pour une durée qui ne peut excéder douze heures (ce délai peut être prorogé sur décision du président du Tribunal de grande instance de Paris ; ce dernier peut aussi ordonner le séquestre provisoire des fonds, comptes ou titres concernés par la déclaration). Si l'accusé de réception de la déclaration établie par le service destinataire n'est pas assorti d'une opposition ou si, au terme du délai d'opposition, aucune décision du tribunal n'est parvenue à l'organisme financier auteur de la déclaration, celui-ci peut exécuter l'opération ayant fait l'objet de cette déclaration.

La déclaration peut porter sur des opérations déjà exécutées lorsqu'il a été impossible de surseoir à leur exécution, ou lorsque ce n'est qu'après cette exécution qu'il est apparu que les sommes en cause relevaient d'une déclaration.

Les déclarations effectuées par les organismes financiers doivent être adressées à un service spécialisé, placé sous l'autorité du ministre chargé de l'Économie et des Finances. Ce service (TRACFIN) a pour mission de recueillir et de rassembler tous les renseignements propres à établir l'origine des sommes ou la nature des opérations faisant l'objet de la déclaration.

Ni la déclaration ni les suites qui lui ont été données ne doivent être portées par les organismes financiers à la connaissance du propriétaire des sommes ou de l'auteur de l'une des opérations qui a donné lieu à déclaration.

Les dirigeants ou les agents des organismes financiers qui auront sciemment violé cette interdiction seront punis d'une peine d'amende de 2 250 € à 22 500 €.

La déclaration constituant une violation du secret professionnel, aucune poursuite fondée ne peut être intentée contre les dirigeants et les préposés de l'organisme financier qui, de bonne foi, ont effectué la déclaration. Aucune action en responsabilité civile ne peut être intentée, aucune sanction professionnelle ne peut être prononcée contre un organisme financier, ses dirigeants ou ses préposés qui ont fait de bonne foi la déclaration.

Lorsque l'opération a été exécutée, avant ou après la déclaration et, sauf concertation frauduleuse avec le propriétaire des sommes ou l'auteur de l'opération déclarée, l'organisme financier est dégagé de toute responsabilité, et aucune poursuite pénale ne peut être engagée, de ce fait, contre ses dirigeants ou ses préposés.

Lorsqu'un organisme financier a omis de faire la déclaration voulue, par suite soit d'un grave défaut de vigilance, soit d'une carence dans l'organisation de ses procédures internes de contrôle, l'autorité ayant pouvoir disciplinaire engage une procédure sur le fondement des règlements professionnels ou administratifs. Elle en avise le procureur de la République.

Le législateur français a écarté le défaut de vigilance ; il faut prouver la complicité du banquier pour le poursuivre. Si cela n'avait pas été le cas, il aurait alors fallu déclarer en soupçon quasiment la totalité des clients bancaires, pour se prémunir contre le risque de sanction pénale.

Toute information de nature à modifier l'appréciation portée par l'organisme financier lors de la déclaration initialement faite par lui, doit immédiatement être portée à la connaissance du service destinataire de cette déclaration.

L'identification des opérateurs

Les banques doivent, avant d'ouvrir un compte, s'assurer de l'identité de leur cocontractant par la présentation de tout document écrit probant.

Elles s'assurent, dans les mêmes conditions, de l'identité de leur client occasionnel pour toute opération portant sur une somme supérieure à 8 000 €.

Elles se renseignent sur l'identité véritable des personnes au bénéfice desquelles un compte est ouvert ou une opération réalisée lorsqu'il apparaît que les personnes qui demandent l'ouverture du compte ou la réalisation de l'opération pourraient ne pas agir pour leur propre compte.

Lors de l'ouverture d'un compte, la banque doit rapidement savoir s'il convient de faire figurer son titulaire sur la liste des clients à haut risque, justifiant une surveillance particulière ; sont plus particulièrement risqués les comptes d'institutions financières non bancaires, les comptes ouverts au nom d'une banque étrangère, les comptes des hommes politiques, les comptes de ressortissants de pays ou territoires à haut risque n'exerçant pas de contrôle efficace contre le blanchiment.

L'identification des opérations

Les banques doivent connaître les activités commerciales et professionnelles de leurs clients, la source de leurs revenus, de leur patrimoine ou de leurs biens, ainsi que l'origine précise des fonds faisant l'objet de transactions bancaires. Le but du compte doit alors être indiqué et la banque doit avoir idée du genre de transaction auquel se livre habituellement son client.

Les banques doivent évaluer le risque inhérent à certaines catégories de compte, à une zone géographique donnée ou à une catégorie particulière de transaction, en examinant de près toute transaction ou série de transactions qui porterait sur des montants dépassant le plafond établi.

Si une banque identifie des activités suspectes, un employé compétent doit alors vérifier si les transactions en question correspondent à une activité légitime.

Le contrôle des chèques

Les banques doivent effectuer des contrôles et vérifications :

- en introduisant des mesures sur le contrôle des chèques dans leur règlement écrit ;
- en mettant en place un programme annuel de contrôle d'une sélection de chèques, en fonction de l'activité de la banque, de l'évolution des typologies de blanchiment et des informations du GAFI ;

- en mettant en place une organisation interne assurant l'efficacité des contrôles, notamment par la formation du personnel.

Concernant les chèques remis à l'encaissement par des clients, les contrôles s'effectuent en fonction de la connaissance du client, notamment en cas de fonctionnement inhabituel décelé lors du suivi des comptes.

Dans le cas de chèques remis à l'encaissement, dans le cadre du « *correspondent banking* », les banques françaises doivent :

- adresser aux banques remettantes étrangères une convention qu'elles doivent signer, qui exige des engagements sur certains points ;
- inscrire dans leur programme de contrôle annuel l'examen d'un nombre minimum de chèques ;
- vérifier tous les chèques reçus des banques remettantes des pays de la liste noire du GAFI (liste des pays et territoires non coopératifs dans la lutte contre le blanchiment) ;
- vérifier au moins 25 % des chèques concernant les pays non-membres du GAFI.

La lutte contre le financement du terrorisme

Les banques doivent prendre des mesures restrictives envers des personnes physiques ou morales, figurant sur des listes élaborées par plusieurs autorités (européennes, françaises...) actualisées fréquemment.

Pour ces personnes, elles ont ainsi des obligations de gel des fonds et l'interdiction de mettre à disposition des fonds ou toute autre ressource économique.

Depuis la loi du 9 mars 2004 portant adaptation de la justice aux évolutions de la criminalité (loi dite Perben 2), les banques doivent également faire des déclarations de soupçon sur les sommes et opérations qui pourraient participer au financement du terrorisme.

La conservation des documents

Les organismes financiers doivent conserver :

- les documents relatifs à l'identité de leurs clients habituels ou occasionnels pendant cinq ans à compter de la clôture de leurs comptes ou de la cessation de leurs relations avec eux ;
- les documents relatifs aux opérations faites par ceux-ci, pendant cinq ans à compter de leur exécution.

Ces délais sont fixés sans préjudice des dispositions édictant des obligations plus contraignantes.

5 • LE FATCA

Le Foreign Account Tax Compliance Act (FATCA) est un règlement du code fiscal des États-Unis qui oblige les banques des pays ayant accepté un accord avec le gouvernement des États-Unis à signer avec le Département du Trésor des États-Unis un accord dans lequel elles s'engagent à lui communiquer tous les comptes détenus par des citoyens américains.

La particularité du système fiscal américain est que cette notion couvre, outre les résidents aux États-Unis, les citoyens de cet État résidents à l'étranger, les titulaires d'une carte de résident permanent aux États-Unis, leurs conjoints et enfants, ainsi que toutes personnes, indépendamment de leur résidence ou nationalité, qui ont des biens substantiels aux États-Unis.

Dans les pays où il existe une convention de double imposition avec les États-Unis, les personnes concernées sont susceptibles de payer un impôt plus élevé que dans leur pays de résidence, si le taux d'imposition américain est plus élevé.

Il a été adopté dans le cadre de la loi du Congrès Hiring Incentives to Restore Employment Act signé par le président Obama le 18 mars 2010.

La date d'entrée en vigueur initialement prévue pour le 1er janvier 2013 a été initialement repoussée au 1er janvier 2014. En juillet 2013, elle a été une nouvelle fois repoussée au 1er juillet 2014.

Le système prévoit des pénalités pour les institutions financières ou les individus qui ne s'y conformeraient pas (« récalcitrants »), qui peuvent aller jusqu'à la clôture forcée du compte d'un particulier ou un prélèvement d'un impôt sur 30 % de la valeur d'un investissement aux États-Unis.

Le 5 février 2012, les pays du G5 (France, Allemagne, Italie, Espagne et Royaume-Uni) ont signé un protocole avec les États-Unis où ils s'engagent à faire appliquer ce dispositif à leurs propres banques.

L'ESSENTIEL

- Le banquier peut voir sa responsabilité mise en jeu tant sur le plan civil que sur le plan pénal et ce, tant à l'égard de ses clients qu'à l'égard de tiers.
- Il est tenu, par principe, au secret professionnel ; toutefois, le secret bancaire peut être levé, dans des conditions très strictes, à l'égard de certaines personnes ou certaines administrations.
- Dans le cadre de la lutte anti-blanchiment de capitaux, les banques sont tenues à des obligations de vigilance et à d'éventuelles déclarations de soupçon auprès de TRACFIN pour les opérations qui leur semblent provenir d'activités illicites.

Quiz : Les risques du métier de banquier

http://dunod.link/techbanc03

PARTIE II

LA BANQUE ET LES PARTICULIERS

4 • LE COMPTE EN BANQUE

Executive summary

- Le compte en banque est l'outil principal avec lequel se noue la relation entre la banque et son client ; il est pratiquement impossible à un particulier de ne pas disposer d'un compte en banque.
- Quelles sont les modalités d'ouverture d'un compte ? Comment s'effectuent les opérations en espèces, par chèque, par carte ou par d'autres moyens de paiement ? Que se passe-t-il en cas de saisie ou d'ATD sur un compte ? Quelles sont les modalités de clôture d'un compte ?

1 • OUVERTURE DU COMPTE DE DÉPÔT

• La tenue du compte

DÉFINITION

On peut définir le compte comme un état comptable sur lequel est inscrit l'ensemble des opérations effectuées entre la banque et son client.
Pour le particulier, le **compte de dépôts** de fonds sert essentiellement à déposer des disponibilités à l'abri de tout risque et à les prélever au fur et à mesure de ses besoins, de différentes manières, comme l'émission de chèques, ce qui fait appeler aussi ces comptes « comptes-chèques ».

Les remises, versements sous toutes les formes, sont inscrites au crédit (espèces, chèques et virements reçus, etc.).

Les retraits, par différents moyens également, sont inscrits au débit (chèques émis, paiements par carte, prélèvements espèces, frais divers dus, virements, prélèvements automatiques).

La différence entre le total des sommes portées au crédit et le total des sommes portées au débit est appelée le solde (solde créditeur en cas d'avoirs du client chez le banquier ; solde débiteur si le titulaire du compte doit de l'argent à son banquier).

Les opérations sont enregistrées au moyen de pièces comptables et le client peut être informé de certaines opérations par des avis de débit ou de crédit (rares en pratique). L'ensemble des opérations est repris sur un relevé de compte appelé aussi extrait de compte.

• Les conditions pour ouvrir un compte

L'ouverture d'un compte doit être précédée d'une vérification par le banquier, de l'identité et de la capacité de la personne physique sollicitant cette ouverture, celle-ci par ailleurs devant justifier d'un domicile et fournir des informations sur sa situation financière.

L'identité

L'identité est composée des nom et prénoms, de la date et du lieu de naissance, de la nationalité et, dans une moindre mesure, du domicile.

Le particulier apporte la preuve de son identité au moyen d'un document officiel : carte nationale d'identité, passeport ou carte de résident. L'existence du domicile doit être justifiée par un document original (quittance de loyer, facture de téléphone fixe ou facture d'eau ou d'électricité, avertissement fiscal, etc.) au nom du client. En cas d'hébergement chez un tiers, une attestation d'hébergement devra être fournie avec le justificatif de domicile de l'hébergeur (la banque pourra refuser l'ouverture du compte si elle estime qu'il s'agit d'une attestation de complaisance).

Les dispositions légales en matière de lutte contre le blanchiment de capitaux et le terrorisme obligent une banque à connaître son client et, lors de l'entrée en relation, elle doit demander des renseignements complémentaires utiles à une bonne connaissance de la situation personnelle, professionnelle et financière (patrimoine et revenus) de son client pour, entre autres, pouvoir contrôler que les opérations effectuées sur le compte ne sont pas des opérations de blanchiment.

Enfin, avant toute délivrance de chéquier, la banque doit au préalable s'assurer que son client n'est pas frappé d'une interdiction d'émettre des chèques en interrogeant le FCC (Fichier central des chèques) ; elle interroge aussi le FICP (Fichier national des incidents de remboursement des crédits) pour savoir si son futur client est à jour dans le règlement d'éventuels crédits.

La capacité

La banque doit vérifier, dans une certaine mesure, la capacité juridique de ses clients, c'est-à-dire leur aptitude à passer des actes juridiques.

Celui qui ne peut pas passer ces actes seul est qualifié juridiquement d'incapable ; un incapable est donc celui qui a des droits, mais qui ne peut pas les exercer librement.

La loi établit les divers degrés de l'incapacité, tout en définissant le rôle des personnes chargées de représenter et d'assister les incapables lors d'actes les engageant.

Les incapables sont les mineurs non émancipés et les incapables majeurs sous tutelle, sous curatelle ou sous sauvegarde de justice.

La publicité de la tutelle et de la curatelle est assurée par la publication d'un extrait du jugement au répertoire civil et une référence en marge de l'acte de naissance du majeur protégé.

Une référence constituée des initiales RC suivies d'un numéro, est portée en marge de l'acte de naissance et renvoie à un fichier, le Répertoire civil, tenu dans chaque tribunal judiciaire où sont conservés des extraits de toutes les décisions concernant l'intéressé.

L'agent de l'État civil ne peut connaître la signification de cette mention puisqu'il en existe trois possibles (curatelle, tutelle, séparation de biens).

Pour savoir si une personne est sous sauvegarde de justice, il faut demander au procureur de la République du domicile du majeur un extrait du registre des sauvegardes.

Seules les personnes qui sont habituellement habilitées à demander l'ouverture d'une tutelle (avocats, notaires, commissaires de justice, tribunaux, etc.) peuvent le faire.

Les incapables mineurs

Toute personne de moins de 18 ans est mineure et doit de ce fait être représentée, sauf en cas d'émancipation, dans la plupart de ses actes par son représentant légal : parents ou tuteur.

Si le mineur vit avec ses deux parents ou si ces derniers continuent, même séparés ou divorcés, à exercer ensemble l'autorité parentale, l'ouverture du compte et les modalités de son fonctionnement pourront être autorisées par le père ou la mère. Toutefois, pour emprunter, le mineur devra obtenir l'autorisation des deux parents avec l'accord éventuel du juge des tutelles.

Si le mineur vit avec un seul de ses parents ou si un seul d'entre eux est à même d'exercer l'autorité parentale, l'ouverture du compte et les modalités de son fonctionnement pourront être autorisées par ce parent seul. Toutefois, pour emprunter, le mineur devra obtenir en outre l'autorisation du juge des affaires familiales.

En cas de tutelle, c'est-à-dire lorsque le père et la mère sont tous les deux inconnus, décédés ou hors d'état de manifester leur volonté ou encore lorsqu'ils ont été déchus de leur autorité parentale, l'ouverture du compte et les modalités de son fonctionnement devront être autorisées par le tuteur. Toutefois, pour emprunter, le mineur devra obtenir en outre l'autorisation du conseil de famille.

Enfin, le mineur peut être émancipé. Il peut être émancipé par le mariage (en cas de dérogation d'âge) ou par décision judiciaire (à partir de 16 ans, le mineur peut être émancipé sur décision du juge des affaires familiales à la demande des parents ou du conseil de famille). Le mineur émancipé dispose de la même capacité civile qu'une personne majeure. Toutefois, le mineur émancipé n'acquiert pas la capacité civique (il ne peut voter). Il peut être commerçant s'il y est autorisé par le juge des affaires familiales ou le président du tribunal judiciaire.

Les mineurs peuvent, dès 16 ans, en principe, disposer d'un compte chèques avec l'autorisation de leur représentant légal et ouvrir, seuls, un compte épargne (livret A ou livret jeune).

Les mineurs peuvent ouvrir un compte épargne, avant 16 ans, avec l'autorisation de leur représentant légal.

Les incapables majeurs

Certaines personnes majeures doivent être protégées, car leurs capacités physiques ou mentales sont gravement altérées par suite de l'âge ou de la maladie. L'incapacité peut être totale ou partielle ; elle peut revêtir l'une ou l'autre des trois formes suivantes : tutelle, curatelle ou sauvegarde de justice.

La tutelle. Peuvent faire l'objet d'une mise sous tutelle, les personnes présentant une altération grave et prolongée de leurs capacités mentales ou physiques, médicalement établie. Ces personnes doivent être incapables d'exercer les actes de la vie civile. Il s'agit d'une incapacité totale. Le majeur sous tutelle est représenté par son tuteur qui agit à sa place pour tous les actes de la vie civile (ex. malade mental) ; l'ouverture du compte est donc demandée par le tuteur et la personne sous tutelle ne pourra effectuer seule que des opérations de retrait espèces limitées en montant.

La curatelle. Peuvent être mises sous curatelle les personnes souffrant d'une altération des capacités physiques ou mentales, médicalement constatée. Toutefois, elles ne doivent pas être hors d'état d'agir par elles-mêmes, mais elles doivent être surveillées et contrôlées dans les actes de la vie civile. Sont concernées des malades mentaux, des personnes âgées ou handicapées.

Il s'agit d'une incapacité partielle ou réduite. Le majeur sous curatelle peut accomplir seul certains actes simples, mais doit se faire assister de son curateur pour les opérations importantes. Une personne majeure sous curatelle peut, en principe, ouvrir seule un compte en banque et même disposer d'un chéquier pour utiliser ses revenus (en pratique, si la banque a connaissance de la curatelle, elle exigera que l'ouverture du compte soit demandée par le curateur ou effectuée avec son assistance). Une personne sous curatelle ne peut emprunter sans l'autorisation de son curateur.

La sauvegarde de justice. Peuvent être mises sous sauvegarde de justice, les personnes majeures souffrant temporairement d'une altération des capacités mentales ou physiques, ne les empêchant pas toutefois de passer les actes de la vie quotidienne (par ex. personnes gravement malades ou accidentées).

Cette mesure concerne aussi des personnes atteintes de débilité légère, des personnes âgées, des invalides ou handicapés (aveugles, sourds-muets, hémiplégiques, etc.) ou encore des personnes dont les facultés sont plus gravement atteintes et qui sont placées sous sauvegarde de justice dans l'attente de la mise en place d'un régime plus protecteur : tutelle ou curatelle.

Le majeur placé sous sauvegarde n'est pas frappé d'une réelle incapacité. Il conserve le droit d'accomplir tous les actes de la vie civile, même vendre ou donner ses biens. Le contrôle des actes ne s'effectue qu'*a posteriori*. Ceux-ci peuvent être annulés ou réduits.

Il peut donc, sauf dispositions particulières, faire seul toutes les opérations bancaires.

• Les modalités pratiques

Une fois que le particulier a apporté la preuve de son identité, de sa capacité, de son domicile et de sa situation financière, la banque peut procéder à l'ouverture du compte.

Une banque a le droit de refuser l'ouverture d'un compte sans avoir à donner les raisons de sa décision. Dans ce cas, elle doit remettre à la personne victime du refus une attestation de refus d'ouverture de compte dont le modèle est interbancaire. Ce document comprend toutes les informations nécessaires pour pouvoir bénéficier du droit au compte et notamment l'adresse de la Banque de France la plus proche. À la demande de la personne victime du refus, la Banque de France va désigner d'office un établissement bancaire où cette ouverture sera possible. La banque peut aussi se charger de faire les démarches auprès de la Banque de France.

Sans réponse de la banque contactée dans les quinze jours suivant sa demande, une personne physique, ou une personne morale de droit privé (société ou association) dépourvue de compte peut saisir la Banque de France, en fournissant la preuve de la démarche entreprise (accusé de réception de la lettre recommandée adressée à l'établissement bancaire, récépissé de dépôt en main propre de la demande).

Pour l'ouverture du compte, la banque va relever les renseignements concernant l'identité, le domicile et la situation familiale, professionnelle et financière du titulaire du compte ; elle va également recueillir un spécimen de la signature de son nouveau client afin de pouvoir vérifier l'authenticité des ordres qu'il transmettra sachant que beaucoup d'opérations peuvent être autorisées par Internet avec utilisation d'un identifiant et d'un mot de passe.

L'ouverture du compte est également mentionnée sur un état que l'on appelle le registre des ouvertures des comptes, registre tenu dans l'ordre des ouvertures effectuées, ces ouvertures devant par ailleurs être déclarées à l'administration fiscale (fichier FICOBA : fichier des comptes bancaires).

Le client se voit attribuer un numéro de compte, numéro qui sera repris sur un relevé d'identité bancaire qui comprend le nom du client, le code de la banque (5 chiffres), le code de l'agence (5 chiffres), le numéro de compte du client (11 chiffres ou lettres) et la clé RIB (2 chiffres) qui permet de vérifier les autres données composant le RIB. Sur le RIB figure également l'*International Bank Account Number* (IBAN), à 27 caractères, qui est l'identifiant international du compte. Le numéro IBAN comprend, en plus de celui du RIB un code pays composé de 2 lettres (FR pour la France) et une clé de contrôle à 2 chiffres.

L'IBAN sert à effectuer les opérations de virements ou de prélèvements transfrontalières. Le RIB et l'IBAN permettent d'identifier, sans erreur, la banque et son client au niveau des opérations effectuées entre établissements de crédit.

En cas de demande de délivrance de chéquier, la banque doit vérifier que celui-ci n'est pas frappé d'une interdiction en interrogeant le fichier central des chèques de la Banque de France (FCC) ; en pratique, elle interroge aussi le FICP.

• La procuration

À l'ouverture du compte ou à tout autre moment après cette ouverture, le titulaire d'un compte peut donner procuration à un tiers qui peut être majeur ou mineur.

La procuration, appelée aussi mandat, est l'autorisation donnée à une tierce personne de faire fonctionner le compte. Celui qui donne la procuration s'appelle le mandant ; celui qui reçoit la procuration s'appelle le mandataire.

La procuration peut être limitée à certaines opérations ou être totale. Elle peut être donnée à plusieurs personnes qui pourront agir séparément (chacun peut agir seul) ou conjointement (l'ensemble des mandataires opère en même temps).

La procuration n'engage pas personnellement le mandataire lors des opérations qu'il effectue pour le compte de son mandant, mais seulement ce dernier. En cas de chèque sans provision par exemple, c'est le titulaire du compte et non son mandataire qui sera sanctionné. Le mandataire reste, cependant, responsable vis-à-vis de son mandant des opérations qu'il aurait pu initier à l'encontre des intérêts du mandant.

• Le compte joint

Ouvert au nom de deux personnes ou plus (au-delà de deux cotitulaires, on parle de compte collectif), qui peuvent ne pas être de la même famille, le compte joint concerne la plupart du temps un couple marié ou non. Son avantage réel ne doit pas masquer ses risques.

Les modalités de fonctionnement

Chacun des cotitulaires du compte peut effectuer seul (sauf si le compte a été ouvert avec le libellé « M. et M. » entraînant l'accord des deux cotitulaires pour toutes les opérations) toute opération sur les fonds ou les titres en dépôt et, notamment, à sa seule initiative, effectuer des paiements ou des retraits importants, voire totaux.

Les titulaires sont responsables solidairement du débit du compte. En ouvrant un compte joint, les cotitulaires de ce compte sont créanciers à part entière du solde bénéficiaire, mais ils sont également débiteurs de l'éventuel déficit.

Si l'un des cotitulaires d'un compte joint émet un chèque sans provision sur le compte joint, les cotitulaires seront tous les deux interdits d'émettre des chèques jusqu'à régularisation (ou pour cinq ans maximum), sauf s'ils avaient au préalable désigné un responsable qui sera alors seul frappé de l'interdiction d'émettre des chèques.

En cas de saisie-attribution prononcée à l'encontre d'un des cotitulaires, la totalité du compte peut se trouver bloquée, faute de pouvoir déterminer la part qui revient à chacun.

En cas de décès de l'un des cotitulaires, le survivant peut faire fonctionner seul le compte, sauf opposition des héritiers ou si le compte devait fonctionner avec la signature des deux cotitulaires.

Peuvent être ouverts en compte joint, les comptes-chèques, certains comptes d'épargne, les comptes titres et les dépôts à terme. Ne peuvent pas être ouverts en compte joint, les comptes et plans d'épargne logement, les livrets d'épargne populaire, les livrets jeune, les livrets de développement durable et solidaire et les plans d'épargne en actions.

La désolidarisation et dénonciation

La clôture du compte doit être demandée par les deux cotitulaires. Si l'un d'entre eux le souhaite, il peut demander à la banque la dénonciation du compte joint en prévenant son cotitulaire, le compte devient alors un compte indivis sans solidarité active et nécessite l'accord des cotitulaires pour toute opération, notamment la destination du solde. La résiliation de la convention prend effet immédiatement, mais seulement pour les opérations à venir : les cotitulaires restent solidaires des dettes accumulées jusqu'à la date de révocation, y compris des dettes qui apparaîtraient plus tard, mais qui seraient liées à des opérations antérieures à la résiliation.

Les cotitulaires peuvent aussi demander la désolidarisation qui aura aussi pour conséquence que le compte ne pourra plus fonctionner sous la signature d'un seul d'entre eux.

• Le droit au compte

La loi du 29 juillet 1998 relative à la lutte contre les exclusions instaure un droit à l'ouverture d'un compte de dépôt. L'article 58 de la loi n° 84-46 du 24 janvier 1984 relative à l'activité et au contrôle des établissements de crédit prévoit désormais que toute personne résidant en France, dépourvue d'un compte de dépôt, a droit à l'ouverture d'un tel compte dans l'établissement de crédit de son choix. Cette procédure est ouverte à toute personne résidant en France ou dans un État membre de l'Union européenne, à tout Français résidant à l'étranger et également aux demandeurs interdits bancaires, ainsi qu'aux sociétés et associations.

Dans le délai d'un jour ouvré suivant sa saisie, la Banque de France désigne un établissement bancaire proche du domicile du demandeur ou du lieu de son choix. Dans les trois jours suivant sa désignation, cet établissement doit indiquer au client les documents nécessaires à l'ouverture du compte. L'établissement désigné n'est toutefois pas obligé d'ouvrir un compte, mais il doit dans ce cas informer la Banque de France du motif de son refus. Il doit également l'informer s'il met fin ultérieurement à la convention de gestion de compte ouverte dans le cadre de cette procédure de droit au compte. Si le demandeur ne dispose pas d'une attestation de refus d'ouverture de compte, un silence de quinze jours de la banque sollicitée vaudra refus et suffira pour saisir la Banque de France.

En cas d'ouverture du compte imposée par la Banque de France, la banque désignée est tenue d'assurer gratuitement au titulaire du compte les services bancaires de base.

Les services bancaires de base comprennent :

- l'ouverture, la tenue et la clôture du compte ;
- un changement d'adresse par an ;
- la délivrance, à la demande, de relevés d'identité bancaire (RIB et IBAN) ;
- la domiciliation de virements bancaires ;
- l'envoi mensuel d'un relevé des opérations effectuées sur le compte ;
- la réalisation des opérations de caisse ;
- l'encaissement de chèques et de virements bancaires ;
- les dépôts et les retraits d'espèces au guichet de l'organisme teneur de compte ou aux guichets automatiques de cet organisme ;
- les paiements par prélèvement, le titre interbancaire de paiement ou le virement bancaire ;
- des moyens de consultation à distance du solde du compte ;
- une carte de paiement à autorisation systématique, si l'établissement de crédit est en mesure de la délivrer ou, à défaut, une carte de retrait permettant les retraits dans les distributeurs automatiques de billets ;
- deux formules de chèques de banque par mois ou moyens de paiement équivalents offrant les mêmes services.

Enfin, toute décision de clôture du compte à l'initiative de l'établissement de crédit désigné par la Banque de France doit faire l'objet d'une notification écrite et motivée adressée au client et à la Banque de France pour information. Un délai minimum de quarante-cinq jours est obligatoirement consenti au titulaire du compte. Ces dispositions s'appliquent aux interdits bancaires. Les banques doivent faire une offre bancaire spécifique pour les clients les plus fragiles.

Depuis le 1er octobre 2014, elles sont dans l'obligation de proposer à leurs clients en difficulté financière une offre de services bancaires à prix réduit et elles ont l'obligation d'identifier au sein de leur clientèle les personnes en situation de fragilité financière et de leur proposer de souscrire à cette offre spécifique. Cette offre spécifique concerne notamment les personnes inscrites pendant trois mois consécutifs au fichier de la Banque de France centralisant les incidents de paiement pour un chèque impayé, les personnes dont le dossier de surendettement a été déclaré recevable ou encore les personnes ayant cumulé au moins cinq incidents de paiement au cours du même mois. Elle est proposée pour un tarif ne pouvant pas dépasser 3 € par mois (montant revalorisé annuellement en fonction de l'indice Insee des prix à la consommation, hors tabac). Cette offre doit contenir au moins les services suivants :

- la tenue, la fermeture et, le cas échéant, l'ouverture du compte de dépôt ;
- une carte de paiement à autorisation systématique ;
- le dépôt et le retrait d'espèces dans l'agence de l'établissement teneur du compte ;
- quatre virements mensuels SEPA, dont au moins un virement permanent, ainsi que des prélèvements SEPA en nombre illimité ;
- deux chèques de banque par mois ;
- un moyen de consultation du compte à distance ainsi que la possibilité d'effectuer à distance des opérations de gestion vers un autre compte du titulaire au sein du même établissement ;
- un système d'alertes sur le niveau du solde du compte ;
- la fourniture de relevés d'identités bancaires ;
- le plafonnement spécifique des commissions d'intervention (4 € par opération et 20 € par mois) ;
- un changement d'adresse une fois par an.

2 • LES OPÉRATIONS EN ESPÈCES

Pour faire fonctionner son compte, le client peut effectuer toutes sortes d'opérations et notamment des opérations en espèces.

• Les versements

Les versements peuvent être effectués par le titulaire du compte, mais aussi par toute personne qui n'aura pas à justifier de son identité (toutefois, dans le cadre de la lutte contre le blanchiment, les banques contrôlent de très près les versements espèces effectués par des tiers et certaines les interdisent).

Sur le bordereau de versement espèces seront mentionnés le nom du titulaire du compte, le numéro du compte et éventuellement le nom de la personne qui a effectué le versement si elle n'est pas le titulaire du compte. Les versements peuvent être effectués dans la plupart des agences de la banque.

La banque doit transmettre à Tracfin des éléments d'information relatifs aux opérations de transmissions de fonds à partir d'un versement en espèces ou au moyen de monnaie électronique, dès lors que le montant de l'opération dépasse :

- le seuil de 1 000 € par opération ;
- ou le seuil de 2 000 € cumulés par client sur un mois calendaire.

• Les retraits

Si les versements peuvent être effectués par quiconque, seul le titulaire du compte ou son mandataire peut effectuer des retraits.

Les retraits peuvent être opérés au moyen de chèques ordinaires ou de simples pièces comptables de caisse.

Avant d'autoriser le paiement, le guichetier doit s'assurer de l'identité de la personne qui effectue le retrait (s'il ne la connaît pas), contrôler la régularité des pièces (chèques, pièces de caisse) et vérifier que le compte est approvisionné.

Si le titulaire du compte est en déplacement, il peut généralement effectuer des retraits dans une autre agence de la même banque. Par ailleurs, s'il possède une carte bancaire, il peut retirer des espèces dans les distributeurs automatiques de billets (le plafond est généralement de 300 € tous les sept jours, pour une carte bancaire ordinaire et de 900 € pour une carte premier ; des retraits plus importants peuvent être effectués à l'étranger ou dans les guichets automatiques de la banque auprès de laquelle a été ouvert le compte).

• La mise à disposition

Lorsque le titulaire d'un compte est en déplacement, qu'il ne détient pas de carte bancaire, qu'il ne veut pas de chèques de voyage ou qu'il souhaite disposer de sommes importantes, il peut se faire remettre des fonds ou en faire bénéficier un tiers en utilisant la mise à disposition.

Sur demande du titulaire du compte, la banque adresse des fonds pour un montant donné dans une autre agence ou chez un banquier correspondant. Cet envoi peut bénéficier au donneur d'ordre ou à un tiers.

Le compte du client est aussitôt débité et l'agence concernée reçoit les éléments permettant le retrait des fonds (identité, conditions de retrait, spécimen de signature, etc.).

Le bénéficiaire peut retirer les fonds en une ou plusieurs fois. En cas de non-utilisation ou d'utilisation partielle, le solde sera rapatrié, passé le délai de validité à l'agence d'origine.

3 • LES OPÉRATIONS PAR CHÈQUE

• Le chèque

Si les opérations en espèces ont le mérite de la simplicité, elles ne sont pas très utiles dès qu'il s'agit d'opérer des règlements à distance ou pour des montants importants. Le chèque offre pour cela infiniment plus d'avantages.

Les formules de chèques, délivrées gratuitement par toutes les banques (mis à part les éventuels frais d'envoi par la poste), permettent au titulaire d'un compte en banque d'effectuer des paiements sans manipulation d'espèces en direct ou à distance en adressant le chèque au bénéficiaire par courrier.

DÉFINITION

Le **chèque** est un écrit par lequel une personne, dénommée le tireur, donne l'ordre à une autre personne, dénommée le tiré, de payer une certaine somme au titulaire ou à un tiers, appelé le bénéficiaire à concurrence des fonds déposés chez le tiré.

Le chèque fait donc intervenir trois personnes :

- le tireur : c'est lui qui établit et signe le chèque ; il doit être capable ;
- le tiré : c'est lui qui détient les fonds et paye ; ce peut être une banque, un trésorier payeur général, le caissier général de la Caisse des dépôts et consignations, une caisse de crédit municipal, etc. ;
- le bénéficiaire : c'est lui qui reçoit le paiement. Le chèque peut être stipulé payable à une personne dénommée ou au porteur (si le chèque est non barré). Il peut également être émis en blanc ; en ce cas il vaut comme chèque au porteur. Le chèque peut être émis au profit du tireur lui-même.

La délivrance de chéquiers

Après avoir vérifié l'identité et le domicile du client demandant l'ouverture d'un compte, le banquier ne peut délivrer de carnet de chèques à un nouveau client qu'après consultation du Fichier central des chèques (FCC) tenu par la Banque de France pour savoir si l'intéressé n'est pas sous le coup d'une interdiction d'émission de chèques prononcée par une banque ou les autorités judiciaires.

Dans tous les cas, le banquier peut refuser de délivrer au titulaire d'un compte des formules de chèques, mais il doit alors justifier de son refus par écrit ; il doit aussi refuser si le compte n'est pas suffisamment approvisionné ou a peu de chance de l'être dans un délai raisonnable et pour un montant minimum laissé à l'appréciation de la banque.

Les aspects formels du chèque

Les mentions obligatoires

Le chèque doit comprendre un certain nombre de mentions obligatoires : le mot chèque, l'ordre pur et simple de payer une somme déterminée, le nom du tiré (banque ou autre), le lieu de paiement avec l'adresse complète et le numéro de téléphone, la date et le lieu de création du chèque, le nom du tireur, son adresse complète et sa signature.

L'omission d'une des mentions énumérées ci-dessus (sauf pour ce qui concerne les lieux de création et de paiement) a pour conséquence, la non-validité du chèque. Le chèque perd alors sa qualité de chèque et les prérogatives particulières qui lui sont attachées.

Si la date n'est pas indiquée sur le chèque, ce dernier sera considéré comme émis à la date de remise à l'encaissement par le bénéficiaire ; si le lieu n'est pas indiqué, le chèque sera considéré comme émis au domicile du tireur.

Les mentions facultatives

Le nom du bénéficiaire : cette mention est facultative, car certains chèques peuvent être émis au porteur dans la mesure où ils ne sont pas barrés (voir ci-dessous). Le barrement s'effectue au moyen de deux barres parallèles apposées au recto ; il peut être général ou spécial. Le barrement est général s'il ne porte entre les deux barres aucune désignation ; il ne peut être payé qu'à une banque ou à un établissement assimilé. Le barrement est spécial si le nom de la banque est indiqué entre les deux barres ; il ne peut être payé par le tiré qu'à la banque désignée. Le barrement spécial (très rare, en pratique) limite les risques d'escroquerie, car le porteur du chèque ne peut l'encaisser qu'en possédant un compte auprès de l'établissement désigné.

Le barrement général peut être transformé en barrement spécial, mais le barrement spécial ne peut être transformé en barrement général.

Le barrement, qu'il soit général ou spécial, ne peut être annulé.

Les types de chèques

Il existe deux types principaux de chèques : les chèques pré-barrés et les chèques non barrés.

Les chèques pré-barrés

Ces chèques ne peuvent être établis au porteur ; ils ne sont pas transmissibles par endos ; ils ne sont pas encaissables en espèces au guichet ; ils ne peuvent être encaissés que par l'intermédiaire d'un établissement de crédit ou un établissement assimilé (les chèques de salaires même pré-barrés peuvent dans certaines conditions être payés au bénéficiaire en espèces au guichet).

Les chèques non barrés

Ces chèques conservent toutes les caractéristiques des chèques ordinaires. Toutefois, à leur délivrance, la banque perçoit un droit de timbre pour le compte du Trésor. Par ailleurs, les banques sont obligées de tenir à la disposition de l'Administration fiscale les numéros des chèques ainsi délivrés et l'identité des personnes qui les ont demandés (les chèques barrés endossables subissent les mêmes contraintes fiscales que cette dernière catégorie de chèques).

La provision

Émettre un chèque, c'est donner l'ordre au tiré de remettre au bénéficiaire une certaine somme d'argent soit directement, soit par l'intermédiaire d'un autre établissement.

La provision doit être faite par le tireur. L'existence de fonds chez le banquier constitue la provision du chèque. Celle-ci doit être préalable et disponible, c'est-à-dire exister au moment de la création du chèque et être à la disposition immédiate de celui qui sera porteur légitime du titre et ce, pendant toute la durée de validité du chèque.

Un chèque pouvant être émis sans provision, le bénéficiaire peut souhaiter être rassuré sur l'existence de la provision.

Il existe pour cela deux types particuliers de chèques : le chèque de banque et le chèque de voyage.

Le chèque de banque

Le chèque de banque est un chèque émis par une banque soit sur l'une de ses agences, soit sur une autre banque.

Compte tenu de la qualité du tireur, le porteur du chèque est assuré de son paiement pendant toute la durée de validité du chèque (1 an et 8 jours en France).

Le chèque de banque peut être demandé par un client de la banque qui lors de sa délivrance débitera le compte du demandeur.

Le bénéficiaire d'un chèque de banque doit être très vigilant, car l'escroquerie aux faux chèques de banque est courante, notamment lors de la vente de véhicules d'occasion.

Le chèque de voyage

Pour partir en voyage, il est facile d'emporter des espèces ou encore des devises (monnaies étrangères) ; toutefois, cet argent liquide peut être égaré ou volé et compromettre sérieusement le déplacement de son propriétaire.

Le chèque de voyage va éviter au touriste ou à l'homme d'affaires en déplacement ce genre de désagrément, car il élimine les risques matériels de perte ou de vol et est protégé contre le risque d'utilisation frauduleuse.

Pour cela, le voyageur achète à sa banque des chèques d'un montant défini émis en euros ou en devises ; il les présentera au paiement dans tous les guichets de l'établissement émetteur et chez tous ses correspondants et obtiendra des devises en contrepartie. Il pourra également les remettre à des tiers, hôteliers ou particuliers.

Au moment de la délivrance des chèques de voyage, l'acheteur (ou l'utilisateur si ce n'est pas celui qui achète les chèques ; par ex. dirigeant d'entreprise) appose sa signature au recto ; il devra le contresigner devant le guichetier de la banque appelée à payer ou devant le bénéficiaire lorsqu'il est remis à un tiers. Les deux signatures doivent évidemment être identiques.

Un chèque de voyage revêtu d'une contresignature apposée préalablement à la présentation au paiement ne doit pas être payé en espèces. Émis à l'ordre d'un tiers, c'est à ce dernier de s'assurer de la régularité des signatures, la remise à la banque se faisant au moyen de l'endos.

Avec le développement de l'utilisation de cartes de paiement internationales, l'utilisation de chèques de voyage s'est raréfiée.

Les règlements obligatoires

Sont obligatoirement opérés par chèque barré ou virement bancaire, les règlements suivants :

- les traitements et salaires lorsqu'ils excèdent 1 500 € pour un mois entier ; les professionnels agissant dans le cadre de leur activité professionnelle doivent payer par chèque ou virement bancaire lorsque le montant du règlement dépasse la somme de 1 000 € (3 000 € pour les paiements effectués au moyen de monnaie électronique).
- paiements effectués par un particulier pour tout montant supérieur à 1 000 € (3 000 € pour les paiements effectués au moyen de monnaie électronique (toute infraction à cette règle est passible d'une amende de 15 000 €) ;
- paiements effectués par les personnes qui justifient qu'elles n'ont pas leur domicile fiscal en France et qui n'agissent pas pour les besoins de leur activité professionnelle pour tout montant supérieur à 10 000 €.

Ces limitations ne sont toutefois pas applicables :

- aux paiements effectués entre particuliers ;
- aux paiements réalisés par des personnes qui sont incapables de s'obliger par chèque ou par un autre moyen de paiement, ou qui ne sont pas titulaires d'un compte de dépôt ;
- ainsi qu'aux paiements des dépenses de l'État et des autres personnes publiques.

L'encaissement du chèque

Le chèque peut être payé, sous certaines conditions, contre espèces (au titulaire du compte ou à un tiers) ou par crédit en compte.

L'encaissement contre espèces

Règlement au titulaire du compte. Lorsqu'il paye au titulaire du compte ou à son mandataire, le guichetier doit s'assurer de l'existence de la provision et demande à son client d'apposer sa signature précédée de la mention « pour acquit » au dos du chèque. Cet acquit atteste de la remise des fonds. En pratique, les retraits d'espèces au guichet se font avec des pièces de caisse.

Règlement en faveur d'un tiers. Lorsqu'il paye à un tiers, le guichetier doit être plus prudent et prendre plusieurs précautions avant de procéder au paiement :

- vérifier l'identité du bénéficiaire au moyen d'une pièce d'identité ;
- s'assurer de la régularité du chèque (mentions obligatoires, délai de validité, absence d'opposition, absence de barrement) ;
- contrôler l'existence de la provision.

Au moment du paiement, il fera également procéder à l'acquit au dos du chèque.

Le paiement d'un chèque en espèces n'est possible que si le chèque est non-barré.

L'encaissement par la banque

Si le bénéficiaire le désire, ou si le chèque est barré, le chèque pourra être encaissé par la banque.

Le bénéficiaire endosse le chèque à l'ordre de sa banque. Endosser un chèque c'est signer au dos. On parle alors d'endos de procuration ou d'encaissement. Si le nom de la banque est mentionné, on parle d'endos nominatif, si la signature seule est apposée on parle alors d'endos en blanc.

La banque procède à certaines vérifications : régularité du chèque, validité du chèque, suite régulière d'endos si le chèque est endossable.

Depuis le 1er juin 2002, quasiment tous les chèques de moins de 5 000 € sont échangés (sauf exceptions), non plus physiquement, mais sous forme de fichiers informatiques (images-chèques). Le chèque, une fois saisi, ne circule plus : il est archivé par la banque du bénéficiaire, qui devient ainsi responsable non seulement de l'archivage, mais également des opérations de back-office (contrôle de régularité, rejet, recherche, etc.).

Le circuit de traitement des chèques

1re étape : remise en banque par le bénéficiaire

Le bénéficiaire d'un chèque ne peut, sauf exception, l'encaisser en espèces ; il doit donc le remettre à sa banque pour encaissement. Le compte du bénéficiaire est crédité du montant du chèque, sous réserve d'encaissement.

2e étape : transmission à la banque du tireur

Si le bénéficiaire du chèque a un compte dans un autre établissement, la banque du bénéficiaire transmet les informations figurant sur le chèque à la banque du tireur par l'intermédiaire du système CORE (*Compensation retail*) qui est une plate-forme de compensation interbancaire. Les informations contenues sur le chèque sont transférées sur support magnétique (image-chèque), sauf pour les chèques d'un montant supérieur à 5 000 € ou certains chèques qui circulent encore.

3e étape : passage de l'écriture au débit du compte du tireur

Si le tireur a un compte dans le même établissement que le bénéficiaire, l'opération consistera à débiter le compte du premier pour créditer le compte du second (l'étape n° 2 n'a évidemment pas eu lieu).

Si le tireur a un compte dans un autre établissement que le bénéficiaire, le compte du tireur est débité du montant du chèque dans la mesure où la provision est constituée.

Le traitement des chèques se présentant sur un compte non approvisionné

Lors de la présentation du chèque, il se peut que le compte du tireur ne soit pas approvisionné.

Dans un premier temps, l'opération est mise en suspens, c'est-à-dire que le rejet du chèque n'est pas définitif. Dans ce cas, le banquier du tireur dispose d'un délai soit pour procéder au passage définitif du chèque en compte, soit pour le rejeter, ce qui donnera lieu à contre-passation de l'écriture au compte du bénéficiaire.

Le délai de rejet pour défaut de provision est de 8 jours ; ce délai peut être porté à 60 jours pour d'autres motifs (chèque irrégulier, utilisation abusive, etc.).

En pratique, cela signifie que le banquier du tireur dispose d'une durée variable pour prendre sa décision en fonction de l'évolution de la position du compte : remises postérieures à la présentation, appel du client, prise de risque supplémentaire.

Le délai de validité et d'encaissement

Un chèque est payable à vue ; toute mention contraire est réputée non écrite.

Le chèque doit, d'autre part, être présenté au paiement dans un délai très court dit délai de présentation (ou d'encaissement). Ce délai est de :

- huit jours si le chèque est émis en France ;
- vingt jours s'il a été émis en Europe ou dans un pays riverain de la Méditerranée ;
- soixante-dix jours s'il a été émis dans un autre pays.

Passé ce délai, le chèque reste encore valable pendant un an ; on parle alors de délai de validité.

Un chèque émis en France est donc valable un an et huit jours ; au-delà, on dit qu'il est prescrit.

Pendant l'année qui court entre le délai de présentation et la prescription du chèque, le tiré doit payer si la provision au compte du tireur est suffisante ; le porteur du chèque perd cependant certains de ses recours en cas de non-paiement.

Ni le décès du tireur, ni son incapacité survenant après l'émission ne peuvent faire opposition au paiement.

L'opposition au paiement

Il ne peut être fait opposition au paiement d'un chèque par le tireur qu'en cas de perte, de vol, d'utilisation frauduleuse du chèque ou dans le cas où le bénéficiaire du chèque est sous le coup d'une procédure de sauvegarde, de redressement judiciaire ou de liquidation judiciaire.

Le tireur d'un chèque ne peut pas faire opposition au paiement en cas de litige avec le bénéficiaire du chèque.

Le paiement partiel

Si la provision est inférieure au montant du chèque, le porteur a le droit d'exiger le paiement jusqu'à concurrence de la provision ; il ne peut pas refuser un paiement partiel. En cas de paiement partiel, le tiré peut exiger que mention de ce paiement soit faite sur le chèque.

Le recours en cas de non-paiement

Il arrive trop souvent, qu'un chèque ne soit pas payé à présentation, notamment pour défaut de provision.

Si le chèque a été présenté dans les délais légaux d'encaissement (huit jours en France), le porteur peut exercer des recours contre le tireur du chèque, les endosseurs ou toute personne qui y a apposé sa signature.

En cas de non-paiement ou de paiement partiel, le porteur d'un chèque dispose de recours strictement réglementés et qui diffèrent selon que le chèque est présenté ou non dans les délais d'encaissement.

Pendant le délai légal

La procédure est la suivante :

- un certificat de non-paiement est délivré par la banque du débiteur, à la demande du porteur, si le chèque est resté impayé à l'issue d'un délai d'un mois ou après une deuxième présentation au paiement ;
- ce certificat doit être signifié au débiteur par un commissaire de justice ; cette signification vaut commandement de payer ;
- à défaut de paiement dans les quinze jours de la signification, le commissaire de justice délivre sans aucun autre acte de procédure un titre exécutoire qui permettra d'engager les diverses procédures : saisie-attribution sur salaire ou sur compte bancaire, etc. ;

Tous les frais de la procédure sont à la charge du tireur.

Le porteur dispose d'une action qui est prescrite pour six mois contre le tireur et les endosseurs, et pour un an contre le tiré.

Hors délais d'encaissement

Le bénéficiaire ne peut plus exercer de recours qu'à l'égard du tireur qui n'a pas fait provision. Il peut toutefois représenter le chèque au paiement.

La signification de payer au tireur vaut commandement de payer. Au bout d'un délai de quinze jours, le commissaire de justice peut sans autre formalité, saisir les biens meubles du tireur.

Les délais de recours sont très stricts et sont calculés à partir de l'expiration du délai de présentation :

- un an : recours du porteur contre le tiré (banque) qui a la provision ;
- six mois : recours du porteur contre le tireur (émetteur du chèque) et les endosseurs.

Si le porteur du chèque a présenté celui-ci après expiration du délai de présentation ou n'a pas exercé ses recours en temps utile, il ne peut plus poursuivre le tireur que si celui-ci n'avait pas fait provision.

La prévention des chèques sans provision

La prévention des chèques sans provision est assurée par les mesures suivantes :

- vérifications imposées au banquier lors de toute ouverture de compte (identité, domicile, interdiction bancaire ou judiciaire) ;
- tout banquier peut refuser de délivrer au titulaire du compte des formules de chèques, décision qu'il prendra s'il a le moindre doute sur l'utilisation qu'en fera son client ou si le compte n'est pas suffisamment ou régulièrement approvisionné ;
- le bénéficiaire d'un chèque est en droit d'exiger du remettant la présentation d'un document officiel revêtu d'une photo prouvant son identité ; il peut également consulter un fichier informatique pour savoir si le chèque a été émis ou non régulièrement (Fichier national des chèques irréguliers – FNCI) ;
- les formules de chèque mentionnent l'adresse du titulaire du compte et le numéro de téléphone de l'agence tirée.

• La répression des chèques sans provision

Elle est assurée par les mesures suivantes.

La loi oblige les banques à prévenir leurs clients particuliers avant tout rejet de chèque en attirant leur attention sur les conséquences d'un chèque sans provision.

Le cas des chèques inférieurs ou égaux à 15 €

La banque doit payer les chèques réguliers d'un montant inférieur ou égal à 15 € pour lesquels la provision est inexistante ou insuffisante. La banque est toutefois dispensée de payer de tels chèques si le chèque lui est présenté plus d'un mois après sa date de création ou si le motif de rejet ne relève pas de l'absence ou de l'insuffisance de provision.

Le banquier qui a payé un chèque inférieur ou égal à 15 €, malgré l'inexistence ou l'insuffisance de provision, est subrogé d'office dans les droits et recours du porteur. Il peut faire une mise en demeure par commissaire de justice au titulaire du compte. À défaut de paiement dans un délai de 15 jours, le commissaire de justice peut saisir, sans autre procédure, les biens meubles du tireur. Le tiré peut également, pour se rembourser, débiter d'office le compte de son client.

La loi a d'autre part précisé que toute personne qui exige ou provoque par un moyen quelconque le règlement d'une dette par fractionnement, au moyen de chèques égaux ou inférieurs à 15 €, est passible d'une amende.

Le cas des chèques de plus de 15 € sans provision ou avec provision insuffisante

La procédure en cas de rejet de chèque

Le banquier qui a refusé le paiement d'un chèque pour défaut de provision suffisante doit enjoindre au titulaire du compte :

- de restituer à tous les banquiers dont il est le client les formules en sa possession et celles détenues par ses mandataires ;
- de ne plus émettre de chèques ; cette interdiction est d'une durée de cinq ans à défaut de régularisation des impayés.

Le tiré doit aussi informer les éventuels mandataires qu'il leur est aussi interdit d'émettre des chèques sur le compte du titulaire frappé de l'interdiction.

Le tiré informe, par ailleurs, la Banque de France de cet incident ; la Banque de France assure la centralisation des incidents de paiement de chèque et la communication de ces renseignements aux établissements sur lesquels des chèques peuvent être tirés.

Lorsque l'incident de paiement est le fait du titulaire d'un compte collectif avec ou sans solidarité, le dispositif d'interdiction bancaire et de régularisation s'applique aux deux cotitulaires sauf si l'un d'entre d'eux a été, au préalable, désigné comme responsable.

Lorsque le titulaire du compte est soumis à l'obligation d'immatriculation au registre du commerce et des sociétés (RCS) ou au répertoire des métiers et que le montant du chèque impayé est supérieur à 1 500 €, le tiré a l'obligation, conformément aux dispositions prévues à l'article R.131-49 du Code monétaire et financier, de dénoncer le certificat de non-paiement au greffier du tribunal de commerce ou, le cas échéant, du tribunal judiciaire statuant en matière commerciale dans le ressort duquel se trouve le domicile du titulaire du compte.

La régularisation possible

La levée de l'interdiction bancaire est subordonnée au règlement effectif du ou des chèques rejetés. Cette régularisation peut intervenir à tout moment ; elle constitue le préalable à toute nouvelle délivrance de formules et à toute émission de chèques. La régularisation peut être réalisée par le paiement du chèque impayé lors d'une deuxième présentation, le blocage de la provision correspondante ou la remise du chèque objet de l'impayé à la banque.

En cas de rejet pour défaut de provision, la banque peut percevoir des frais. Ces frais sont limités par la loi à 30 € par chèque pour les chèques inférieurs ou égaux à 50 € et à 50 € pour les chèques supérieurs à 50 €. De plus, le rejet d'un chèque présenté au paiement à plusieurs reprises dans les 30 jours suivant le premier rejet constitue un incident de paiement unique et les frais bancaires de rejet ne peuvent alors être perçus qu'une seule fois.

La déclaration des incidents de paiement à la Banque de France

Le tiré est tenu de déclarer à la Banque de France les incidents de paiement au plus tard le deuxième jour ouvré suivant le refus de paiement. Lorsque le tireur a émis le chèque au mépris d'une interdiction toujours en vigueur, ce délai expire au plus tard le cinquième jour ouvré suivant le refus de paiement.

Le nouveau refus de paiement d'un chèque ayant déjà fait l'objet d'un enregistrement n'est pas enregistré.

Les informations diffusées par la Banque de France

Aux banques. La Banque de France communique aux banques, sur leur demande, les renseignements relatifs aux incidents de paiement enregistrés au Fichier central des chèques impayés concernant toute personne ou entreprise. Elle informe également les banques auprès desquelles le responsable de l'impayé a ouvert un compte.

Aux autorités judiciaires. La Banque de France communique d'office chaque mois au procureur de la République les renseignements relatifs aux émissions de chèques qui constituent des infractions à une interdiction bancaire ou judiciaire.

Le rôle de l'autorité judiciaire

Différentes sanctions pénales sont prévues notamment en cas de contrefaçon ou falsification de chèques ou de cartes que ce soit pour les auteurs, les utilisateurs ou les bénéficiaires des instruments falsifiés ou contrefaits.

Les infractions commises par le tiré

Le tiré (la banque) peut se voir frappé de sanctions pénales et de sanctions pécuniaires.

Les sanctions pénales. Est passible d'une amende de 300 € à 12 000 € :

- le tiré qui indique une provision inférieure à la provision existante et disponible ;
- le tiré qui contrevient aux dispositions réglementaires lui faisant obligation de déclarer dans les délais prévus les incidents de paiement ;
- le tiré qui délivre des chéquiers à un tireur frappé d'interdiction d'émission de chèques ou qui n'adresse pas au tireur la lettre d'injonction prévue.

Les sanctions pécuniaires. Le tiré doit payer tout chèque sans provision suffisante, si celui-ci est tracé sur une formule qu'il a délivrée à un interdit, sans consultation préalable du Fichier de la Banque de France ou sur une formule dont il n'a pas demandé la restitution.

4 • LES OPÉRATIONS PAR CARTES

Le paiement par chèque présentant un certain nombre d'inconvénients, le recours aux cartes de paiement est de plus en plus développé. En effet, aujourd'hui, il est pratiquement possible de payer par carte bancaire tout achat de biens ou de services sur site ou à distance, la limite étant le montant.

• Les types de cartes

Il existe deux types principaux de cartes bancaires : les cartes de retrait et les cartes de paiement.

Les cartes de retrait

Les cartes de retrait ne peuvent être utilisées que pour retirer de l'argent dans les distributeurs de billets. Certaines cartes ne peuvent être utilisées que dans les distributeurs de l'établissement teneur du compte. D'autres cartes permettent des retraits dans l'ensemble des distributeurs : en France et/ou à l'étranger.

Les cartes de paiement

Les cartes nationales et internationales

Les cartes nationales ne peuvent être utilisées qu'en France et les cartes internationales (réseau VISA ou Mastercard) peuvent être utilisées en France et à l'étranger.

Les cartes à débit immédiat et cartes à débit différé

Les règlements effectués avec les premières donnent lieu à débit sur le compte à chaque opération, alors que les secondes ne donnent lieu à débit en compte que mensuellement : dans ce dernier cas, la date d'arrêté des comptes varie d'une banque à une autre.

Les cartes avec ou sans support de crédit

Certaines cartes de paiement peuvent permettre d'accéder à un système de crédit personnel lié à la possession de cette carte.

Les cartes de paiement, en effet, n'apportent en elles-mêmes sous forme de crédit que le délai qui existe entre l'achat et de débit au compte du titulaire.

Certains organismes émetteurs de cartes de paiement offrent à tout ou partie des porteurs de leurs cartes, un découvert permanent plafonné qui revêt l'aspect d'un crédit renouvelable. Ce crédit ne peut être utilisé que pour des règlements effectués à l'aide de la carte de paiement ou pour des retraits d'argent. Le remboursement s'effectue selon des modalités propres à chaque émetteur, le plus souvent par mensualités constantes.

Il existe également des cartes, dites accréditives, qui sont uniquement des cartes de crédit utilisables au sein du groupe de magasins qui les ont émises. Le crédit accordé lors de la mise à disposition de la carte est généralement d'un coût élevé.

Enfin, de plus en plus, les banques délivrent à une clientèle considérée comme risquée des cartes à autorisation systématique, dont l'utilisation n'est possible que dans la mesure où le compte du porteur de la carte est approvisionné.

Les cartes à débit-crédit

Les cartes à débit-crédit permettent à leur utilisateur de choisir, au moment de payer, entre deux fonctions : un débit immédiat ou un crédit. Lorsqu'il introduit sa carte dans le terminal de paiement du commerçant, le détenteur voit s'afficher les deux options. Il valide celle qui lui convient le mieux au moment de son achat, puis tape son code secret. Selon l'option retenue, le débit se fera sur son compte-courant ou sur une réserve de crédit accordée sous forme d'un crédit renouvelable.

Les cartes cobrandées

Les cartes cobrandées sont des cartes émises par une banque ou un établissement de paiement en partenariat avec une enseigne commerciale. Elles permettent de régler les achats chez tous les commerçants (pas seulement ceux de l'enseigne).

Ces cartes reproduisent la marque de l'enseigne et peuvent donner des avantages spécifiques au titulaire de la carte.

La carte permet, au choix du client :

- soit un paiement au comptant ; les montants des achats sont alors débités mensuellement en une fois sur le compte ;
- soit un paiement à crédit par utilisation d'un crédit renouvelable.

Grâce aux opérations réalisées avec cette carte, les porteurs bénéficient d'avantages sur les produits et services de la marque.

Les cartes prépayées

Les cartes prépayées fonctionnent sans être rattachées à un compte bancaire.

Ce type de carte peut être acheté dans différents points de vente : bureaux de tabac, dépôts de presse, stations-service, etc. Une carte prépayée peut être chargée et rechargée à partir d'un compte en banque ou d'une carte bancaire ordinaire. Elle peut être utilisée pour des règlements en direct ou à distance ou pour des retraits dans les distributeurs de billets. Le coût de ces cartes est relativement élevé.

• La description des cartes de paiement

La carte de paiement se présente sous la forme d'un rectangle de plastique rigide comportant :

- au recto : le nom de la carte, le numéro de la carte, la période de validité, le nom de la banque ou de l'établissement de paiement qui a délivré la carte, le nom du titulaire et une puce électronique ;
- au verso : une bande magnétique et un spécimen de la signature du titulaire de la carte ainsi qu'un numéro de contrôle à trois chiffres utilisé pour limiter les fraudes lors des achats à distance.

Le titulaire reçoit un code secret qu'il sera seul à connaître et qu'il devra taper pour tout retrait dans un distributeur de billets ou en cas d'achat chez un commerçant (sauf en cas de paiement sans contact).

La carte reste la propriété de l'émetteur de la carte ; celui-ci dispose du droit de la retirer sans avoir à justifier sa décision.

• L'utilisation des cartes de paiement

Le particulier qui désire régler un achat au moyen de sa carte la présente au commerçant. Pour établir sa facture, le commerçant utilise un terminal point de vente qui lira la carte, interrogera éventuellement le centre de traitement, vérifiera le code secret que le titulaire de la carte aura tapé sur un clavier adéquat et imprimera le montant payé (l'utilisation de machines utilisant encore l'empreinte de la carte avec signature du titulaire n'est plus possible en France).

La facture est établie en deux exemplaires : l'un est remis au client, l'autre est conservé par le commerçant qui sera automatiquement crédité du montant des ventes journalières par télétransmission à sa banque des opérations effectuées sur sa machine.

Lors de la transaction, le paiement est effectué sans consultation du centre de traitement si le montant est compris dans la limite de garantie dont bénéficie le commerçant (toutefois, en dessous de ce montant, des interrogations aléatoires ont lieu pour lutter contre les utilisations abusives et les fraudes). Si la carte a été mise en opposition, la transaction est automatiquement refusée.

Pour les montants supérieurs à la garantie dont bénéficie le commerçant, l'accord du centre de traitement est indispensable : cet accord est automatique, sauf dans le cas où la carte a été mise en opposition ou lorsque le plafond d'achats du porteur de la carte est dépassé (dans ce dernier cas, le centre de traitement doit demander l'accord de la banque émettrice de la carte, ce qui peut rendre la transaction impossible aux horaires de fermeture de l'établissement).

• Les avantages des cartes de paiement

Pour le titulaire de la carte

Règlement de ses achats sans manipulation d'espèces ou d'établissement de chèque et ce sans limitation de montant (seule la garantie de paiement peut être limitée).

Débit en compte reporté à la fin du mois (pour les cartes à débit différé).

Possibilité d'utiliser cette carte pour des achats à l'étranger si la carte est internationale.

Enfin, faculté d'utiliser la carte pour des retraits d'espèces dans les distributeurs automatiques de billets (DAB) ou dans les guichets automatiques de banques (GAB) et ceci dans la limite de 300 € (600 € à l'étranger) par période de sept jours pour les cartes classiques et 900 € (1 500 € à l'étranger). Des retraits beaucoup plus élevés peuvent être effectués avec certaines cartes haut de gamme (carte *infinite* par exemple) ou dans les guichets automatiques de l'établissement qui a délivré la carte.

Pour éviter les risques de retraits frauduleux (vol ou perte de la carte), le titulaire de la carte utilise un code confidentiel à 4 chiffres qu'il est seul à connaître.

En cas de tentative d'utilisation frauduleuse ou de toute façon après trois essais infructueux, en cas d'achat, la puce est neutralisée et, en cas de retrait, la carte est conservée automatiquement par la machine afin d'éviter les tentatives effectuées par des escrocs persévérants.

Pour le commerçant

Pas de manipulations d'espèces ni de risque de chèques sans provision.

Garantie du paiement de la facture jusqu'à concurrence d'un montant fixé par sa banque et ce sans formalités (le montant est très variable d'un commerçant à l'autre, certains ne bénéficiant toutefois d'aucune garantie) ou au-delà après accord du centre de traitement.

Crédit en compte quasi-immédiat moyennant le paiement d'une commission en partie fixe, en partie proportionnelle au montant.

• La responsabilité du porteur de la carte de paiement

Quelle que soit la carte bancaire qu'il utilise, le porteur dispose d'un code confidentiel qu'il est amené à composer à l'occasion de retraits d'espèces ou lors de certains paiements auprès des commerçants. Ce code est propre à chaque carte et valide les opérations comme une véritable signature. Il est donc impératif que le titulaire de la carte en respecte la confidentialité. Si le porteur égare sa carte ou se la fait voler, il doit immédiatement faire opposition pour dégager sa responsabilité.

Le porteur peut être responsable des opérations effectuées avec la carte ; une distinction doit être faite entre les opérations passées avant opposition et celles qui sont passées après opposition.

En effet, les opérations effectuées avant opposition sont à la charge du porteur, en cas de perte ou de vol de votre carte, dans la limite de 50 €, sauf si la carte a été utilisée à distance, donc sans code et sans signature.

Elles sont également à sa charge, mais sans limitation de montant en cas de :

- faute lourde de sa part (la preuve de la faute doit être faite par la banque) ;
- opposition tardive, c'est-à-dire non effectuée dans les meilleurs délais et notamment compte tenu des habitudes d'utilisation de la carte ;
- utilisation par un membre de la famille du porteur.

En revanche, après opposition, la responsabilité du porteur est éteinte.

• Les oppositions

Le porteur peut faire opposition s'il estime que certaines opérations effectuées avec la carte sur site ou à distance ne lui sont pas imputables. Il faut distinguer les opérations que celui-ci a autorisées et celles qu'il n'a pas autorisées.

La contestation d'une opération qui n'a pas été autorisée par le porteur

Si le porteur conteste une opération de paiement (au débit ou au crédit du compte) qu'il n'a pas autorisée (par exemple un paiement carte bancaire par Internet) ou qui a été mal exécutée, il doit envoyer une contestation écrite à sa banque le plus rapidement possible.

Le délai pour contester une opération est de treize mois maximum suivant la date de l'opération ; il est de soixante-dix jours pour les opérations effectuées par carte bancaire, si la banque n'est pas située dans l'Espace économique européen. La banque devra, dans ce cas, lui rembourser immédiatement le montant de l'opération non autorisée.

C'est désormais à la banque d'apporter la preuve que les opérations contestées ont été correctement exécutées.

La contestation d'une opération qui a été autorisée par le porteur

Pour contester un prélèvement ou un paiement par carte qui a été autorisé sans indication préalable du montant exact de l'opération et dont le montant dépasse celui auquel le porteur pouvait raisonnablement s'attendre, celui-ci dispose d'un délai de 8 semaines après la date à laquelle les fonds ont été débités pour contester. La banque disposera de dix jours ouvrables à réception de sa contestation pour procéder au remboursement de l'opération ou pour l'informer de son refus de rembourser.

Les achats à distance

Le porteur de la carte peut contester les achats à distance (donc effectués sans utilisation du code et sans signature) dans les treize mois qui suivent le débit en compte ; sa banque doit le rembourser sans délai. Les oppositions ne donnent pas lieu à paiement de frais.

Les paiements sans contact

Pour utiliser ce moyen de paiement, il est nécessaire de disposer d'une carte de paiement avec un pictogramme ressemblant au signal du wifi dont la fonctionnalité « sans contact » a été préalablement activée.

Depuis le 11 mai 2020, le plafond de paiement sans contact par carte bancaire est fixé à 50 € par opération.

L'établissement qui a délivré la carte peut fixer un montant maximum des achats cumulés sans contact pour une périodicité donnée (par jour, semaine ou mois) ainsi qu'un nombre maximum de transactions consécutives autorisées. Une fois l'un de ces seuils atteints, pour réinitialiser ces plafonds, le porteur doit effectuer une opération avec saisie du code confidentiel (un retrait ou un paiement).

Les paiements avec un téléphone mobile

Il est possible de payer un achat sans autre moyen de paiement qu'un téléphone mobile avec le système Paylib proposé par toutes les banques françaises.

C'est possible grâce à la fonctionnalité NFC (Near Field Communication).

Pour utiliser le paiement mobile sans contact, il faut, d'abord activer Paylib dans l'application mobile de sa banque.

Il est ensuite possible de régler ses achats dans toutes les boutiques disposant d'un TPE et qui acceptent les paiements sans contact.

Pour régler un achat, il suffit de déverrouiller l'écran de son smartphone, puis d'approcher le dos de celui-ci à proximité du terminal de paiement. Si l'achat est supérieur à 50 €, il faudra valider la transaction en saisissant le code de sécurité ou en utilisant l'empreinte biométrique.

5 • LES AUTRES OPÉRATIONS DE CAISSE

• Le virement

DÉFINITION

On appelle **virement** l'opération qui consiste à débiter un compte pour en créditer un autre. L'ordre de virement peut être donné par écrit sur papier libre, mais il est généralement donné au moyen de formules délivrées par la banque.

Il est de plus en plus souvent effectué sur Internet avec utilisation d'un identifiant et d'un mot de passe que seul le titulaire du compte connaît.

Un virement peut être effectué entre deux comptes tenus dans un même établissement ou tenus par deux établissements différents ; dans ce dernier cas, l'opération s'effectue par le biais du Système CORE qui est une plateforme interbancaire de télé-compensation.

Les modalités de virement

Le virement peut être simple, c'est-à-dire ordonné pour une seule opération. Il peut aussi être permanent, c'est-à-dire ordonné pour des opérations périodiques à condition que, dans ce cas, le montant et le bénéficiaire soient toujours les mêmes.

En cas d'absence de provision, le virement n'est pas effectué. Le virement est un mandat que le décès ou l'incapacité du donneur d'ordre, survenant après émission mais avant exécution, annule.

Le virement SEPA

Depuis le 28 janvier 2008, les banques peuvent proposer à leurs clients le virement SEPA. Depuis août 2014, les virements effectués dans la zone euro doivent obligatoirement adopter le format SEPA (utilisation de l'IBAN et du BIC).

Le virement SEPA présente les caractéristiques suivantes :

- il est exécuté en deux jours ouvrés maximum (ou immédiatement s'il s'agit d'un virement instantané) ;
- le compte du bénéficiaire est crédité du montant total de la transaction (les banques restent libres d'appliquer la tarification de leur choix, mais les intermédiaires ne peuvent pas prélever de frais supplémentaires) ;

- un champ de 140 caractères est à la disposition de la clientèle pour un libellé transmis au bénéficiaire sans altération ;
- il utilise l'IBAN (identifiant international du compte) et le BIC (identifiant international de l'établissement financier) pour l'identification du compte du bénéficiaire.

• Le prélèvement automatique

Les principes du prélèvement automatique

Par cette procédure, le titulaire d'un compte autorise un créancier à prélever sur son compte toute somme due à ce dernier. Il faut préciser que l'autorisation est en principe générale et est rarement déterminée quant aux échéances ou au montant.

Les prélèvements automatiques sont utilisés très fréquemment pour le règlement des factures d'électricité ou de téléphone, pour celui des échéances d'un crédit et, de façon générale, pour les dettes à caractère répétitif.

Cette formule a le mérite de la simplicité ; elle présente toutefois l'inconvénient de donner lieu à quelques litiges dans le cas de prélèvements abusifs, rares il est vrai, ou erronés, plus fréquents malheureusement.

Seuls les créanciers disposant d'un identifiant SEPA (ICS) délivré par la Banque de France peuvent utiliser cette formule de paiement.

Le mécanisme du prélèvement (avant SEPA)

Le débiteur autorise à la fois, par une formule à deux volets, le créancier à prélever sur son compte et la banque à honorer les prélèvements.

Le créancier, quelques jours avant la date d'échéance, adresse au débiteur un avis indiquant la somme due et la date de prélèvement (sauf dans le cas de prélèvements périodiques et de même montant).

Le créancier présente des avis de prélèvements automatiques à la banque du débiteur qui paye si elle a provision.

En cas de non-paiement, la banque n'est pas tenue d'informer le débiteur du rejet de paiement et des frais sont souvent perçus. Ce rejet n'est pas déclaré à la Banque de France. Depuis novembre 2010, le système de prélèvement français a été remplacé par le prélèvement SEPA.

Le prélèvement SEPA

Le prélèvement SEPA est un prélèvement en euro, sans limite de montant, non urgent, entre deux comptes situés dans la zone SEPA.

Le SEPA s'appuie sur un espace économique dans lequel chacun peut effectuer des paiements dans les mêmes conditions de délai, de qualité et de prix, quels que soient le pays d'origine et le pays de destination.

Les opérations internationales à l'intérieur de la zone SEPA sont traitées comme des opérations nationales.

La zone SEPA est constituée de 37 pays :

- les 20 pays de l'Union européenne, zone euro (Allemagne, Autriche, Belgique, Chypre, Croatie, Espagne, Estonie, Finlande, France, Grèce, Irlande, Italie, Lettonie, Lituanie, Luxembourg, Malte, Pays-Bas, Portugal, Slovaquie, Slovénie) ;
- les 7 pays de l'Union européenne, zone non-euro (Bulgarie, Danemark, Hongrie, Pologne, République tchèque, Roumanie, Suède) ;
- 7 autres pays Andorre, Islande, Lichtenstein, Monaco, Norvège, Saint-Marin, Suisse, Vatican).

Ce virement est à frais partagés : chaque banque (celle de l'émetteur et celle du débiteur) prend sa part de frais et les refacture éventuellement à son client.

Il utilise l'IBAN et le BIC pour identifier le débiteur et sa banque.

Il est effectué électroniquement entre banques et doit respecter des normes et des formats précisément définis.

Contrairement au prélèvement français, le prélèvement SEPA s'appuie sur un seul mandat donné par le débiteur à son créancier, autorisant le débit du compte désigné. Le créancier détient et conserve le mandat. Il doit préalablement informer le débiteur des montants et des dates (échéancier, facture…).

Il existe deux types de prélèvement SEPA : le prélèvement unique ou le prélèvement récurrent. Les délais de traitement sont harmonisés. Depuis août 2014, les prélèvements effectués dans la zone euro doivent obligatoirement adopter le format SEPA (utilisation de l'IBAN et du BIC).

Les oppositions sur prélèvement

Il est possible de faire opposition au paiement d'un prélèvement ; depuis le 1er novembre 2009, une banque ne peut plus percevoir de frais pour opposition à un prélèvement.

La contestation d'un prélèvement non autorisé par le débiteur

Si le débiteur conteste un prélèvement qu'il n'a pas autorisé ou qui a été mal exécuté, il doit envoyer une contestation écrite à sa banque le plus rapidement possible. Le délai pour contester une opération est de treize mois maximum suivant la date de l'opération. La banque devra dans ce cas lui rembourser immédiatement le montant de l'opération non autorisée.

C'est désormais à la banque d'apporter la preuve que les opérations contestées ont été correctement exécutées.

La contestation d'un prélèvement autorisé par le débiteur

Pour contester un prélèvement qui a été autorisé, mais dont le montant dépasse celui auquel le débiteur pouvait raisonnablement s'attendre, il dispose d'un délai de huit semaines après la date à laquelle les fonds ont été débités pour contester. La banque dispose de dix jours ouvrables à réception de sa contestation pour procéder au remboursement de l'opération ou pour l'informer de son refus de rembourser.

La révocation d'un prélèvement

La révocation d'un prélèvement automatique est une procédure différente de l'opposition sur prélèvement : l'opposition concerne un prélèvement ponctuel, alors que la révocation consiste pour le titulaire du compte à prévenir sa banque qu'il n'autorise plus son créancier à prélever les sommes qui lui sont dues sur son compte et, par voie de conséquence, qu'il n'autorise plus sa banque à payer les prélèvements présentés par ce dernier. Ce droit de révocation est prévu par l'article 2004 du Code civil qui dit : « Le mandant peut révoquer sa procuration quand bon lui semble et contraindre, s'il y a lieu, le mandataire à lui remettre soit l'écrit sous seing privé qui la contient, soit l'original de la procuration, si elle a été délivrée en brevet, soit l'expédition, s'il en a été gardé minute ».

Conformément à l'article 1986 du Code civil qui précise que « le mandat est gratuit s'il n'y a convention contraire », cette révocation peut donner lieu à paiement de frais, si ceux-ci sont prévus dans la tarification de la banque.

Le titulaire du compte doit également adresser un courrier recommandé avec accusé de réception à son créancier pour l'informer qu'il dénonce le mandat l'autorisant à effectuer des prélèvements sur son compte.

Le rejet d'un prélèvement

En cas de rejet pour insuffisance de provision, l'incident n'est pas déclaré à la Banque de France, mais la banque peut prendre des frais qui sont légalement plafonnés au montant rejeté avec un maximum de 20 €.

• Le titre interbancaire de paiement (TIP)

Les principes du TIP

On peut définir le TIP comme une autorisation de prélèvement ponctuel en faveur d'un créancier pour un montant unique prédéfini ; il ne s'agit en aucun cas d'une autorisation permanente.

Le TIP a le format d'un chèque et comporte, en code, toutes les références de l'opération.

Depuis le 1er février 2016, les TIP doivent adopter le format SEPA.

Le mécanisme du TIP

Le processus de fonctionnement est le suivant :

- le créancier adresse à son débiteur sa facture ou son avis d'échéance accompagné du TIP en informant également le centre de traitement des TIP ;
- le débiteur peut payer en signant le TIP auquel il joint un RIB (si c'est la première fois ou s'il désire changer la domiciliation bancaire) et en retournant le tout à son créancier ;
- le créancier présente le TIP à la banque du débiteur qui paye si elle a provision ;
- en cas de non-paiement, la banque n'est pas tenue d'informer le débiteur du rejet de paiement et des frais sont souvent perçus. Ce rejet n'est pas déclaré à la Banque de France.

Les TIP sont traités par le système CORE qui est une plateforme interbancaire de télé-compensation.

6 • LES INCIDENTS DE FONCTIONNEMENT DU COMPTE

• La saisie-attribution

DÉFINITION

La **saisie-attribution**, qui a remplacé la saisie-arrêt, est une procédure qui permet à un créancier (le saisissant) d'appréhender immédiatement tout ou partie des sommes détenues par un tiers (tiers saisi) au nom de son débiteur (le saisi).

Pour utiliser ce moyen de recouvrement, le créancier doit détenir un titre exécutoire constatant que sa créance est liquide et exigible. Les principaux titres exécutoires sont :

- les décisions judiciaires et administratives ayant force exécutoire ;
- les actes notariés ;
- le titre délivré par un commissaire de justice en cas de non-paiement d'un chèque ;
- les titres délivrés par des personnes morales de droit public.

Nous n'étudierons ici que la saisie sur compte bancaire.

Les conséquences de la saisie-attribution

La saisie-attribution a pour effet d'attribuer immédiatement au créancier les sommes saisies à concurrence de la somme pour laquelle elle est pratiquée ; le compte est donc, en principe, bloqué pendant quinze jours (trente jours pour les comptes d'entreprises) sauf s'il est débiteur car, dans ce cas, la saisie est inopérante.

Dans les quinze jours ouvrables qui suivent la saisie, le solde peut être affecté (augmenté ou diminué) par certaines opérations à condition qu'il soit prouvé que leur date est antérieure à la saisie (voir plus loin) :

- au crédit : remises de chèques et d'effets à l'encaissement non encore portées en compte ;
- au débit : chèques tirés par le saisi et remis à l'encaissement par les bénéficiaires, impayés, retraits dans les billetteries, paiements par cartes effectivement crédités en faveur des bénéficiaires.

Quoique l'effet de la saisie soit limité au montant des sommes pour lesquelles elle est pratiquée, c'est la totalité des sommes portées sur l'ensemble des comptes du débiteur représentant des sommes d'argent qui est bloqué pendant quinze jours.

Si le compte est alimenté par des salaires ou des indemnités de chômage, une partie du solde est insaisissable. Par ailleurs, lorsqu'un compte bancaire fait l'objet d'une saisie-attribution, le compte est bloqué sauf pour une somme égale au Revenu de solidarité active (RSA) pour une personne seule sans enfant (soit 635,70 € pour 2024) ; cette somme est destinée à assurer les paiements des dépenses alimentaires urgentes. Depuis le 1er août 2009, le déblocage de cette somme est fait automatiquement sans que le titulaire du compte n'ait à le demander.

Les fonds saisis ne sont pas remis immédiatement au créancier, mais sont consignés entre les mains du banquier pendant un délai d'un mois. Ce délai permet de contester la saisie. Les fonds peuvent être aussi consignés entre les mains d'un séquestre.

Une fois la saisie opérée, le saisissant prime tous les autres créanciers, même privilégiés, qui opéreraient une saisie ultérieure.

La procédure de saisie-attribution

La signification au tiers saisi

Le créancier procède à la saisie par acte de commissaire de justice signifié au banquier saisi. L'acte doit comporter un certain nombre de mentions obligatoires dont l'heure de la saisie. Le banquier doit indiquer immédiatement au commissaire de justice :

- la nature du ou des comptes du débiteur (une saisie signifiée au siège d'une banque vise toutes les agences de celle-ci situées en France ; une saisie signifiée à une agence ne concerne que cette agence) ;

- le solde de ces comptes au jour de la saisie s'ils sont créditeurs et l'indication de leur situation débitrice s'ils sont débiteurs sans indication de solde.

Le banquier n'a pas à faire état des titres en dépôt et des coffres loués par le débiteur.

L'acte de saisie rend indisponible tous les comptes du débiteur qui représentent des sommes d'argent (compte de dépôt, compte-courant, comptes épargne de toute nature). L'indisponibilité est limitée au compte de dépôt si son solde est suffisant au regard de la somme due aux créanciers.

La dénonciation au débiteur

Dans un délai de huit jours, la saisie doit être portée à la connaissance du débiteur par acte de commissaire de justice ; à défaut, la procédure est caduque. L'acte doit comporter un certain nombre de mentions obligatoires et doit rappeler au débiteur qu'il peut autoriser le créancier à se faire remettre sans délai les fonds par le tiers saisi. Le banquier doit également informer le client de la saisie.

Le paiement au tiers saisi

Si le compte est débiteur, la saisie-attribution est sans effet.

Si le compte est créditeur et si aucune contestation n'a été soulevée (ou si le débiteur a donné son accord), le tiers saisi peut procéder au paiement des fonds en faveur du créancier à concurrence du montant de la créance objet de la saisie et des sommes déclarées par le tiers saisi et ce, au bout d'un mois

En revanche, si le compte est créditeur et que le débiteur a donné son accord pour régler, les fonds sont débloqués en faveur du créancier dès que la banque a cet accord.

Enfin, si le compte est créditeur et qu'une contestation a été faite par le débiteur devant le juge de l'exécution, le paiement des sommes saisies est différé jusqu'au règlement de la contestation. Si le juge rejette la contestation, le paiement peut avoir lieu. Le commissaire de justice doit informer le débiteur du paiement effectué.

La situation du compte saisi

Une fois la saisie opérée, la banque doit bloquer le compte saisi pendant quinze jours. En pratique, le plus souvent, les sommes saisies sont virées sur un compte spécial, le compte ordinaire pouvant alors fonctionner librement.

La régularisation des opérations en cours

Le solde saisi peut être affecté par les opérations en cours.

Pendant le délai de quinze jours

Il peut être augmenté des remises à l'encaissement antérieures à la saisie. Il peut en revanche être diminué par :

- les chèques émis par le débiteur et déjà remis à l'encaissement par les bénéficiaires ;
- les chèques portés au crédit du compte avant la saisie et qui sont revenus impayés ;
- les retraits effectués dans les distributeurs de billets avant la saisie ;
- les paiements par carte crédités effectivement au bénéficiaire avant la saisie que ces paiements soient à débit immédiat ou à débit différé pour le porteur de la carte.

Pendant le délai d'un mois

Il peut être diminué par les effets de commerce remis à l'escompte et revenus impayés.

• L'avis à tiers détenteur

DÉFINITION

L'**avis à tiers détenteur** (ATD) est une procédure qui permet au Trésor public de récupérer des sommes qui lui sont dues au titre des impôts impayés.

L'ATD peut porter sur l'ensemble des comptes sauf les comptes titres et ne concerne pas les coffres-forts. Le Trésor informe le banquier par pli recommandé avec accusé de réception (lettre ordinaire pour une somme inférieure à 300 €). Le contribuable est informé de l'ATD par les mêmes moyens. À la réception de l'ATD, le banquier doit répondre immédiatement au Trésor en indiquant si le solde du compte permet ou non le paiement, totalement ou partiellement, bloquer le compte et informer le client. Le solde à déclarer au Trésor lors de l'ATD est celui qui apparaît sur les comptes à la date et à l'heure de la saisie.

Si le ou les comptes sont débiteurs, l'ATD est sans effet. Si le ou les comptes sont créditeurs, ils sont bloqués pendant un délai de quinze jours (trente jours pour un compte recevant des opérations d'escompte) et ce, afin de procéder au calcul du solde effectivement disponible compte tenu des opérations en cours et non comprises dans le solde apparaissant à la date de l'ATD (chèques émis, retraits, chèques remis, etc.).

Viennent diminuer le solde saisissable, les opérations suivantes :

- chèques émis et remis en compensation avant la date de la saisie ;
- retraits effectués dans les distributeurs ;
- chèques et effets revenus impayés.

Viennent augmenter le solde saisissable, les remises effectuées et qui ne sont pas encore créditées.

Si le compte est alimenté par des salaires ou des indemnités de chômage, une partie du solde est insaisissable. Par ailleurs, lorsqu'un compte bancaire fait l'objet d'un ATD, le compte est bloqué sauf pour une somme égale au Revenu de solidarité active (RSA) pour une personne seule sans enfant (soit 635,70 € pour 2024) ; cette somme est destinée à assurer les paiements des dépenses alimentaires urgentes. Depuis le 1er août 2009, le déblocage de cette somme est fait automatiquement sans que le titulaire du compte n'ait à le demander.

Passé le délai de deux mois, et sauf mainlevée totale ou partielle du Trésor, les fonds saisis sont remis au Trésor.

• L'opposition administrative

L'opposition administrative sert à recouvrer les sommes dues au titre de contraventions de police ou de condamnations pécuniaires judiciaires. Cette opposition est notifiée en même temps au redevable et au tiers détenteur.

La procédure est identique à celle de l'avis à tiers détenteur, mais passé le délai de quinze jours, et sauf mainlevée totale ou partielle du Trésor, les fonds saisis sont remis au Trésor.

• La saisie conservatoire

La saisie conservatoire a pour but de placer les sommes saisies sous main de justice et de les rendre indisponibles. Elles ne tendent pas à l'attribution en faveur du créancier.

Caractère provisoire : si le débiteur ne paie pas, il faudra transformer la saisie conservatoire en saisie-attribution avec l'autorisation du juge.

Les conditions de la saisie conservatoire

Il suffit que la créance paraisse « fondée en son principe » ; il n'est donc pas indispensable qu'elle soit exigible ni liquide ; elle doit consister en une somme d'argent.

Une saisie conservatoire n'est admissible « qu'en cas d'urgence et si le recouvrement de la créance semble en péril ».

La procédure de saisie conservatoire

Lors de la phase préalable, le créancier doit adresser une requête au juge qui rend, à sa convenance, une ordonnance de saisie qui fixe la somme pour laquelle la saisie est autorisée et un délai dans lequel le créancier devra assigner en validité de la saisie. Une fois venue le moment de la saisie proprement dite, c'est la même chose que la saisie-exécution classique : procès-verbal de saisie par commissaire de justice qui rend les biens indisponibles.
Ensuite, si le débiteur ne paie pas, il faut transformer la saisie conservatoire en saisie-exécution. Dans le délai imparti par le juge, le créancier va assigner son débiteur pour faire valider la saisie.

Si le juge ne reconnaît pas l'existence de la créance, on procède à la mainlevée de la saisie. S'il reconnaît la créance, il rend un jugement qui « valide la saisie conservatoire et la convertit en saisie-attribution sans qu'un nouveau procès-verbal soit nécessaire ».

7 • LA CLÔTURE DU COMPTE

Une banque doit veiller à garder ses meilleurs clients et à ne pas conserver des comptes sans intérêt ou à risques. En pratique, la distinction n'est pas toujours aisée à faire et il convient d'être prudent dans la sélectivité de son portefeuille : certains clients se connaissent soit à titre professionnel soit à titre personnel. Avant d'arrêter une stratégie, le banquier doit essayer de rencontrer ses clients pour connaître leurs besoins et leurs motivations. Toutefois, une banque peut être amenée à clôturer le compte d'un client pour trois raisons : le client veut quitter la banque, le client est décédé ou la banque souhaite interrompre la relation.

• La clôture du fait du client

Les causes de la clôture

Un client peut souhaiter cesser les relations qu'il a avec sa banque pour deux raisons principales : il n'est pas satisfait des services rendus ou il a trouvé mieux ailleurs.

Les modalités de la clôture

Il peut clôturer son compte de plusieurs manières :

- en prévenant sa banque : par écrit ou par oral (la convention peut prévoir le respect d'un préavis) ;

- en s'arrangeant pour que la position de son compte soit ramenée à zéro par émission d'un chèque ou par retrait de fonds ;
- en cessant de faire fonctionner son compte sur lequel figurera un solde créditeur ou débiteur.

Les précautions à prendre par la banque

Si le client désire la quitter, la banque doit prendre toute une série de mesures :

- demander la restitution des chèques non utilisés et des cartes bancaires ;
- contrôler les engagements du client : débit en compte, crédits en cours, etc. ;
- s'assurer que tous les chèques émis ont été présentés au paiement
- percevoir une provision éventuelle pour agios ;
- éviter la passation de toute écriture postérieure à la clôture ;
- récupérer la clef du compartiment de coffre dont le client pourrait être locataire ;
- procéder à la déclaration de clôture au FICOBA ;
- informer le guichet pour éviter tout retrait postérieur à la clôture.

Si le compte est créditeur à la clôture, la banque procède à l'envoi d'un chèque pour solde de tout compte ou virement chez un confrère.

Si le compte est débiteur à la clôture, le banque passe le solde en pertes et profits ou procède à une transmission au contentieux pour recouvrement.

• La clôture pour décès du titulaire

Lorsque la banque apprend le décès d'un client, elle doit immédiatement prendre un certain nombre de mesures :

- mise sous surveillance du compte ;
- annulation des pouvoirs rendus caducs par le décès du mandant ;
- demande d'un certificat de décès dont une copie sera transmise à la compagnie d'assurance en cas de prêt en cours.

Les prélèvements et les chèques émis avant le décès par le titulaire du compte ou son mandataire doivent être payés si le solde du compte le permet. Lorsque le solde créditeur est faible (en général moins de 2 000 €), les héritiers pourront obtenir, sous leur responsabilité, le versement du solde du compte. Dans le cas contraire, le banquier communiquera au notaire la liste des avoirs détenus par le client au jour du décès et ouvrira un compte au nom de la succession.

La banque peut, à la demande de la personne qui s'occupe des funérailles, acquitter une partie des frais d'obsèques dans la limite de 5 000 € sous réserve de disponibilité des fonds sur les comptes du défunt. Au-delà de cette somme, elle ne règle les frais qu'à la requête de tous les héritiers par l'intermédiaire du notaire chargé de la succession.

En cas de compte joint fonctionnant sous la signature d'un seul cotitulaire, le décès d'un cotitulaire de compte joint n'entraîne le blocage du compte qu'à la demande des héritiers.

• La clôture du fait de la banque

La banque peut souhaiter se séparer d'un client pour de multiples raisons : incidents de paiement, risques particuliers ou compte jugé non rentable.

Dans ce cas, elle doit informer son client de sa décision par courrier recommandé avec accusé de réception et respecter un préavis minimum qui est fixé dans la convention de compte et qui est, en général, de deux mois pour lui permettre de s'organiser et notamment pour ouvrir un compte chez un confrère.

La banque doit prendre à peu près les mêmes mesures que lorsque la clôture est effectuée à la demande du client. Si le compte est débiteur, elle doit aussi adresser une mise en demeure de régulariser le solde du compte de manière à pouvoir enregistrer l'incident au fichier des incidents de crédit aux particuliers (FICP). En cas d'opérations frauduleuses, le banquier doit procéder à la clôture immédiate du compte afin d'éviter d'engager sa responsabilité civile voire pénale.

8 • LA MOBILITÉ BANCAIRE

La loi n° 2014-344 du 17 mars 2014, dite Loi Hamon, impose aux banques de nouvelles obligations pour faciliter la mobilité bancaire ; ces obligations sont reprises dans l'article L. 312-1-7 du Code monétaire et financier.

La clôture de tout compte de dépôt ou compte sur livret est gratuite.

Les établissements de crédit mettent à la disposition de leurs clients, gratuitement et sans condition, une documentation relative à la mobilité bancaire.

L'établissement d'arrivée, qui ouvre le nouveau compte de dépôt dans le cadre du changement de domiciliation bancaire, propose au client, gratuitement et sans condition, un service d'aide à la mobilité bancaire. Si le client souhaite bénéficier de ce service, l'établissement d'arrivée recueille son accord formel pour effectuer en son nom les formalités liées au changement de compte afin que les virements et prélèvements réguliers se présentent sur le nouveau compte.

L'établissement de départ, teneur du compte de dépôt que le client souhaite clôturer, propose sans frais ni pénalités, dans les cinq jours ouvrés qui suivent la demande de clôture du compte, un récapitulatif des opérations automatiques et récurrentes ayant transité sur ce compte au cours des treize derniers mois.

L'établissement d'arrivée communique, dans un délai de cinq jours ouvrés à compter de l'ouverture d'un nouveau compte, les coordonnées du nouveau compte bancaire aux émetteurs de prélèvements et de virements réguliers, sur la base des informations fournies par le client.

En cas de présentation d'un chèque au paiement au cours des treize mois suivant la clôture du compte, l'établissement de crédit de départ informe par tout moyen approprié l'ancien titulaire du compte qu'il a l'obligation de refuser le paiement du chèque et des conséquences de ce refus, ainsi que des conditions dans lesquelles l'ancien titulaire du compte peut régulariser sa situation.

L'ESSENTIEL

- Lors de l'ouverture d'un compte, la banque doit vérifier la capacité, l'identité, le domicile et la situation financière de son client.
- Un compte en banque peut être alimenté par des espèces, par chèque ou par virement ; les sommes versées sur un compte en banque peuvent être retirées en espèces ; elles permettent aussi d'effectuer des virements, de payer par prélèvement automatique et, si le titulaire du compte dispose de ces moyens de paiement, de payer par chèque ou par carte bancaire.
- L'utilisation des cartes et des chèques est réglementée et les conditions de rejet ou d'opposition sont très strictes.
- La clôture d'un compte par la banque ne peut se faire qu'en respectant un préavis.

Quiz : Le compte en banque

http://dunod.link/techbanc04

5 • LES PLACEMENTS

Executive summary

- L'essentiel des revenus est consacré à la consommation et au remboursement d'éventuels crédits, mais il est souvent nécessaire d'épargner.
- Quelles sont les différentes formules d'épargne que les banques peuvent proposer à un particulier ? Qu'est-ce qu'un placement à vue et à terme ? Quels sont les placements monétaires non bancaires ? Quels sont les placements financiers ?

1 • LES PLACEMENTS BANCAIRES

Les banques peuvent proposer à leurs clients différentes formules de placements : placements à vue, placements à terme ou formules particulières de placement.

• Les placements à vue

Placer son épargne à vue c'est déposer des fonds avec la possibilité de les retirer à tout moment et sans préavis. La principale qualité de l'épargne à vue est sa disponibilité, son principal défaut pourrait être sa faible rentabilité ce qui n'est pas forcément vrai au regard de la hiérarchie des taux, car les taux de la plupart des produits de placements à vue sont fixés par l'État.

Le compte sur livret

Le compte sur livret permet à l'épargnant de déposer les montants de son choix, aux époques de son choix et de disposer, sans formalités, de son épargne s'il le désire. À l'origine, l'épargnant recevait un livret ; ce livret est maintenant remplacé par des relevés de compte.

Les caractéristiques du compte sur livret sont les suivantes :

- toute personne physique, même mineure, peut se faire ouvrir un compte sur livret ; il peut être ouvert en compte joint ;
- **versement initial** : minimum 10 € ;
- **montant plafond** : pas de plafond ;
- **solde du compte** : minimum 10 € ;
- **durée du placement** : les fonds sont disponibles à tout moment et la durée du placement n'a pas de limite ;
- **retraits** : libres avec un minimum de 10 € par opération ; les retraits ne peuvent être opérés en faveur d'un tiers ;
- **taux** : libre ;
- **intérêts** : ils sont décomptés par quinzaine civile avec capitalisation par année civile (la capitalisation est le fait pour des intérêts de porter intérêt à leur tour ; ils deviennent donc capital) ;
- **régime fiscal** : pour les résidents fiscaux français, les intérêts acquis sont soumis à l'impôt sur le revenu et aux prélèvements sociaux.

Les intérêts d'un compte sur livret (CSL) sont imposables à l'IR et aux prélèvements sociaux sous la forme d'un **prélèvement forfaitaire unique (PFU),** aussi appelé

Flat Tax, au taux de 30 % (soit 12,8 % d'impôt et 17,2 % de prélèvements sociaux). L'épargnant peut opter pour une taxation selon le barème de l'impôt sur le revenu si c'est plus favorable.

Par défaut, les intérêts sont soumis à un acompte d'impôt, appelé prélèvement obligatoire non libératoire (PONL) ou encore prélèvement forfaitaire non libératoire (PFNL), au taux de 12,8 %, prélevé à la source par la banque au moment de leur crédit en compte. Les prélèvements sociaux sont également déduits à la source.

Deux situations suivantes peuvent donc se présenter :

- choix de la *Flat Tax* : le taux de prélèvement de 12,8 % (plus 17,2 % de prélèvements sociaux) est définitif et s'applique à l'ensemble des revenus financiers assujettis par la loi ;
- choix de l'imposition au barème (option globale qui s'applique à tous les revenus de capitaux mobiliers et plus-values de l'année considérée) avec complément ou **restitution d'impôt sur le revenu** selon la situation du contribuable.

Sur option et sous condition de revenus, il est possible de demander une dispense d'acompte. Pour cela, il faut disposer d'un **revenu fiscal de référence (RFR)** inférieur :

- à 25 000 € pour une personne seule ;
- ou à 50 000 € pour les couples mariés ou pacsés.

La demande de dispense doit être adressée à la banque le 30 novembre de l'année qui précède la perception des intérêts.

Quelle que soit la situation fiscale du titulaire du compte (imposable ou exonéré d'impôt sur le revenu), les prélèvements sociaux sont dus au taux global de 17,2 % depuis 2018, contribution sociale généralisée (CSG) et contribution au remboursement de la dette sociale (CRDS) incluses. Les non-résidents fiscaux français sont exonérés d'impôts sur le revenu et de prélèvements sociaux.

Le livret A

Depuis janvier 2009, cette formule de placement est distribuée par l'ensemble des réseaux bancaires. Comme pour le compte épargne bancaire, l'épargnant peut déposer les montants de son choix (dans certaines limites), aux époques de son choix et de disposer sans formalités de son épargne s'il le désire.

L'épargnant reçoit, en principe, un livret sur lequel sont inscrits au fur et à mesure les versements et les retraits ; le livret est souvent remplacé par l'envoi de relevés périodiques et une carte de retrait peut être associée à ce compte.

Le livret A peut être ouvert en compte joint.

Ses caractéristiques sont les suivantes :

- il est ouvert aux personnes physiques, aux associations à but non lucratif, aux organismes d'habitations à loyer modéré et aux syndicats de copropriétaires ;
- **versement initial :** minimum 10 € (1,50 € à la Banque Postale) ; ce versement et les versements suivants peuvent être effectués par chèque, par versement en espèces au guichet ou par virement depuis un compte à vue même si ce compte à vue est ouvert dans une autre banque que celle où se trouve le livret A ;
- **montant plafond** (hors intérêts capitalisés) : 22 950 € pour les particuliers, 76 500 € pour les associations et les syndicats de copropriétaires ; pas de plafond pour les organismes d'habitations à loyer modéré ;
- **solde du compte** : minimum 10 € (1,50 € à la Banque Postale) ;
- **durée du placement** : les fonds sont disponibles à tout moment et la durée du placement n'a pas de limite ;
- **retraits** : libres avec un minimum de 10 € par opération (1,50 € à la Banque Postale) ; ils ne peuvent être opérés en faveur d'un tiers, mais dans certaines banques et à la Banque Postale, certaines opérations de prélèvements automatiques peuvent être domiciliées sur ce livret (électricité, téléphone, impôts, etc.) ;
- **taux** : 3 % 1er février 2024 (variation normalement fixée en fonction des taux de marché et de celui de l'inflation) ;
- **intérêts** : ils sont décomptés par quinzaine civile avec capitalisation par année civile ;
- **régime fiscal** : les intérêts sont exonérés d'impôt et de prélèvements sociaux.

Le livret bleu du Crédit Mutuel

Cette formule de placement est diffusée par les Caisses de Crédit Mutuel.

Il a les mêmes caractéristiques que le livret A.

Il est interdit de cumuler un livret A et un livret bleu sauf si l'intéressé a ouvert un livret bleu avant septembre 1979.

Le livret d'épargne populaire

Créé en 1982, le LEP a été mis en place dans le but d'aider les personnes aux revenus modestes à placer leurs économies dans des conditions qui en maintiennent le pouvoir d'achat.

Le LEP ne peut être ouvert en compte joint.

Ce type de placement est réservé aux personnes fiscalement autonomes et dont le revenu fiscal de l'année N-2 ne dépasse pas certaines limites.

Pour ouvrir un compte sur LEP en 2024, le revenu fiscal de référence du demandeur ou celui de son conjoint (figurant sur l'avis d'imposition de 2022) ne doit pas dépasser un certain plafond. Par exemple, au 1er janvier 2024, pour une part de quotient familial ce plafond est de 22 419 €.

Si, une année, les revenus du foyer fiscal dépassent ces montants, le titulaire peut conserver son LEP jusqu'au 31 décembre de l'année n+2.

Ses caractéristiques sont les suivantes :

- **versement initial** : minimum 30 € ;
- **montant plafond** (hors intérêts capitalisés) : 10 000 € ;
- **solde du compte** : pas de minimum après ouverture ;
- **durée du placement** : les fonds sont disponibles à tout moment et la durée du placement n'a pas de limite ;
- **retraits** : libres sans minimum par opération ; ils ne peuvent être opérés en faveur d'un tiers ;
- **taux** : 5 % au 1er février 2024 ;
- **intérêts** : ils sont décomptés par quinzaine civile avec capitalisation par année civile ;
- **régime fiscal** : les intérêts sont exonérés d'impôt et de prélèvements sociaux ;
- chez un couple marié, chaque conjoint peut disposer d'un livret, mais il ne peut pas en être ouvert au nom des enfants mineurs ou majeurs rattachés.

Le livret pour le développement durable et solidaire (LDDS)

Il a été créé le 1er janvier 2007 pour remplacer le Codevi.

Les fonds drainés sur les LDDS servent à financer des prêts à taux réduit à l'industrie ou aux PME ou des prêts pour des travaux d'économie d'énergie effectués par des particuliers.

Le livret pour le développement durable et solidaire ne peut être ouvert en compte joint.

Ses caractéristiques sont les suivantes :

- ce type de placement est réservé aux personnes résidentes, majeures et fiscalement autonomes ;
- **versement initial** : aucun minimum légal imposé (en pratique 10 €) ;
- **montant plafond** (hors intérêts capitalisés) : 12 000 € ;
- **solde du compte** : minimum 10 € ;

- **durée du placement** : les fonds sont disponibles à tout moment et la durée du placement n'a pas de limite ;
- **versement et retraits** : libres (en pratique un minimum de 10 € est imposé par opération) ; les retraits ne peuvent pas être opérés en faveur d'un tiers ;
- **taux** : 3 % au 1er février 2024 ;
- **intérêts** : ils sont décomptés par quinzaine civile avec capitalisation par année civile ;
- **régime fiscal** : les intérêts sont exonérés d'impôt et de prélèvements sociaux ;
- chez un couple marié, chaque conjoint peut disposer d'un livret, mais il ne peut pas en être ouvert au nom des enfants mineurs ou majeurs rattachés.

Le livret jeune

Créé en 1996, ses caractéristiques sont les suivantes :

- ce type de placement est réservé aux jeunes ayant entre 12 et 25 ans résidant habituellement en France ;
- **versement initial et autres versements :** minimum 10 € ;
- **montant plafond** : 1 600 € ;
- **solde du compte** : minimum 10 € ;
- **durée du placement** : les fonds sont disponibles à tout moment et la durée du placement n'a pas de limite ;
- **taux** : libre, mais ne peut être inférieur à celui du livret A ;
- **intérêts** : ils sont décomptés par quinzaine civile avec capitalisation par année civile ;
- **régime fiscal** : les intérêts sont exonérés d'impôt et de prélèvements sociaux.
- **retraits** : avant 16 ans, ils ne peuvent être effectués qu'avec l'autorisation du représentant légal ; entre 16 et 18 ans, les retraits sont possibles, sauf en cas d'opposition du représentant légal ; à partir de 18 ans, les retraits sont libres.

Le compte épargne-logement

Voir plus loin épargne-logement.

• Les placements à terme

Contrairement à l'épargne à vue, placer son épargne à terme, c'est s'engager à la laisser à la disposition du dépositaire pendant un certain délai, sauf à perdre tout ou partie des avantages prévus. La principale qualité de l'épargne à terme est, en principe, sa rentabilité ; son principal défaut est son indisponibilité relative.

On peut distinguer dans cette catégorie le bon de caisse, le bon d'épargne, le compte à terme, le certificat de dépôt, le bon à moyen terme négociable, le plan d'épargne-logement, le livret d'épargne-entreprise et le plan d'épargne populaire. Ces trois dernières formules seront étudiées à part.

Le bon de caisse

En contrepartie d'un dépôt effectué auprès de sa banque, l'épargnant reçoit un bon ; sur ce document, la banque reconnaît sa dette et s'engage à la rembourser à une date donnée au déposant ou à tout bénéficiaire désigné par le souscripteur (dans ce dernier cas, le bon de caisse est transmis par endos).

- **Montant** : pas de minimum légal (chaque banque fixe ses propres seuils) ; pas de maximum ; comme il n'existe pas de seuils légaux, les bons peuvent être établis à la demande et peuvent de ce fait être émis pour n'importe quelle somme.
- **Durée :** minimum un mois, maximum cinq ans.
- **Taux :** le taux des bons de caisse est libre, mais il se situe généralement au-dessous des taux du marché monétaire.
- **Intérêts :** ils sont calculés en fonction de la durée du placement et peuvent être précomptés, c'est-à-dire calculés et payés d'avance pour les deux premières années, ou postcomptés, c'est-à-dire calculés et payés à l'échéance ou au-delà de deux ans.
- **Forme :**
  - forme anonyme (ou au porteur) : il n'y a pas d'indication du nom du bénéficiaire ; les bons anonymes peuvent se transmettre de la main à la main. Depuis le 1er janvier 2018, il n'est plus possible de souscrire des bons anonymes et les détenteurs de bons anonymes doivent obligatoirement déclarer leur identité à l'administration fiscale ;
  - forme nominative : le bon indique le nom du souscripteur ; les bons nominatifs ne peuvent être remboursés qu'au souscripteur.
- **Régime fiscal** : que les bons soient nominatifs ou anonymes, les intérêts perçus sont soumis aux règles de droit commun (voir régime fiscal du compte sur livret : *Tax Flat* ou soumission à l'IR).

Précisons en conclusion que le bon de caisse est une formule de placement qui n'est pratiquement plus proposée.

Le bon d'épargne

DÉFINITION

Le **bon d'épargne** est de présentation et de caractéristiques identiques au bon de caisse avec toutefois quelques différences sur les points qui suivent.

- **Durée** : les bons d'épargne sont toujours à cinq ans, mais peuvent être remboursés à l'expiration du troisième mois suivant la souscription.
- **Taux** : la rémunération est libre, mais le taux des bons d'épargne est progressif, c'est-à-dire qu'il augmente (avec effet rétroactif au jour de la souscription) avec la durée du placement. Plus la date du remboursement sera éloignée de la date de souscription, plus le taux sur lequel seront calculés les intérêts sera élevé et ce jusqu'à cinq ans.
- **Paiement des intérêts** : l'épargnant pouvant à partir du quatrième mois choisir la date de remboursement, les intérêts ne seront calculés et payés qu'à cette date. En effet, on ne connaît, par définition, la durée effective du placement que le jour où l'épargnant demande le remboursement. Les intérêts sont donc toujours postcomptés.
- **Régime fiscal** : les intérêts perçus sont soumis aux règles de droit commun (régime fiscal identique au compte sur livret : *Tax Flat* ou soumission à l'IR).

Le bon d'épargne est une formule de placement qui n'est pratiquement plus proposée.

Le compte à terme

DÉFINITION

Le **compte à terme** est une formule par laquelle l'épargnant demande à sa banque de bloquer une certaine somme pour un certain temps, moyennant rémunération.

- **Montant :** pas de minimum légal (chaque banque fixe ses propres seuils) ; pas de maximum.
- **Durée :** minimum un mois, maximum cinq ans.
- **Taux :** rémunération libre.
- **Intérêts :** ils sont versés à l'échéance.
- **Régime fiscal :** les intérêts sont soumis au même régime fiscal de droit commun (régime fiscal identique au compte sur livret : *Tax Flat* ou soumission à l'IR).

Les titres de créances négociables (*Negotiable European Papers*)

DÉFINITION

Les **titres de créances négociables** sont nés d'une fusion entre les anciens certificats de dépôt et bons à moyen terme négociables (émis par les institutions financières) et les billets de trésorerie (émis par les sociétés non financières).

Les *Negotiable European Commercial Papers* sont distingués en deux catégories distinctes :

- les NEU-CP à court terme, émis pour une durée inférieure ou égale à 1 an ;
- les NEU-MTN à moyen terme, émis pour une durée supérieure à 1 an.

Qu'ils soient à court terme ou à long terme, le montant minimal de l'émission ne peut être inférieur à 150 000 €, sauf si la documentation juridique n'est pas rédigée en français, auquel cas cette somme plancher s'élève à 200 000 €.

Leur rémunération est généralement proche de celle du marché monétaire.

Pour les particuliers, les intérêts sont soumis au même régime fiscal que le compte sur livret (*Tax Flat* ou soumission à l'IR). Les certificats de dépôts proposés par les banques entrent dans la catégorie *des Negotiable European Commercial Papers.*

• L'épargne-logement

Le compte épargne-logement

DÉFINITION

L'**épargne-logement** est une formule de placement qui permet au terme d'une période d'épargne d'obtenir un crédit dans des conditions privilégiées pour le financement d'une résidence principale.

Il existe deux formules : le compte épargne-logement (CEL) et le plan épargne-logement (PEL).

Le compte épargne-logement ressemble au niveau de la période d'épargne au compte épargne bancaire. Ses caractéristiques sont les suivantes.

L'épargne

- **Durée du placement** : minimum dix-huit mois (condition indispensable pour obtenir un prêt) ; pas de maximum. Un compte ouvert depuis douze mois peut donner droit à prêt dans le cas où son titulaire bénéficie d'une cession à droits acquis en provenance d'un autre compte ou plan épargne-logement.
- **Versement initial** : 300 € minimum. Ce versement et les versements suivants peuvent être effectués par chèque, par versement en espèces au guichet ou par virement depuis un compte à vue, même si ce compte à vue est ouvert dans une autre banque que celle où se trouve le CEL.
- **Versements suivants** : à tout moment pour un minimum de 75 €.
- **Solde plafond du compte** : 15 300 € (hors intérêts capitalisés).
- **Solde minimum** : 300 €.
- **Retraits** : libres avec un minimum de 75 € (mais pas de règlement direct en faveur d'un tiers).
- **Taux** : au 1er janvier 2024, il est de 2 %. Les CEL ouverts à partir du 1er janvier 2018 ne peuvent plus bénéficier de la prime d'État. Le taux n'est pas fixé définitivement à l'ouverture et peut changer à tout moment.
- **Intérêts :** les intérêts sont calculés par quinzaine comme pour le compte sur livret.
- **Régime fiscal** : pour les **CEL ouverts depuis le 1er janvier 2018,** les intérêts générés par un compte épargne logement (CEL) ne bénéficient plus d'un régime d'exception. Comme la plupart des placements, ils sont soumis au même régime que les intérêts produits par un compte sur livret (Tax Flat ou soumission à l'IR) ; voir plus haut. Les **CEL ouverts avant le 1er janvier 2018** bénéficient d'une fiscalité plus douce. Seuls les prélèvements sociaux au taux de 17,2 % s'appliquent aux intérêts.

Le prêt

- **Conditions d'obtention** : pour obtenir un prêt, le titulaire du CEL doit épargner au moins dix-huit mois (douze mois en cas de cession de droits) et obtenir un minimum d'intérêts : 75 € pour une acquisition, 37 € pour des travaux courants ou 22,50 € pour des travaux permettant des économies d'énergie.
- **Montant du prêt** : le montant du prêt qu'il est possible d'obtenir est fonction des intérêts acquis pendant la période d'épargne, car il y a relation entre les intérêts obtenus au titre de l'épargne et ceux qui seront dus au titre du prêt avec application d'un coefficient de conversion de 1,5 (le montant des intérêts de l'épargne multiplié par ce coefficient donne le montant des intérêts maximum qui seront dus au titre du prêt) ; le maximum du prêt est de 23 000 €.

- **Objet du prêt** : le prêt peut servir à réaliser l'achat de la résidence principale (dans le neuf ou dans l'ancien), la construction de la résidence principale (achat du terrain et travaux de construction), les travaux d'extension, de réparation, ou d'amélioration de la résidence principale (surélévation, économie d'énergie, ravalement de façade d'un immeuble en copropriété...), l'acquisition de parts de sociétés civile de placement immobilier (SCPI) à vocation d'habitation (si le compte a été ouvert avant le 1er mars 2021), ou bien le financement d'un local à usage commercial ou professionnel qui comprend également la résidence principale. Le bien financé doit être situé en France.
- **Taux du prêt** : 3,5 % hors assurance pour les comptes ouverts en janvier 2024 ; ce taux peut être modifié à tout moment et la modification est applicable aux comptes déjà ouverts (application de plusieurs taux pour le prêt si plusieurs taux pour l'épargne). Taux du prêt = taux de l'épargne + 1,50 %.
- **Durée du prêt** : deux à quinze ans.

La mise en place d'un prêt n'entraîne pas forcément la clôture du compte et le titulaire du compte peut le laisser ouvert pour demander un autre prêt plus tard.

Le plan épargne-logement

Le plan épargne-logement est une formule de placement à terme. Ses caractéristiques ont été très souvent modifiés ces dernières années et seules les caractéristiques des plans ouverts depuis 2024 seront présentés ici.

L'épargne

- **Durée** : quatre ans minimum avec toutefois possibilité de retrait après trois ans et réduction du taux de rémunération.
- **Versement initial** : 225 € minimum.
- **Versements périodiques** : mensuels, trimestriels ou semestriels pour un minimum annuel de 540 € fixé par contrat.
- **Solde plafond** : 61 200 € (intérêts non compris).
- **Taux** : 2,25 % pour les plans ouverts au 1er janvier 2024. Les PEL ouverts à partir du 1er janvier 2018 ne peuvent plus bénéficier de la prime d'État.
- **Régime fiscal** : Les intérêts générés par un plan d'épargne logement (PEL) ne bénéficient plus d'un régime d'exception. Comme la plupart des placements, ils sont soumis au régime de droit commun[1].

1. *Tax Flat* ou IR : voir compte sur livret ci-avant.

À l'issue des quatre ans, si l'épargnant n'a pas de projet immobilier immédiat, il peut choisir de prolonger son contrat. La durée maximale de fonctionnement d'un plan épargne-logement est de dix ans. Au-delà de dix ans, il est possible de conserver un plan épargne-logement, mais il n'est plus possible de faire des versements. Le plan continue à rapporter des intérêts mais le montant des droits à prêt n'augmente plus.

Le taux d'un plan est inchangé pendant toute la durée du plan.

Le prêt

Conditions d'obtention : le plan doit avoir duré au moins trois ans.

Montant du prêt : il est fonction des intérêts acquis avec un coefficient de conversion de 2,5. Le montant maximum est de 92 000 €.

Objet du prêt : le prêt peut servir à réaliser l'achat de la résidence principale (dans le neuf ou dans l'ancien), la construction de la résidence principale (achat du terrain et travaux de construction), les travaux d'extension, de réparation, ou d'amélioration de la résidence principale (surélévation, économie d'énergie, ravalement de façade d'un immeuble en copropriété...), l'acquisition de parts de sociétés civile de placement immobilier (SCPI) à vocation d'habitation (si le compte a été ouvert avant le 1er mars 2021), ou bien le financement d'un local à usage commercial ou professionnel qui comprend également la résidence principale. Le bien financé doit être situé en France.

Taux du prêt : pour les plans ouverts depuis le 1er janvier 2024, il est à 3,45 % + assurance (ce taux ne peut être remis en cause pour les plans ouverts ; il peut toutefois changer si les conditions changent pour de nouveaux plans).

Durée du prêt : deux à quinze ans ; la mise en place d'un prêt entraîne clôture du plan.

La cession des droits acquis sur un compte ou un plan épargne-logement

Pour le plan épargne-logement ou pour le compte épargne-logement, les possibilités d'obtention d'un prêt sont cessibles à certains membres de la famille du titulaire (conjoint, ascendants, descendants, collatéraux jusqu'au troisième degré) s'ils sont eux-mêmes titulaires d'un CEL ou d'un PEL.

Plusieurs membres d'une même famille peuvent être titulaires d'un compte ou d'un plan épargne-logement et se grouper en vue d'utiliser les droits acquis.

Seuls peuvent bénéficier de la cession de droits à prêt issus d'un compte d'épargne-logement les titulaires de droits à prêt d'un compte d'épargne-logement et les titulaires de droits à prêt d'un plan d'épargne-logement.

Seuls peuvent bénéficier de la cession de droits à prêt issus d'un plan d'épargne-logement les titulaires de droits à prêt issus d'un plan d'épargne-logement, c'est-à-dire les titulaires d'un plan d'épargne-logement ouvert depuis au moins trois ans.

Le transfert des comptes d'épargne-logement

Deux types de transfert peuvent intervenir :

- le transfert d'un établissement à un autre ;
- le transfert entre deux personnes.

Le transfert d'un compte d'un établissement à un autre

En cas de transfert, l'épargnant conserve les avantages attachés au compte unilatéralement ouvert. En particulier, le compte transféré conserve l'antériorité acquise sur ce compte. C'est pourquoi, le transfert donne lieu à la délivrance, par l'établissement qui tient le compte, d'une attestation comportant l'indication de la date d'ouverture et du montant du compte, du coefficient de conversion des intérêts et du barème en résultant ainsi que les intérêts acquis depuis l'ouverture. Les établissements entre lesquels un transfert est opéré doivent, en outre, obtenir ou fournir toutes précisions nécessaires relatives aux primes versées ainsi qu'aux prêts qui auraient déjà pu être accordés au titulaire du compte, en ce qui concerne notamment leur montant, leur durée et leur objet.

Le transfert entre deux personnes

Transfert entre vifs : la cession entre vifs d'un compte ou d'un plan épargne-logement ne peut être opérée. En revanche, la cession des capitaux, intérêts et droits à prêts est possible au profit d'une des personnes habilitées à bénéficier d'une cession de droits.

Si le cessionnaire est déjà titulaire d'un compte d'épargne-logement, les capitaux et droits cédés sont transférés directement à son compte. Mais ce transfert de capitaux ne peut avoir pour effet de porter le montant des dépôts du compte crédité au-delà du plafond maximum autorisé. Il peut être délivré, pour le surplus, une attestation d'intérêts acquis (cette attestation est utilisable pendant dix ans). Si le cessionnaire n'est pas déjà titulaire d'un compte, il doit, préalablement au transfert, faire procéder à l'ouverture de ce compte.

Transfert en cas de décès du titulaire : en cas de décès du titulaire d'un compte ou d'un plan épargne-logement, les héritiers ou légataires peuvent obtenir une attestation d'intérêts acquis. Le décompte est arrêté au moment du règlement de la succession et non lors du décès. Les capitaux insérés au compte et les droits qui y sont attachés (prime et prêt) sont transférés aux héritiers ou légataires. Ces capitaux et droits peuvent être attribués, dans le cadre du partage successoral, à tous les héritiers ou légataires, ou à un seul d'entre eux, ou encore à plusieurs d'entre eux. S'il y a plusieurs ayants droit, un partage intervient entre eux et une attestation est établie par bénéficiaire au prorata des droits issus de l'acte notarié successoral. Le partage des droits à prime et à prêt peut être différent du partage des capitaux : tel héritier peut recueillir tout ou partie de ces droits sans recueillir le capital correspondant, et inversement.

Chacun des bénéficiaires peut demander le transfert à son compte d'épargne-logement du montant des droits qui lui sont attribués ; mais s'il n'est pas déjà titulaire d'un tel compte, il doit, préalablement à l'exécution de ce transfert, faire procéder à l'ouverture de ce dernier ; toutefois l'ouverture de ce compte n'est pas nécessaire si le bénéficiaire désire solliciter immédiatement le prêt d'épargne-logement correspondant à la totalité des droits transférés.

Le livret d'épargne-entreprise

Créé dans le but de faciliter la création ou la reprise d'une entreprise quelle qu'en soit la forme juridique ou le secteur d'activité, le mode de fonctionnement du livret d'épargne entreprise est identique à celui du plan épargne-logement. En effet, après une période d'épargne, le souscripteur peut obtenir un prêt bancaire à taux réduit ou un prêt spécial. Il se compose, comme l'épargne-logement, d'une période d'épargne et d'une période de prêt.

Ce compte est réservé aux personnes physiques et il ne peut en être ouvert qu'un par foyer fiscal. Il peut être ouvert partout sauf à la Banque Postale.

L'épargne

- Durée : deux ans minimum ; cinq ans maximum.
- Versement initial : 750 € minimum.
- Versements périodiques : mensuels, trimestriels ou semestriels avec un minimum annuel de 540 € ; ce montant est arrêté par contrat.
- Montant maximum des versements : 45 800 € (intérêts non compris).
- Taux : trois quarts du taux du livret A arrondi au quart de point intérieur (2, 25 % au 1er janvier 2024) ; les intérêts sont décomptés par quinzaine.
- Régime fiscal : régime fiscal identique au compte sur livret (*Tax Flat* ou soumission à l'IR).

Le prêt

Conditions d'obtention : durée d'épargne minimum de deux ans.

Les modalités concernant le montant et la durée du prêt consenti sont fonction des montants épargnés et des intérêts acquis : la durée du prêt peut être comprise entre deux et quinze ans.

Le montant et la durée sont fixés de telle sorte que le total des intérêts à payer par l'emprunteur soit égal au total des intérêts acquis pendant la phase d'épargne multiplié par un coefficient de 1,6.

Les garanties exigées (caution, hypothèque, nantissements, etc.) varient selon l'exigence de la banque.

Après étude de la crédibilité du projet de création ou de reprise, les établissements financiers peuvent refuser l'octroi du prêt. Dans ce cas, le souscripteur reçoit une prime égale à 30 % des intérêts acquis.

Il existe un droit au prêt accessible à certains membres de la famille du titulaire et à toute personne physique désireuse de reprendre l'entreprise du souscripteur.

Le livret d'épargne-entreprise est une formule de placement qui n'a connu pratiquement aucun succès.

• Le plan d'épargne retraite (PER)

Le plan d'épargne retraite est un nouveau produit d'épargne retraite. Il est disponible depuis le 1er octobre 2019 et remplace progressivement les autres plans d'épargne retraite. Le PER se décline sous trois formes : un PER individuel, et deux PER d'entreprise. Le PER individuel succède au PERP (Plan d'épargne retraite populaire) et au contrat Madelin (contrat d'épargne retraite pour les travailleurs non-salariés). Le PER d'entreprise collectif succède au PERCO (Plan d'épargne pour la retraite collectif). Le PER d'entreprise obligatoire succède au contrat article 83 : Contrat d'assurance vie collectif souscrit par une entreprise au bénéfice de certains de ses salariés. Il est possible de transférer l'épargne des anciens plans déjà ouverts sur votre nouveau PER.

Le PER individuel

C'est un produit d'épargne à long terme. Il permet d'économiser pendant sa vie active pour obtenir, à partir de l'âge de la retraite, un capital ou une rente. Le plan donne lieu à l'ouverture d'un compte titres (PER d'investissement) ou à l'adhésion à un contrat d'assurance de groupe.

Le PER individuel est ouvert à tous. Il n'y a pas de condition liée à la situation professionnelle (demandeur d'emploi, salarié, travailleur non salarié) ou à l'âge.

Le PER individuel d'investissement

Le PER donnant lieu à l'ouverture d'un compte titres (compte sur lequel le titulaire peut déposer des titres financiers (par exemple : actions, obligations, Sicav) doit être souscrit par l'intermédiaire d'une société spécialisée. Il s'agit d'une société qui est un prestataire agréé pour exercer l'activité de conseil en investissement (établissement de crédit, entreprise d'investissement, conseiller en investissement financier).

Le PER individuel d'assurance

Le PER individuel donnant lieu à l'adhésion à un contrat d'assurance de groupe (contrat souscrit par une société en vue de l'adhésion d'un groupe de personnes qui remplissent des critères définis dans le contrat doit être souscrit par l'intermédiaire d'une société spécialisée. Il s'agit d'une association souscriptrice de contrats d'assurance groupe sur la vie (entreprises d'assurance, mutuelles et institutions de prévoyance).

Le PER individuel peut également être ouvert auprès d'un fonds de retraite professionnel supplémentaire.

Le contrat peut être commercialisé par un intermédiaire pour le compte d'une association souscriptrice de contrats d'assurance de groupe ou d'un fonds de retraite professionnel supplémentaire (banque ou conseiller financier).

Le fonctionnement du PER

Sauf mention contraire du titulaire du PER, la gestion des sommes versées sur le PER se fait suivant le principe de la gestion pilotée. Cela signifie que lorsque le départ en retraite est lointain, l'épargne peut être investie sur des actifs plus risqués et plus rémunérateurs. À l'approche de l'âge de la retraite, l'épargne est progressivement orientée vers des supports moins risqués.

L'organisme gestionnaire doit vous donner au moment de l'ouverture du PER une information sur les caractéristiques du plan, son mode de gestion et sa fiscalité.

Par la suite, chaque année, il doit vous donner les informations suivantes : évolution du compte, performance financière des investissements, montant des frais prélevés, conditions de transfert du plan.

À partir de la cinquième année précédant l'année de son départ à la retraite, le titulaire du plan peut interroger le gestionnaire du PER sur les possibilités de sortie adaptées à sa situation.

Les versements possibles

Le PER individuel est d'abord alimenté par des versements volontaires. Si un PER d'entreprise est transféré vers un PER individuel, il est possible aussi d'y verser à cette occasion les sommes suivantes :

- sommes issues de l'intéressement, de la participation et de l'abondement employeur ;
- sommes issues d'un compte épargne temps (CET) et affectées à un PER d'entreprise ;

Les versements obligatoires effectués sur un PER d'entreprise obligatoire

À l'âge de la retraite

Lorsque le titulaire du PER a atteint l'âge de la retraite et qu'il n'a pas opté au préalable pour la rente viagère, il peut demander que l'épargne accumulée dans votre PER individuel soit versée soit en capital, soit en rente, soit partiellement en capital[1] et en rente. Il en va de même pour l'épargne salariale éventuellement transférée dans son PER individuel.

Avant l'âge de la retraite

Il est possible de récupérer son épargne en capital de façon anticipée dans les cas suivants :

- invalidité (titulaire, ses enfants, son époux ou épouse ou son partenaire de Pacs) ;
- décès de son époux ou épouse ou de son partenaire de Pacs ;
- expiration des droits aux allocations chômage ;
- surendettement (à la demande de la commission) ;
- cessation d'activité non salariée à la suite d'un jugement de liquidation judiciaire ;
- acquisition de la résidence principale (sauf pour les droits issus de versements obligatoires).

Le décès du titulaire

Si le titulaire du plan décède, le plan est clôturé. Les sommes épargnées doivent être reversées à ses héritiers ou aux bénéficiaires du contrat.

S'il s'agit d'un plan ouvert sous la forme d'un compte titres, l'épargne est intégrée dans la succession. S'il s'agit d'un plan qui a donné lieu à l'adhésion un contrat d'assurance de groupe, les sommes épargnées doivent être reversées aux bénéficiaires désignés dans le contrat, selon les règles de l'assurance vie. La situation varie suivant que le décès est intervenu avant ou après 70 ans. Dans le cas d'un décès avant 70 ans, un abattement de 152 500 € est appliqué sur les sommes versées sur le contrat. Le surplus est imposé aux droits de succession. Dans le cas d'un décès après 70 ans, la part des sommes versées sur le contrat d'assurance qui dépasse 30 500 € est soumise aux droits de succession.

La fiscalité

Avantage fiscal sur les versements volontaires. Les sommes versées sur un PER individuel au cours d'une année sont déductibles des revenus imposables de cette année, dans la limite d'un plafond global fixé pour chaque membre du foyer fiscal.

1. Le capital peut être versé en plusieurs fois.

Le titulaire est salarié

Le plafond est égal au plus élevé des deux montants suivants :

- 10 % des revenus professionnels de 2022, nets de cotisations sociales et de frais professionnels, avec une déduction maximale de 35 194 € ;
- ou 4 114 € si ce montant est plus élevé.

Si ces versements ne sont pas déduits du revenu imposable, le titulaire aura un avantage fiscal au moment de la sortie du PER individuel.

Le titulaire est indépendant

Le plafond est égal au plus élevé des deux montants suivants :

- 10 % de vos bénéfices imposables (BIC, BA ou BNC) de 2022, dans la limite de 351 936 € + 15 % du bénéfice imposable compris entre 43 992 € et 351 936 € ;
- ou 4 114 € + 15 % du bénéfice imposable compris entre 43 992 € et 351 936 €, si ce montant est plus élevé.

L'imposition de la rente ou du capital

Le régime fiscal de la rente ou du capital est différent selon que les versements volontaires ont été déduits ou non des revenus imposables.

Si les versements PER ont été déduits du revenu imposable, la sortie se fait en rente (des paiements périodiques), la rente versée au moment du déblocage du PER est imposable à l'impôt sur le revenu, selon le régime applicable aux pensions de retraite. Un abattement de 10 % est déduit du montant de la rente. Le solde est ajouté à l'ensemble des revenus imposables du titulaire avant l'application du barème progressif de l'impôt sur le revenu. Des prélèvements sociaux s'appliquent également sur la quote-part de la rente correspondant aux versements volontaires.

La quote-part de la rente correspondant aux versements volontaires est imposable aux prélèvements sociaux après déduction d'un abattement fixé en fonction de l'âge du titulaire du PER :

- 30 % s'il a moins de 50 ans ;
- 50 % s'il a entre 50 et 59 ans ;
- 60 % s'il a entre 60 et 69 ans ;
- 70 % s'il a plus de 69 ans.

Le taux des prélèvements sociaux est de 17,2 %.

Si la sortie se fait en capital (un paiement unique), la part de capital correspondant à des versements volontaires est imposée au barème progressif de l'impôt sur le revenu, mais pas aux prélèvements sociaux. La part de capital correspondant aux produits générés par le contrat subit un prélèvement forfaitaire de 30 %, correspondant à

12,8 % pour l'impôt sur le revenu et 17,2 % pour les prélèvements sociaux. La banque effectue le prélèvement de 30 % avant de verser le capital au titulaire. Le titulaire du plan peut demander à être dispensé du prélèvement forfaitaire si son revenu fiscal de référence de l'avant-dernière année est inférieur à 25 000 € (50 000 € pour un couple).

Pour les revenus perçus en 2023, il s'agit du revenu fiscal de référence de 2021. La demande est à adresser à l'établissement financier qui verse les revenus au plus tard le 30 novembre de l'année précédant celle du paiement (le 30 novembre 2023 pour une dispense en 2024).

En revanche, si les **versements PER n'ont pas été déduits du revenu imposable** et qu'une sortie en rente est appliquée, la rente est imposable à l'impôt sur le revenu, selon les règles applicables aux rentes viagères à titre onéreux. Ainsi, la partie de la rente imposable à l'impôt sur le revenu correspond au montant de la rente réduit d'un abattement qui dépend de l'âge du titulaire du plan :

- 30 % s'il a moins de 50 ans ;
- 50 % s'il a entre 50 et 59 ans ;
- 60 % s'il a entre 60 et 69 ans ;
- 70 % s'il a plus de 69 ans.

Des prélèvements sociaux s'appliquent également sur la partie de la rente correspondant aux gains générés par les versements volontaires. Le taux des prélèvements sociaux est de 17,2 %.

Dans le cas d'une sortie en capital, la part de capital correspondant à vos versements volontaires non déduits fiscalement est exonérée d'impôt sur le revenu et de prélèvements sociaux. La part de capital correspondant aux intérêts générés par le contrat subit un prélèvement forfaitaire de 30 %. Ce prélèvement correspond à l'impôt sur le revenu à hauteur de 12,8 % et aux prélèvements sociaux à hauteur de 17,2 %. Le titulaire du plan peut demander à être dispensé du prélèvement forfaitaire si son revenu fiscal de référence de l'avant-dernière année est inférieur à 25 000 € (50 000 € pour un couple).

Pour les revenus perçus en 2023, il s'agit du revenu fiscal de référence de 2021. La demande est à adresser à l'établissement financier qui vous verse les revenus au plus tard le 30 novembre de l'année précédant celle du paiement (le 30 novembre 2023 pour une dispense en 2024).

Les transferts

Il est possible de transférer les produits d'épargne retraite qui existaient avant le 1er octobre 2019 sur le PER individuel, ainsi que l'épargne accumulée sur le PER individuel sur tous les autres PER.

2 • LES PLACEMENTS MONÉTAIRES NON BANCAIRES

Les banques se sont contentées pendant des années de proposer à leurs clients épargnants des placements sous forme de dépôts bancaires ou en valeurs mobilières.

La désintermédiation et certains avantages exorbitants accordés, il y a quelques années, aux placements monétaires les ont conduites à proposer à ces clients toute une palette de produits rentrant dans cette catégorie.

On peut distinguer les produits d'assurance-vie, les produits immobiliers ou fonciers et les produits d'épargne-retraite.

• Les produits d'assurance-vie

Généralités sur l'assurance-vie

Beaucoup d'individus souhaitent assurer leur avenir ou celui de leurs proches ; cette volonté incite fortement à l'épargne.

Parmi les différentes solutions, le placement en assurance-vie est une formule qui s'est imposée. Le contrat d'assurance-vie est un contrat par lequel, en échange de primes, l'assureur s'engage à verser à un bénéficiaire un capital dans des conditions déterminées en cas de décès de la personne assurée ou de sa survie à une époque déterminée.

Les principaux types de contrats sont les contrats mono-support et les contrats multi-support.

Dans un contrat mono-support, les versements sont investis dans un fonds en euros qui investit sur des produits sans risque, telles que des obligations d'État, et revalorisés chaque année. Le capital investi est garanti à tout moment et les intérêts de l'année sont définitivement acquis.

Dans un contrat multisupport, les versements sont investis sur des produits sans risque et des produits liés à la Bourse (obligations, actions, fonds, Sicav, etc.), investis sur les marchés financiers, appelés unités de compte (UC). L'assureur garantit non pas la valeur de ces unités, qui varie, mais leur nombre. Cet investissement est plus risqué que les fonds en euros mais cela peut se révéler plus rémunérateur.

L'assurance-vie présente des avantages fiscaux au bout de huit ans de détention et en cas de transmission.

Sont exonérés de droits de succession :

- les capitaux placés avant 70 ans à hauteur de 152 500 € perçus par bénéficiaire ; au-delà, les sommes transmises sont soumises à une imposition forfaitaire de 20 % jusqu'à 700 000 € ; de 31,25 % au-delà de 700 000 €[1].

1. Les seuils retenus sont ceux de la part nette taxable par bénéficiaire.

- les capitaux placés après 70 ans à hauteur de 30 500 € placés pour l'ensemble des bénéficiaires ; au-delà, les sommes transmises sont soumises aux droits de succession. Les intérêts et les plus-values sont exonérés de droits (seuls les versements effectués sont soumis).

Toutefois, si le bénéficiaire n'est pas désigné, le bénéfice du contrat d'assurance-vie tombe dans la succession du contractant.

Les revenus sont imposables dans les conditions suivantes pour les versements effectués depuis le 26 septembre 1997. Il faut distinguer les prélèvements sociaux et les impôts.

En l'absence de tout rachat, les produits cumulés sur un contrat d'assurance vie ne sont pas soumis à l'impôt sur le revenu. Les gains deviennent imposables seulement dès lors qu'un rachat total ou partiel est effectué ou bien lorsque la date de clôture du contrat arrive à échéance. Selon l'option choisie par le souscripteur du contrat, les produits (intérêts et plus-values) sont soumis soit à l'impôt sur le revenu soit au prélèvement forfaitaire libératoire.

Plusieurs cas se présentent :

- **Plus-values résultant des primes versées avant le 27 septembre 2017 :** en cas de rachat avant huit ans, les plus-values sont imposées aux taux de **35 %** (rachat avant quatre ans) ou de **15 %** (rachat entre quatre et huit ans) dans le cas d'une option pour le prélèvement forfaitaire libératoire ; elles peuvent être aussi soumises à l'IR. Les prélèvements sociaux s'élèvent à 17,2 %.

- **Plus-values résultant des primes versées à partir du 27 septembre 2017 :** ces plus-values sont soumises soit à l'impôt sur le revenu, soit au prélèvement forfaitaire unique (PFU), aussi appelé Flat Tax, selon l'option choisie par le titulaire du contrat.

- **Rachat dans les huit premières années du contrat** : le taux de prélèvement forfaitaire unique est fixé à 12,8 %.

- **Rachat après huit ans :** le taux passe à 7,5 % (12,8 % si l'encours net des produits est supérieur à 150 000 €). L'épargnant bénéficie d'un abattement annuel de 4 600 € (9 200 € pour un couple marié) sur les gains générés si son contrat a plus de huit ans.

Dans tous les cas, les prélèvements sociaux s'appliquent, avec un taux égal à 17,20 %.

L'impôt

Sont exonérés d'impôts les contrats souscrits avant 1983 ainsi que les contrats dénoués après licenciement, liquidation judiciaire, retraite anticipée du souscripteur ou de son conjoint.

La fiscalité en cas de sortie en rente viagère

Le capital acquis sur le contrat peut être transformé en rente viagère. La rente issue d'une assurance vie est imposée selon une fraction dépendante de l'âge du rentier à la mise en place de la rente.

Tableau 5.1 – Part imposable selon l'âge du rentier

Âge du rentier	Part imposable dans l'impôt sur le revenu
Moins de 50 ans	70 %
De 50 à 59 ans	50 %
De 60 à 69 ans	40 %
70 et plus	30 %

Il n'y a pas de prélèvements sociaux pour la transformation du capital acquis en rente. En revanche, il y a des prélèvements sociaux sur le paiement de la rente.

De nombreux contrats existent et le candidat souscripteur doit être vigilant sur les points suivants :

- il faut examiner le montant des prélèvements de l'assureur sur les versements (chargements) et celui des prélèvements sur l'épargne gérée (frais de gestion) ;
- il faut aussi être attentif au montant des participations aux bénéfices, car celui-ci détermine le niveau de sa plus-value. Ce montant s'établit entre 85 % et 100 % suivant les contrats ;
- il faut surveiller attentivement la rentabilité du placement, en misant surtout sur la régularité des performances ;
- enfin, il vaut mieux s'aviser de l'existence ou non de pénalités de sortie anticipée.

Les bons de capitalisation

DÉFINITION

Un **bon de capitalisation** est un placement à terme réalisé par un épargnant auprès d'une compagnie d'assurance (très souvent par l'intermédiaire de sa banque). Ce placement se matérialise par l'émission d'un bon de même type qu'un bon de caisse ou d'épargne délivré par une banque. Le souscripteur bénéficie d'un délai de rétractation de trente jours à compter de la date de souscription.

Tout particulier peut souscrire un bon de capitalisation ; les modalités en sont les suivantes :

- **montant minimum :** libre mais en général le minimum proposé est de 1 500 € ;
- **montant maximum :** pas de maximum ;
- **forme :** depuis le 1er octobre 2016, les bons de capitalisation sont obligatoirement nominatifs.
- **durée** : initialement dix ans (voire trente ans), mais avec possibilité de demande de remboursement anticipé ;
- **rémunération** : mécanisme de la capitalisation : les intérêts dus chaque année s'ajoutent au capital ; ces intérêts capitalisés produisent à leur tour des intérêts qui seront aussi capitalisés, etc. La rémunération d'un bon de capitalisation comprend deux éléments :
  - un revenu dont le taux est garanti pendant toute la durée du placement ;
  - généralement, une plus-value obtenue grâce à une participation aux bénéfices de la compagnie émettrice (plus-value par définition variable car fonction des résultats de l'émetteur).
- **régime fiscal :** celui de l'assurance-vie.

Les contrats de capitalisation

DÉFINITION

Un **contrat de capitalisation** est un placement à terme réalisé auprès d'une compagnie d'assurance, souvent par l'intermédiaire d'un établissement de crédit, sous la forme d'un versement appelé prime unique.

Le souscripteur bénéficie d'un délai de rétraction de trente jours à compter de la date de souscription.

Tout particulier juridiquement capable peut souscrire un contrat de capitalisation ; les modalités en sont les suivantes :

- **montant minimum** : libre mais en général le minimum proposé est de 1 500 € ;
- **montant maximum** : pas de maximum ;
- **durée** : initialement dix ans (voire trente ans) mais avec possibilité de demande de remboursement anticipé ;
- **rémunération** : mécanisme de la capitalisation : les intérêts dus chaque année s'ajoutent au capital et produisent à leur tour des intérêts qui seront aussi

capitalisés, etc. La rémunération d'un contrat de capitalisation comprend deux éléments :

– un revenu dont le taux est garanti pendant toute la durée du placement ;
– une plus-value obtenue grâce à une participation aux bénéfices de la compagnie émettrice (plus-value par définition variable car fonction des résultats de l'émetteur.

• **régime fiscal** : celui de l'assurance-vie.

• Les produits immobiliers et fonciers

Les Sociétés civiles de placement immobilier (SCPI)

Les caractéristiques des SCPI

La pierre reste très appréciée des Français. Mais, la pierre-papier peut ouvrir des possibilités nouvelles aux épargnants, notamment en raison de sa souplesse. Le principe est le suivant : un organisme financier investit dans l'immobilier un capital, qui est divisé en parts souscrites par des particuliers.

Cela permet d'accéder à un placement immobilier avec une mise de fonds limitée.

Les parts sont, toutefois, souvent difficiles à revendre et présentent le risque inhérent à tout investissement immobilier. Le rendement dépend de la composition des actifs et du coefficient de location des biens détenus par la SCPI.

L'essentiel des investissements de ce type est effectué à travers les Sociétés civiles de placement immobilier (SCPI) qui ont pour objet exclusif l'acquisition et la gestion d'un patrimoine immobilier locatif. Elles collectent des fonds auprès du public pour constituer et gérer un patrimoine immobilier locatif ; en contrepartie des sommes collectées, elles émettent des parts représentatives des apports effectués par les épargnants et donnant droit à l'encaissement des loyers. Chaque porteur de parts est en quelque sorte propriétaire d'une partie d'immeubles généralement diversifiés tant sur le plan géographique que sur le plan de leur usage (bureaux, entrepôts, logements, etc.).

Les SCPI ne peuvent donc pas :

• conserver des liquidités de façon permanente ;
• investir en dehors du secteur immobilier locatif ;
• faire construire des immeubles ou participer à des opérations de promotion immobilière.

Le capital des SCPI ne peut être inférieur à 760 000 € divisés en parts nominatives d'une valeur nominale minimum de 150 € et au moins 15 % du capital doit être souscrit par le public dans un délai d'un an.

Les sociétés gérant les parts de SCPI doivent être agréées par l'AMF, être constituées en société anonyme au capital minimal de 222 500 € ou en société en nom collectif et justifier de garanties suffisantes. Les immeubles locatifs doivent être expertisés au moins une fois tous les cinq ans.

Le prix de souscription des parts doit être établi par référence à une valeur de reconstitution (valeur de réalisation plus montant des frais divers). Tout écart de plus de 10 % entre ce prix et cette valeur devra être justifié par la société de gérance. Les gestionnaires seront tenus de fixer un prix conseillé des parts et de rechercher un acquéreur pour toute offre de cession à ce prix. Un système doit être prévu pour assurer à tout moment la liquidité des parts, les opérations étant sous le contrôle des commissaires aux comptes et de l'AMF.

Les statuts peuvent prévoir que le capital varie. Cette formule peut faciliter le rachat des parts. Mais les demandes de retrait ne peuvent amener la société à céder de façon répétitive ses biens.

Les SCPI investissent dans des bureaux, des hôtels, des entrepôts ou tout autre bien immobilier, qui sont ensuite gérés par leurs soins. Ces sociétés peuvent acquérir des équipements pour les immeubles et procéder à des travaux d'agrandissement et de reconstruction.

Non cotées en Bourse, elles sont souvent lancées par des investisseurs de qualité : grandes banques ou organismes financiers indépendants. Placements pour le moyen-long terme, les SCPI offrent des rendements qui se situent actuellement autour de 4 % à 5 % l'an.

Comme pour tout investissement foncier, s'il y a déficit des revenus fonciers, ceux-ci peuvent s'imputer sur des bénéfices à venir de même catégorie pendant dix ans. L'achat de parts de SCPI à crédit est donc intéressant pour générer des déficits fonciers si l'on possède déjà des biens immobiliers loués.

Les formes de SCPI

Deux formes de SCPI sont possibles : à capital fixe et à capital variable.

SCPI à capital fixe. Pour atteindre le capital plafond qui a été fixé par ses statuts, la SCPI va ouvrir successivement des augmentations de capital d'un volume et d'une durée que fixera la société de gestion. Son capital va progresser par à-coups et, entre deux augmentations de capital ou lorsque le plafond sera atteint, le capital demeurera fixe. Ainsi, si un associé veut se retirer, il faudra trouver un acheteur (ou plusieurs) qui reprenne ses parts de façon à ce que le capital ne change pas.

SCPI à capital variable. À tout moment, la SCPI peut émettre des parts nouvelles ou racheter des parts pour permettre à un associé de sortir. Des limites existent à la variation de son capital : une limite haute, le capital plafond, et une limite basse

multicritère. Quand un associé se retire, la SCPI rachète ses parts et elle émet de nouvelles parts pour les personnes qui, dans le même temps, souscrivent.

Les catégories de SCPI

SCPI de rendement. L'objectif de la SCPI de rendement est de distribuer régulièrement aux associés des revenus (en règle générale la distribution est trimestrielle). Le patrimoine immobilier de ce type de SCPI est constitué de bureaux, entrepôts ou locaux d'activités ou de locaux commerciaux. Ces locaux sont loués à des entreprises, des administrations ou à des commerçants. La durée de vie d'une SCPI de rendement est généralement supérieure à cinquante ans.

SCPI de valorisation. L'objectif de la SCPI de valorisation est de donner aux associés, à terme, lors de la liquidation du patrimoine, la valorisation du capital qu'ils ont investi à l'origine. L'immobilier est un marché, aussi les dates et conditions d'achat, comme la période de liquidation de la société, sont-elles des paramètres cruciaux. Le patrimoine immobilier de ce type de SCPI est généralement constitué d'appartements situés dans les meilleurs quartiers des grandes métropoles. Il y a une distribution de revenus limitée car, si l'on peut espérer des plus-values, le genre d'immobilier en cause est peu productif de revenus. Ces locaux sont loués à des personnes physiques, à des sociétés internationales ou à des ambassades. La durée de vie d'une SCPI de valorisation est généralement fixée aux alentours de quinze ans.

SCPI « Fiscales ». Il existe de nombreuses SCPI qui ont été créées dans le but de permettre aux porteurs de parts de bénéficier de dispositions fiscales intéressantes (Lois Malraux, Méhaignerie, de Robien, Scellier, Duflot, Pinel).

Les modalités de souscription aux parts de SCPI

Tout particulier capable peut souscrire des parts de SCPI. Montant minimum : valeur de la part variable d'une SCPI à une autre (généralement entre 150 et 1 500 € environ). Nombre de parts à souscrire : chaque SCPI peut fixer un nombre minimum de parts à souscrire. Des frais de souscription sont toujours prévus.

La rémunération d'une SCPI

Loyers : le souscripteur perçoit des revenus correspondant à l'encaissement des loyers diminué des frais de gestion de la société.
Produits financiers : si la société dispose de fonds dans l'attente de reverser les loyers perçus ou de réaliser un investissement immobilier, elle effectue des placements financiers temporaires généralement sur le marché monétaire.

Plus-values : le porteur peut aussi espérer une plus-value lors de la revente de ses parts ou de la dissolution volontaire de la société. Des frais de cession sont à prévoir.

La fiscalité d'une SCPI

Loyers : la société bénéficie de la transparence fiscale et le porteur de parts est imposable dans la catégorie des revenus fonciers ; ces revenus sont déclarés avec l'ensemble des revenus du porteur ; ils sont imposés en fonction de la situation fiscale du détenteur des parts et subiront en sus les prélèvements sociaux au taux de 17,2 %.

Produits financiers : ils sont imposables au niveau du souscripteur en fonction de la fiscalité propre à chaque type de placement.

Plus-values : les plus-values éventuelles sont taxées selon le régime des plus-values immobilières.

La liquidité d'une SCPI

Ce type de placement est peu liquide, car il n'y a pas de marché secondaire organisé et en cas de dépression dans le secteur immobilier, le porteur de parts ayant besoin de retrouver des fonds pourra subir une moins-value plus ou moins importante.

Il s'agit donc d'un placement à long terme comme tout placement immobilier.

Les Organismes de placement collectif en immobilier (OPCI)

Les Organismes de placement collectif en immobilier (OPCI) ont fait leur entrée sur le marché en début d'année 2006.

L'OPCI est un organisme géré par des spécialistes chargés de placer les capitaux qui leur sont confiés pour créer un patrimoine collectif à dominante immobilière. Chaque part représente donc une fraction d'un portefeuille de titres de propriété immobilière, commun à de nombreux épargnants. Les OPCI sont gérés au jour le jour par des professionnels qui réalisent pour le compte des porteurs de parts toutes les opérations de gestion nécessaires en fonction d'un objectif très précis qui leur a été fixé lors de la création du portefeuille collectif.

Les fonds placés doivent être investis au minimum à 60 % dans l'immobilier, avec plus de 10 % de liquidités. L'OPCI peut donc comporter jusqu'à 90 % d'actifs immobiliers. L'OPCI peut être un OPCI valeurs mobilières, c'est-à-dire une société de placement à prépondérance immobilière à capital variable (SPPICV) ou un OPCI revenus fonciers, c'est-à-dire un fonds de placement immobilier (FPI).

Dans le cas d'un OPCI valeurs mobilières, l'OPCI prend la forme d'une SICAV dont les revenus seront fiscalisés comme les dividendes d'actions. Les cessions de parts suivent le régime des plus-values de valeurs mobilières.

Dans le cas d'un OPCI revenus fonciers, l'OPCI suit le modèle des fonds communs de placement (FCP) dont les revenus seront soumis à l'impôt sur les revenus (les intérêts d'emprunt seront déductibles). Les cessions seront soumises au régime des plus-values immobilières avec taxation sur la seule partie distribuée aux associés et un abattement par durée de détention.

Par rapport aux SCPI, la création des OPCI vise principalement à renforcer la liquidité du patrimoine collectif immobilier par la possibilité d'acheter et surtout de vendre des parts en permanence sans droit d'enregistrement pour cause de cession ou d'échanges de parts, tout en bénéficiant d'une gestion dynamisée et d'une fiscalité plus souple et mieux adaptée. L'OPCI peut bénéficier d'un cadre d'investissement plus large alors que les SCPI ne peuvent aujourd'hui être investies que dans l'immobilier locatif. L'OPCI est au contraire diversifié, le solde peut être investi dans d'autres produits.

Les OPCI se présentent donc comme les successeurs naturels des SCPI.

Les groupements fonciers agricoles (GFA)

Un GFA est une société civile dont l'objet est d'acquérir un ensemble de terres agricoles pour les donner à bail à un fermier qui les exploitera. Le GFA émet donc des parts à sa création pour réaliser des investissements fonciers. Le GFA est constitué à l'origine pour une durée correspondant au départ à la retraite du fermier exploitant (puisque le bail doit être renouvelé jusqu'à la cessation d'activité du locataire, le GFA ne peut vendre son patrimoine plus tôt).

Pour l'épargnant, il s'agit donc d'un placement à long terme matérialisé par la détention de parts. Tout particulier capable peut souscrire des parts de GFA.

Montant minimum : fonction de la valeur nominale d'une part ; en pratique, plusieurs milliers d'euros.

Montant maximum : pas de limite.

La rémunération des GFA

- **Loyers :** le souscripteur perçoit des revenus correspondant à l'encaissement des loyers (généralement faibles) diminué des frais de gestion de la société.
- **Plus-values :** le porteur peut aussi espérer une plus-value lors de la revente de ses parts ou de la dissolution volontaire de la société ; des frais de cession sont à prévoir.

La fiscalité des GFA

- **Loyers :** le porteur de parts est imposable dans la catégorie des revenus fonciers ; ces revenus sont déclarés avec l'ensemble des revenus du porteur.
- **Plus-values :** les plus-values éventuelles sont taxées sous le régime des biens fonciers agricoles et si le prix de vente n'excède pas certains plafonds, la plus-value est exonérée.

- **Mutations à titre gratuit :** exonération de droits à hauteur de 75 % jusqu'à 101 897 € par bénéficiaire et de 50 % au-delà. Cette exonération est soumise à la condition que le bénéficiaire reste propriétaire des parts pendant cinq ans et que le défunt ou le donateur ait possédé les parts pendant deux ans au moins.

La liquidité des GFA

Ce type de placement est très peu liquide, car il n'y a pas de marché secondaire organisé et pour obtenir le remboursement de son capital, le porteur devra attendre la dissolution du GFA ou chercher un repreneur.

Les groupements forestiers (GF)

Le GF est une société civile dont l'objet est d'acquérir des forêts, à l'exclusion de tout autre investissement foncier, pour en assurer la conservation, l'amélioration et l'exploitation en vue d'une revente à très long terme. Le GF émet donc des parts à sa création pour réaliser des investissements fonciers.

Pour l'épargnant, il s'agit d'un placement à long terme matérialisé par la détention de parts. Tout particulier capable peut souscrire des parts de GF.

Montant minimum : fonction de la valeur nominale d'une part ; en pratique, plusieurs milliers d'euros.

Montant maximum : pas de limite.

La rémunération des GF

Coupes : le souscripteur perçoit des revenus correspondant au produit des coupes de bois diminué des frais de gestion de la société.

Plus-values : le porteur peut aussi espérer une plus-value lors de la revente de ses parts ou de la dissolution volontaire de la société ; des frais de cession sont à prévoir.

La fiscalité des GF

Souscription des parts : une réduction d'impôt est accordée aux personnes physiques fiscalement domiciliées en France, au titre de l'acquisition ou de la souscription de parts de groupements forestiers ou de sociétés d'épargne forestière, à condition de les conserver pendant quatre ans.

Réduction d'impôt sur le revenu de 25 % du montant investi dans le GFI, dans la limite d'un placement de 50 000 € pour une personne seule, ou 100 000 € pour un couple.

Cette réduction est assujettie au plafonnement des niches fiscales, mais un report de l'excédent sur les 4 années suivantes est possible dans certains cas.

Cet avantage est subordonné, notamment, à la conversation des parts pendant au moins 5,5 ans.

Une réduction d'IR est également accordée pour certaines dépenses de travaux forestiers.

Les réductions d'IR accordées au titre des investissements forestiers sont soumises au nouveau plafonnement des niches fiscales (pour 2024, l'avantage est plafonné à 10 000 €).

Revenus : ils sont estimés sur la base forfaitaire d'un revenu cadastral ; à ce titre, le produit encaissé grâce aux ventes de coupes de bois se trouve exonéré.

Plus-values : les plus-values éventuelles sont exonérées sauf en cas de vente de terrains à plus de 7 600 € l'hectare (très rare compte tenu du prix moyen des terres rurales).

Successions : la première donation est exonérée à hauteur de 75 % jusqu'à 76 000 € par bénéficiaire.

La liquidité des GF

Ce type de placement est très peu liquide car il n'y a pas de marché secondaire organisé et pour obtenir le remboursement de son capital, le porteur devra attendre la dissolution du GF ou chercher un repreneur.

3 • LES PLACEMENTS FINANCIERS

Pour financer leurs équipements, les collectivités publiques et les sociétés privées (voire certaines grosses associations) ont besoin de capitaux, capitaux empruntés pour les collectivités publiques sous forme d'obligations, de capitaux propres ou empruntés par les sociétés sous formes d'actions, d'obligations ou de titres participatifs.

Les particuliers peuvent investir leur épargne dans ces valeurs mobilières qui peuvent prendre la forme traditionnelle, telle que les actions et obligations, ou celle de nouveaux titres à caractéristiques parfois sophistiquées.

Les valeurs mobilières sont traitées en détail dans le chapitre 14 ; pour mémoire rappelons quelques principes.

• Les actions

L'action représente une part de capital. Une action peut être émise au porteur ou au nominatif.

L'actionnaire a le droit à participer aux assemblées d'actionnaires ordinaires (approbation des comptes ; affectation des résultats ; reconduction des dirigeants dans leurs fonctions) et extraordinaires (modification des statuts).

Il a le droit à participer aux bénéfices en percevant un dividende variable en fonction des résultats.

Il a le droit à participer aux augmentations de capital à titre gratuit (par incorporation de réserves) et aux augmentations de capital à titre onéreux (nouveaux apports effectués par les actionnaires en place ou de nouveaux actionnaires).

Il a le droit de céder ses titres : la cession se fait à la Bourse si le titre est coté ; elle se fait directement si le titre n'est pas coté.

Lorsque la société est dissoute, il peut y avoir liquidation bénéficiaire et l'actionnaire aura droit à un boni de liquidation[1].

• Les obligations

L'obligation est un titre représentatif d'un emprunt ; l'obligataire est donc titulaire d'un droit de créance.

Les obligations peuvent être nominatives ou au porteur.

L'obligataire a droit généralement à un intérêt qui est fixe ou lié à un index précis, mais qui ne peut jamais être fonction des résultats de l'émetteur ; cet intérêt est payable chaque année à la même date.

L'obligataire a droit au remboursement du montant souscrit : le remboursement peut avoir lieu par rachat en Bourse ou « in fine », c'est-à-dire à la date de remboursement de l'emprunt prévue initialement. Ce remboursement peut avoir lieu « au pair », c'est-à-dire le montant du nominal de l'obligation. Il peut aussi être d'un montant supérieur à celui de la souscription s'il y a prime de remboursement (prime en dedans si souscription en dessous du pair, prime en dehors si souscription au pair).

Enfin, l'obligataire a le droit de céder ses titres en Bourse ; la cession a lieu au cours du marché, soit en dessous de la valeur nominale, soit au pair, soit au-dessus de la valeur nominale et ce, en fonction des conditions offertes pour les autres emprunts. La cotation des obligations se fait en pourcentage et au pied du coupon, c'est-à-dire sans tenir compte de l'intérêt couru que l'on déduit du cours (si une obligation est cotée 95, cela veut dire que le titre a perdu en capital 5 % de sa valeur initiale)[2].

1. Pour la fiscalité des actions, voir chapitre 14.
2. Cotation et fiscalité des obligations : voir chapitre 14.

4 • LES FORMULES COLLECTIVES D'APPEL À L'ÉPARGNE PUBLIQUE

Il existe deux grandes catégories de placements collectifs :

- Les OPCVM (Organismes de placement collectif en valeurs mobilières) : ce sont les fonds d'investissement bénéficiant d'une autorisation de commercialisation auprès du grand public dans toute l'Union européenne. Les sociétés de gestion de ces fonds respectent des règles harmonisées au niveau européen en termes d'investissement et d'information des investisseurs.
- Les FIA (Fonds d'investissement alternatifs) : cette catégorie intègre la plupart des autres placements collectifs. Ils appliquent les mêmes règles et sont surveillés de la même façon par l'AMF. En revanche, ils ne bénéficient pas automatiquement de la possibilité d'être vendus aux épargnants dans le reste de l'Europe.

• Les Organismes de placement collectif en valeurs mobilières (OPCVM)

Les différentes catégories d'OPCVM

Les OPCVM regroupent différents supports de gestion collective ; les catégories principales sont les SICAV (Sociétés d'investissement à capital variable), les FCP (fonds communs de placement), les FCPE (fonds communs de placement d'entreprise), les FCPR (fonds communs de placement à risques), les FCPI (fonds communs de placement dans l'innovation) et les FCIMT (fonds communs d'intervention sur les marchés à terme).

Les dispositions communes applicables aux OPCVM

La loi du 23 décembre 1988 complétée par les décrets du 6 septembre 1989, la loi du 2 août 1989 et l'instruction de la COB du 27 juillet 1993 ont profondément réformé la réglementation applicable aux SICAV et aux fonds communs de placement et ont créé les fonds communs de créances.

La constitution

La constitution d'un OPCVM ou d'un compartiment d'un OPCVM est soumise à l'agrément de l'Autorité des marchés financiers (AMF). Cet agrément est subordonné au dépôt, auprès de l'AMF, d'un dossier présentant les caractéristiques de l'OPCVM. Le dossier de demande d'agrément est signé par une personne habilitée par la SICAV, ou s'il s'agit d'un FCP, par une personne habilitée de la société de gestion. Cette personne est soit un dirigeant de la société de gestion, soit une personne spécifiquement habilitée.

L'AMF donne son agrément pour la constitution d'un OPCVM et pour toute étape décisive de son fonctionnement (transformation, fusion, scission ou liquidation) et peut le retirer.

La composition de l'actif

L'actif d'un OPCVM comprend des valeurs mobilières françaises ou étrangères, négociées ou non sur un marché réglementé. Par valeurs mobilières, on entend :

- actions, obligations et titres complexes dérivés ;
- bons de souscription et de conversion résultant de valeurs mobilières complexes ;
- actions ou parts d'OPCVM coordonnés ;
- parts de fonds communs de créances ;
- titres de créances négociables.

Par ailleurs, les OPCVM peuvent dans certaines limites procéder à des opérations sur les marchés à terme ou d'options négociables. Ils peuvent aussi détenir à titre accessoire des liquidités sous forme de dépôts à vue ou à terme

Les SICAV peuvent posséder les immeubles nécessaires à leur exploitation.

La répartition de l'actif

Les OPCVM peuvent détenir sans limitation quantitative des valeurs mobilières françaises et étrangères négociées sur un marché réglementé en fonctionnement régulier français ou étranger.

Doivent être limités à 10 % de l'actif :

- les bons de souscription ;
- les bons de caisse ;
- les billets hypothécaires ;
- les billets à ordre ;
- les valeurs mobilières qui ne sont pas négociées sur un marché réglementé en fonctionnement régulier, à savoir, les valeurs mobilières non cotées.

Doivent être limités à 5 % de l'actif, les actions et parts d'autres OPCVM. Les engagements sur des opérations sur marchés à terme et opérations de swaps de taux et/ou de devises à 1,5 fois l'actif de l'OPCVM.

Un OPCVM ne peut détenir plus de 5 % d'une même catégorie de titres d'un même émetteur ; montant porté à 10 % si la valeur totale des titres détenus par l'OPCVM dans les émetteurs dans lesquels il place plus de 5 % de son actif ne dépasse pas

40 % du total de l'actif de l'OPCVM. Cette limite de 10 % est portée à 17,50 % pour les OPCVM monétaires.

Toutefois, un OPCVM peut placer 100 % de ses actifs en titres d'un même émetteur si les titres détenus proviennent de six émissions différentes et que les titres d'une même émission représentent moins de 30 % du montant total de l'actif de l'OPCVM.

La détention de titres appartenant à une même catégorie de titres d'un même émetteur est limitée à 10 % de l'ensemble des titres constituant cette catégorie.

Un OPCVM ne peut investir plus de 5 % de son actif dans d'autres OPCVM et ne peut détenir plus de 10 % de l'actif d'un autre OPCVM.

Un OPCVM peut procéder à :

- des prêts de titres dans la limite de 15 % de son actif.
- des emprunts de titres dans la limite de 10 % de son actif.
- des emprunts d'espèces dans la limite de 10 % de son actif.
- des opérations de prise en pension ou de mise en pension en respectant les ratios de division des risques.
- des opérations de réméré en respectant les ratios de division des risques.
- des opérations sur les marchés à terme sans toutefois engager plus d'une fois son actif.

Un OPCVM peut détenir des devises.

L'information et la publicité

La durée des exercices comptables des FCP et des SICAV ne peut excéder douze mois. À la fin de chaque semestre de l'exercice, l'inventaire de l'actif doit être établi.

Préalablement à l'émission des actions ou des parts, une note d'information visée par l'AMF doit être établie. La note d'information comporte une fiche signalétique qui doit être mise à la disposition du public et remise préalablement à toute première souscription.

Les OPCVM sont tenus de communiquer leur valeur liquidative au moins deux fois par mois. Ils ont la possibilité de se faire coter.

Le document d'information clés aux investisseurs (DICI)

Le DICI est, depuis le 1er juillet 2011, un nouveau document d'information remis aux investisseurs désireux d'investir leur épargne dans un OPC. C'est un document standardisé au niveau européen.

Il doit donner, en deux à trois pages, une information claire, exacte et non trompeuse permettant à l'épargnant de prendre une décision d'investissement en connaissant les principales caractéristiques du produit. Il est obligatoire pour tous les fonds d'investissement commercialisés en Europe.

Il s'agit d'un document pré-contractuel qui doit être remis à l'investisseur préalablement à sa souscription. Il lui permet de prendre sa décision d'investissement en toute connaissance de cause.

Il est composé d'une introduction (nom, société de gestion, code) et de cinq rubriques :

1. Un objectif de gestion et politique d'investissement de l'OPCVM.
2. Un profil de risque et de rendement.
3. Un tableau présentant les frais supportés par le fonds lors du dernier exercice.
4. Un histogramme sur dix ans (et pour des périodes d'au moins un an) présentant les performances passées (ou un histogramme sur cinq ans si les performances passées sont disponibles sur moins de cinq ans) ;

Des informations pratiques, notamment le nom du dépositaire, où et comment obtenir les informations supplémentaires sur l'investissement proposé, et où et comment obtenir le prospectus et les derniers rapports annuel et semestriel du fonds.

Le profil de risque et de rendement est représenté sous la forme d'une échelle numérique allant de 1 à 7 correspondants à des niveaux de risques et de rendements croissants.

La méthodologie générale du calcul de cet indicateur s'appuie sur la volatilité historique annualisée de l'OPCVM. Elle est basée sur les rendements hebdomadaires de l'OPCVM sur une période de cinq ans. Certains fonds comme les fonds de performance absolue ou les fonds à formule bénéficient d'une méthodologie de calcul alternative.

L'indicateur synthétique doit en outre être complété par :

- une explication textuelle de cet indicateur et de ses principales limites ;
- une explication textuelle des risques importants pour l'OPCVM et non pris en considération par l'indicateur synthétique : risque de crédit (ex : défaut d'un émetteur), risque de contrepartie (ex : défaut d'une contrepartie), risque de liquidité (ex : décote d'un actif liée au manque de transactions sur un marché), risques opérationnels et risques liés à la garde des actifs, impact des techniques financières sur le profil de risque (instruments dérivés).

L'indicateur synthétique de risque est contrôlé périodiquement et doit être mis à jour tous les quatre mois.

En résumé, les informations clés fournies dans un DICI comprennent généralement :

- une description de l'objectif d'investissement du fonds et des stratégies qu'il utilise pour atteindre cet objectif ;

- une évaluation du niveau de risque associé au fonds, généralement sur une échelle allant de 1 (risque plus faible) à 7 (risque plus élevé), ainsi que des informations sur le potentiel de rendement ;
- une explication des frais associés à l'investissement dans le fonds, y compris les frais de gestion, les frais d'entrée et de sortie, et d'autres coûts potentiels ;
- un aperçu des performances passées du fonds, bien que cette information ne garantisse pas les résultats futurs ;
- des détails sur la société de gestion du fonds et sur les gestionnaires de fonds.

Le règlement PRIIPs

Le PRIIPs est le règlement européen n° 1286/2014 du Parlement européen et du Conseil du 26 novembre 2014 qui régit les documents d'informations clés relatifs aux produits d'investissement packagés de détail et fondés sur l'assurance.

Applicable depuis le 1er janvier 2018, il a pour objectif d'améliorer l'information et la protection des investisseurs de détail grâce à la remise, préalablement à la souscription d'un produit concerné (les produits d'investissement packagés de détail et fondés sur l'assurance), d'un document d'informations clés (le *Key Information Document* ou le « KID »).

Un PRIIPs est un investissement, quelle que soit sa forme juridique, pour lequel le montant remboursable à l'investisseur de détail est soumis à des fluctuations parce qu'il dépend de valeurs de référence ou des performances d'un ou de plusieurs actifs que l'investisseur de détail n'achète pas directement.

Avant de mettre un PRIIPs à la disposition des investisseurs de détail, l'initiateur dudit produit établit un KID et publie ce document sur son site Internet. En outre, une personne qui donne des conseils au sujet d'un PRIIP ou qui le vend fournit aux investisseurs de détail le KID en temps utile, avant que ces investisseurs ne soient liés par un contrat ou une offre éventuelle portant sur ce PRIIPs.

Le KID instaure, pour les produits d'investissement packagés de détail et fondés sur l'assurance, une norme commune pour la présentation des informations destinées aux investisseurs de détail, qui doit permettre à ces derniers de comprendre et de comparer les principaux risques, caractéristiques, coûts et performances futures potentielles des produits en cause.

Le résultat et la distribution

Le résultat net d'un OPCVM est égal au montant des produits relatifs aux titres constituant le portefeuille, majoré du produit des sommes momentanément disponibles et diminué du montant des frais de gestion et de la charge des emprunts.

Les sommes distribuables doivent être, sauf exceptions, intégralement distribuées dans un délai maximal de cinq mois suivant la clôture de l'exercice.

Toutefois, depuis août 1989, les revenus encaissés par les SICAV ou les FCP peuvent être capitalisés et sont alors soumis au régime de taxation des plus-values de cessions des valeurs mobilières, et sont soumises, sauf exceptions, à l'IR au taux progressif.

La classification des OPCVM

On peut distinguer les OPCVM selon les critères suivants.

Critère juridique : on distingue les Sociétés d'investissement à capital variable (SICAV) et les fonds communs de placement (fonds communs de placement, fonds communs de placement d'entreprise, fonds communs de placement à risques, fonds communs de placement dans l'innovation, fonds communs d'intervention sur les marchés à terme).

Critère de vocation : on distingue les OPCVM à vocation générale et les OPCVM spécifiques.

Critère européen : on distingue les OPCVM coordonnés et les OPCVM non coordonnés. Un OPCVM coordonné est un OPCVM européen ayant reçu l'autorisation d'être commercialisé au sein des pays membres de l'Union européenne. Originaire d'un État membre de l'Union européenne ou partie à l'accord sur l'Espace économique, il est régi par la directive communautaire 85/11 du 20 décembre 1985, et doit à ce titre respecter certaines dispositions telles que les dispositions législatives et réglementaires régissant la commercialisation et le démarchage des OCPVM en France, la mise à disposition d'informations traduites en français aux souscripteurs de l'OPCVM.

Un OPCVM non-coordonné est un OPCVM européen commercialisé en France, ne satisfaisant pas les contraintes de la directive 85/11 du 20 décembre 1985, mais ayant cependant reçu l'autorisation de distribution de l'AMF.

Critère fiscal : il permet de différencier les OPCVM de distribution des OPCVM de capitalisation : la première catégorie distribue chaque année intégralement les produits des titres en portefeuille (les porteurs sont soumis à l'impôt sur le revenu) ; la seconde capitalise ses produits (les porteurs sont éventuellement soumis à l'impôt sur les plus-values) ; il existe aussi des OPCVM mixtes avec des parts donnant droit à distribution et des parts donnant droit à capitalisation.

Critère de risque : on distingue les types d'OPCVM :

- en fonction des supports d'investissements sur lesquels ils sont positionnés ;
- en fonction des attentes des investisseurs ;
- en tenant compte de la niche sur laquelle ils sont investis.

Selon ces critères on distingue généralement :

- les OPCVM dynamiques principalement investis essentiellement en actions, à potentiel de rendement et de risque élevé ;
- les OPCVM équilibrés entre actions et produits de taux obligataires et monétaires ;
- les OPCVM prudents principalement investis en obligations et produits de taux monétaires à potentiel de rendement et de risque modéré.

Le classement AMF des organismes de placement collectif

Cette classification comporte six familles selon la nature de la gestion et les risques qu'ils comportent. Elle définit pour chacune des familles un indicateur sur le niveau de risque encouru par les porteurs. Cela permet d'apprécier si l'OPC répond aux besoins et objectifs de l'investisseur.

Les OPC actions

- **Actions françaises** : OPC exposés en permanence à hauteur de 60 % au moins sur le marché des actions françaises. Exposition et de change le marché étranger doit rester accessoire.
- **Actions des pays de la zone euro** : OPC exposés en permanence à hauteur de 60 % au moins sur un ou plusieurs marchés des actions émises dans un ou plusieurs pays de la zone euro, dont éventuellement le marché français. L'exposition au risque de change ou de marchés autres que ceux de son euro de rester accessoire.
- **Actions des pays de l'union européenne** : OPC exposés en permanence à hauteur de 60 % au moins souverains plusieurs marchés des actions émises dans un ou plusieurs pays de la communauté européenne, dont, éventuellement, les marchés de la zone euro. L'exposition au risque de change ou de marchés autres que ceux de la zone euro doit rester accessoire.
- **Actions internationales** : OPC exposés en permanence à hauteur de 60 % moins sur un marché d'actions étranger ou sur des marchés d'actions de plusieurs pays, dont l'éventuellement le marché français.

Les OPC obligations et autres titres de créance

- **Obligations et autres titres de créance libellés en euros :** OPC exposés en permanence sur un ou plusieurs marchés de taux de la zone euro. L'exposition au risque actions n'excède pas 10 % de l'actif net. L'exposition au risque de change ou de marchés autres que ceux de la zone euro doit rester accessoire.
- **Obligations et autres titres de créance internationaux** : OPC exposés en permanence sur les marchés de taux de pays non membres, ou éventuellement membres, de la zone euro. L'exposition au risque actions n'excède pas 10 % de l'actif net.

Les OPC monétaires

- **Monétaires** : OPC investis en titres dont la durée de vie moyenne pondérée est inférieure ou égale à douze mois.
- **Monétaires court terme** : OPC investi antique dans la durée de vie moyenne pondérée est inférieure ou égale à 120 jours.

Les OPC de fonds alternatifs

- **OPC de multi-gestion alternative** : FIA qui recherchent une performance absolue déconnectée de l'évolution des marchés financiers. Les règles d'investissement et sont souples et la gestion est par nature très spéculative. Ces fonds s'adressent donc à des investisseurs avertis.
- **OPC à formule** : OPC dont l'objectif de gestion et d'atteindre, à l'expiration d'une période déterminée, un montant déterminé par application mécanique d'une formule de calcul prédéfinie, reposant sur des indicateurs de marchés financiers ou des instruments financiers, ainsi que de distribuer, le cas échéant, des revenus déterminés de la même façon. Leur objectif de gestion et garantie par l'établissement de crédit dont le siège est établi dans un État membre de l'OCDE. La garantie peut être accordée à l'OPC ou à ses porteurs ou actionnaires.
- **OPC diversifiés** : cette catégorie rassemble tous les OPC qui ne relèvent d'aucune autre catégorie. Il était fait mention de l'objectif gestion de la gestion mise en œuvre et notamment une gestion totalement discrétionnaire, une gestion d'équipe profilée et une gestion monétaire dynamique.

• Les sociétés d'investissement à capital variable (SICAV)

Ce sont des sociétés anonymes. Les actions d'une SICAV peuvent être cotées. Le capital initial d'une SICAV ne peut être inférieur à 8 millions d'euros.

Lorsque l'actif d'une SICAV demeure pendant trente jours inférieur à 3,8 millions d'euros, il doit être procédé à la liquidation de la SICAV.

• Les fonds communs de placement (FCP)

Le FCP est une copropriété de valeurs mobilières. Le montant minimum des actifs que le fonds doit réunir doit être égal à 400 000 €.

Lorsque l'actif d'un FCP demeure pendant 30 jours inférieur à 150 000 €, il doit être procédé à la liquidation du FCP.

Ces parts sont des valeurs mobilières susceptibles d'être cotées.

Les porteurs de parts ne sont tenus des dettes de la copropriété qu'à concurrence de l'actif du fonds et proportionnellement à leur quote-part.

Les organes du fonds sont une société commerciale chargée de sa gestion et une personne morale, dépositaire des actifs du fonds. Elles établissent le règlement du FCP qui s'impose aux porteurs de parts.

Les deux organes de la société (société de gestion et dépositaire) sont responsables individuellement ou solidairement, selon le cas, envers les tiers ou les porteurs, de leurs fautes ou des infractions à la réglementation, ou de la violation du règlement du fonds.

• Les Fonds d'investissements alternatifs (FIA)

Les FIA (Fonds d'investissement alternatifs) sont des fonds d'investissement issus de la Directive européenne 2011/61 entrée en vigueur le 22 juillet 2013 qui distingue :

- les OPCVM ;
- les FIA (régulés et autres) ;
- les autres placements collectifs.

Les fonds d'investissement relevant de la Directive 2011/61/UE dits « FIA » lèvent des capitaux auprès d'un certain nombre d'investisseurs en vue de les investir, dans l'intérêt de ces investisseurs, conformément à une politique d'investissement que ces FIA ou leurs sociétés de gestion définissent.

Lors de la transposition en droit français, l'appellation OPC (organismes de placement collectif) a été conservée dans le Code Monétaire et Financier pour désigner à la fois les OPCVM et les FIA régulés.

Les différentes catégories de FIA

Il existe deux catégories de FIA : les FIA régulés et les autres FIA.

Les FIA régulés sont classés en fonction des types d'investisseurs ou de gestion.

- Les fonds ouverts à des investisseurs non professionnels : les fonds d'investissement à vocation générale (ex OPCVM à vocation générale non coordonnés), les fonds de capital investissement agréés (FCPR / FCPI/FIP), les organismes professionnels de placement collectif immobilier OPCI (ex-OPCI et ex-OPCI RFA SEL), les sociétés civiles de placement immobilier (SCPI), les sociétés d'épargne forestière (SEF), les sociétés d'investissement à capital fixe (SICAF), les fonds de fonds alternatifs (ex-OPCVM de fonds alternatifs).
- Les fonds ouverts à des investisseurs professionnels : les fonds agréés (fonds professionnels à vocation générale et les OPCI professionnels) et les fonds déclarés

(fonds professionnels spécialisés et les fonds professionnels de capital investissement).

- Les fonds d'épargne salariale.
- Les organismes de titrisation.

Les **autres FIA** sont les fonds non mentionnées dans la liste limitative des FIA du Code monétaire et financier. Ils sont régulés par le Code monétaire et financier qui prévoit différentes mesures dérogatoires à la directive AIFM basés sur des critères de taille des actifs gérés, nature d'investisseurs, etc.

Les fonds communs de placement à risques (FCPR)

L'actif de ces FCP doit être constitué, pour 50 % au moins de valeurs mobilières qui ne sont pas admises à la négociation sur un marché réglementé français ou étranger.

Un FCP à risques n'a pas de limite quant à l'emploi de ses actifs en titres d'un même émetteur, mais ne peut employer plus de 20 % de ses actifs en actions ou parts d'un autre OPCVM.

Le rachat ne peut être demandé avant une période qui ne peut excéder dix ans. Au terme de ce délai, les porteurs de parts peuvent exiger la liquidation du fonds si leurs demandes de remboursement n'ont pas été satisfaites dans le délai d'un an.

La publicité et le démarchage sont interdits.

Une fraction des actifs peut être attribuée à la liquidation du fonds, si le règlement le permet, à la société de gestion.

Les souscripteurs bénéficient d'une exonération d'impôts sur les plus-values, à condition de conserver leurs parts au moins cinq ans mais ces plus-values restent soumises aux 17,2 % de prélèvements sociaux. Les FCPR peuvent être éligibles au PEA.

Les fonds communs de placement spécialisés dans l'innovation (FCPI)

Les FCPI sont des fonds communs de placement à risque dont l'actif est constitué, pour 60 % au moins, de valeurs mobilières émises par des PME-PMI :

- qui ont leur siège dans un État membre de la Communauté européenne (plus l'Islande et la Norvège tout en excluant le Liechtenstein) ;
- qui sont soumises à l'impôt sur les sociétés dans les conditions de droit commun ou en seraient passibles dans les mêmes conditions si l'activité était exercée en France ;
- qui ne sont pas cotées sur un quelconque marché, hormis sur l'un des marchés de l'Espace économique européen, à condition d'avoir une capitalisation boursière inférieure à 150 millions d'euros ;

- de moins de 2 000 salariés ;
- dont le capital n'est pas détenu majoritairement, directement ou indirectement, par une ou plusieurs personnes morales ayant des liens de dépendance avec une autre personne morale.

Ces PME doivent en outre être innovantes, c'est-à-dire :

- soit avoir réalisé, au cours des trois exercices précédents, des dépenses cumulées de recherche d'un montant au moins égal au tiers du chiffre d'affaires le plus élevé réalisé au cours de ces trois exercices ;
- soit justifier de la création de produits, procédés ou techniques dont le caractère innovant et les perspectives de développement économique sont reconnus, ainsi que le besoin de financement correspondant.

Les investissements effectués en parts de FCPI ouvrent droit à une réduction d'impôts égale à 18 % des versements, dans la limite annuelle de 12 000 € pour les personnes seules et de 24 000 € pour les couples mariés. Les souscripteurs bénéficient d'une exonération d'impôts sur les plus-values, à condition de conserver leurs parts au moins cinq ans. Les FCPI peuvent être éligibles au PEA.

Les fonds communs d'intervention sur les marchés à terme (FCIMT)

Le règlement de ces fonds doit prévoir le montant des liquidités ou valeurs assimilées que doit détenir ce fonds. Le montant minimum des liquidités ou de valeurs assimilées que doit détenir un fonds commun d'intervention sur les marchés à terme est de 50 % de son actif.

Un fonds commun d'intervention sur les marchés à terme ne peut employer plus de 10 % de son actif en titres d'un même émetteur. Ces FCP ne peuvent faire l'objet d'aucune publicité les présentant et incitant à la souscription de leurs parts ni à aucun démarchage.

Les fonds communs de créances (FCC)

La création des FCC provient de la nécessité de procéder à la titrisation des créances bancaires.

La titrisation des créances

Les prêts bancaires sont de plus en plus transformés en titres de créances négociables sur un marché (aspect essentiel de la désintermédiation). Sous certaines conditions, en effet, la titrisation présente de nombreux avantages pour les intermédiaires financiers comme pour les investisseurs et les emprunteurs.

DÉFINITION

La titrisation consiste, pour une banque, à vendre ses créances sur un marché nouveau et à se procurer ainsi des liquidités. Il lui faut trouver, en face, des investisseurs intéressés par l'achat de telles créances, celles-ci étant regroupées au sein de fonds communs de créances.

La titrisation des prêts bancaires ouvre aux intermédiaires financiers un moyen de financement qui présente des avantages originaux. Elle leur permet en particulier de sortir de leur bilan des créances qu'elles détiennent, et donc d'éviter le gonflement de leur passif parallèle à l'augmentation de leur actif.

Trois raisons peuvent en fait inciter une banque à « titriser » certaines de ses créances :

- elle peut souhaiter acheter des créances présentant d'autres caractéristiques (en matière de risques, de taux, de termes, etc.) ou se donner les moyens d'accorder de nouveaux concours ;
- elle peut aussi vouloir financer d'autres éléments de son actif que ceux appartenant au compartiment des prêts sans toucher à son passif ;
- elle peut aussi trouver, par là, le moyen d'échapper à certaines dispositions fiscales, réglementaires ou prudentielles, par exemple certains ratios de couverture des risques par des fonds propres.

Pour l'investisseur ensuite, les parts de fonds communs de créances représentent un placement souvent rentable. Les taux des prêts bancaires dépassant souvent ceux des obligations, la rentabilité de fonds titrisés est plus élevée que celle des autres titres. Les risques inhérents à ces fonds sont maîtrisables, les taux de défaut et la fréquence des remboursements anticipés étant assez bien connus. Des fonds de réserve ou le recours à l'assurance permettent de se prémunir contre des variations inattendues ou exceptionnelles des défauts ou des remboursements.

La titrisation doit aussi favoriser une baisse des taux d'intérêt.

Les règles applicables aux fonds communs de créances

Le FCC est une copropriété ayant pour objet exclusif d'acquérir des créances détenues par des établissements de crédit ou par la Caisse des dépôts et consignations (titrisation des créances).

Ses règles de fonctionnement sont inspirées largement de celles concernant les fonds communs de placement.

Il en est ainsi notamment en ce qui concerne la constitution et le statut de la copropriété dont le partage ne peut être provoqué.

En ce qui concerne la cession des créances, la procédure est voisine de celle mise en place par la loi Dailly. En effet, le transfert de propriété s'opère par simple établissement d'un bordereau daté et signé reprenant les créances cédées.

• Les clubs d'investissement

Les clubs d'investissement ont pour objet la formation des membres aux techniques boursières (de cinq à vingt membres) par l'acquisition d'un portefeuille de valeurs mobilières.

Ils sont constitués le plus souvent sous la forme associative, mais peuvent prendre la forme d'une société civile à capital variable ou convention d'indivision.

La contribution financière des membres est plafonnée à 5 500 € par an.

Durant toute la vie du club et tant que les membres ne retirent pas d'argent du « pot commun » les plus-values sont exonérées d'impôt. En cas de sortie d'argent du club par les membres ou de dissolution de celui-ci, le régime est celui de la transparence fiscale. Clairement, cela signifie que chaque membre devra déclarer sa quote-part de plus-values et régler son impôt.

• La fiscalité applicable aux placements effectués en parts de fonds collectifs

Les revenus versés par les SICAV

SICAV de distribution

Les sociétés d'investissement à capital variable sont exonérées de l'impôt sur les sociétés, pour la partie de leurs bénéfices provenant des produits nets de leur portefeuille ou des plus-values qu'elles réalisent sur la vente des titres ou parts sociales provenant de ce portefeuille (c'est ce que l'on appelle la transparence fiscale).

Pour les distributions faites par ces sociétés, les actionnaires sont placés dans la même situation que s'ils possédaient et géraient eux-mêmes le portefeuille de la société.

Lorsqu'elle fait l'objet d'un paiement distinct, la fraction de dividendes prélevée sur le produit d'obligations françaises ou européennes non indexées est soumise au régime fiscal des obligations.

Les actionnaires de SICAV peuvent également bénéficier des abattements attachés aux dividendes d'actions de sociétés françaises ou européennes.

De plus, si la SICAV détient des titres de créances négociables, la fraction du coupon correspondant aux intérêts de ces titres est soumise au régime fiscal des placements à revenu fixe.

SICAV de capitalisation

Les revenus (qui sont en fait des plus-values) générés par les SICAV de capitalisation ne sont pas imposables au titre des revenus mobiliers, mais peuvent en revanche être imposés au titre des plus-values de cessions de valeurs mobilières.

Les revenus versés par les FCP

Les fonds communs de placement sont des copropriétés de valeurs mobilières et de sommes placées à court terme ou à vue.

Le régime fiscal des produits distribués par les FCP est le même que celui des produits versés par les SICAV et il diffère selon que le fonds distribue ou non les produits qu'il a perçus. On a donc des FCP de distribution et des FCP de capitalisation.

FCP de distribution

Le régime fiscal des produits distribués par les FCP est le même que celui des produits versés par les SICAV.

FCP de capitalisation

Comme pour les SICAV, il existe des FCP de capitalisation avec les mêmes avantages (voir ci-dessus).

FCP à risques

Les FCP à risques sont des fonds dont les actifs doivent être composés pour 50 % au moins de parts, actions ou obligations convertibles ou titres participatifs de sociétés dont les actions ne sont pas cotées en Bourse.

Les personnes physiques qui prennent l'engagement de conserver, pendant cinq ans au moins, les parts de ces fonds sont exonérées de l'impôt sur le revenu pour les sommes ou valeurs auxquelles ces parts donnent droit au titre de cette période.

Ces revenus doivent être immédiatement réinvestis dans le fonds et demeurer indisponibles pendant la période de cinq ans.

Enfin le porteur, son conjoint et leurs ascendants ou descendants ne doivent pas détenir ensemble, directement ou indirectement, plus de 25 % des droits dans les bénéfices de sociétés dont les titres figurent à l'actif du fonds ou avoir détenu ce montant à un moment quelconque au cours des cinq années précédant la souscription des parts du fonds ou l'apport des titres.

Les plus-values réalisées par les porteurs de parts à l'occasion de la cession ou du rachat de ces parts ne sont pas soumises à l'imposition des plus-values après cinq ans de détention mais sont soumises aux 15,5 % de prélèvements sociaux.

FCP spécialisés dans l'innovation

Les FCPI sont des fonds communs de placement à risques dont l'actif est constitué, pour 60 % au moins, de valeurs mobilières émises par des PME-PMI européennes répondant à certaines caractéristiques.

Les investissements effectués en parts de FCPI ouvrent droit à une réduction d'impôt égale à 22 % des versements, dans la limite annuelle de 12 000 € pour les personnes seules et de 24 000 € pour les couples mariés. Les souscripteurs bénéficient d'une exonération d'impôt sur les plus-values, à condition de conserver leurs parts au moins cinq ans. Les FCPI peuvent être éligibles au PEA.

Le régime fiscal des plus ou moins-values de cessions

La règle

Les plus-values de cession de valeurs mobilières réalisées dans le cadre de la gestion d'un patrimoine privé sont imposées au barème progressif de l'impôt sur le revenu.

Les plus-values de cession de valeurs mobilières et droits sociaux réalisées par les particuliers depuis le 1er janvier 2018 sont soumises de plein droit à l'impôt sur le revenu au taux forfaitaire de 12,8 %. Les contribuables peuvent toutefois opter pour l'imposition de l'ensemble de leurs revenus de capitaux mobiliers et plus-values de cession de valeurs mobilières au barème progressif de l'impôt sur le revenu (auquel s'ajoutent les prélèvements sociaux de 17,2 %).

À l'inverse de la taxation au taux forfaitaire de 12,8 %, l'imposition selon le barème progressif permet l'application des abattements pour durée de détention sur les plus-values de cession de titres acquis ou souscrits avant le 1er janvier 2018. Une fraction de la CSG est par ailleurs déductible.

Les plus-values de cession de titres acquis ou souscrits à compter du 1er janvier 2018 sont exclues du champ d'application des abattements.

Les exonérations

Certaines plus-values sont exonérées d'impôt, notamment :

- les cessions réalisées par les SICAV ou les fonds communs de placement voire des clubs d'investissement dans certaines conditions (mais pas les profits des membres) ;
- certains emprunts d'État ;
- certaines formes d'investissement des salariés (participation aux fruits de l'expansion, plans d'épargne entreprise et actionnariat des salariés) ;
- les cessions réalisées dans le cadre d'un plan d'épargne à long terme ou dans le cadre du plan épargne retraite ;
- les cessions sur offres publiques d'échange, conversions, divisions ou regroupements de titres ;

- les cessions de parts de fonds communs de placement à risques après cinq ans de détention ;
- les cessions de titres figurant sur un PEA ;
- les titres vendus au sein d'un groupe familial.

Les moins-values

Les abattements applicables aux plus-values s'appliquent aussi aux moins-values. Les moins-values sont reportables pendant dix ans.

• Le Plan d'épargne en actions (PEA)

Les mécanismes du PEA

L'ouverture du PEA

Les PEA peuvent être ouverts auprès des établissements de crédit, de la Caisse des dépôts et consignations, des sociétés d'investissement et des compagnies d'assurance.

Les non-résidents ne peuvent pas ouvrir de PEA.

Il existe deux types de PEA : le PEA classique et le PEA PME.

L'alimentation

Le plan donne lieu à ouverture d'un compte de titres et d'un compte en espèces associé, ou pour les plans ouverts auprès d'une entreprise d'assurance, à signature d'un contrat de capitalisation.

Il doit être constitué par des versements en numéraires effectués sur le compte espèces qui permettent d'acheter des titres qui sont alors inscrits sur le compte titres

À noter que l'épargnant est libre de vendre ses titres à tout moment, sous la seule condition de réinvestir le produit de la vente en actions au sein du PEA et ce, sans délai imposé.

Les placements éligibles

Le choix du placement auquel seront affectées les sommes versées sur le PEA revient à l'épargnant qui devra se conformer à des critères délimités par les catégories de titres suivantes :

- les actions ou certificats d'investissement et certificats coopératifs d'investissement de sociétés françaises ou européennes (et depuis le 1er janvier 2005 norvégiennes et islandaises soumises à l'IS au taux normal, lorsqu'ils sont cotés ou activement négociés au hors-cote) ;
- les actions, certificats d'investissement non cotés et les parts de SARL françaises ou européennes souscrits lors d'une constitution ou d'une augmentation de capital en numéraire ;

- les droits ou bons de souscription ou d'attribution attachés aux actions susvisées ;
- les actions de SICAV et les parts de FCP détenant au moins 75 % de titres français ou européens répondant aux conditions susmentionnées ;
- les contrats de capitalisation en unités de compte investis dans les catégories de titres mentionnées ci-dessus.

Le titulaire du plan ne doit pas détenir (même indirectement avec son conjoint, leurs descendants et ascendants) plus de 25 % des droits dans les sociétés dont les titres figurent à l'actif du plan, pendant la durée du plan ou au cours des cinq années antérieures.

Depuis le 6 décembre 2016, les sommes versées sur un PEA ne peuvent pas être employées à l'acquisition de titres détenus hors de ce plan par les personnes suivantes :

- titulaire du plan ;
- personne avec qui il/elle vit en couple : mariage, pacs ou concubinage (union libre) ;
- ascendant ou descendant. Les produits (hors plus-values, avoirs fiscaux et crédits d'impôt restitués) des titres non cotés, détenus dans un PEA sont seulement exonérés dans la limite de 10 % du montant des placements en titres non cotés (sauf sociétés coopératives).

Le PEA bancaire ne peut être cumulé avec un PEA assurance mais peut être cumulé avec un PEA-PME.

Le fonctionnement du PEA

Le plafond du PEA

Chaque épargnant ne peut être titulaire que d'un seul plan et un plan ne peut avoir qu'un seul titulaire. Celui-ci pourra effectuer des versements sur son plan jusqu'à un plafond global de 150 000 €. À défaut d'un plafond annuel d'investissement, la date et la régularité des versements sont libres.

La durée d'un PEA

Le titulaire d'un PEA s'engage à conserver les fonds sur son plan pendant une durée minimum de huit ans. Le PEA n'accorde pas d'avantage fiscal à l'entrée, mais prévoit une exonération totale des produits (dividendes, plus-values et avoir fiscal) à condition que l'épargne investie soit conservée cinq ans au moins à compter de l'ouverture du plan.

Le régime fiscal du PEA

Les **retraits partiels avant cinq ans** entraînent la clôture du plan, sauf dans les cas suivants :

- reprise ou création d'entreprise

- licenciement, invalidité ou mise à la retraite anticipée du titulaire ou de son époux ou partenaire de Pacs
- retrait du plan des titres de sociétés en liquidation.

Les **retraits partiels après cinq ans** n'entraînent pas la clôture du plan. Le plan continue de fonctionner et il est possible de faire de nouveaux versements.

Le PEA-PME

Depuis le 1er janvier 2014, il est possible d'ouvrir un PEA-PME pour investir au capital des petites et moyennes entreprises, cotées ou non, en bénéficiant d'une exonération d'impôt. Son régime fiscal est le même que celui du PEA classique (plan d'épargne en actions).

Toute entreprise :

- de moins de 5 000 salariés ;
- ne réalisant pas plus de 1,5 milliard d' € de chiffre d'affaires annuel ;
- dont le bilan n'excède pas 2 milliards d' €.

Seules les entreprises répondant à ces trois critères et ayant leur siège en France ou dans un Etat membre de l'Union européenne sont éligibles au PEA-PME.

Le PEA-PME s'adresse à tous les épargnants majeurs et résidents fiscaux en France.

Son plafond est fixé à 225 000 €. Un seul plan par personne est autorisé, cumulable avec un PEA classique.

Le fonctionnement du PEA-PME

La souscription d'un PEA-PME entraîne l'ouverture d'un compte titres et d'un compte espèces associé (ou, pour les plans ouverts auprès d'une entreprise d'assurance, la signature d'un contrat de capitalisation).

L'alimentation du PEA PME a lieu uniquement en numéraire, par virements d'espèces : il est impossible de transférer des titres sur un PEA PME.

Le compte-titres peut ensuite être alimenté par :

- des parts de sociétés, cotées ou non (actions, certificats d'investissement, bons de souscription...) ;
- des parts de fonds communs de placement, à condition qu'ils soient investis à 75 % en titres émis par des PME remplissant les conditions.

Les transferts de titres d'un PEA classique vers le PEA-PME sont impossibles.

Le régime fiscal

La fiscalité du PEA-PME suit exactement celle du PEA. Après cinq ans de détention, les plus-values et autres gains sont totalement exonérés d'impôt sur le revenu. Ils restent en revanche soumis aux prélèvements sociaux. Les avantages fiscaux du PEA PME ne sont pas cumulables avec d'autres exonérations.

• Le Plan d'épargne avenir climat (PEAC)

Le PEAC est **destiné aux moins de 21 ans**. Il peut être ouvert par les parents **dès la naissance** de leur enfant, « **auprès d'un établissement de crédit**, d'une entreprise d'investissement, d'une entreprise d'assurance relevant du code des assurances, d'une mutuelle, d'une union de mutuelles, d'une institution de prévoyance ou d'une union d'institutions de prévoyance ». Un seul plan peut être ouvert par titulaire.

Le PEAC prend la forme d'un compte-titres, c'est-à-dire d'une enveloppe permettant de détenir des valeurs mobilières tels que les actions, obligations, produits dérivés ou encore OPCVM. Associé à un compte espèces ou un contrat de capitalisation, celui-ci peut être ouvert auprès d'un établissement de crédit, d'une société d'investissement ou d'assurance, d'une mutuelle ou union de mutuelles, d'une institution de prévoyance ou union d'institutions de prévoyance.

Les fonds collectés de mettre investis en titre financier contribuer au financement de la transition écologique et en instruments financiers à faibles risques.

Les retraits sur le PEAC sont très encadrés. Le titulaire ne peut faire aucun retrait, même partiel des sommes ou valeurs jusqu'à ses 18 ans. Sur ce point, le PEAC se différencie du livret A qui ne prévoit pas de blocage des fonds. Ainsi, les retraits ne sont pas autorisés sauf en cas d'invalidité du souscripteur ou de décès de l'un de ses parents.

À partir de sa majorité, le titulaire, sous réserve d'avoir ouvert le plan depuis plus de cinq ans, peut faire des retraits partiels n'entraînant pas la clôture du produit d'épargne. Dès lors que ces conditions d'âge et de durée sont réunies, il n'est plus possible de faire des versements dans le PEAC. Par ailleurs, la clôture du plan a lieu lorsque le titulaire atteint l'âge de 30 ans.

Il devrait être disponible **à partir du 1er juillet 2024**. Le taux devrait être supérieur à celui du livret A. Le plafond devrait être **identique au plafond du livret A, soit 22 950 €**. Il devrait être exonéré d'impôts.

Concernant les retraits, ceux-ci seront impossibles avant la majorité de l'enfant. Une différence majeure avec le Livret A, pour lequel les fonds ne sont pas bloqués. Seule exception pour effectuer un retrait avant les 18 ans : en cas « d'invalidité du titulaire ou de décès de l'un de ses parents ».

À partir de l'âge de 18 ans, et sous réserve que le plan soit ouvert depuis plus de cinq ans, les retraits partiels sont possibles et n'entraînent pas le clôture du plan. En revanche, le texte prévoit que, lorsque ces deux conditions sont réunies, « plus aucun versement n'est possible dans le plan d'épargne avenir climat ». Ce dernier est par ailleurs clôturé quand son titulaire atteint l'âge de 30 ans.

5 • LA DIRECTIVE MIF

La directive Marchés d'instruments financiers (MIF ou MiFID en anglais pour *Markets in Financial Instruments Directive*) est entrée en vigueur en France le 1er novembre 2007. Cette directive, et les mesures d'exécution qui la complètent, réorganise l'architecture législative et réglementaire des marchés européens. Elle définit les règles du jeu entre les marchés et les intermédiaires financiers, et également les règles de protection des investisseurs.

Pour les banques, cette réforme représente un enjeu important, car elle modifie en profondeur tout le cadre d'activité des prestataires de services d'investissement.

• Le champ d'application de la MIF

La directive MIF s'applique aux entreprises d'investissement et établissements de crédit lorsqu'ils fournissent des services d'investissement (réception et transmission d'ordres, exécution d'ordres pour compte de tiers, conseil en investissement...) et concerne tous les instruments financiers (valeurs mobilières, organismes de placement collectif, instruments financiers à terme...). Elle facilite par ailleurs l'usage du passeport européen qui est un agrément valable sur tout le territoire communautaire. Ce passeport assure la reconnaissance mutuelle des agréments des établissements et la mise en œuvre du principe de contrôle par l'État membre d'origine de l'établissement.

• L'harmonisation des cadres juridiques des modes d'exécution

La directive MIF donne un cadre juridique aux trois modes d'exécution utilisés en Europe :

- le marché réglementé ;
- le système multilatéral de négociation ou *Multilateral trade facilities* (MTF) ;
- l'internalisateur systématique[1].

Dans cette logique, la mise en concurrence des modes de négociation s'accompagne d'un ensemble de règles en matière de transparence pré et post-négociation. Les intermédiaires seront en effet amenés à explorer plusieurs sources de prix. Ainsi, la directive prévoit :

- des obligations de transparence pré-négociation. Les internalisateurs, notamment, doivent afficher les prix auxquels ils sont prêts à acheter ou vendre à leurs clients ;

1. L'internalisateur systématique est une « entreprise d'investissement qui, de façon organisée, fréquente et systématique, négocie pour compte propre en exécutant les ordres des clients en dehors d'un marché réglementé ou d'un *Multilateral trading facility* ».

- des obligations de transparence post-négociation. Celles-ci permettent de vérifier la bonne exécution des ordres aux conditions les plus favorables pour le client.

• L'information et la protection des investisseurs formalisées

La MIF met en place une relation centrée sur le client avec des obligations de connaissance et d'information du client à la charge de la banque, afin de lui proposer les produits adaptés à sa situation.

Pour protéger l'investisseur et lui garantir un service de qualité, le texte oblige les intermédiaires à s'assurer que leurs procédures d'exécution des ordres permettent de traiter les ordres des clients dans les meilleures conditions en termes de prix, de coût, de rapidité et de probabilité d'exécution et de règlement-livraison. Si cette obligation d'exécution des ordres aux conditions les plus favorables pour le client n'est pas nouvelle, elle est aujourd'hui formalisée en termes de responsabilités et de preuve pour les prestataires.

• L'impact de la MIF sur la relation banque-client

Les banques sont soumises à de nouvelles obligations d'information et d'évaluation du client, en vue de lui fournir les produits les plus adaptés et d'assurer au mieux sa protection. Les règles de conduite à la charge de la banque et le niveau de protection de l'investisseur varient selon le type de client auquel la banque s'adresse et les services d'investissement fournis.

Les règles de conduite selon la typologie du client

La directive distingue trois catégories de clients :

- la contrepartie éligible. Il s'agit principalement des entreprises d'investissement, établissements de crédit, entreprises d'assurance, OPCVM, sociétés de gestion... pour lesquels les obligations d'information et de conseil ne s'appliquent pas ;
- le client professionnel. Il est censé posséder la compétence nécessaire pour prendre ses décisions d'investissement, évaluer les risques qu'il encourt et être en mesure de supporter le risque de toute perte résultant de l'investissement. Les obligations d'information et de conseil de la banque à son égard sont plus allégées que celles pour les particuliers ;
- le client de détail. Il bénéficie de toutes les règles de protection en termes d'information et de conseil ainsi que dans le traitement de ses ordres qui doivent être exécutés aux meilleures conditions (notamment de prix).

Les règles de conduite selon la typologie du service d'investissement

Préalablement à la fourniture d'un service d'investissement, la banque procède à une évaluation du niveau de connaissance et d'expérience du client en matière d'investissement. Ces obligations d'évaluation à la charge de la banque diffèrent en fonction du service d'investissement fourni.

Ainsi, pour un client de détail, lorsque la banque fournit des services de conseil en investissement et de gestion de portefeuille, elle doit se procurer les informations lui permettant d'évaluer les connaissances du client, son expérience en matière d'investissement, sa situation financière et ses objectifs d'investissement. Si elle n'obtient pas ces informations, elle doit s'abstenir de recommander des services d'investissement ou des instruments financiers.

En revanche, lorsque la banque fournit des services d'investissement autres que ceux cités ci-dessus (comme l'exécution d'ordres au nom de clients ou la réception et transmission d'ordres portant sur un ou plusieurs instruments financiers), elle doit demander au client ses connaissances et son expérience en matière d'investissement. Si elle ne possède pas les informations suffisantes, elle avertit le client qu'elle ne peut déterminer si le service envisagé lui convient.

La banque ne peut s'exonérer de ses obligations d'évaluation du client sauf si les conditions suivantes sont remplies :

- le service est fourni à la demande du client ;
- il porte sur des instruments simples ;
- le client est informé que la banque n'est pas tenue d'évaluer sa compétence pour la fourniture de ce service.

La directive MIF 2 La directive MIF 2, adoptée en 2014 et mise en œuvre en 2018, a cherché à améliorer la réglementation existante et à aborder les lacunes identifiées après la crise financière de 2008.

Elle a élargi le champ d'application de la directive pour inclure de nouveaux types d'instruments financiers et de participants au marché, tels que les plateformes de négociation et les conseillers en investissement indépendants.

Elle a renforcé les exigences de transparence pour les instruments financiers, introduisant des règles spécifiques pour les instruments dérivés.

Elle a également introduit des règles visant à renforcer la protection des investisseurs, notamment des normes plus élevées pour la gestion des conflits d'intérêts et l'amélioration de la gouvernance.

Elle prévoit la possibilité pour les gestionnaires de fonds non européens de solliciter un « passeport » pour opérer dans l'UE, sous certaines conditions.

Enfin, elle a renforcé les sanctions en cas de non-respect des règles.

Nouveaux rapports et exigences de transparence : La directive a introduit de nouveaux rapports et exigences de transparence, y compris l'obligation pour les entreprises d'investissement de publier des rapports détaillés sur la façon dont elles exécutent les transactions.

L'ESSENTIEL

- Les placements bancaires à vue ont des taux de rémunération fixés par l'État et les intérêts perçus sur ces placements ne sont ni imposables ni soumis aux prélèvements sociaux (sauf le compte sur livret).
- Les placements bancaires à terme sont rémunérés à des taux fixés librement et sont soumis aux prélèvements sociaux et à l'impôt.
- Pour la plupart des placements, les revenus sont soumis au régime de droit commun (PFU ou sur option soumission à l'IR et aux prélèvements sociaux (taux 17,20 %).
- L'assurance-vie offre des avantages fiscaux importants (fiscalité réduite des plus-values et revenus après huit ans) et exonération des droits de succession dans certaines conditions.
- Le PEA permet d'effectuer des placements en actions dans des conditions fiscales avantageuses après cinq ans de détention.
- Le placement en parts d'OPCVM permet à l'épargnant de bénéficier d'une gestion collective et d'une possibilité de diversifier ses investissements en valeurs mobilières.
- La directive MIF complétée par la directive MIF 2 impose aux entreprises d'investissement et aux établissements de crédit de respecter un certain nombre de règles ayant pour but de protéger les investisseurs non professionnels peu avertis.

Quiz : Les placements

http://dunod.link/techbanc05

6 • LES CRÉDITS AUX PARTICULIERS

Executive summary

- Le particulier peut se tourner vers son banquier qui est à même de l'aider à faire face à différents besoins : difficultés passagères de trésorerie, dépenses exceptionnelles, dépenses d'équipement ou investissements immobiliers.
- Quelles sont les différentes catégories de crédits aux particuliers ? Comment est assurée la protection des emprunteurs ? Quelles sont les mesures de prévention et de gestion du surendettement ? Quelles garanties les banques prennent-elles pour sécuriser les crédits ? Quelles sont les assurances des crédits ?

1 • LES CRÉDITS À LA CONSOMMATION

• Les caractéristiques du crédit à la consommation

Les crédits à la consommation permettent soit de financer des besoins de trésorerie, soit de financer l'achat à tempérament de biens de consommation à usage domestique : appareils ménagers, ameublement, automobiles. Ils peuvent aussi financer certains travaux immobiliers.

Dans le cas de crédits liés à l'achat de biens de consommation ou de prestations de service, le dossier est établi lors de la conclusion du contrat de vente passé entre le vendeur et l'acheteur. Si le prêt n'est pas obtenu, le contrat de vente est résilié ou si la vente ou la prestation n'a pas lieu, l'offre de prêt devient caduque.

La distribution des crédits à la consommation

Les crédits à la consommation font l'objet d'une réglementation très stricte. Ils ont été réglementés par différents textes : la loi n° 78-23 du 10 janvier 1978, dite Loi Scrivener, la loi n° 89-1010 du 31 décembre 1989, dite Loi Neiertz, la loi n° 2010-737 du 1er juillet 2010, dite Loi Lagarde et la loi n° 2014-344 du 17 mars 2014, dite loi Hamon. Les lois de 2010 et 2014 ont profondément remanié les dispositions de la législation existante en renforçant très sensiblement la protection des emprunteurs. Tous ces textes sont repris par les articles L. 312-1 et suivants du Code de la consommation.

Les crédits à la consommation sont distribués par les banques, mais aussi et surtout par des sociétés financières qui sont pour la plupart filiales de banques et de groupes de la grande distribution ou du secteur de l'automobile. Ils peuvent être distribués directement par le prêteur ou par l'intermédiaire de commerçants ou prestataires de services lors de la vente du bien ou du service.

Les types de crédit à la consommation

La réglementation des crédits à la consommation a été entièrement refondue par les dispositions de la loi Lagarde qui a élargi sensiblement les crédits considérés comme crédits à la consommation et renforcé leur réglementation au profit de l'emprunteur.
Le champ d'application de la Loi Lagarde

La loi s'applique à toute opération de crédit et au cautionnement de telles opérations (prêt, découvert, crédit renouvelable ou facilité de caisse) dans les cas suivants :

- montant du crédit : le crédit est compris entre 200 € et 75 000 € ;
- durée du crédit : la loi s'applique entièrement pour les crédits d'une durée supérieure à trois mois et en partie pour les crédits compris entre un mois et trois mois.

Les opérations concernées par la Loi Lagarde

La loi vise les opérations ou contrats par lesquels un prêteur consent ou s'engage à consentir à l'emprunteur un crédit sous la forme d'un délai de paiement, d'un prêt, y compris sous forme de découvert ou de toute autre facilité de paiement similaire.

Sont également dans le champ d'application de la loi :

- les opérations visant à la réalisation de travaux de réparation, d'amélioration ou d'entretien d'un immeuble lorsque le crédit est consenti indépendamment de l'acquisition de l'immeuble et ce, à hauteur de 75 000 €. Au-delà, c'est la loi sur le crédit immobilier qui s'applique ;
- les opérations de regroupement de crédit (indépendamment du montant) ;
- les crédits entrant dans le champ d'application de la loi formalisés par acte notarié (ceux-ci étaient exclus par les lois Scrivener et Neiertz).

Les opérations exclues du champ d'application de la Loi Lagarde

Sont exclus du champ d'application de la loi :

- les crédits inférieurs à 200 € et supérieurs à 75 000 € ;
- les opérations de crédit destinées à permettre l'acquisition ou le maintien de droits de propriété ou de jouissance d'un immeuble existant ou à construire ;
- les opérations visant à la réalisation de travaux de réparation, d'amélioration ou d'entretien d'un immeuble lorsque le crédit est consenti dans le cadre de l'acquisition de l'immeuble ;
- les opérations consenties sous la forme d'une autorisation de découvert remboursable dans un délai d'un mois ;
- les opérations de crédit comportant un délai de remboursement ne dépassant pas trois mois qui ne sont assorties d'aucun intérêt ou d'aucuns frais ou seulement de frais d'un montant négligeable ;
- les avances sur salaires consentis par une entreprise à ses employés ou les prêts exceptionnels aux personnels ;
- les prêts pour l'investissement d'instruments financiers ;
- les crédits de réaménagement dans le cadre de la première phase d'une procédure de surendettement ;
- les accords de rééchelonnement d'une dette ou les moratoires de paiement consentis dans le cadre d'un traitement amiable des retards de paiement à condition qu'aucuns frais supplémentaires à ceux prévus dans le contrat initial ne soient mis à la charge de l'emprunteur (si des frais supplémentaires liés au réaménagement sont pris, l'accord entre alors dans le champ d'application de la loi) ;

- les cartes à débit différé au plus de quarante jours sortent en principe du champ d'application dès lors qu'aucuns autres frais que la cotisation sont facturés. *A contrario*, si des frais autres que la cotisation sont prélevés, les cartes à débit différé entrent dans le champ d'application de la loi.

Par ailleurs, lorsque la part des crédits immobiliers dans une opération de regroupement de crédits est supérieure à 60 %, les règles de protection des consommateurs en matière de crédit immobilier sont applicables.

• Les crédits par caisse

La facilité de caisse

La facilité de caisse a pour objet de faire face à des difficultés de trésorerie de courte durée. Le bénéficiaire de la facilité de caisse a donc la possibilité de rendre son compte débiteur pour quelques jours (ex. quinze jours par mois) ; l'autorisation est renouvelable ou non.

Le taux est généralement assez élevé.

L'accord peut être verbal ou écrit ; toutefois, au bout de quatre-vingt-dix jours de débit continu, l'offre doit être obligatoirement écrite, sauf pour un montant inférieur à 200 € ou supérieur à 75 000 € (à défaut d'offre, l'établissement de crédit est déchu du droit à intérêts au-delà du quatre-vingt-dixième jour de débit).

Le découvert

Les caractéristiques

Accordé pour une période généralement plus longue que la facilité de caisse (de quelques semaines à quelques mois), le découvert peut être autorisé dans le cas où le titulaire du compte attend une rentrée de fonds et qu'il souhaite disposer à l'avance des fonds attendus (par exemple, règlement d'une indemnité d'assurance).

Comme la facilité de caisse, le découvert est accordé à un taux généralement assez élevé.

L'accord peut être verbal ou écrit ; toutefois, au bout de quatre-vingt-dix jours de débit continu, l'offre doit être obligatoirement écrite sauf pour un montant inférieur à 200 € ou supérieur à 75 000 € (à défaut d'offre, l'établissement de crédit est déchu du droit à intérêts au-delà du quatre-vingt-dixième jour de débit).

Le dépassement

Si la convention de compte prévoit la possibilité d'un dépassement, elle doit alors indiquer :

- le taux débiteur ;
- les conditions applicables à ce taux ;
- tout indice ou taux de référence qui se rapporte au taux débiteur initial ;
- les frais applicables ;
- et, le cas échéant, les conditions dans lesquelles ces frais peuvent être modifiés.

Dans le cas d'un dépassement significatif qui se prolonge au-delà d'un mois, le prêteur doit informer l'emprunteur, sans délai, par écrit ou sur un autre support durable, du montant du dépassement, du taux débiteur et de tous frais ou intérêts sur arriérés qui sont applicables.

Lorsque le dépassement se prolonge au-delà de trois mois, le prêteur doit proposer, toujours sans délai, un autre type de crédit assorti du respect du formalisme de l'octroi d'un crédit (étude de solvabilité, fiche précontractuelle, etc.). Le non-respect de cette dernière disposition entraîne la déchéance des intérêts et l'éventualité de sanctions pénales.

La mention du découvert dans les relevés

Lorsque le relevé de compte indique, à titre d'information, qu'un montant de découvert est autorisé, le relevé doit mentionner, immédiatement après, et dans les mêmes caractères, le taux annuel effectif global. *A contrario*, si le relevé de compte n'indique pas le montant du découvert, aucune mention n'est obligatoire.

La résiliation du crédit

Lorsque le contrat le prévoit, le prêteur a la possibilité de résilier un découvert à durée indéterminée mais ce, moyennant un préavis d'au moins deux mois.

Néanmoins, en cas de « motif légitime », la résiliation peut intervenir sans préavis. Dans un tel cas, le prêteur doit communiquer les motifs à l'emprunteur, et ce « si possible avant la résiliation ».

Il appartient à chaque prêteur de définir les « motifs légitimes » permettant de dénoncer le découvert sans préavis (alors que pour les entreprises, la résiliation ne peut intervenir que dans les cas définis par la loi).

• Les prêts personnels

Le prêt personnel ordinaire

Le prêt personnel ordinaire permet de financer toute opération, la qualité de l'emprunteur primant sur l'objet.

La banque vire au compte du bénéficiaire du crédit une somme d'argent remboursable sur une durée comprise généralement entre six et soixante mois et correspondant à environ trois mois de revenus maximum.

Le coût est essentiellement lié aux taux du marché monétaire et varie selon les établissements et la qualité de l'emprunteur.

Le prêt personnel affecté

Le prêt personnel affecté permet de financer une opération précise indiquée dans l'objet du prêt. Ce prêt a pour caractéristique principale d'être lié à l'achat du bien ou du service qu'il finance : si le prêt n'est pas obtenu, la vente est annulée automatiquement et si la vente est annulée, l'offre de prêt devient caduque.

La banque règle directement le fournisseur du bien ou de la prestation.

Comme pour le prêt personnel ordinaire, ce prêt se rembourse en mensualités égales pendant la durée prévue.

Le prêt personnel renouvelable

Appelé couramment « *revolving* » ce prêt finance tout besoin de trésorerie.

L'établissement de crédit met à disposition de l'emprunteur une certaine somme qui ne dépasse pas en principe trois mois de revenus ; le client dispose de cette somme comme il l'entend, sans avoir à justifier de l'emploi des fonds ; les remboursements, pour un montant minimum défini à l'avance, reconstituent le capital initialement prêté.

Avantage : c'est un crédit utilisable avec une très grande souplesse.

Inconvénient : il s'agit d'un financement générateur de surendettement, car le remboursement du crédit est de fait repoussé *sine die*. La Loi Lagarde a fortement durci la réglementation applicable à ce type de crédit.

• Les prêts étudiants

Les caractéristiques

Les formules de prêts proposées présentent à peu près toujours les mêmes caractéristiques :

- une première période, d'une durée de deux à cinq ans, avec une franchise totale ou partielle de remboursement pour permettre au jeune de terminer ses études ;
- une deuxième période, d'une durée de deux à quatre ans, qui est celle du remboursement.

Les prêts étudiants font partie des crédits à la consommation et doivent, en conséquence, respecter la réglementation applicable à ce type de crédit.

Les modalités de fonctionnement

Les fonds prêtés sont mis à disposition en une ou plusieurs fois (par exemple, en trois fois si les études financées durent trois ans) ; il est plus intéressant de procéder au déblocage des fonds au fur et à mesure des besoins, car cela diminue le poids des intérêts.

Le cautionnement des parents ou d'une société de cautionnement mutuelle étudiante est l'une des conditions incontournables de l'octroi du prêt.

L'étudiant doit souscrire une assurance décès et invalidité qui assurera le remboursement du prêt en cas de sinistre. Le coût de l'assurance est compris entre 0,15 et 0,50 % du capital, selon que la garantie couvre le décès seul ou le décès, l'invalidité permanente et l'incapacité temporaire.

Le montant des prêts est généralement compris entre 5 000 € et 30 000 €, voire beaucoup plus pour les étudiants de grandes écoles.

L'utilisation des fonds n'est pas contrôlée.

Le déroulement de la première période

Pendant cette période qui est d'une durée de deux à cinq ans, l'étudiant a le choix entre :

- une franchise totale : il ne paye rien (sauf l'assurance) ;
- un différé d'amortissement : il ne paye que les intérêts.

La première solution est très onéreuse, car l'endettement augmente chaque année.

Le déroulement de la deuxième période

À l'issue de la première période, l'emprunteur commence à rembourser pendant une durée comprise entre deux et quatre ans.

Cette deuxième période est d'autant plus lourde que la franchise a été importante pendant la première période. À titre d'exemple, pour un crédit de 5 000 € à un taux de 6 %, avec une franchise de trois ans, le capital à rembourser à l'issue de la première période est de 5 955 € ; en trois ans, l'endettement a augmenté de près de 20 %.

Au contraire, si l'étudiant a opté pour un simple différé, c'est-à-dire pour la solution qui consiste à payer les intérêts pendant la première période, son endettement au bout de trois ans est toujours de 5 000 €.

• La location avec option d'achat (LOA)

La LOA est une formule de financement distribuée par des sociétés financières spécialisées.

L'opération se déroule en plusieurs étapes :

1. Le client choisit son équipement (automobiles, bateaux, équipements du foyer, biens divers) ;
2. L'établissement de crédit achète le bien choisi par son client et le lui loue pendant un certain temps (de trois à cinq ans) ;
3. Le locataire peut se porter acquéreur du bien loué en fin de contrat à un prix convenu à l'avance (la valeur résiduelle) ; ce prix est relativement faible (de l'ordre de 5 à 10 % de la valeur d'origine) et est souvent égal au dépôt de garantie.

Les barèmes de location, qui peuvent être constants, progressifs ou dégressifs, sont fonction de la politique commerciale de l'organisme de financement et des souhaits du locataire qui peut notamment verser un dépôt de garantie remboursable ou un premier loyer relativement important pour payer des mensualités plus supportables.

Contrairement à une idée reçue, si le financement peut avoir lieu à 100 %, le versement du dépôt de garantie et d'un premier loyer assez élevé revient à constituer l'équivalent d'un apport personnel conséquent.

• La location longue durée (LDD)

La location longue durée n'est pas à proprement un mode de financement ; elle est essentiellement utilisée dans le secteur automobile.

Elle consiste à louer un véhicule sur une période et un kilométrage déterminés moyennant un loyer mensuel. Des services à la carte tels que l'entretien, l'assurance, l'assistance sont généralement inclus. Cette formule offre une grande souplesse dans la gestion d'un ou de plusieurs véhicules et permet de budgétiser les dépenses automobiles.

Cette formule est utilisée par les professionnels comme par les particuliers.

Elle permet de changer de véhicule facilement tous les deux ou trois ans sans avoir à s'occuper de la revente du véhicule, puisqu'il doit être restitué en fin de contrat.

L'utilisateur doit toutefois être attentif au fait qu'il doit restituer le véhicule dans un état correspondant à un usage normal et que, dans le cas contraire, lui seront facturés les frais de remise en état et la dépréciation due à un usage plus intensif que prévu.

• La réglementation applicable aux crédits à la consommation

Le crédit à la consommation est régi par les articles L 312-1 à L 312-94 et les articles D 312-1 à R 312-35 du nouveau Code de la consommation.

Les devoirs d'information et d'explication du prêteur

Le devoir d'information

Préalablement à la conclusion du contrat de crédit, le prêteur ou l'intermédiaire de crédit doit donner à l'emprunteur, par écrit ou sur un autre support durable les informations nécessaires à la comparaison de différentes offres et permettant à l'emprunteur, compte tenu de ses préférences, d'appréhender clairement l'étendue de son engagement.

Selon l'article R. 312-2 du Code de la consommation, le prêteur ou l'intermédiaire de crédit doit communiquer à l'emprunteur un certain nombre d'informations :

- l'identité et l'adresse du prêteur ainsi que, le cas échéant, l'identité et l'adresse de l'intermédiaire de crédit concerné ;
- le type de crédit ;
- le montant total du crédit et les conditions de mise à disposition des fonds ;
- la durée du contrat de crédit ;
- le montant, le nombre et la périodicité des échéances que l'emprunteur doit verser et, le cas échéant, l'ordre dans lequel les échéances seront affectées aux différents soldes dus fixés à des taux débiteurs différents aux fins du remboursement ;
- le montant total dû par l'emprunteur ;
- en cas de crédit servant à financer l'acquisition de bien ou service déterminé, ce bien ou service et son prix au comptant ;
- en cas de location avec option d'achat, la description du bien loué et le prix à acquitter en cas d'achat ;
- le cas échéant, les sûretés exigées ;
- sauf en cas de location avec option d'achat, le taux débiteur, les conditions applicables à ce taux et, le cas échéant, tout indice ou taux de référence qui se rapporte au taux initial débiteur, ainsi que les périodes, conditions et procédures d'adaptation du taux ; si différents taux débiteurs s'appliquent en fonction des circonstances, ces informations portent sur tous les taux applicables (le prêteur doit tenir compte du ou des éléments du crédit que l'emprunteur lui a indiqué privilégier le cas échéant, tels que la durée du contrat de crédit et le montant total du crédit) ;

- pour le calcul du taux effectif global, si le contrat prévoit la possibilité pour l'emprunteur de disposer des sommes disponibles en vertu du contrat de crédit selon des modalités différentes assorties de frais ou de taux débiteurs différents, le prêteur précise la modalité qu'il a prise comme référence et indique que les autres modalités peuvent avoir pour conséquence l'application de taux annuels effectifs globaux plus élevés ;
- sauf en cas de location avec option d'achat, le taux annuel effectif global, à l'aide d'un exemple représentatif mentionnant toutes les hypothèses utilisées pour le calcul de ce taux ;
- le cas échéant, l'obligation, pour l'obtention même du crédit ou en application des clauses et conditions commerciales, de contracter un service accessoire lié au contrat de crédit, notamment une assurance ;
- tous les frais liés à l'exécution du contrat de crédit, et les conditions dans lesquelles ces frais peuvent être modifiés ;
- le cas échéant, l'existence de frais de notaire dus par l'emprunteur à la conclusion du contrat de crédit ;
- les indemnités en cas de retard de paiement et, le cas échéant, les frais d'inexécution que le prêteur peut demander à l'emprunteur en cas de défaillance, ainsi que les modalités d'adaptation et de calcul de ces indemnités et de ces frais ;
- un avertissement relatif aux conséquences d'une défaillance de l'emprunteur ;
- l'existence du droit de rétractation ;
- le droit au remboursement anticipé et, le cas échéant, le droit du prêteur à une indemnité ainsi que le mode de calcul de cette indemnité en application de l'article L. 312-34 du Code de la consommation ;
- le droit de l'emprunteur à se voir remettre, sur demande et sans frais, un exemplaire de l'offre de contrat de crédit si, au moment de la demande, le prêteur est disposé à conclure le contrat de crédit ;
- la mention que le prêteur doit, dans le cadre de la procédure d'octroi du crédit, consulter le fichier national des incidents de remboursement des crédits aux particuliers ;
- le délai pendant lequel le prêteur est engagé par les informations précontractuelles ; dans le cas d'un contrat de crédit en vertu duquel les échéances n'entraînent pas immédiatement un amortissement correspondant du montant total du crédit, mais servent à reconstituer le capital aux périodes et dans les conditions prévues par le contrat de crédit ou par un contrat accessoire, l'information précontractuelle indique que cette modalité d'exécution ne garantit pas le remboursement du montant total du crédit consenti, sauf si une telle garantie est donnée.

L'article D. 312-1 du Code de la consommation, précise que les lots promotionnels liés à l'acceptation d'une offre préalable de crédit mentionnés au 5e alinéa de l'article

L. 312-11 s'entendent des primes en nature de produits ou biens auxquelles la conclusion d'une opération de crédit mentionnée à l'article L. 312-1, immédiatement ou à terme, donne droit ou peut donner droit à titre gratuit.

Le devoir d'explication

Le prêteur doit fournir à l'emprunteur les explications lui permettant de déterminer si le contrat de crédit proposé est adapté à ses besoins et à sa situation financière, notamment à partir des informations contenues dans la fiche précontractuelle.

Le prêteur doit attirer l'attention de l'emprunteur sur les caractéristiques essentielles du crédit et sur les conséquences que ces crédits peuvent avoir sur sa situation financière, y compris en cas de défaut de paiement.

Ces informations sont données, le cas échéant, sur la base des préférences exprimées par l'emprunteur.

Au titre du devoir d'explication, le prêteur doit notamment fournir à l'emprunteur des explications. Le terme « notamment » signifie que la fiche de dialogue ne doit pas être le seul support fourni par le prêteur.

Les mentions obligatoires du contrat de crédit à la consommation

L'article R. 312-10 du Code de la consommation fixe le contenu du contrat de crédit à la consommation prévu à l'article L. 312-28. Ce contrat doit être rédigé en caractères dont la hauteur ne peut être inférieure à celle du corps 8. Il comporte de manière claire et lisible, dans l'ordre précisé ci-dessous :

- l'identité et l'adresse géographique des parties contractantes ainsi que, le cas échéant, l'identité et l'adresse de l'intermédiaire de crédit concerné ;
- l'encadré mentionné à l'article L. 312-28, qui indique en caractères plus apparents que le reste du contrat, dans l'ordre choisi par le prêteur et à l'exclusion de toute autre information ;
- le type de crédit ;
- le montant total du crédit et les conditions de mise à disposition des fonds ;
- la durée du contrat de crédit ;
- le montant, le nombre et la périodicité des échéances que l'emprunteur doit verser et, le cas échéant, l'ordre dans lequel les échéances seront affectées aux différents soldes dus, fixés à des taux débiteurs différents aux fins du remboursement. Pour les découverts, il est indiqué le montant et la durée de l'autorisation que l'emprunteur doit rembourser ;
- le taux débiteur, les conditions applicables à ce taux, le cas échéant tout indice ou taux de référence qui se rapporte au taux débiteur initial, ainsi que les périodes, conditions

et procédures d'adaptation du taux. Si différents taux débiteurs s'appliquent en fonction des circonstances, ces informations portent sur tous les taux applicables ;

- lorsqu'il s'agit d'un crédit renouvelable, la mention suivante est ajoutée : « Ce taux est révisable. Il suivra les variations en plus ou en moins du taux de base que le prêteur applique aux opérations de même nature ou du taux qui figure dans les barèmes qu'il diffuse auprès du public. En cas de révision du taux, l'emprunteur doit être préalablement informé par courrier avant la date effective d'application du nouveau taux. Il peut, dans un délai de trente jours après réception de cette information, sur demande écrite adressée au prêteur, refuser cette révision. Dans ce cas, son droit à crédit prend fin et le remboursement du crédit déjà utilisé s'effectuera de manière échelonnée, sauf avis contraire de sa part, aux conditions applicables avant la modification qu'il a refusée » ;
- le taux annuel effectif global et le montant total dû par l'emprunteur, calculés au moment de la conclusion du contrat de crédit. Toutes les hypothèses utilisées pour calculer ce taux sont mentionnées ;
- tous les frais liés à l'exécution du contrat de crédit, dont, le cas échéant, les frais de tenue d'un ou plusieurs comptes destinés à la mise à disposition des fonds ou au paiement des échéances de crédit et les frais liés à l'utilisation d'un instrument de paiement déterminé, ainsi que les conditions dans lesquelles ces frais peuvent être modifiés ;
- les sûretés et les assurances exigées, le cas échéant ;
- le cas échéant, l'existence de frais de notaire ;
- en cas de crédit servant à financer l'acquisition de bien ou service déterminé, ce bien ou ce service et son prix au comptant ;
- les modalités de remboursement par l'emprunteur ;
- l'identité et l'adresse des cautions éventuelles ;
- une rubrique sur les conditions d'acceptation ou de rétractation du contrat de crédit qui mentionne notamment, dans l'ordre choisi par le prêteur ;
- les informations relatives aux conditions de conclusion du contrat, dont l'existence et les modalités d'expression de l'agrément de l'emprunteur conformément à l'article L. 312-24 ;
- l'existence du droit de rétractation, le délai et les conditions d'exercice de ce droit, l'obligation incombant à l'emprunteur au titre de l'article L. 312-26, le montant de l'intérêt journalier servant au calcul des intérêts cumulés visés à l'article L. 312-26 ;
- les dispositions de l'article L. 312-25 ;
- le cas échéant, les droits de l'emprunteur d'un crédit affecté ainsi que leurs conditions d'exercice ;

- une rubrique sur les informations relatives à l'exécution du contrat qui mentionne notamment, dans l'ordre choisi par le prêteur :
- les conditions et modalités selon lesquelles l'emprunteur peut rembourser le crédit par anticipation, ainsi que les conditions et le mode de calcul de l'indemnité de remboursement anticipé que le prêteur peut réclamer en application de l'article L. 312-34 ;
- les conditions et modalités selon lesquelles l'emprunteur peut résilier le contrat ;
- un avertissement relatif aux conséquences d'une défaillance de l'emprunteur ;
- les indemnités en cas de retard de paiement et, le cas échéant, les frais d'inexécution que le prêteur peut demander à l'emprunteur en cas de défaillance, ainsi que les modalités d'adaptation et de calcul de ces indemnités et de ces frais ;
- pour les opérations de crédit amortissable à durée déterminée, lesquelles excluent la location-vente et la location avec option d'achat, le droit de l'emprunteur de recevoir un relevé sous la forme d'un tableau d'amortissement, à sa demande et sans frais, à tout moment durant toute la durée du contrat. Ce tableau indique les montants, périodes et conditions des échéances ainsi que la ventilation de chaque échéance entre l'amortissement du capital, les intérêts calculés sur la base du taux débiteur et, le cas échéant, les coûts additionnels. Si le taux d'intérêt n'est pas fixe ou si les coûts additionnels peuvent être modifiés en vertu du contrat de crédit, le tableau indique de manière claire et concise que les données mentionnées dans le tableau ne seront valables que jusqu'à la modification suivante du taux débiteur ou des coûts additionnels ;
- une rubrique sur les informations relatives au traitement des litiges, qui mentionne notamment, dans l'ordre choisi par le prêteur :
- la procédure de la médiation mentionnée à l'article L. 316-1 du Code monétaire et financier et ses modalités d'accès ;
- les dispositions de l'article R 312-35 ;
- l'adresse de l'Autorité de contrôle prudentiel et celle de l'Autorité administrative chargée de la concurrence et de la consommation.

S'il y a paiement de frais et d'intérêts sans amortissement du capital, le contrat comprend un relevé des périodes et conditions de paiement des intérêts débiteurs et des frais annexes récurrents et non récurrents. Lorsque les échéances versées par l'emprunteur n'entraînent pas immédiatement un amortissement correspondant du montant total du crédit, mais servent à reconstituer le capital aux périodes et dans les conditions prévues par le contrat de crédit ou par un contrat accessoire, et que cette modalité d'exécution ne garantit pas le remboursement du montant total du crédit consenti, le contrat le précise expressément.

Les crédits distribués sur le lieu de vente ou par un moyen de vente à distance

Dans le cas d'un crédit distribué sur le lieu de vente ou par un moyen de vente à distance, la loi prévoit que le prêteur et l'emprunteur doivent remplir une fiche de dialogue (article L. 312-17 du Code de la consommation) qui permet de mieux apprécier les besoins et la solvabilité de l'emprunteur. Elle doit être remise par le prêteur ou par l'intermédiaire de crédit à l'emprunteur.

Cette fiche, établie par écrit ou sur un autre support durable, comporte notamment les éléments relatifs aux ressources et charges de l'emprunteur ainsi que, le cas échéant, aux prêts en cours contractés par ce dernier.

Ladite fiche est signée ou son contenu confirmé par voie électronique par l'emprunteur et contribue à l'évaluation de sa solvabilité par le prêteur. Les informations figurant dans la fiche doivent faire l'objet d'une déclaration certifiant sur l'honneur leur exactitude. Si le montant du crédit accordé est supérieur à 3 000 €, la fiche doit être corroborée par des pièces justificatives dont la liste cumulative est la suivante :

- tout justificatif du domicile de l'emprunteur ;
- tout justificatif du revenu de l'emprunteur ;
- tout justificatif de l'identité de l'emprunteur.

Les pièces justificatives doivent être à jour au moment de l'établissement de la fiche d'information.

Par ailleurs, lorsqu'un prêteur ou un intermédiaire de crédit propose au consommateur, sur le lieu de vente ou par un moyen de vente à distance, un contrat de crédit pour financer l'achat de biens ou de prestations de services particuliers pour un montant minimum de 1 000 €, le consommateur doit disposer de la possibilité de conclure un contrat de crédit amortissable à la place d'un contrat de crédit renouvelable.

Le délai de rétractation

L'emprunteur dispose d'un délai de rétraction de quatorze jours francs à compter de l'acceptation de l'offre au moyen du bordereau annexé à l'offre (ce délai peut être réduit à trois jours si l'emprunteur demande la livraison immédiate du bien financé).

Aucun versement ne peut être effectué par le prêteur à l'emprunteur ou au vendeur avant l'acceptation de l'offre.

Les crédits renouvelables

Les publicités pour le crédit renouvelable doivent présenter les informations chiffrées de façon « claire, précise et visible » grâce à un exemple représentatif.

Les prêteurs doivent bâtir l'exemple représentatif en fonction du ou des montants de crédit les plus représentatifs des produits qu'ils proposent parmi trois options (crédits de 500 €, 1 000 € ou 3 000 €).

Il est interdit aux prêteurs de construire des publicités dans lesquelles les informations essentielles figurent en bas de page ou dans une petite taille de caractères.

L'exemple représentatif doit refléter le coût réel du crédit renouvelable pour le consommateur ; il interdit notamment qu'il soit fondé sur un taux d'intérêt promotionnel ou une utilisation spéciale.

Le remboursement anticipé

L'emprunteur peut procéder à un remboursement anticipé partiel ou total de son crédit en respectant un préavis d'un mois. En cas de remboursement partiel, le prêteur peut refuser un remboursement inférieur au montant de trois mensualités.

Le cas où aucune indemnité de remboursement anticipé ne peut être réclamée à l'emprunteur

En cas d'autorisation de découvert. Si le remboursement anticipé a été effectué en exécution d'un contrat d'assurance destiné à garantir le remboursement du crédit. Si le remboursement anticipé intervient dans une période où le taux débiteur n'est pas fixe. Si le crédit est un crédit renouvelable.

Le cas où une indemnité de remboursement anticipé peut être réclamée à l'emprunteur

Dans les autres cas, lorsque le montant du remboursement anticipé est supérieur à 10 000 € sur une période de douze mois, le prêteur peut exiger une indemnité qui ne peut dépasser :

- 1 % du montant du crédit faisant l'objet du remboursement anticipé, si le délai entre le remboursement anticipé et la date de fin du contrat de crédit est supérieur à un an ;
- 0,50 % du montant du crédit faisant l'objet du remboursement anticipé, si le délai entre le remboursement anticipé et la date de fin du contrat de crédit ne dépasse pas un an.

En aucun cas l'indemnité éventuelle ne peut dépasser le montant des intérêts que l'emprunteur aurait payé durant la période comprise entre le remboursement anticipé et la date de fin du contrat de crédit convenue initialement.

Aucune indemnité autre que celle mentionnée ci-dessus ni aucuns frais ne peuvent être mis à la charge de l'emprunteur en cas de remboursement par anticipation.

La défaillance de l'emprunteur

En cas de défaillance de l'emprunteur, le prêteur peut exiger le remboursement immédiat du capital restant dû (déchéance du terme), majoré des intérêts échus mais non payés. Jusqu'à la date du règlement effectif, les sommes restant dues produisent les intérêts de retard à un taux égal à celui du prêt. En outre, le prêteur peut demander à l'emprunteur défaillant une indemnité égale à 8 % des sommes restant dues.

En cas de défaillance dans l'exécution, par l'emprunteur, d'un contrat de location assorti d'une promesse de vente ou d'un contrat de location-vente, le prêteur est en droit d'exiger, outre la restitution du bien et le paiement des loyers échus et non réglés, une indemnité égale à 8 % des sommes impayées.

La procédure de recouvrement

Le Code de la consommation prévoit que les litiges portant sur les crédits à la consommation relatifs à la défaillance de l'emprunteur doivent être portés devant le Tribunal judiciaire dans un délai de deux ans à compter de l'événement ayant donné naissance à l'action.

Le défaut de respect de cette règle entraîne la forclusion, le prêteur ne pouvant dès lors agir en justice contre l'emprunteur.

L'événement ayant donné naissance à l'action est caractérisé par :

- le non-paiement des sommes dues à la suite de la résiliation du contrat ou de son terme (première échéance impayée par exemple) ;
- ou le premier incident de paiement non régularisé ;
- ou le dépassement non régularisé du montant total du crédit consenti dans le cadre d'un contrat de crédit renouvelable ;
- ou le dépassement non régularisé à l'issue d'un délai de trois mois, lorsque le prêteur ne souhaite pas consentir le crédit ou n'a pas fait d'offre.

Les dispositions diverses

La valeur maximale de la prime en nature de produit ou bien à laquelle la souscription d'un crédit à la consommation peut donner droit à titre gratuit est de 80 €.

Le non-respect des dispositions de la Loi Lagarde

Le non-respect des dispositions de la Loi Lagarde par le prêteur peut entraîner des sanctions civiles et des sanctions pénales.

Les sanctions civiles

Le non-respect du formalisme lié à l'octroi d'un crédit est sanctionné par la déchéance des intérêts : le prêteur ne peut plus réclamer d'intérêts à l'emprunteur et doit lui restituer les intérêts qu'il a déjà payés, assortis d'un intérêt au taux légal.

Le non-respect du devoir d'explication peut aussi entraîner la déchéance des intérêts, déchéance laissée à la libre appréciation du juge.

Les sanctions pénales

Le non-respect de certaines dispositions relatives au crédit à la consommation peut aussi être sanctionné par une amende de 1 500 € par dossier.

2 • LES CRÉDITS IMMOBILIERS

La réglementation des crédits immobiliers figure dans les articles L 313-1 à L 313-64 du Code de la consommation.

Entrent dans cette catégorie les prêts finançant :

- toutes formes d'acquisition immobilière quels que soient le montant et l'objet (habitat et/ou mixte) ;
- la construction ou des travaux d'un montant supérieur à 75 000 €.

• Les crédits immobiliers bancaires libres

Ces prêts peuvent être accordés pour toute opération immobilière : acquisition ou travaux, résidence principale ou secondaire, résidence de l'emprunteur ou investissement locatif.

Le montant accordé peut aller jusqu'à 100 % de l'investissement projeté, mais les banques exigent la plupart du temps la production d'un apport personnel (en pratique, compte tenu de la forte concurrence que se font les banques sur ce type de crédit, il n'est pas rare que les emprunteurs solvables obtiennent des financements pour la totalité de leur investissement).

L'apport personnel a aux yeux du banquier deux avantages : il permet de s'assurer de la capacité d'épargne de l'emprunteur et surtout il diminue son risque car, en cas de prise de garantie réelle sur le bien, il aura pour garantie un bien dont la valeur vénale sera normalement supérieure au montant du crédit consenti.

Ce type de crédit, d'une durée de deux à trente-cinq ans, peut être remboursé par mois, trimestre ou semestre avec des échéances constantes. Il peut parfois être remboursé par échéances de montants progressifs ou dégressifs.

Les remboursements progressifs avaient, il y a quelques années, l'avantage de suivre l'évolution des revenus de l'emprunteur car l'inflation profitait aux personnes endettées. Depuis quelques années, l'inflation ayant fortement diminué voire disparu, ce type de remboursement a créé de nombreux problèmes et les banques ont abandonné la formule.

Certains crédits peuvent bénéficier de formules de différés d'amortissement ou de périodes de franchise. Il y a différé d'amortissement lorsque les premières mensualités correspondant à la période de différé ne comprennent que les intérêts, sans amortissement du capital. Il y a franchise lorsque tout ou partie des intérêts n'est pas payé pendant la période concernée, l'emprunteur ne remboursant alors ni le capital ni tout ou partie des intérêts. On parle de franchise totale s'il ne rembourse rien, de franchise partielle s'il ne paye qu'une partie des intérêts échus.

Pendant longtemps, les banques prenaient en garantie le bien objet du financement. Cette garantie, qui avait la forme d'une hypothèque ou d'un privilège du prêteur de deniers, a tendance à être remplacée par l'intervention d'une société de cautionnement mutuel qui se substituera à l'emprunteur en cas de défaillance de celui-ci.

Toutefois, lorsque l'intervention d'une société de cautionnement mutuel n'est pas possible, la banque prend une garantie sur le bien financé.

En sus de ces garanties, la banque fait généralement souscrire à l'emprunteur une assurance décès et incapacité de travail, voire une assurance chômage, à son profit pour garantir le risque d'impayé en cas de décès, d'invalidité permanente, d'incapacité temporaire ou de chômage de celui-ci.

Il n'est pas rare que la banque demande aussi qu'une tierce personne, proche de l'emprunteur, se porte caution de l'engagement pris par l'emprunteur.

• Les prêts à taux révisable ou à taux variable

Introduits sur le marché à la fin des années 1980, les prêts à taux révisable ont eu il y a quelques années un certain succès. Compte tenu des difficultés rencontrées par les emprunteurs avec ce type de crédit et de la mise en cause de plusieurs établissements prêteurs pour défaut de conseil, ces prêts ne sont proposés généralement qu'à des emprunteurs avertis capables d'en comprendre les subtilités.

Les caractéristiques des prêts à taux révisable

Le principe de fonctionnement d'un prêt à taux variable est le suivant : le taux d'intérêt du prêt est révisé périodiquement, en général chaque année à la date anniversaire du prêt, en fonction de l'évolution d'un taux de référence.

Le taux de référence des prêts à taux révisable est, le plus souvent, l'Euribor (Euro interbank offered rate, soit en français : taux interbancaire offert en euro, Tibeur). L'Euribor n'est pas le même selon l'échéance de référence (une semaine, deux semaines, trois semaines, un mois, deux mois, trois mois et ainsi de suite jusqu'à douze mois). Pour les prêts à taux révisable, les taux de référence les plus utilisés sont l'Euribor trois mois (dont le niveau est fixé tous les trois mois) et l'Euribor un an (dont le niveau est fixé tous les ans). Certaines banques utilisent d'autres taux de référence.

Une fois le taux de référence fixé, le taux qui sera appliqué à un prêt à taux révisable correspondra à l'addition du taux de référence et d'une marge fixe (par exemple : pour un prêt révisable au taux de 2,5 %, indexé sur l'Euribor trois mois, le taux est la résultante de l'addition de : 1 % (valeur de l'Euribor trois mois au moment de la mise en place du prêt) et de la marge fixe du banquier : 1,50 %.

Les prêts à taux révisable offrent généralement une option de passage à taux fixe qui peut être gratuite ou payante. Le passage du taux révisable au taux fixe fait référence à un taux qui peut être différent de celui du prêt, par exemple celui des OAT (obligations assimilables du Trésor) ou le TME (taux moyen des emprunts d'État).

Les types de prêts à taux révisable

Les prêts à taux révisable capé

Le taux de ce type de prêts est révisable, mais il ne peut varier que dans les limites prévues dans le contrat de prêt. Le taux du prêt ne peut varier à la hausse et/ou à la baisse que dans une limite maximum, par exemple plus ou moins 2 %.

Les hausses et baisses du taux de référence sont répercutées sur la mensualité du prêt dans les limites prévues.

Les prêts à taux révisable non capé et à échéances plafonnées

Dans ce type de prêt, le plafond porte sur le montant des échéances, mais le taux du prêt peut varier sans limite. L'augmentation du montant des échéances peut être accompagnée d'un allongement de la durée du prêt. Cet allongement de la durée peut être lui-même limité. Si le taux de référence baisse, les mensualités peuvent être réduites et la durée du prêt raccourcie.

Les prêts à taux révisable non capé et à échéances non plafonnées

En cas de hausse ou de baisse du taux de référence, les échéances ou la durée du prêt sont modifiées sans limitation. Ce type de prêt est donc très dangereux et ne doit en aucun cas être utilisé pour financer l'acquisition d'une résidence principale.

Les prêts révisables à double indexation

Il s'agit de la formule la plus complexe :

- le taux du prêt est révisable en fonction d'un index déterminé ;
- de plus, la mensualité est indexée de manière systématique sur l'indice INSEE des prix et, sauf exceptions, elle augmente donc chaque année.

• Les prêts à taux fixe modulable

Un prêt immobilier à option modulable est un prêt immobilier à taux fixe, mais des modifications concernant les remboursements sont possibles et prévues au contrat. Ainsi, l'emprunteur peut gérer ses mensualités, en suspendant ou en faisant varier la mensualité de son prêt immobilier à la hausse ou à la baisse, et ce pendant toute la durée de son prêt.

Les conditions de modulation ainsi que le coût prévu en cas de dépassement de la limite accordée pour chacune de ces modifications sont indiquées dans le contrat de crédit immobilier.

Le prêt modulable offre une grande souplesse en matière de remboursement, en permettant à l'emprunteur le choix d'augmenter, de suspendre ou de diminuer les mensualités de remboursement du crédit.

Les banques acceptent en général une unique variation annuelle (qui peut intervenir soit à tout moment soit à la date anniversaire de la signature du contrat de prêt). Enfin, les banques imposent souvent une période de franchise (entre six mois et un an dès la signature du contrat de prêt selon les établissements) à l'intérieure de laquelle la modulation ne sera pas possible.

Afin de protéger les emprunteurs contre les risques liés aux prêts immobiliers à taux révisable, la loi n° 2008-3 du 3 janvier 2008, dite Loi Chatel, a imposé des conditions nouvelles aux organismes de crédit proposant de tels prêts.

Ils doivent maintenant remettre à leurs clients une simulation de l'impact de la variation du taux d'intérêt sur les mensualités, la durée et le coût total du crédit.

Par ailleurs, les banques sont astreintes à des obligations d'information, de conseil et de mise en garde.

Les tribunaux n'hésitent pas à sanctionner les manquements des banques à ces obligations, notamment en présence de clients inexpérimentés.

• Les crédits relais

Les caractéristiques des crédits relais

Ces prêts sont accordés dans l'attente de la vente d'un bien immobilier afin de permettre l'achat d'un nouveau bien sans attendre le produit de la vente de celui qui n'est pas encore vendu.

Ces crédits sont accordés pour une durée de deux ans maximum et pour une quotité de l'ordre de 70 à 80 % de la valeur du bien à vendre avec une garantie prise sur le bien à acquérir.

Cette forme de crédit peut être très dangereuse, car si le bien tarde à être revendu, le coût en devient prohibitif et, en cas de mévente au prix prévu, le bien objet du prêt relais devra être revendu à un prix très inférieur, avec éventuellement la nécessité pour l'emprunteur de s'endetter un peu plus pour boucler le financement du nouveau bien acheté.

Les banques limitent l'octroi de ce type de crédit à des opérations pour lesquelles un compromis de vente a déjà été signé ou au moins un mandat de vente signé avec un intermédiaire ce qui diminue les risques de l'opération.

La garantie est prise sur le bien à acquérir et son montant doit être au moins égal au montant total du prêt accordé, prêt relais plus prêt amortissable.

Les formules

Le prêt relais accompagné d'un prêt amortissable classique

L'établissement de crédit avance une certaine quotité (jusqu'à 80 %) de la valeur du bien à vendre. Et complète le besoin de financement par un prêt amortissable. L'emprunteur rembourse chaque mois, dès le départ, les intérêts du prêt relais plus les échéances du prêt classique qui incluent les intérêts et l'amortissement du capital.

Le prêt relais avec franchise totale accompagné d'un prêt amortissable avec différé d'amortissement

Cette formule est conçue pour alléger les charges mensuelles de l'emprunteur en attendant la vente du bien objet du prêt relais.

Elle associe un prêt relais à un crédit à long terme. Le prêt relais est assorti d'une période de franchise totale, ce qui signifie que les intérêts ne sont pas payés pendant la durée du prêt relais, mais le seront en une seule fois à l'échéance en même temps que le capital emprunté.

À l'issue de cette période de franchise (dans le cas bien entendu où il n'a toujours pas vendu le bien et soldé le prêt), l'emprunteur paye mensuellement les intérêts dus, majorés des intérêts cumulés de la première période.

Afin d'alléger encore davantage les charges initiales, le prêt amortissable complémentaire peut lui-même être assorti d'un différé d'amortissement pendant la durée du prêt relais, période pendant laquelle il ne paye que les intérêts sans amortir le prêt.

Le prêt unique intégrant à la fois un prêt relais et amortissable

Cette formule consiste à regrouper le prêt relais et le prêt amortissable en un seul crédit. Une partie de ce prêt global est donc destinée, comme dans le cas d'un prêt relais, à être soldée dès la vente du bien.

Dans l'attente de la vente du bien, seuls les intérêts sont payés par l'emprunteur.

Une fois la vente réalisée, l'emprunteur pourra solder sans pénalités la part du prêt correspondant au prêt relais.

Le prêt relais sec

Cette formule est proposée lorsque le produit escompté de la vente du bien est égal ou supérieur au coût de l'acquisition du nouveau logement. Un prêt relais seul sans prêt long terme associé suffit alors.

• Les crédits immobiliers aidés par l'État

Si les banques distribuent une part importante des crédits immobiliers aux particuliers, certains de ces crédits sont consentis avec l'aide de l'État ; d'autres sont accordés directement par des organismes spécialisés.

Les prêts conventionnés

Les prêts conventionnés sont distribués par les banques qui ont passé une convention avec l'État (la plupart des banques accordent ce type de crédit).

Ces prêts sont destinés à l'acquisition ou à l'amélioration de la résidence principale, que ce logement soit occupé par son futur propriétaire ou mis en location.

Les logements financés par ces types de prêts doivent répondre à certaines normes de prix et de surface. La durée des prêts est au maximum de trente-cinq ans pour les acquisitions ou constructions et de quinze ans pour les travaux d'amélioration.

Le prêt conventionné est un prêt à taux plafonné en fonction de la durée d'emprunt, accordé sans condition de ressources. En revanche, le prix du logement acheté ou construit est plafonné. Il donne droit à l'aide personnalisée au logement (APL).

Les conditions d'octroi du prêt

Le logement doit être la résidence principale de l'emprunteur ou d'un locataire.

Le prêt doit servir à financer :

- l'acquisition de logements neufs ou anciens ;
- l'achat d'un terrain à construire ; le délai entre l'achat du terrain et les travaux ne doit pas dépasser trois ans ;
- les travaux de réparation et d'amélioration sur des logements achevés depuis au moins dix ans ; le coût de l'opération ne doit pas être inférieur à 4 000 € ; les travaux doivent être réalisés dans les trois ans.

La résidence principale de l'emprunteur. Le logement financé à l'aide de cet emprunt doit constituer la résidence principale de l'emprunteur. Il doit y habiter au moins huit mois dans l'année. Cette occupation doit être effective dans l'année qui suit l'acquisition ou l'achèvement des travaux. Ce délai est porté à six ans, si l'achat est réalisé en vue de la retraite. La condition d'occupation du logement à titre de résidence principale n'est pas exigée en cas de force majeure, d'obligation professionnelle ou de raison de santé.

Si le bénéficiaire ne peut plus affecter son logement à sa résidence principale, quels qu'en soient les motifs, il lui est possible de continuer à bénéficier du prêt conventionné, s'il donne son logement en location pour une durée maximale de six ans.

L'acquisition en vue de la location. Les établissements prêteurs ont la possibilité de consentir des prêts conventionnés à des personnes physiques ou morales qui destinent les logements à la location. Le propriétaire s'engage à louer le logement pour une durée minimum de neuf ans en acceptant de pratiquer un loyer modéré. Le locataire peut bénéficier de l'aide personnalisée au logement (cette aide prend en charge le paiement d'une partie des loyers).

Les caractéristiques du prêt

La **durée** initiale des prêts conventionnés est fixée à cinq ans au minimum et trente ans au maximum, quelle que soit l'opération financée. Cette durée d'amortissement peut être prolongée jusqu'à trente-cinq ans ou réduite sans durée minimale. Un remboursement anticipé est possible à tout moment.

Le **taux d'intérêt** est déterminé à partir d'un taux de référence fixé par le Crédit Foncier. Les établissements financiers peuvent ajouter une marge qui varie selon la durée des prêts et la nature du taux. L'addition des deux représente le taux maximum au-delà duquel le prêt ne peut être valablement consenti.

Au 1er janvier 2024, les taux maximums des prêts conventionnés étaient les suivants :

- Prêts à taux fixe :

- Durée égale ou inférieure à douze ans : 2,455 %.
- Durée supérieure à douze ans et inférieure ou égale à quinze ans : 2,655 %.
- Durée supérieure à quinze ans et inférieure ou égale à vingt ans : 2,750 %.
- Durée supérieure à vingt ans : 2,750 %.

• Prêts à taux variable : 2,455 %.

La garantie de l'État. L'État garantit les prêts conventionnés qui sont accordés par les banques aux personnes en accession à la propriété, en fonction de différents facteurs comme le niveau des ressources, la composition du foyer ou encore la nature du logement.

Le Prêt à taux zéro (PTZ)

Qui peut demander un PTZ ?

Le prêt à taux zéro + est réservé aux personnes qui financent l'acquisition de leur première résidence principale ou qui n'ont pas été propriétaires de leur logement dans les deux ans précédant l'offre de prêt.

La condition de primo-accession n'est pas exigée lorsque le bénéficiaire du prêt (ou l'un des futurs occupants à titre principal) est :

- titulaire de la carte d'invalidité (2e et 3e catégories) ;
- bénéficiaire de l'allocation d'éducation d'un enfant handicapé ou de l'allocation aux adultes handicapés ;
- victime de catastrophes naturelles ou technologiques ;
- victime d'expropriation d'extrême urgence au titre des risques naturels, ayant rendu la résidence principale définitivement inhabitable.

La demande de PTZ doit alors intervenir dans les deux ans qui suivent l'événement.

Quel type de bien le PTZ peut-il financer ?

Le bien immobilier concerné par l'opération doit devenir obligatoirement la résidence principale des personnes déclarées dans l'opération (délai d'un an à compter de la date de déclaration d'achèvement des travaux ou de la date d'acquisition du logement, si celle-ci est postérieure)[1].

Il peut s'agir de l'acquisition ou de la construction d'un logement neuf, du financement d'un logement ancien avec travaux situé en zone B2 ou Cou de la revente d'un

1. Ce délai est élargi à six ans si l'emprunteur souhaite occuper le logement à partir de la date de son départ à la retraite. Cependant, dans ce dernier cas, le logement devra être loué pendant ce délai selon des règles strictes.

logement social à son locataire. L'achat d'un logement ancien nécessitant des travaux de rénovation de grande ampleur peut être assimilé à un logement neuf. Depuis le 1er janvier 2004, la construction d'une maison individuelle ne peut plus être financée par un prêt à taux zéro.

Le logement est considéré comme résidence principale, si celui-ci est occupé au minimum huit mois par an, sauf :

- en cas de force majeure ;
- par contraintes professionnelles incluant la nécessité absolue de service, c'est-à-dire l'obligation pour l'emprunteur de résider dans un autre logement que le bien financé par le PTZ, soit par le contrat de travail, soit selon les statuts ;
- pour raison de santé ;
- en cas de mise en location du bien[1].

Quelles sont les conditions de ressources à remplir pour prétendre à un PTZ ?

L'accès au prêt à taux zéro + est soumis à des conditions de ressources.

Le plafond de ressources (revenu fiscal de référence de l'année N-2) permettant l'attribution d'un prêt à taux zéro dépend du nombre de personnes devant occuper le logement (1 à 8 et plus) et de la zone où sera située le logement (A, B1, B2, C).

Quel est le montant du PTZ ?

Le montant du PTZ+ est calculé en multipliant le montant de l'opération par une quotité. Le **montant de l'opération** englobe le coût de l'opération d'acquisition du bien, incluant notamment les travaux (hors éco-ptz) et les frais d'agence dans l'ancien ou le coût du terrain dans le neuf, mais à l'exclusion des frais de notaire (frais d'acte notarié, frais de garantie) et des frais bancaires (des autres prêts).

Le montant de l'opération retenu pour calculer le montant du PTZ+ est fonction du nombre de personnes devant occuper le logement (de 1 à 5 et plus) et de la zone où sera située le logement (A, B1, B2, C).

La **quotité** à appliquer sur le montant retenu de l'opération est fonction du caractère neuf ou ancien du logement, de la zone géographique et de la performance énergétique de ce logement.

Limitation du montant du PTZ

Le montant du PTZ+ ne doit pas dépasser non plus le montant total des autres prêts, d'une durée de deux ans et plus, finançant l'opération.

1. Le bien peut être loué en cas de mobilité professionnelle, décès, divorce ou dissolution d'un pacte civil de solidarité, chômage de plus d'une année, ou si l'une des personnes devant occuper le logement devient titulaire d'une invalidité reconnue.

Le montant du PTZ dépend donc de la **composition du foyer**, de la **localisation du bien, du caractère neuf ou ancien du logement** et de son **coût.**

Quelles sont les durées de remboursement du PTZ

Le délai de remboursement du PTZ dépend des revenus du foyer, de la composition du foyer fiscal et de la zone géographique où se trouve le logement.

En moyenne, le délai du prêt s'étend de vingt à vingt-cinq ans. Selon ses ressources, l'emprunteur peut bénéficier d'une période de différée de cinq, dix ou quinze ans. Durant le différé, il ne rembourse pas son PTZ.

Les prêts accession sociale

Les prêts à l'accession sociale sont accordés sous conditions de ressources très proches du prêt conventionné. L'emprunteur a droit à l'aide personnalisée au logement qui prend en charge le remboursement d'une partie des échéances.

Les conditions d'octroi du prêt

Le logement

Le prêt doit servir à financer les opérations suivantes :

- achat d'un terrain et construction d'un logement sur ce terrain ;
- achat d'un logement neuf ;
- achat d'un logement ancien et éventuels travaux d'amélioration (en cas de travaux d'amélioration, le logement doit être achevé depuis au moins dix ans et le montant des travaux d'amélioration doit être au moins égal à 4 000 €) ;
- travaux pour transformer un local en logement ;
- travaux dans un logement pour l'agrandir, par extension ou par surélévation ;
- travaux pour faire des économies d'énergie dans un logement existant au 1er juillet 1981 ou ayant fait l'objet, avant cette date, d'une demande de permis de construire. Le montant des travaux doit être au moins être égal à 4 000 €.

Le logement doit devenir la résidence principale de l'emprunteur (logement occupé au moins huit mois par an sauf obligation professionnelle, raison de santé ou cas de force majeure) au plus tard 1 an après la fin des travaux ou l'achat.

Ce délai peut être de six ans maximum lorsque les deux conditions suivantes sont réunies :

- l'emprunteur habitera le logement à partir de son départ à la retraite ;
- jusqu'à cette date, le logement est mis en location en respectant des règles spécifiques.

Les plafonds de ressources

Les ressources de l'emprunteur ne doivent pas dépasser un certain plafond. Sont pris en considération, l'ensemble des revenus imposables de toutes les personnes composant le foyer, au titre de l'avant-dernière année qui précède celle de la demande de prêt. Toutefois, lorsqu'il est disponible, l'avis d'impôt sur le revenu délivré au titre de l'année n–1 peut être pris en compte (l'année n étant celle de l'offre de prêt)Le concubin coemprunteur est assimilé au conjoint pour le calcul des ressources.

Les caractéristiques du prêt

La durée du prêt varie de cinq à vingt-cinq ans maximum. Les taux maximaux que les banques et établissements financiers doivent respecter sont fixés par arrêté ministériel, après avis du Crédit Foncier de France. Les taux fixes peuvent dépendre de la durée, mais aussi du montant de l'apport personnel.

Taux maximum des prêts à taux fixes au 1er mars 2024 :

- Prêts d'une durée égale ou inférieure à 12 ans : 5,20 %
- Prêts à taux fixe compris entre douze et quinze ans : 5,40 % ;
- Prêts à taux fixe compris entre quinze et vingt ans : 5,55 % ;
- Prêts à taux fixe supérieur à vingt ans : 5,65 % ;
- Prêts à taux variable ou révisable : 5,20 %.

Les ménages devenus propriétaires grâce à ce type de prêt bénéficient d'une garantie en cas de chômage. Le dispositif de sécurisation repose sur un report partiel gratuit des mensualités en fin de prêt. Cela se traduit par un abaissement de la mensualité durant la période de chômage. Les sommes ainsi économisées seront remboursées sans intérêt après tous les autres prêts liés à l'acquisition de la résidence principale.

Les prêts épargne-logement

Le compte épargne-logement (CEL)

Conditions d'obtention. Pour obtenir un prêt, le titulaire du CEL doit épargner au moins dix-huit mois et obtenir un minimum d'intérêts : 75 € pour une acquisition, 37 € pour des travaux courants ou 22,50 € pour des travaux permettant des économies d'énergie.

Montant du prêt. Le montant qu'il est possible d'obtenir est fonction des intérêts acquis pendant la période d'épargne, car il y a relation entre les intérêts obtenus au titre de l'épargne et ceux qui seront dus au titre du prêt avec application d'un coefficient de conversion de 1,5 (le montant des intérêts de l'épargne multiplié par ce coefficient donne le montant des intérêts maximum qui seront dus au titre du prêt) ; le maximum du prêt est de 23 000 €.

Objet du prêt. Résidence principale de l'emprunteur ou d'un locataire : logement neuf ou travaux importants dans l'ancien. Les comptes ouverts à compter du 1er mars 2011 ne peuvent financer que l'acquisition et des travaux de la résidence principale.

Taux du prêt. Taux de l'épargne + 1,50 % hors assurance ; si le compte a été rémunéré sur la base de taux différents, il y aura plusieurs prêts à des taux différents qui seront fonction de ceux qui ont été obtenus pendant la période d'épargne.

Durée du prêt. De deux à quinze ans.

Le plan épargne-logement (PEL)

Conditions d'obtention. Le plan doit avoir duré au moins quatre ans.

Montant du prêt. Fonction des intérêts acquis avec un coefficient de conversion de 2,5. Le montant maximum est de 92 000 €.

Objet du prêt. Acquisition ou travaux d'amélioration, de réparation ou d'extension d'une résidence principale ou secondaire de l'emprunteur ou d'un locataire. Les plans ouverts à compter du 1er mars 2011 ne peuvent financer que l'acquisition et des travaux de la résidence principale.

Taux du prêt. 3,45 % pour les PEL ouverts à partir du 1er janvier 2024.

Durée du prêt. De deux à quinze ans. Pour le plan épargne-logement ou pour le compte épargne-logement, les possibilités d'obtention d'un prêt sont cessibles à certains membres de la famille du titulaire (conjoint, ascendant, descendants, collatéraux jusqu'au troisième degré) s'ils sont eux-mêmes titulaires d'un CEL ou d'un PEL. Plusieurs membres d'une même famille peuvent être titulaires d'un compte ou d'un plan épargne-logement et se grouper en vue d'utiliser les droits acquis. Seuls peuvent bénéficier de la cession de droits à prêt issus d'un compte d'épargne-logement les titulaires de droits à prêt d'un compte d'épargne-logement et les titulaires de droits à prêt d'un plan d'épargne-logement. Seuls peuvent bénéficier de la cession de droits à prêt issus d'un plan d'épargne-logement les titulaires de droits à prêt issus d'un plan d'épargne-logement, c'est-à-dire les titulaires d'un plan d'épargne-logement ouvert depuis au moins trois ans.

3 • LA PROTECTION DES EMPRUNTEURS

• Les crédits à la consommation (loi Lagarde du 1er janvier 2010)

En ce qui concerne les crédits à la consommation, la protection des emprunteurs est assurée par la Loi Scrivener du 10 janvier 1978 et la Loi Neiertz du 31 décembre 1989 ; ces textes ont été profondément remaniés par la Loi Lagarde du 1er juillet 2010.Lors de l'accord, la banque doit faire une offre préalable écrite reprenant l'ensemble des conditions du prêt : montant, durée, taux, modalités de remboursement, pénalités en cas d'échéances impayées, garanties éventuelles, etc. L'offre préalable doit être maintenue pendant au moins quinze jours à compter de son émission. L'emprunteur peut accepter le crédit à tout moment pendant ce délai et, une fois l'offre acceptée, il dispose d'un délai de rétractation de quatorze jours pour renoncer à son prêt ; en cas de prêt affecté (accordé pour un achat précis), ce délai peut être ramené, à la demande de l'acheteur à trois jours.Il y a interdépendance des contrats de vente et de prêt (si le prêt n'est pas obtenu, la vente est annulée ou si la vente n'a pas lieu régulièrement le contrat de prêt est sans effet).La loi a limité les clauses pénales contractuelles :

- en cas de remboursement anticipé (montant minimum équivalent à trois échéances ou solde) ; des pénalités peuvent être perçues lorsque le montant du remboursement anticipé est supérieur à 10 000 € sur une période de douze mois ;
- en cas de défaillance de l'emprunteur, les pénalités pour retard ou défaut de paiement sont plafonnées à 8 % du capital dû ;
- la déchéance du terme (possibilité pour la banque d'exiger le remboursement de la totalité des sommes restant dues par l'emprunteur) ne peut être prononcée qu'après l'envoi d'une mise en demeure.
- Ces dispositions s'appliquent à tous les crédits entrant dans le champ d'application de la Loi Lagarde (voir plus haut).

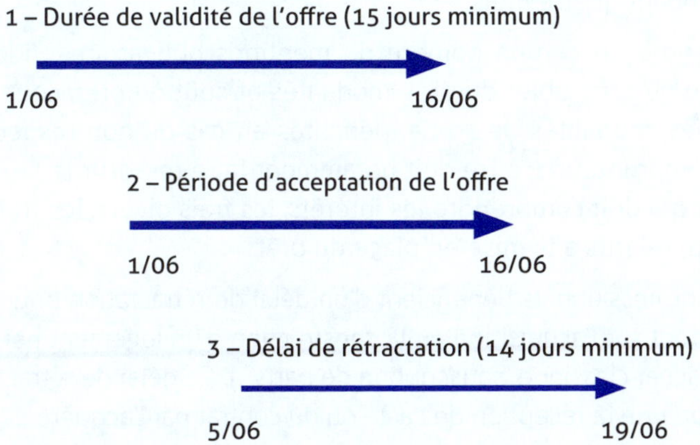

1 : Date d'émission de l'offre (exemple : 1er juin)
2 : Période d'acceptation
3 : Délai de rétractation après acceptation (exemple : acceptation le 5/06)

Figure 6.1 – Déroulement d'une offre de crédit à la consommation

• Les crédits immobiliers (loi Scrivener du 13 juillet 1979)

En ce qui concerne les crédits immobiliers, la protection des emprunteurs est assurée par la Loi Scrivener du 13 juillet 1979 et la Loi Neiertz du 31 décembre 1989. Toutefois, certains crédits finançant une opération immobilière sont considérés comme des prêts à la consommation. Il s'agit :

- des crédits finançant la réalisation de travaux de réparation, d'amélioration ou d'entretien d'un immeuble lorsque le crédit est consenti indépendamment de l'acquisition de l'immeuble et ce à hauteur de 75 000 € (au-delà, c'est la loi sur le crédit immobilier qui s'applique) ;
- des opérations de regroupement de crédit (si le montant des crédits rachetés ne comprend pas plus de 40 % de crédits immobiliers) ;
- des crédits entrant dans le champ d'application de la Loi Lagarde formalisés par acte notarié (ceux-ci étaient exclus par les Lois Scrivener et Neiertz). Avant toute mise en place d'un crédit immobilier, la banque doit faire une offre préalable écrite de crédit. L'offre doit être valable 30 jours minimum et doit être adressée par voie postale à l'emprunteur (ou aux coemprunteurs) ainsi qu'aux cautions éventuelles ; toute modification des conditions du prêt (montant ou taux, notamment) doit faire l'objet d'une nouvelle offre préalable. L'emprunteur (ou les coemprunteurs) et les cautions ne peuvent donner leur acceptation qu'après avoir observé un délai de réflexion de dix jours à compter de la date de réception de l'offre. Une fois acceptée, l'offre devient définitive et le prêteur ne peut plus modifier les conditions de sa proposition pendant quatre mois.

L'offre doit comprendre un certain nombre de mentions obligatoires : identité de l'emprunteur, nature du prêt, objet du prêt, modalités et coût du prêt, coût des frais accessoires, garanties, modalités de sortie, pénalités en cas de non-respect de ses engagements par l'emprunteur. L'offre doit notamment faire ressortir le taux effectif global (TEG) du prêt qui doit comprendre les intérêts, les frais divers, les frais d'assurance, les frais d'acte relatifs à la mise en place du prêt.

Les acquéreurs non professionnels bénéficient d'un délai de rétractation pour les actes sous seing privé portant sur l'acquisition ou la construction d'un logement neuf, qu'elle qu'en soit la forme (achat classique, souscription de parts…). Ce délai de rétractation est de sept jours à compter de la réception de l'acte ou du contrat par l'acquéreur.

Il y a interdépendance des contrats de prêt et de vente immobilière (si le prêt n'est pas obtenu la vente est annulée ou si la vente n'a pas lieu régulièrement le contrat de prêt est sans effet).

L'emprunteur peut procéder, à tout moment, à un remboursement anticipé (minimum 10 % du capital initialement emprunté). En cas de remboursement anticipé, le prêteur peut contraindre l'emprunteur au versement de pénalités ; ces dernières ne peuvent excéder un semestre d'intérêts, sans pouvoir dépasser 3 % du capital restant dû avant remboursement.

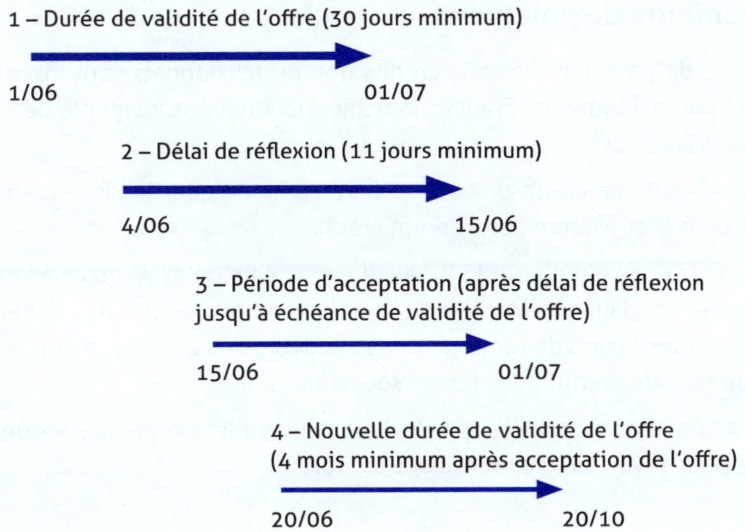

1 : Durée de validité de l'offre (exemple : offre émise le 1er juin)

2 : Délai de réflexion minimum (exemple : réception de l'offre le 4 juin)

3 : Période d'acceptation

4 : Durée de validité de l'offre après acceptation par l'emprunteur (exemple : acceptation le 20/06)

Figure 6.2 – Déroulement d'une offre de crédit immobilier

Si l'emprunteur est défaillant, le prêteur peut :

- soit exiger le remboursement intégral et immédiat de sa créance (déchéance du terme) et demander une indemnité plafonnée à 7 % des sommes restant dues ;
- soit majorer le taux d'intérêt de 3 % (intérêts moratoires) en maintenant la durée de remboursement prévue au contrat jusqu'à apurement de l'arriéré.

4 • LES MESURES DE PRÉVENTION DU SURENDETTEMENT

La Loi Neiertz du 30 décembre 1989 sur le surendettement des particuliers a prévu des mesures pour lutter contre le surendettement.

• Les opérations immobilières

Les mentions qui doivent figurer dans les publicités relatives au crédit immobilier sont renforcées. L'acquéreur d'un logement neuf bénéficie d'un délai de rétractation de 7 jours à compter de la réception de l'acte ou du contrat.

• Les incidents de paiement

Les incidents de paiement liés aux crédits non professionnels sont inscrits dans un fichier géré par la Banque de France : le fichier national des incidents de remboursement des crédits (FICP).

Les établissements de crédit doivent se faire communiquer les informations contenues dans ce fichier avant d'accorder un crédit.

La loi prévoit la possibilité pour le juge qui accorde un délai de grâce à l'emprunteur de prévoir des modalités particulières pour le remboursement des échéances suspendues, et l'interdiction de rémunérer les vendeurs des établissements de crédit en fonction du taux de crédit qu'ils feront souscrire.

Depuis le 1er novembre 2010, les particuliers peuvent interroger la Banque de France à distance pour savoir s'ils figurent dans le FICP.

• La protection des cautions

La Loi Neiertz a renforcé la protection des personnes physiques qui se portent caution du remboursement de crédits.

Ces dispositions ont été modifiées par l'ordonnance n° 2021-1192 du 15 septembre 2021 (art. 3) avec une entrée en vigueur le 1er janvier 2022 modifiant l'article 2297 du Code civil : « À peine de nullité de son engagement, la caution personne physique appose elle-même la mention qu'elle s'engage en qualité de caution à payer au créancier ce que lui doit le débiteur en cas de défaillance de celui-ci, dans la limite d'un montant en principal et accessoires exprimé en toutes lettres et en chiffres. En cas de différence, le cautionnement vaut pour la somme écrite en toutes lettres. Si la caution est privée des bénéfices de discussion ou de division, elle reconnaît dans cette mention ne pouvoir exiger du créancier qu'il poursuive d'abord le débiteur ou qu'il divise ses poursuites entre les cautions. À défaut, elle conserve le droit de se prévaloir de ces bénéfices. »

L'engagement de la caution peut être établi sous forme électronique si les conditions de cette apposition sont de nature à garantir qu'elle ne peut être effectuée que par lui-même (art. 1174 du Code civil).

Par ailleurs, le créancier professionnel est tenu de mettre en garde la caution personne physique lorsque l'engagement du débiteur principal est inadapté aux capacités financières de ce dernier. À défaut, le créancier est déchu de son droit contre la caution à hauteur du préjudice subi par celle-ci. De plus, si le cautionnement souscrit par une personne physique envers un créancier professionnel était, lors de sa conclusion, manifestement disproportionné aux revenus et au patrimoine de la caution, il doit être réduit au montant à hauteur duquel elle pouvait s'engager à cette date.

L'établissement de crédit doit informer la caution de la défaillance du débiteur principal dès le premier incident susceptible d'être inscrit au fichier de ces incidents.

• L'usure

Un banquier ne peut accorder un crédit à un taux supérieur à celui de l'usure. Un prêt est considéré comme usuraire s'il est consenti à un taux effectif global qui excède de plus du tiers le taux effectif moyen pratiqué au cours du trimestre précédent par les établissements de crédit pour des opérations de même nature comportant des risques analogues.

5 • LES MESURES DE TRAITEMENT DU SURENDETTEMENT

Les textes réglementant les situations de surendettement sont la Loi n° 89-1010 du 31 décembre 1989, dite Loi Neiertz, entrée en vigueur le 1er mars 1990, la Loi n° 95-125 du 8 février 1995, la Loi n° 98-657 du 29 juillet 1998, la Loi n° 2003-710 du 1er août 2003, dite Loi Borloo et la loi n° 2014-344 du 17 mars 2014, dite loi Hamon.

Certaines dispositions de la Loi Lagarde ont allégé le dispositif de traitement des procédures de surendettement.

• Les personnes pouvant saisir la Commission de surendettement

Le droit de saisir la Commission est réservé au débiteur, il n'est pas accordé au créancier. L'ouverture des procédures est réservée au traitement de la situation de surendettement des personnes physiques, caractérisée par l'impossibilité manifeste pour le débiteur de bonne foi de s'acquitter de l'ensemble de ses dettes non professionnelles.

Quatre conditions doivent être réunies pour saisir la Commission :

- être une personne physique ;
- être français domicilié en France ou à l'étranger ou étranger résident en France ;
- être de bonne foi ;
- être dans l'impossibilité manifeste de faire face à l'ensemble de ses dettes non professionnelles contractées auprès de créanciers établis en France.

Ne peuvent saisir la Commission de surendettement les débiteurs professionnels (artisans, commerçants, professionnels libéraux) susceptibles de faire l'objet d'une procédure collective de règlement de leur passif.

Depuis le 1er novembre 2010, les propriétaires de leur résidence principale ne sont plus exclus de la procédure de surendettement.

Les cas particuliers

Le gérant d'une SARL en liquidation judiciaire peut bénéficier des procédures du traitement du surendettement s'il n'est pas constaté que le Tribunal de Commerce a ouvert à son encontre une procédure de règlement judiciaire ou prononcé la faillite personnelle.

De même, certains auxiliaires de commerce tels que VRP, agents commerciaux, visiteurs commerciaux, démarcheurs immobiliers, agents d'assurance salariés de leur compagnie, peuvent bénéficier des procédures de traitement du surendettement.

Les conditions requises du débiteur

Seuls les débiteurs présumés de bonne foi peuvent saisir la Commission ; il appartient au créancier d'invoquer la mauvaise foi de son débiteur et d'en rapporter la preuve.

Sont considérés comme débiteurs de mauvaise foi :

- les personnes qui ont sciemment fait de fausses déclarations ou remis des documents inexacts en vue d'obtenir le bénéfice des procédures prévues par le Code de la consommation ;
- les personnes qui ont détourné ou dissimulé ou tenté de détourner ou dissimuler tout ou partie de leurs biens ;
- les personnes qui, sans l'accord de leurs créanciers ou du juge, ont aggravé leur endettement en souscrivant de nouveaux emprunts ou ont procédé à des actes de disposition de leur patrimoine pendant l'exécution du plan ou le déroulement des procédures.

Les dettes pouvant être prises en compte

Seules les dettes qui ne sont pas liées à une activité professionnelle peuvent être prises en compte.

Elles comprennent tous les engagements souscrits par le débiteur pour ses besoins personnels et familiaux sans qu'il y ait à distinguer selon que le créancier est ou non un établissement de crédit.

Le débiteur caution d'un débiteur principal de dettes professionnelles peut saisir la Commission du moment qu'il n'a pas profité personnellement de l'activité professionnelle de celui qu'il a cautionné.

L'état de surendettement

L'état de surendettement ne fait l'objet d'aucune définition mathématique.

La Commission de surendettement doit rechercher si le débiteur est dans l'impossibilité manifeste de faire face à ses dettes non professionnelles, exigibles et à échoir. Elle procède à une comparaison du passif et de l'actif du demandeur.

Le passif

La Commission doit dresser un état du passif pour permettre l'élaboration d'un plan de redressement.

En cas de difficulté, la Commission peut saisir le juge de l'exécution en vue d'une procédure de vérification des créances en présence du débiteur et du créancier.

De même le débiteur peut lui aussi contester l'état du passif retenu par la Commission, et saisir le juge de l'exécution dans un délai de vingt jours à compter de sa notification par la Commission, pour vérification des créances. Dans ce cas, le débiteur doit préciser les créances qu'il conteste et les motifs de ses contestations.

Pour évaluer le passif, le juge ne doit pas se borner à examiner le montant des échéances échues et impayées, il doit aussi prendre en compte les échéances non encore échues des emprunts en cours et toutes les difficultés prévisibles du débiteur.

L'actif

L'actif comprend l'ensemble des biens et des ressources du débiteur. Il n'y a pas surendettement au sens de la loi lorsque le débiteur dispose de biens immobiliers indépendants du logement qu'il occupe.

Toutes les ressources doivent être prises en compte, y compris celles qui ne sont pas imposables.

• La saisine de la Commission de surendettement

Le débiteur est obligé de passer d'abord devant la Commission de surendettement et ne peut déposer un dossier directement devant le juge.

Pour saisir la Commission, le débiteur s'adresse au siège de la Banque de France dont dépend sa commune, pour retirer une déclaration permettant de constituer un dossier. La déclaration doit comporter les renseignements suivants :

- les noms, prénoms, date et lieu de naissance du débiteur ;

- son lieu de domicile ;
- sa situation de famille (marié, célibataire, enfants à charge) ;
- un état de ses revenus et des éléments de son patrimoine mobilier et immobilier ;
- les noms et adresses de tous ses créanciers ;
- le montant de ses dettes.

La déclaration doit être signée et accompagnée de toutes les pièces justificatives des revenus et des dettes contractées de bonne foi. Les créanciers sont avertis par la Banque de France.

La saisine de la Commission entraîne automatiquement l'inscription du débiteur au FICP.

• La procédure devant la Commission de surendettement

L'examen de la recevabilité de la demande

La procédure commence par l'examen de la recevabilité de la demande par la Commission de surendettement. Celle-ci vérifie si les conditions légales de surendettement sont remplies par le débiteur et prend une décision motivée qui est notifiée au débiteur et à ses créanciers.

La Commission de surendettement dispose d'un délai de trois mois pour juger comme recevable un dossier de surendettement. Dès la recevabilité et le dépôt du dossier, les voies d'exécution sont suspendues automatiquement.

En cas de situation d'urgence pour le débiteur, la commission peut saisir le juge et demander une suspension des procédures d'expulsion du logement.

À ce stade de la procédure, deux situations sont possibles :

- la demande est déclarée irrecevable et le débiteur peut la contester dans un délai de quinze jours devant le juge de l'exécution par lettre recommandée avec AR ;
- la demande est déclarée recevable et les créanciers peuvent la contester dans un délai de 15 jours devant le juge de l'exécution par lettre recommandée avec AR.

Le juge statue après avoir recueilli ou demandé les observations du débiteur et celles des créanciers.

Le jugement rendu par le juge de l'exécution est notifié au débiteur et aux créanciers avec copie à la Commission dont la décision a été contestée.

La décision du juge de l'exécution n'est pas susceptible d'appel.

L'instruction de la demande

La Commission dresse l'état d'endettement du débiteur.

Elle peut, pour être parfaitement renseignée sur la situation du débiteur :

- entendre toutes les personnes dont l'audition lui paraît utile ;
- demander aux différents créanciers des précisions sur leur créance ;
- obtenir communication de renseignements auprès des établissements publics, des établissements de crédits, des organismes de santé et de prévoyance ainsi que des services chargés de centraliser les risques bancaires et les incidents de paiement.

La Commission peut saisir le juge de l'exécution pour demander une vérification des créances.

La conciliation

La Commission cherche à concilier les parties, afin d'élaborer un plan conventionnel de redressement en accord avec le débiteur et les créanciers.

Dans cette hypothèse, deux situations peuvent se présenter :

- le débiteur et ses créanciers trouvent un accord devant la Commission et un plan conventionnel de redressement est alors établi ;
- le débiteur et ses créanciers ne trouvent pas d'accord et la Commission proposera seule des mesures de redressement.

La Commission peut également saisir le juge de l'exécution, qui a seul le pouvoir de suspendre les mesures d'exécution engagées par les créanciers, du moment qu'il ne s'agit pas de créances alimentaires (pensions alimentaires, prestation compensatoire, etc.).

Depuis la Loi Lagarde, dans une optique d'accélération des procédures de surendettement, la Commission peut décider de mettre en place :

- des mesures de rééchelonnement de dettes ;
- des mesures d'effacement d'intérêts.

Le plan conventionnel de redressement

Le plan conventionnel de redressement est élaboré devant la Commission et résulte d'un accord avec le débiteur et les créanciers.

Ce plan peut prévoir des mesures :

- de report ou de rééchelonnement des paiements des dettes ;
- de remise des dettes ;

- de réduction ou suppression du taux d'intérêt, de consolidation, de création ou de substitution de garantie.

Le plan ne prend pas en compte les demandes de délais des dettes fiscales ou sociales qui sont examinées directement par les administrations concernées.

Lorsque le plan de redressement est accepté et signé par le débiteur et par les créanciers qui sont dans la procédure, il est considéré comme un contrat entre les parties signataires.

Seuls les créanciers désignés par le débiteur sont concernés par le plan. Ceux qui auraient été oubliés peuvent continuer à poursuivre l'exécution de leur créance.

Le plan doit prévoir les modalités de son exécution et préciser les formalités à accomplir.

Dans le cas où le débiteur ne respecte pas un seul des engagements qu'il a signés, le plan devient caduc et le débiteur ne peut plus déposer un nouveau dossier devant la Commission de surendettement, sauf s'il peut justifier de circonstances nouvelles.

La durée maximale des plans et mesures de surendettement est de huit ans.

L'absence de conciliation

Si le débiteur et ses créanciers ne sont pas arrivés à trouver un accord pour élaborer un plan de redressement, la Commission ne peut que constater l'absence de conciliation.

Le débiteur dispose d'un délai de quinze jours pour adresser un courrier recommandé avec avis de réception à la Commission pour lui demander de proposer des mesures de redressement dites recommandations.

La Commission a deux mois pour édicter ses recommandations.

Les recommandations proposées par la Commission peuvent être celles déjà prévues par le plan de redressement qui a échoué.

Elle peut aussi élaborer des recommandations différentes de celles résultant des négociations ; dans ce cas, elles peuvent être plus intéressantes pour le débiteur, puisqu'elles ne sont pas forcément issues de négociations amiables avec les créanciers.

La Commission peut :

- reporter ou rééchelonner le paiement des dettes (autres que fiscales, parafiscales ou vers les organismes de sécurité sociale), sans que le délai de report ou de rééchelonnement puisse excéder soit huit ans, soit la moitié de la durée de remboursement restant à courir ;
- imputer les paiements d'abord sur le capital ;
- prescrire sur décision spéciale et motivée et si la situation du débiteur l'exige, que les sommes correspondant aux échéances reportées ou rééchelonnées porteront

intérêt à un taux réduit qui ne peut être supérieur au taux d'intérêt légal en cours et ce, quelle que soit la durée du plan de redressement ;

- prendre des recommandations en cas de vente forcée ou amiable du logement principal. En cas de vente forcée, elle peut réduire les remboursements après la vente du bien. En cas de vente amiable, elle peut faire des recommandations pour éviter la vente à bas prix.

La Commission n'a pas la possibilité de faire des recommandations en matière de dettes alimentaires (pensions alimentaires, prestation compensatoire, etc.).

Les créanciers qui n'ont pas été avisés des recommandations prises par la Commission de redressement ne sont pas concernés par ces mesures.

La Commission rend son avis dans les deux mois de sa saisine. Cet avis est communiqué aux parties par lettre recommandée avec avis de réception. Chacun dispose alors d'un délai de quinze jours à compter de la réception de ladite lettre pour contester les recommandations de la Commission proposées au juge de l'exécution.

Les situations désespérées

Pour les situations les plus désespérées, la loi du 29 juillet 1998, permet à la Commission de proposer au juge de l'exécution purement et simplement la suspension de l'exigibilité des créances autres qu'alimentaires ou fiscales pour trois ans.

On appelle cela le moratoire. Il ne peut excéder trois ans et entraîne, sauf proposition contraire, un taux d'intérêt réduit qui ne peut excéder le taux légal en vigueur. Par ailleurs, si la situation du débiteur l'exige, la Commission peut, dans le cadre de ce moratoire, étendre ses effets aux créances fiscales qui peuvent faire l'objet de remises totales ou partielles dans les conditions de l'article L. 247 du Livre des procédures fiscales.

À l'issue de la période maximale de trois ans, la Commission doit réexaminer la situation du débiteur :

- si le débiteur demeure insolvable, la Commission peut recommander par proposition spéciale et motivée, l'effacement total ou partiel des créances autres qu'alimentaires ou fiscales ;
- si la situation du débiteur le permet, la Commission recommande tout ou partie des mesures prévues pour parvenir à l'apurement de la dette sur une durée qui ne peut excéder huit ans. La Commission propose le moratoire et avise le débiteur ainsi que les créanciers par lettre recommandée avec AR ; les parties ont alors un délai de quinze jours à compter de la réception de ladite lettre pour contester les mesures proposées devant le juge de l'exécution ;
- si aucune voie de recours n'a été exercée, le juge de l'exécution prend une décision exécutoire.

• La procédure devant le juge de l'exécution

Le juge de l'exécution intervient dans trois situations :

- pour vérifier les créances ;
- pour conférer force exécutoire aux recommandations ou moratoire de la Commission de surendettement ;
- en cas de contestation d'un ou de plusieurs créanciers des recommandations proposées par la Commission de surendettement.

Le rôle du juge en cas d'absence de contestation des recommandations

Dans ce cas, le juge doit seulement vérifier la conformité des recommandations avec la loi, sans pouvoir les modifier ou les compléter.

Si les recommandations proposées par la Commission sont conformes à la loi, le juge rend une ordonnance donnant force exécutoire aux recommandations et annexe les recommandations à sa décision.

Si le juge constate que les recommandations proposées par la Commission de surendettement ne sont pas conformes à la loi, il invite la Commission à formuler de nouvelles recommandations conformes aux textes.

Ces deux décisions du juge ne sont pas susceptibles d'appel.

Le rôle du juge en cas de contestation des recommandations

Les créanciers ou le débiteur qui souhaitent contester les mesures recommandées, dans le cas général ou dans le cadre du moratoire, doivent faire une déclaration au secrétariat-greffe du juge de l'exécution, dans les quinze jours de la notification des recommandations.

Le juge doit, lors de son audience :

- s'assurer du caractère certain, exigible et liquide de la créance ;
- contrôler la validité et le montant de la créance ;
- s'assurer de la bonne foi du débiteur au sens de la loi ;
- s'assurer de l'existence d'une situation d'endettement caractérisée.

Le juge peut aussi s'estimer insuffisamment informé pour prendre sa décision et :

- prescrire des mesures d'instruction qu'il estime utiles ;
- demander ou se faire communiquer tous les renseignements permettant d'apprécier la situation du débiteur et son évolution ;
- ordonner l'exécution provisoire de certaines mesures recommandées ;

- ordonner des mesures de redressement ;
- dans le cadre du moratoire, effacer tout ou partie des dettes ;
- saisir la Commission pour une mission de conciliation des parties ;
- aller jusqu'à substituer son plan à celui de la Commission.

Dès que le juge a conféré force exécutoire et notamment lorsqu'il a effacé certaines dettes, les informations doivent être transmises au fichier national des incidents de paiement.

Les voies de recours

Le jugement statuant sur les contestations des recommandations proposées par la Commission est exécutoire immédiatement. Il est notifié aux parties qui disposent alors selon les cas d'un recours devant la Cour d'appel ou la Cour de cassation.

• Le sort des procédures d'exécution pendant la procédure de traitement de surendettement

Le débiteur doit signaler à la Commission les poursuites dont il fait l'objet afin qu'elle puisse, éventuellement, solliciter la suspension des poursuites en cours auprès du juge de l'exécution.

Dès le début de la procédure, la Commission peut demander au juge de l'exécution ou au juge de la saisie immobilière de suspendre l'exécution de décision de condamnation de payer.

En cas d'extrême urgence, le président de la Commission, le délégué du président, le représentant local de la Banque de France ou le débiteur lui-même, peut directement demander au juge de l'exécution la suspension des mesures d'exécution, sans attendre la prochaine réunion de la Commission.

La demande de suspension a pour objectif d'éviter que pendant la procédure, et notamment pendant la phase d'élaboration du plan, la situation du débiteur soit irrémédiablement compromise par des mesures d'exécution forcées.

La demande de suspension d'exécution doit être limitée aux seules procédures en cours d'exécution et aux poursuites mettant en péril l'élaboration d'un plan de redressement.

Seul le juge de l'exécution peut suspendre les mesures d'exécution en cours si la situation du débiteur l'exige.

La suspension ne pourra être prononcée que pendant la durée de la procédure de traitement de surendettement et ne pourra excéder :

- soit une durée d'un an pour l'approbation du plan conventionnel ;
- soit une durée allant jusqu'à l'expiration du délai dont le débiteur dispose pour demander des recommandations à la Commission en cas d'échec du plan. Dans ce cas, la suspension produira ses effets jusqu'au jour où les recommandations auront force exécutoire.

La décision de suspension des mesures d'exécution prises par le juge de l'exécution n'est pas susceptible d'appel.

La décision de suspension des mesures d'exécution interdit temporairement aux créanciers de continuer leurs poursuites.

La décision de suspension des mesures d'exécution stoppe les avis à tiers détenteurs, délivrés moins de deux mois avant la notification de l'ordonnance de suspension des mesures d'exécution, et stoppe les saisies-attribution en cours de validation, ainsi que les saisies mobilières ou immobilières.

Bien entendu, en échange, le débiteur ne peut en aucun cas aggraver sa situation, et d'ailleurs le juge lui interdit formellement de régler des créances autres que les créances alimentaires (pensions alimentaires, prestations compensatoires, etc.) et de donner des garanties ou des sûretés (caution, hypothèque, etc.).

La suspension des poursuites ne fait pas obstacle à l'exécution d'une décision d'expulsion de son logement du débiteur.

• La procédure de rétablissement personnel

Cette procédure prévue par la Loi n° 2003-710 du 1er août 2003, dite Loi Borloo, est ouverte à tout débiteur de bonne foi qui n'arrive pas à payer ses dettes non professionnelles exigibles ou à échoir, lorsqu'il se trouve dans l'impossibilité manifeste de mettre en œuvre les mesures de traitement prévues dans le cadre du surendettement.

Cette procédure ne peut être demandée qu'avec l'accord du débiteur :

- soit par la Commission de surendettement (d'office ou sur la demande du débiteur) ;
- soit par le juge de l'exécution (d'office lors d'une contestation d'une décision de la Commission ou sur la demande du débiteur si la Commission ne s'est pas prononcée dans le délai de neuf mois du dépôt du dossier).

Après convocation du débiteur et des créanciers, les avoir entendus, le juge de l'exécution rend un jugement d'ouverture de la procédure de rétablissement personnel si les conditions sont remplies, en indiquant les modalités de la déclaration des créances.

Un travailleur social a la faculté d'assister à cette audience.

Ce jugement entraîne de droit la suspension des procédures d'exécution (saisie vente, saisie des véhicules par exemple), sauf pour les créances alimentaires et les saisies immobilières. Par contre, le débiteur ne peut plus disposer de ses biens pour les vendre ou les donner, par exemple.

Le juge de l'exécution peut dans cette décision :

- désigner un mandataire à la procédure qui établira le bilan économique et social du débiteur ou suivra le plan de redressement ;
- faire procéder à une enquête sociale ;
- ordonner un suivi social du débiteur.

Ce jugement est publié au Bulletin Officiel des Annonces Civiles et Commerciales dans les quinze jours de sa date ou de son envoi au mandataire.

Les créanciers doivent déclarer leurs créances dans les deux mois à compter de cette publicité.

Dans un délai de quatre mois à compter du jugement, la vérification des créances, les évaluations des actifs et passifs, le bilan économique et social du débiteur, le plan éventuel de redressement devront être établis.

Après notification de l'état des créances et du bilan économique et social, le débiteur et les créanciers sont convoqués de nouveau devant le juge de l'exécution pour décider de la liquidation ou de la clôture de la procédure pour insuffisance d'actif.

Si la liquidation est prononcée, les biens du débiteur, à l'exclusion des biens meublants nécessaires à la vie courante, sont vendus à l'amiable par le liquidateur nommé dans un délai de douze mois (sauf prorogation). Sinon une procédure de vente forcée sera diligentée.

Des mesures diverses sont prévues pour la reprise ou la vente forcée des immeubles sur saisie immobilière.

Le liquidateur procède à la répartition du prix des ventes entre les divers créanciers suivant leur rang et sûretés. Il n'y a pas de procédure d'ordre.

Si la clôture de la procédure est prononcée, généralement pour insuffisance d'actif, la procédure prend fin.

Ce jugement de clôture, susceptible d'appel, a pour effets :

- d'effacer les dettes autres que celles professionnelles, pénales, alimentaires ou réparatrices d'un préjudice subi par les victimes d'une infraction pénale. Mais la caution ou le coobligé du rétabli seront tenus de payer le créancier principal et conserveront leurs recours contre le rétabli ;
- de prononcer la possibilité d'un suivi social ;
- d'inscrire le rétabli au fichier national des incidents de paiement pour cinq ans.

• Les inscriptions au FICP

La Loi Lagarde et la loi Hamon ont modifié les délais d'inscription au FICP des personnes bénéficiant de procédures de traitement du surendettement et l'accès au fichier.

Durée d'inscription au FICP : la durée de la procédure de rétablissement personnel est réduite de huit à cinq ans.

Plan de redressement : pour les personnes engagées dans un plan de redressement d'une Commission de surendettement, la durée d'inscription au FICP ne peut dépasser sept ans.

Accès aux informations de FICP : les emprunteurs ont accès à distance aux informations détenues par le FICP.

• Les mesures spécifiques concernant les relations entre les banques et leurs clients surendettés

Ces mesures sont reprises dans une norme professionnelle sur les relations entre les établissements teneurs de compte et leurs clients concernés par le traitement d'un dossier en commission de surendettement, homologuée par un arrêté du ministre de l'Économie en date du 24 mars 2011.

Mesure n° 1 : les banques informeront les clients concernés des conséquences de la procédure de surendettement sur la gestion du compte bancaire ainsi que sur les moyens et opérations de paiement afférents. Elles porteront à la connaissance des clients les mesures envisagées pour assurer la continuité de la relation ainsi que les propositions de services adaptés. Une documentation leur sera remise ou adressée à cet effet indiquant que la banque est à leur disposition. Pour compléter cette information et discuter des modalités de fonctionnement de leur compte et de leurs moyens de paiement, chaque banque proposera, dans un délai de six semaines à compter de la date à laquelle lui est notifiée la décision de recevabilité, un rendez-vous (en agence ou par téléphone) à ses clients concernés, qui resteront libres d'accepter ou de refuser.

Mesure n° 2 : la banque teneur de compte maintiendra le compte domiciliataire des revenus pendant la situation de surendettement ou jusqu'à la clôture de la procédure de rétablissement personnel, sauf événement lié au comportement gravement répréhensible du client, au non-respect par lui des clauses contractuelles ou à l'application de la législation sur le blanchiment des capitaux et le financement du terrorisme.

Mesure n° 3 : les banques proposeront à leurs clients concernés par la présente norme d'adapter aux contraintes de la gestion budgétaire d'une personne surendettée les modalités de paiement de leurs dettes à partir du compte sur lequel sont domiciliés leurs revenus.

Les clients seront informés, par exemple, de la possibilité de recourir à la mensualisation plus systématique des prélèvements plutôt que des débits à moindre fréquence, pour une gestion budgétaire facilitée.

Mesure n° 4 : les banques proposeront à leurs clients concernés par la présente norme d'adapter, pour le compte sur lequel sont domiciliés leurs revenus, après examen de leur situation, leurs moyens de paiement afin notamment d'éviter les incidents tout en préservant la capacité, pour le client, de réaliser pour un coût réduit les dépenses nécessaires à sa vie courante. Dans ce cadre, les banques proposeront la gamme de moyens de paiement alternatifs au chèque (GPA) à leurs clients dès lors qu'elle est adaptée à leur situation.

Mesure n° 5 : les banques valoriseront auprès des clients concernés, notamment lors du rendez-vous prévu par la mesure n° 1, leur offre d'alerte par SMS sur l'état du compte pour les informer de la possibilité d'accéder à un tel service permettant de faciliter la gestion du compte.

Mesure n° 6 : à la suite de la décision déclarant la recevabilité du dossier de surendettement et après examen de la situation du client, les banques pourront, avec l'accord de ce dernier, adapter le montant de l'autorisation de découvert.

Le solde débiteur résultant de l'usage de la partie du découvert non utilisée et non déclarée dans le cadre du plan sera remboursé par le client aux conditions contractuelles.

L'autorisation de découvert pourra être résiliée à tout moment, selon les modalités prévues par la loi, en cas de non-respect par le client des clauses contractuelles.

6 • LES GARANTIES

Lorsque le banquier accorde des crédits, il le fait en grandepartie avec des fonds qui ne lui appartiennent pas. Il doit, de ce fait, être prudent dans la gestion des fonds qui lui sont confiés et souvent conforter sa position de créancier en prenant des garanties appelées souvent sûretés.

On peut distinguer les garanties personnelles des garanties réelles.

L'ordonnance n°2021-1192 du 15 septembre 2021 a profondément réformé le droit des suretés avec application au 1er janvier 2022.

La signature électronique des actes de sûretés est maintenant possible à toutes les sûretés réelles et personnelles.

• Les garanties personnelles

Le cautionnement

Le cautionnement est « le contrat par lequel une caution s'oblige envers le créancier à payer la dette du débiteur en cas de défaillance de celui-ci[1] ».

On distingue le cautionnement simple et le cautionnement solidaire.

Le **cautionnement simple** donne droit au bénéfice de discussion et à celui de division. Le bénéfice de discussion : la caution peut exiger du créancier qu'il poursuive d'abord le débiteur avant de faire jouer le cautionnement. Le bénéfice de division : au cas où il y aurait plusieurs cautions chacune ne serait engagée que pour sa part.

Avec le **cautionnement solidaire**, la caution peut être actionnée en paiement en même temps que le débiteur principal, le créancier choisissant dans ce cas celui qui lui paraît le plus solvable ou les deux ensemble.

Lorsque plusieurs personnes sont cautions solidaires, elles garantissent ensemble le créancier et chacune est engagée pour le tout. En cas de solidarité, la caution ne peut donc pas invoquer les bénéfices de discussion ou de division. À défaut de convention expresse, la caution ne garantit que le capital. Pour qu'elle soit contrainte au paiement des intérêts, l'acte doit y faire référence et indiquer le taux de ces intérêts. Par son paiement, la caution est automatiquement subrogée dans les droits, actions et privilèges du créancier.

La solidarité peut s'appliquer entre la caution et le débiteur principal, entre les cautions, s'il en existe plusieurs, entre toutes les cautions et le débiteur principal.

L'époux qui se porte seul caution engage ses biens propres et ses seuls revenus. Si son conjoint donne son consentement exprès au cautionnement, il n'engage pas ses biens propres, mais les biens communs se trouvent engagés. Si les deux se portent caution, tous les biens et revenus du ménage sont engagés.

Les établissements de crédit doivent :

- remettre à la caution, comme à l'emprunteur, l'offre préalable de crédit ;
- recueillir le consentement manuscrit de la caution, mais aucune rédaction précise n'est imposée ;
- informer la caution dès le premier incident de paiement du débiteur, sous peine pour le créancier de ne pouvoir recouvrer les pénalités et intérêts de retard dus entre la date de défaillance et celle où la caution a été avertie ;
- s'assurer de la proportionnalité du montant de l'engagement pris par la caution lors de sa souscription eu égard à ses biens et revenus, sous peine d'inopposabilité dudit engagement.

Protection des cautions : voir mesures de prévention du surendettement page.

---

1. Voir plus bas formalisme du cautionnement.

L'aval

L'aval est l'engagement apporté par un tiers sur un effet de commerce pour en garantir le paiement. L'avaliste est donc solidaire du débiteur principal.

L'aval peut être donné sur l'effet ou par acte séparé.

• Les garanties réelles

Le droit de rétention

Le droit de rétention est la possibilité donnée à un créancier de retenir un bien corporel du débiteur tant qu'il n'a pas été payé.

Il est assorti de certaines conditions :

- la créance doit être certaine (non contestable) et exigible (pas de termes ou de conditions) ;
- le bien doit être corporel, détenu par le créancier et avoir une relation avec la créance (ex. le garagiste peut retenir la voiture confiée pour réparation tant que le prix de la réparation ne lui a pas été payé).

Le gage

Le gage est l'acte par lequel le débiteur remet au créancier un bien meuble corporel en garantie de sa créance. Il est possible de constituer un gage de droit commun sur des biens meubles qui ont vocation à être intégrés aux immeubles bâtis (par ex. panneaux solaires). Il peut avoir lieu avec ou sans dépossession.

Gage avec dépossession. Le débiteur est démuni du bien objet de la garantie. On peut citer dans cette catégorie le gage de tableaux ou d'objets précieux (pratique courante dans les Caisses de Crédit Municipal).

Gage sans dépossession. Le créancier reçoit un titre reconnaissant sa garantie et l'acte fait l'objet d'une publicité. C'est le cas, par exemple, du gage automobile qui bénéficie au vendeur à crédit ou au prêteur de deniers pour l'achat d'un véhicule en garantissant le crédit lié à son acquisition. Le contrat de vente ou de prêt doit être écrit et enregistré sous peine de nullité de gage. La publicité du gage s'effectue par une inscription sur un registre à la préfecture qui a délivré le certificat d'immatriculation. Après signature de l'acte de gage, le gage doit être inscrit dans les trois mois qui suivent l'immatriculation du véhicule. L'inscription rend le droit du créancier opposable aux tiers. Elle se périme au bout de cinq ans, mais il est possible de la renouveler une fois. À défaut de paiement, le créancier peut faire réaliser le gage.

Le créancier bénéficiaire du gage dispose de droits particuliers : droit de préférence et droit de suite, droit de rétention et droit de réalisation.

- **Droit de préférence** : ce droit permet au créancier d'être payé avant les autres sur le produit de la vente du bien donné en garantie.
- **Droit de suite** : si le bien change de main, le créancier peut faire valoir son droit s'il n'a pas été désintéressé.
- **Droit de rétention** : le créancier peut conserver le bien nanti ou empêcher son propriétaire de s'en dessaisir tant qu'il n'est pas désintéressé.
- **Droit de réalisation** : le créancier peut faire vendre en justice le bien nanti en cas d'inexécution définitive.

Le nantissement

Le nantissement est l'acte par lequel le débiteur remet au créancier un bien meuble incorporel en garantie de sa créance. Le nantissement peut avoir lieu avec ou sans dépossession.

Nantissement avec dépossession. Le débiteur est démuni du bien objet de la garantie. On peut citer dans cette catégorie le nantissement du compte d'instruments financiers.

Nantissement sans dépossession. Le créancier reçoit un titre reconnaissant sa garantie et l'acte fait l'objet d'une publicité. C'est le cas, par exemple, du nantissement du contrat d'assurance-vie.

Comme pour le gage, le créancier bénéficiaire du nantissement dispose de droits particuliers : droit de préférence et droit de suite, droit de rétention et droit de réalisation.

Le nantissement du compte d'instruments financiers

Le nantissement porte sur le compte et non sur les instruments financiers (actions, obligations, titres de créances négociables) inscrits sur celui-ci.

Le créancier gagiste bénéficie d'un droit de rétention sur les instruments financiers figurant sur le compte nanti, sur ceux qui leur sont substitués ou les complètent (les fruits et produits des instruments nantis peuvent être exclus par convention du nantissement).

Il convient de vérifier périodiquement les cotations des instruments financiers figurant au compte nanti et de prévoir une marge de sécurité.

En cas de non-remboursement du crédit, la banque pourra saisir et vendre les valeurs données en garantie.

Le nantissement du contrat d'assurance-vie

En donnant en nantissement son contrat en garantie, le titulaire du contrat donne à la banque le droit de se faire payer, par préférence, à hauteur des sommes garanties sur les prestations dues par l'assureur.

Afin de bénéficier d'une garantie efficace, la banque doit avoir une connaissance précise des caractéristiques du contrat d'assurance.

En cas d'impayé, la banque aura la possibilité d'être désintéressée, soit en attendant l'échéance du contrat en se payant par compensation, soit en demandant à la compagnie le rachat anticipé du contrat et en affectant la valeur de rachat à l'apurement de sa créance.

En présence d'un tiers assuré ou d'un bénéficiaire acceptant, son consentement doit être obtenu.

L'acte de nantissement doit s'accompagner de la dépossession du contrat, par remise de l'original du contrat d'assurance à la banque, et doit être signifié à l'assureur.

La banque primera tout autre créancier, même privilégié.

Le nantissement du fonds de commerce

Garantie prise lors d'un crédit accordé à une entreprise, le nantissement du fonds de commerce ne porte pas forcément sur tous les éléments du fonds.

Sont nantis de plein droit, même s'ils ne sont pas énumérés, les éléments suivants :

- la clientèle et l'achalandage ;
- l'enseigne et le nom commercial ;
- le droit au bail commercial.

Ne peuvent être nantis les marchandises et les créances.

Le nantissement du fonds de commerce peut être primé par le privilège de certains créanciers (salariés, Trésor, frais de justice).

Le nantissement conventionnel du fonds doit être constaté par écrit et être enregistré. Il doit enfin faire l'objet de formalités de publicité dans les quinze jours suivant la signature du contrat, sous peine de nullité du nantissement.

La valeur du nantissement est fortement dépendante de la bonne santé de l'entreprise qui exploite le fonds et le non-paiement des loyers peut entraîner la perte du droit au bail si le commerçant n'est pas propriétaire des murs.

L'hypothèque

L'hypothèque est l'acte par lequel le débiteur accorde au créancier un droit sur un immeuble sans dessaisissement et avec publicité. Depuis la réforme, il est maintenant possible de prendre une hypothèque sur un bien futur ; dans ce cas, l'hypothèque ne pourra être inscrite que lorsque le débiteur sera devenu propriétaire de l'immeuble.

Elle peut être légale, conventionnelle ou judiciaire.

- **Hypothèque légale :** elle est prévue par la loi (ex. le Trésor public pour le recouvrement des impôts, hypothèque légale spéciale du prêteur de deniers).
- **Hypothèque conventionnelle** : elle est inscrite à la suite de la signature d'un contrat (ex. contrat de prêt pour acquérir un immeuble).
- **Hypothèque judiciaire** : elle résulte d'un jugement (ex. créancier inquiet voulant conforter sa créance en raison de la situation préoccupante du débiteur).

Les caractéristiques de l'hypothèque

L'hypothèque confère au créancier :

- **le droit de préférence** : en cas de vente de l'immeuble, le créancier sera payé en priorité sur le produit de la vente ;
- **le droit de suite** : si l'immeuble est vendu, la garantie restera acquise au créancier tant que l'hypothèque sera valable.

Il n'est pas rare que plusieurs créanciers bénéficient d'une hypothèque sur un même immeuble. Le rang constitue un critère fondamental, car il détermine l'ordre des priorités lors de la vente de l'immeuble. Le rang dépend tout simplement des dates respectives d'inscription des hypothèques. Par convention, il est possible de modifier les priorités en consentant ou en se faisant consentir une cession d'antériorité qui permettra à un créancier du premier rang de céder son rang à un autre de second rang.

En cas de liquidation d'une entreprise, le créancier hypothécaire peut être précédé par les créanciers munis d'un privilège général (frais de justice, superprivilège des salariés) et perdre tout ou partie de sa créance.

L'hypothèque rechargeable

L'hypothèque rechargeable permet à un débiteur qui a déjà constitué une hypothèque de ne pas avoir à en constituer une nouvelle pour garantir soit le même créancier, soit un autre. Concrètement, l'emprunteur pourra donc s'adresser à une autre banque que celle qui lui a accordé le prêt initial.

Les créanciers ultérieurs qui bénéficieront d'une convention de rechargement prendront rang à la date de l'inscription initiale dès lors qu'ils auront publié cette convention sous forme de mention en marge à la conservation des hypothèques.

L'hypothèque pourra être rechargée dans la limite d'un montant maximal qui sera fixé dans la convention constitutive de l'hypothèque. Ce montant ne pourra pas varier en fonction de la hausse de la valeur de l'immeuble.

Toute convention de rechargement doit être passée par acte notarié.

Il est interdit de recharger une hypothèque pour garantir un crédit revolving.

Le prêt viager hypothécaire

Le prêt viager hypothécaire est un contrat par lequel un établissement de crédit ou un établissement financier consent à une personne physique un prêt sous forme d'un capital ou de versements périodiques, qui est garanti par une hypothèque constituée sur un bien immobilier de l'emprunteur à usage exclusif d'habitation et dont le remboursement – principal et intérêts – ne peut être exigé qu'au décès de l'emprunteur ou bien lors de la cession ou du démembrement de la propriété de l'immeuble hypothéqué.

Lors du dénouement de l'opération en cas de décès de l'emprunteur, la dette des héritiers est limitée à la valeur de l'immeuble estimée, au jour de l'ouverture de la succession, par un expert désigné amiablement ou judiciairement. Les héritiers peuvent payer la dette ainsi plafonnée.

Le prêt viager hypothécaire est interdit pour financer les besoins d'une activité professionnelle.

Les privilèges

Le privilège est un droit que la qualité de la créance donne à un créancier d'être préféré aux autres créanciers, même hypothécaires. Cette priorité de paiement permet à son titulaire de disposer d'une garantie sur une partie ou la totalité du patrimoine du débiteur.

Les privilèges peuvent être généraux ou spéciaux ; ils peuvent être mobiliers ou immobiliers.

- **Privilèges généraux sur les meubles et immeubles** : ex. frais de justice, salaires.
- **Privilèges généraux sur les meubles** : ex. Trésor Public, frais funéraires, créance de la victime d'un accident.
- **Privilèges spéciaux immobiliers** : ex. privilège du vendeur d'un immeuble, privilège du prêteur de deniers (dénommé maintenant « l'hypothèque légale spéciale du prêteur de deniers) pour l'acquisition d'un immeuble.
- **Privilèges spéciaux mobiliers** : ex. privilège du bailleur sur les meubles meublants du locataire, privilège de l'aubergiste.

Le créancier privilégié dispose du droit de préférence et du droit de suite.

Le privilège du prêteur de deniers, appelé depuis la réforme hypothèque légale spéciale du prêteur de deniers ne peut être pris que dans le cadre du financement de l'acquisition d'un bien existant ou d'un bien vendu en VEFA pour la partie déjà construite à hauteur des fonds prêtés et débloqués le jour de la signature de l'acte notarié.

Utilisée en cas de prêt immobilier, cette garantie permet de couvrir non seulement le principal du prêt, mais encore les intérêts conventionnels, sans avoir à se faire subroger.

Sont ainsi garantis le montant du prêt, dans la limite du prix de vente de l'immeuble ou de la partie due, les frais de contrat, les intérêts de la somme prêtée, au taux convenu par le prêteur.

Depuis la réforme, la rétroactivité et le délai de deux mois pour inscrire sont supprimés ce qui signifie que cette hypothèque ne prend rang maintenant qu'au jour de son inscription.

Tableau 6.1 – Les garanties réelles. Garanties qui portent sur un bien mobilier ou immobilier

<table>
<tr><th colspan="2">Droits du créancier bénéficiaire de la garantie</th></tr>
<tr><td colspan="2">Droit de rétention : peut empêcher la vente du bien
Droit de réalisation : peut provoquer la vente judiciaire
Droit de préférence : paiement en priorité en cas de vente du bien
Droit de suite : la garantie suit le bien même si changement de propriétaire</td></tr>
<tr><th>Nantissement</th><th>Gage</th></tr>
<tr><td>Porte sur un bien meuble incorporel (valeurs mobilières, fonds de commerce, etc.)</td><td>Porte sur un bien meuble corporel (véhicule, matériel, etc.)</td></tr>
<tr><th>Hypothèque</th><th>Privilège</th></tr>
<tr><td>Porte sur un bien immeuble (terrain ou construction)</td><td>Garantie prioritaire sur les autres
Porte sur un bien meuble ou immeuble</td></tr>
</table>

7 • LES ASSURANCES DES CRÉDITS

Lorsqu'une banque accorde un crédit, elle exige souvent que l'emprunteur souscrive une assurance pour couvrir les risques « décès, invalidité, incapacité » et « perte d'emploi ».

En matière de crédit immobilier, l'assurance « décès-incapacité » est, sauf très rares exceptions, obligatoire. Si l'on emprunte avec quelqu'un d'autre, conjoint par exemple, l'assurance peut être répartie entre les deux têtes. Il est souvent plus prudent d'assurer les deux pour 100 % du crédit. Dans ce dernier cas, le coût de l'assurance est, bien entendu, doublé.

• La convention AERAS

Les personnes concernées par la convention

La convention AERAS concerne les personnes dont l'état de santé ne permet pas d'obtenir une couverture d'assurance aux conditions standard du contrat (c'est-à-dire sans majoration de tarif ou exclusion de garanties).

L'objectif de la convention est de faciliter l'accès à l'assurance et à l'emprunt des personnes ayant ou ayant eu un problème de santé.

La convention AERAS concerne, sous certaines conditions, les prêts à caractère personnel (prêts immobiliers et certains crédits à la consommation) et professionnel (prêts pour l'achat de locaux et de matériels).

Les crédits à la consommation

Grâce à la convention AERAS, il est possible de bénéficier d'une assurance emprunteur, sans avoir à remplir un questionnaire de santé, si l'emprunteur remplit les conditions suivantes :

- être âgé au maximum de 50 ans ;
- la durée du crédit est inférieure ou égale à 4 ans ;
- le montant cumulé de ses crédits entrant dans cette catégorie ne dépasse pas 17 000 € ;
- l'emprunteur signe une déclaration sur l'honneur de non-cumul de prêts au-delà du plafond de 17 000 €.

Les découverts bancaires ou les crédits renouvelables, même s'ils sont souscrits pour un achat précis, n'entrent pas dans la catégorie des crédits à la consommation décrite ci-dessus.

Les prêts immobiliers et professionnels

Pour les prêts immobiliers et professionnels, la convention AERAS prévoit un examen approfondi et systématique de la demande d'assurance avec trois niveaux d'examen possible de la demande d'assurance.

Si l'état de santé de l'emprunteur ne lui permet pas d'être assuré aux conditions standards du contrat, son dossier sera automatiquement examiné, sans démarche particulière de sa part, à un deuxième niveau, par un service médical spécialisé. À l'issue de cet examen, si une proposition d'assurance ne peut pas être établie, son dossier sera transmis, toujours sans intervention de sa part, à un troisième niveau, dès lors qu'il répond aux conditions suivantes :

- le montant cumulé de ses prêts ne dépasse pas 320 000 euros. En cas d'achat d'une résidence principale, ce montant ne tient pas compte des crédits relais ;
- il aura 70 ans au plus en fin de prêt.

Par rapport à un contrat standard, le tarif sera peut-être plus important et/ou les garanties parfois limitées. Dans tous les cas, l'assureur l'informe, par courrier, de sa décision : acceptation ou refus d'assurance, l'ajournement, limitation ou exclusion de garantie, majoration éventuelle du tarif. Ce courrier mentionne aussi l'existence et les coordonnées de la commission de médiation AERAS, ainsi que le niveau d'examen auquel le refus est intervenu.

Quel que soit le niveau auquel elle a été formulée, une proposition d'assurance pourra être assortie d'une exclusion ou d'une surprime.

En cas de refus d'assurance, l'établissement de crédit examinera avec lui les possibilités de garanties alternatives (cautions, hypothèques, ...).

Les questionnaires de santé

Il existe deux types de questionnaires de santé : le questionnaire simplifié et le questionnaire détaillé par pathologie.

Le questionnaire simplifié comprend une série limitée de questions simples. Il correspond au niveau 1 d'assurance ; l'emprunteur peut le remplir seul, sans difficulté.

Le questionnaire par pathologie, est beaucoup plus détaillé. Il correspond à l'examen des demandes de niveau 2 et 3. Si l'assureur demande à l'emprunteur de remplir un questionnaire détaillé, il peut pouvez demander l'assistance de son médecin pour le remplir.

Le droit à l'oubli

La loi du 28 février 2022 a supprimé le questionnaire médical pour la souscription d'une assurance emprunteur sous deux conditions :

1. La part assurée sur l'encours cumulé des contrats de crédit ne doit pas excéder 200 000 €.
2. L'échéance de remboursement du crédit contracté doit intervenir avant le soixantième anniversaire de l'emprunteur. L'absence de questionnaire médical concerne uniquement les prêts immobiliers octroyés à des consommateurs pour l'acquisition de biens à usage d'habitation et à usage mixte habitation et professionnel.

Pour les emprunts ne remplissant pas les conditions ci-dessus, le « droit à l'oubli » permet aux personnes ayant été atteintes d'un cancer ou d'une hépatite virale C de ne plus avoir à le déclarer. Ce dispositif s'applique lorsque les deux conditions suivantes sont réunies :

1. Les contrats d'assurance couvrent les prêts à la consommation affectés ou dédiés, les prêts professionnels pour l'acquisition de locaux et/ou de matériels, les prêts immobiliers.
2. L'échéance des contrats d'assurance doit intervenir avant le 71e anniversaire de l'emprunteur.

L'emprunteur peut bénéficier des dispositions du droit à l'oubli s'il a été atteint d'une maladie cancéreuse ou d'une hépatite virale C sous réserve que la date de fin du protocole thérapeutique remonte à plus de cinq ans au jour de sa demande d'assurance et qu'il n'a pas été constaté de rechute de sa maladie.

Les autres pathologies et facteurs de risque, les situations actuelles d'incapacité, d'invalidité ou d'inaptitude au travail, en lien ou non avec l'affection relevant du droit à l'oubli, sont à déclarer à l'assureur en réponse au questionnaire de santé et pourront faire l'objet d'une décision adaptée ou d'une tarification en tant que telle. Les conséquences de la maladie cancéreuse ou celles des traitements ou de l'hépatite virale C, notamment les effets secondaires, ne sont pas couvertes par le droit à l'oubli et doivent donc être déclarées à l'assureur.

La déclaration des états de santé : la grille de référence AERAS (GRA)

La grille de référence AERAS (GRA) liste les pathologies (pathologies cancéreuses et d'autres pathologies y compris chroniques) qui permettent un accès à l'assurance emprunteur dans des conditions standard ou s'en rapprochant.

La GRA définit :

- les caractéristiques des pathologies et les délais au-delà desquels aucune majoration de tarif (surprime) ni exclusion de garantie, ne sera appliquée, pour certaines pathologies aux personnes qui en ont souffert ;
- des taux de surprimes maximaux applicables par les assureurs, pour certaines pathologies qui ne permettent pas aux personnes qui en souffrent d'accéder à une assurance emprunteur à un tarif standard.

Les dispositions de la GRA s'appliquent lorsque les trois conditions suivantes sont réunies :

- les contrats d'assurance couvrent les prêts professionnels pour l'acquisition de locaux et/ou de matériels, les prêts immobiliers ;
- les opérations de prêts immobiliers dont la part assurée n'excède pas 420 000 €, sans tenir compte des crédits relais, lorsqu'il s'agit de l'acquisition d'une résidence principale. Dans les autres cas de prêts immobiliers et de prêts professionnels, il s'applique aux contrats relatifs à un encours cumulé de prêts dont la part assurée n'excède pas 420 000 € ;

- l'échéance des contrats d'assurance doit intervenir avant le 71e anniversaire de l'emprunteur.

Le risque invalidité

En assurance emprunteur, la notion d'invalidité est indépendante de celle retenue par l'assurance maladie et peut différer d'un contrat à un autre. Elle correspond néanmoins toujours à une réduction permanente de certaines capacités ou aptitudes (fonctionnelles et/ou professionnelles).

Les contrats d'assurance emprunteur peuvent comporter plusieurs garanties couvrant des degrés d'invalidité plus ou moins élevés (invalidité partielle, invalidité totale). La perte totale et irréversible d'autonomie nécessitant l'assistance d'une tierce personne pour accomplir les actes de la vie ordinaire fait en principe l'objet d'une garantie séparée dénommée Perte totale et irréversible d'autonomie (PTIA). Par ailleurs, une même garantie peut couvrir à la fois des situations d'incapacité, par nature temporaire, et d'invalidité, par nature définitive.

S'agissant des prêts immobiliers et professionnels, si, compte tenu de vos déclarations de santé, un assureur n'est pas en mesure de vous garantir sans aucune réserve contre le risque d'invalidité permanente tant partielle que totale, il étudiera la possibilité de vous proposer la garantie invalidité spécifique (GIS) prévue par la Convention AERAS. En cas d'acceptation par l'assureur, cette garantie vous sera alors accordée sans réserve, c'est-à-dire sans exclusion possible concernant une pathologie déclarée.

La GIS couvre les assurés qui, par suite de maladie ou accident, ne peuvent plus, de manière définitive, travailler et qui, au plan fonctionnel, présentent un taux d'invalidité d'au moins 70 % selon le barème annexé au Code des pensions civiles et militaires.

La limitation des majorations de tarifs

La convention AERAS prévoit un mécanisme d'écrêtement des surprimes sous conditions de ressources, pour les personnes présentant un risque aggravé de santé.

Ce mécanisme concerne la couverture en 2e et 3e niveaux d'assurance des prêts immobiliers liés à l'achat d'une résidence principale, dans la limite de 420 000 € cumulés pour les assurés ayant au plus 70 ans en fin de prêt, et des prêts professionnels.

L'emprunteur peut bénéficier de ce dispositif à condition que le revenu de son foyer soit inférieur ou égal à :

- 1 fois le Plafond annuel de la Sécurité sociale (PASS), lorsque le nombre de parts de votre foyer fiscal est de 1 ;
- 1,25 fois le PASS, lorsque le nombre de parts de votre foyer fiscal est de 1,5 à 2,5 ;
- 1,5 fois le PASS, lorsque le nombre de parts de votre foyer fiscal est de 3 et plus.

Si l'emprunteur fait partie de l'une des catégories ci-dessus, sa cotisation d'assurance ne peut pas dépasser 1,4 point dans le taux effectif global de votre emprunt qui intègre l'ensemble des frais (taux d'intérêt, frais de dossier, cotisation d'assurance, etc.).

Pour les prêts immobiliers à taux zéro (PTZ), la majoration du tarif d'assurance est intégralement prise en charge par les assureurs et les établissements de crédit, si les emprunteurs ont moins de 35 ans.

La liberté de choisir son assurance

Si le contrat d'assurance proposé par la banque ne convient pas à l'emprunteur, il peut en rechercher un autre directement auprès d'un assureur ou par l'intermédiaire d'un courtier en assurances.

La banque doit accepter un autre contrat d'assurance, appelé délégation d'assurance, dès lors qu'il présente un niveau de garantie équivalent au contrat qu'elle propose.

Les conditions d'emprunt sont les mêmes, quelle que soit la solution d'assurance retenue.

L'emprunteur peut demander la substitution d'un autre contrat d'assurance, présentant un niveau de garantie équivalent à celui en cours, jusqu'à douze mois après la signature de l'offre de prêt ou à chaque date d'échéance du contrat d'assurance ensuite (les membres du CCSF ont retenu comme date d'échéance, celle de la signature de l'offre de prêt). Pour que la substitution devienne effective, elle doit être acceptée par le prêteur.

En cas de litige

Si l'emprunteur pense que les mécanismes de la convention AERAS n'ont pas correctement fonctionné, il peut faire appel à la commission de médiation de la convention AERAS.

La Commission est chargée d'examiner les réclamations individuelles qui lui sont transmises. Elle facilite la recherche d'un règlement amiable du différend en favorisant le dialogue entre votre médecin et le médecin conseil de l'assureur. Toutefois, elle n'est pas compétente pour se prononcer sur les limitations et les exclusions de garantie, sur le niveau de la prime ou de la surprime d'assurance qui relèvent de la politique commerciale de l'assureur, ni sur la décision et les conditions d'attribution du crédit qui relèvent de la responsabilité de la banque. Elle n'intervient pas non plus lorsque le prêt est déjà mis en place.

• L'assurance « décès, invalidité, incapacité »

Elle offre à la banque la garantie d'être payée si l'état de santé de l'emprunteur ne lui permet plus de travailler ou s'il décède.

La plupart du temps, il s'agit d'une assurance choisie par la banque, mais ce n'est pas obligatoire. Depuis le 1er septembre 2010, les banques ne peuvent plus imposer à l'emprunteur d'un crédit immobilier l'adhésion à l'assurance groupe de la banque ; celle-ci peut être remplacée par une assurance choisie par l'emprunteur si elle offre le même niveau de garantie que l'assurance proposée par le prêteur.

L'assurance évite donc, qu'en cas de décès, les héritiers aient à rembourser le crédit et, en cas d'invalidité de l'emprunteur, celui-ci n'ait à le faire. Elle couvre aussi, le plus souvent, l'incapacité de travail. Le contrat peut exclure certains risques comme la pratique de sports violents ou considérés comme dangereux.

La couverture du risque décès

Si l'emprunteur décède, l'assureur rembourse le solde du prêt, soit en totalité si le défunt était assuré à 100 %, soit en partie s'il n'était assuré que partiellement (par exemple 50 %).

La couverture du risque d'invalidité absolue et définitive

En cas de mise en invalidité totale, l'assureur rembourse au prêteur le solde du prêt selon les mêmes règles que pour le décès.

La couverture du risque d'incapacité de travail

Si, à la suite d'une maladie ou d'un accident, l'emprunteur est obligé de cesser son activité, l'assurance prendra en charge les mensualités (ou partie de celles-ci s'il n'était pas assuré à 100 %) pendant toute la durée de l'incapacité ou une partie de la durée de l'incapacité.

Sauf rares exceptions, l'assureur prend le relais des remboursements à l'issue d'un délai de franchise (dit délai de carence), généralement fixé à trois mois. Certains contrats n'accordent cette garantie qu'aux emprunteurs qui exercent de façon régulière une activité professionnelle.

• L'assurance « perte d'emploi »

Il existe deux types d'assurances « perte d'emploi » :

- soit le prêteur se contente de reporter les sommes dues en fin de prêt ; le coût du report (les intérêts) étant pris en charge par l'assureur ;

- soit l'assureur prend en charge tout ou partie des mensualités pendant une période donnée ; dans ce dernier cas, la garantie ne peut jouer qu'un certain nombre de fois, et pendant une période limitée. Les conditions habituelles sont de deux périodes non consécutives, d'une durée maximale de dix-huit mois chacune.

Comme pour l'assurance « incapacité de travail », la plupart des contrats prévoient que l'assureur prenne le relais des remboursements à l'issue d'un délai de franchise (dit délai de carence), généralement fixé à trois mois. Certains contrats n'accordent cette garantie qu'aux emprunteurs qui exercent de façon régulière une activité professionnelle.

• Le questionnaire médical

L'assurance n'est accordée qu'après avoir rempli un questionnaire médical, voire parfois subi un examen médical[1].

Elle peut être accordée contre paiement d'une surprime si l'état de santé de l'emprunteur est jugé trop risqué. En cas de refus de la part de l'assurance, la banque exigera souvent une garantie complémentaire (nantissement d'un contrat d'assurance-vie ou d'un portefeuille titres).

Au-delà d'un certain âge, les primes d'assurance peuvent être d'un coût très élevé.

• Le coût de l'assurance

Le prix de l'assurance est exprimé :

- soit en fonction de l'ensemble du capital initial emprunté ;
- soit en fonction du capital restant dû.

Il est très difficile de comparer les conditions proposées, la meilleure façon de le faire étant de lire attentivement l'offre préalable de crédit sur laquelle doit apparaître très clairement le coût de l'assurance. La prime est normalement incluse dans les mensualités, mais présentée à part dans le tableau d'amortissement.

• Les droits de l'emprunteur en matière d'assurance d'un crédit immobilier

Depuis le 1er septembre 2010, le prêteur ne peut plus imposer à l'emprunteur de souscrire une assurance de groupe dans le cadre d'un crédit immobilier.

L'article 54 de la loi du 17 mars 2014 relative à la consommation permet dorénavant à l'emprunteur de résilier son contrat d'assurance au plus tard 15 jours avant le terme

1. la loi du 28 février 2022 a supprimé le questionnaire médical dans certaines conditions : voir ci-avant.

de la première année de l'offre de prêt, le nouveau contrat d'assurance devant présenter un niveau de garanties équivalent).

Ce nouveau droit concerne les offres de prêt émises depuis le 26 juillet 2014 ainsi que les contrats d'assurance souscrits à compter de la même date.

Si l'emprunteur fait usage de son droit à résiliation, le prêteur doit notifier sa décision d'acceptation ou de refus dans un délai de 10 jours ouvrés à compter de la réception d'un autre contrat d'assurance.

Le refus du contrat d'assurance proposé doit être motivé par la présentation d'un contrat d'assurance sans garanties équivalentes. Dans ce cas, le contrat d'assurance n'est pas résilié.

Adoptée fin février 2022, la loi Lemoine autorise le changement d'assurance de prêt immobilier à tout moment, sans durée minimale d'engagement. Depuis le 1er juin 2022, les nouveaux emprunteurs peuvent substituer, quand ils le souhaitent, le contrat bancaire par une offre alternative moins chère, une disposition qui a été s'appliquée à tous dès le 1er septembre 2022.

La loi Lemoine concerne les crédits immobiliers à usage d'habitation et/ou professionnel. Elle permet la résiliation de l'assurance emprunteur à tout moment pour les particuliers ayant souscrit ces types de prêts ; seule l'équivalence de niveau de garanties doit être respectée.

• La fiche standardisée d'information

Pour faciliter le choix de l'assurance de son crédit immobilier lors de son acceptation ou dans les douze mois qui suivent la signature de son prêt, l'emprunteur doit recevoir la « Fiche standardisée d'information ». Elle devra être remise à tous les emprunteurs potentiels à partir du 1er octobre 2015 (décret n° 2015-46 du 24 avril 2015).

Cette fiche devra décrire « les caractéristiques des garanties minimales exigées par le prêteur pour l'octroi du prêt immobilier » et détailler « les types de garanties que l'emprunteur envisage de choisir » parmi la liste évoquée précédemment.

Cette dernière devra également contenir une estimation du coût de l'assurance emprunteur envisagée avec son coût par période, le coût total sur la durée du prêt, le taux annuel effectif de l'assurance (TAEA).

Elle devra aussi indiquer la possibilité offerte à l'emprunteur de choisir une assurance déléguée présentant les mêmes garanties.

Cette fiche devra notamment lister les onze critères exigés par le prêteur parmi une liste officielle de 18 critères établie par le CCSF. Ainsi, un prêteur ne pourra s'opposer à un changement d'assurance si le nouveau contrat offre les mêmes garanties.

Cette fiche devra signaler aux clients qu'ils disposent de douze mois à partir de la signature pour changer d'assurance.

Tableau 6.2 – Tableau comparatif sur les crédits aux particuliers

	Crédits Loi Lagarde	Crédits immobiliers
Objet	Crédits à la consommation Crédits travaux sans acquisition Regroupements de crédits Montant ≤ 75 000 €	Acquisition immobilière Travaux > 75 000 €
Durée	Minimum 3 mois	2 à 35 ans
Remboursement	Mensualités constantes ou revolving	Mensualités constantes ou variables
Garanties possibles	Nantissement, gage ou cautionnement	Hypothèque, privilège, cautionnement mutuel, nantissement de capitaux
Durée minimum de l'offre	15 jours	30 jours
Délai de l'acceptation	Immédiat	11e jour suivant réception
Validité de l'offre	15 jours à compter de l'émission	4 mois à compter de l'acceptation
Délai de rétractation	14 jours	Néant
Remboursement anticipé	Oui (si partiel : 3 mensualités minimum)	Oui (si partiel 10 % minimum du capital initial)
Pénalités de remboursement anticipé	Si montant remboursé > 10 000 € Montant dû : ≤ 0,5 % durée restante ≤ 1 an ≤ 1 % si durée restante > 1 an	1 semestre d'intérêts sur montant remboursé maximum 3 % du capital restant dû
Pénalités de retard	8 % sur échéances impayées	Taux du prêt majoré de 3 %
Pénalités si déchéance du terme	8 % sur capital restant dû	7 % sur capital restant dû

L'ESSENTIEL

- Il existe deux grandes catégories de crédit : les crédits à la consommation et les crédits immobiliers.
- Les crédits à la consommation sont principalement réglementés par la Loi Lagarde du 1er juillet 2010 et les crédits immobiliers par la Loi Scrivener du 13 juillet 1979.
- En matière de crédit, le consommateur est très protégé et les établissements doivent respecter des règles très strictes concernant la publicité des crédits, l'analyse du risque, l'information de l'emprunteur, les modalités de l'offre et de son acceptation par l'emprunteur, les pénalités en cas de retard ou de non-remboursement ou en cas de remboursement anticipé.
- Les emprunteurs surendettés bénéficient de mesures spécifiques leur permettant de faire face à leur situation et d'obtenir des aménagements conduisant à un étalement, une réduction voire une suppression de leurs dettes.
- Pour limiter les risques, les prêteurs peuvent exiger de l'emprunteur qu'il soit assuré contre le risque de décès, d'invalidité permanente, d'incapacité de travail voire de perte d'emploi ; les prêteurs exigent la plupart du temps des garanties qui peuvent être réelles ou personnelles.

Quiz : Les crédits

http://dunod.link/techbanc06

7 • LES SERVICES AUX PARTICULIERS

Executive summary

- La vente de services aux particuliers par les banques s'est beaucoup développée ces dernières années et c'est dans ce domaine que les banques essayent de se démarquer de la concurrence.
- Quels sont les services que les banques peuvent proposer à leurs clients, que ces services soient matériels ou immatériels ?

1 • LES SERVICES MATÉRIELS

• La location de coffres-forts

Les généralités

La banque peut mettre à la disposition de ses clients des coffres-forts afin que ces derniers abritent en lieu sûr leurs biens qui représentent une certaine valeur marchande.

Ce service est généralement réservé aux bons clients, car l'installation d'une salle de coffres revient très chère et le loyer demandé est relativement peu élevé par rapport au coût du service.

Les modalités

Pour louer un coffre-fort, il faut être capable et justifier de son identité. Lors de la signature du contrat de location, le banquier recueille les éléments d'identité du locataire (en pratique, il les possède déjà, car les banques ne louent pas de coffres à de non-clients pour éviter des complications en matière de lutte contre le blanchiment de capitaux) et un spécimen de sa signature.

Le client est seul à posséder la clef de son coffre. Toutefois pour y accéder, il doit se faire accompagner d'un représentant de la banque qui utilise une clef de contrôle pour permettre l'ouverture du coffre. Seul le locataire ou son mandataire peut avoir accès au coffre.

Le risque du banquier

Le banquier peut être amené à indemniser dans certaines limites ses clients en cas de vol ou de destruction des valeurs déposées dans ses coffres. Toutefois, la difficulté sera pour la victime d'apporter la preuve de ce qu'elle aura déposé, car le coffre servira souvent de refuge à des valeurs soustraites au fisc ou connues du seul locataire du coffre.

Le banquier limite sa responsabilité à un certain montant, mais le client peut souscrire une assurance le couvrant pour des montants supérieurs.

La procédure en cas de décès du locataire

Dès que la banque est informée du décès du titulaire, l'accès au coffre est interdit. Les valeurs déposées au coffre ne pourront être retirées que sur l'ordre du contentieux en présence d'un notaire et d'un ou plusieurs représentants des héritiers.

Bien entendu, les mandataires ne peuvent plus accéder au coffre après le décès du titulaire puisque le mandat cesse au décès du titulaire.

• Le change manuel

Dans n'importe quel pays, la monnaie nationale est la seule admise, en principe, en règlement des achats ou prestations perçues.

Lorsqu'un Français désire aller à l'étranger, il devra, dans certains pays, se procurer des devises, c'est-à-dire la monnaie du pays concerné. On appelle, en effet, devises toutes les monnaies autres que celle de notre pays. De même, un étranger peut désirer échanger ses devises contre notre monnaie nationale.

La banque est à même d'assurer à ces deux types de clientèle ce service appelé change manuel : vente de devises aux nationaux ou résidents, achats de devises aux étrangers ou non-résidents.

Il existe un cours officiel, c'est-à-dire une valeur par rapport à l'euro de toutes les principales devises, mais, lorsque la banque effectue des opérations de change, son profit est assuré par une reprise de la devise au-dessous de ce cours et une vente au-dessus de ce cours. Il n'y a donc pas toujours de commission de change, mais un prix de vente ou un prix d'achat des devises (dans ce dernier cas, le prix offert par la banque comprend sa commission).

Seuls les billets de banque et les chèques de voyage peuvent être échangés et ce service est généralement réservé à la clientèle ou proposé dans les gares et aéroports.

Avec le développement du paiement par carte bancaire, ce service est beaucoup moins utilisé.

• La banque à domicile

La concurrence acharnée et les moyens de communication modernes ont conduit les banques à proposer à leur clientèle des services toujours plus sophistiqués tels que « la banque à domicile » par Internet.

L'établissement bancaire s'équipe d'un centre serveur accessible au moyen d'un micro-ordinateur ou d'un smartphone. Le client, muni d'un identifiant et d'un mot de passe confidentiels, interroge à distance le centre serveur de la banque pour effectuer un certain nombre d'opérations telles que consultation de solde, reconstitution de mouvements par dates ou en valeur sur une période déterminée, information sur les produits de l'établissement émetteur, transmission des ordres de Bourse et suivi des cours de Bourse, demande de chéquier, ordres de virement internes ou externes, demande de crédit avec réception de la réponse par la même voie, messagerie permettant des échanges sécurisés avec son conseiller.

De plus, nombre de banques proposent à leurs clients l'utilisation d'un service géré par un serveur vocal permettant au titulaire d'un compte de connaître son solde et les plus récentes opérations au débit comme au crédit. Pour utiliser ce service, le client dispose d'un code d'accès secret.

La liste des services ainsi proposés n'est pas limitative, la difficulté majeure restant celle de la sécurité des opérations et leur confidentialité, ce qui explique que l'utilisation d'Internet ne peut être étendue à toutes les transactions.

Enfin, pour permettre à leurs clients d'effectuer facilement leurs opérations à distance, la plupart des banques disposent de centres d'appel où des opérateurs sont à la disposition des clients pour leur permettre d'effectuer les opérations les plus courantes comme sur Internet.

Pour aller plus loin, tous les groupes bancaires ont créé une filiale « banque en ligne » avec traitement de la quasi-totalité des opérations à distance par téléphone ou Internet ; ces banques en ligne sont très agressives commercialement et font une concurrence acharnée aux réseaux physiques avec des tarifs très inférieurs, voire la gratuité, notamment dans les produits d'épargne à vue et les cartes bancaires. Ce type de banque est plutôt utilisé par les clients aisés et familiarisés avec les nouvelles technologies, ce qui pose aux grands groupes bancaires des problèmes de positionnement et de tarification.

• La banque 24 heures sur 24

Pour satisfaire une clientèle toujours plus sollicitée, les banques sont à même d'offrir un service de caisse 24 heures sur 24 et ce, au moyen des guichets automatiques de banques (GAB).

Ces appareils installés à certains endroits stratégiques permettent à la clientèle de nombreuses opérations telles que consultation de solde, demande de chéquiers, virement de compte à compte au nom du même titulaire, remise de chèques, versement d'espèces, retrait d'espèces pour des montants quotidiens relativement élevés (450 à 750 €, voire beaucoup plus pour une carte haut de gamme), demande de crédit et réponse par la même voie.

Certains groupes bancaires mettent en commun des distributeurs automatiques pour réduire leur coût et offrir à leurs clients des possibilités de retraits gratuits plus nombreux ; ces distributeurs ayant par la suite vocation à devenir des guichets automatiques de banque.

Ainsi, pour les besoins les plus courants, les horaires d'ouverture des guichets n'ont plus beaucoup d'importance et un grand nombre d'agences bancaires ont été réorganisées pour mettre à la disposition des clients de la banque du personnel dont les fonctions sont beaucoup plus orientées vers la vente et le conseil.

2 • LES SERVICES IMMATÉRIELS

Les banques offrent toutes, souvent dans des conditions très proches, à peu près les mêmes services à leurs clients, que ce soit sur le plan des dépôts, des crédits ou encore des services matériels.

En revanche, elles essayent de se démarquer les unes par rapport aux autres dans des services plus intellectuels qui vont de la simple information à la gestion de patrimoine.

• Les bulletins d'information économique

La plupart des établissements adressent à leurs clients des bulletins leur fournissant des informations économiques juridiques ou fiscales ou leur présentant de nouveaux produits financiers ou bancaires pouvant les intéresser. Ces informations, généralement appréciées de la clientèle, donnent une bonne image de marque de compétence du banquier.

• La gestion de portefeuille de valeurs mobilières

Le banquier peut non seulement conseiller sa clientèle, mais gérer en son nom et pour son propre compte un portefeuille de valeurs mobilières, ou l'orienter vers des formules plus simples de gestion collective, telles que les sociétés d'investissement à capital variable (SICAV) ou les fonds communs de placement (FCP). En cas de gestion, le banquier est autorisé à passer lui-même des ordres d'achat, de vente ou à déclencher des opérations d'arbitrage. Le client peut définir un mandat de gestion plus ou moins étendu.

• La gestion de patrimoine et de fortune

De plus en plus, les banques proposent à leur clientèle des bilans patrimoniaux avec la prise en charge de tout ou partie de la gestion de l'ensemble de son patrimoine : gestion des actifs, gestion du passif, aide à la transmission, etc.

Pour les clients les plus fortunés, les banques assurent des prestations de très haut niveau (gestion de fortune) avec l'intervention de prestataires internes ou externes aux compétences très pointues (notaires, avocats, fiscalistes, etc.).

• L'assistance aux dirigeants de PME

Les dirigeants de PME d'une certaine taille ne peuvent disposer seuls d'une compétence suffisamment étendue pour assurer l'ensemble des fonctions utiles à leur entreprise.

Pour cela, ils sont souvent obligés de recruter des collaborateurs présentant des profils dans les différents domaines utiles au développement de l'entreprise : commercial, gestion, technique.

Si les banques interviennent fréquemment pour apporter leur soutien financier aux PME, elles peuvent intervenir aussi pour faciliter l'évaluation de ces entreprises lors de leur cession ou de leur transmission.

Elles offrent aussi à leurs clients chefs d'entreprises la possibilité de développer leur activité à l'international avec l'assistance de leur réseau ou de leurs correspondants à l'étranger.

• Les produits d'assurance

Les banques et les assurances se font de plus en plus une concurrence acharnée. L'assureur propose des crédits ou des placements et le banquier des produits d'assurance.

Assurance des personnes

Les banques proposent souvent à leur clientèle des contrats d'assurance : assurance-vie ou assurance-décès.

DÉFINITIONS

L'**assurance-vie** est un contrat qui prévoit le versement d'un capital convenu à l'avance soit au décès du souscripteur, soit à une certaine date. En cas de décès, le capital est versé aux héritiers ou à toute personne désignée par le souscripteur. L'assurance-vie offre des avantages fiscaux[1].

L'**assurance décès** est un contrat qui prévoit le versement d'un capital convenu à l'avance en cas de décès du souscripteur. Le capital est versé aux héritiers ou à toute personne désignée par le souscripteur. L'assurance-décès n'est pas un produit d'épargne, car le contrat ne prévoit aucun versement si le décès ne survient pas pendant la durée de validité du contrat.

1. Voir chapitre 5 sur les placements.

Beaucoup de contrats d'assurance-décès prévoient une couverture des risques d'incapacité temporaire (impossibilité temporaire d'exercer une activité rémunérée quelconque) ou d'invalidité définitive (handicap partiel ou total définitif) du souscripteur[2].

2. Voir chapitre 6 sur les crédits aux particuliers.

Assurance des biens

Assurance des moyens de paiement

La plupart des établissements bancaires proposent à leur clientèle de s'assurer contre les risques de perte, de vol ou d'utilisation frauduleuse des moyens de paiement.

En effet, en cas de perte de son chéquier, de sa carte ou d'utilisation frauduleuse de l'un ou l'autre, le porteur est, en principe, responsable des paiements ou des retraits effectués avant la mise en opposition ; les conséquences pécuniaires de son imprévoyance ou de sa négligence peuvent donc être lourdes financièrement.

L'assurance des moyens de paiement va permettre, dans certaines conditions, au porteur d'être indemnisé en cas de sinistre et ce dans la limite d'un plafond avec, toutefois, exclusion de la garantie notamment dans les cas de négligence du porteur ou de l'un de ses proches.

Assurance multirisques habitation

Ce type de contrat couvre les risques du propriétaire occupant ou du locataire : incendie, dégât des eaux, vol, bris de glace, catastrophes naturelles, responsabilité civile à l'égard des tiers.

Assurance automobile

Tout propriétaire de véhicule doit être assuré. Le contrat souscrit doit garantir au minimum sa responsabilité à l'égard des tiers, en cas de sinistre survenu du fait du conducteur ou du propriétaire. Les contrats prévoient toute une graduation dans la couverture des risques : responsabilité civile, protection juridique, vol, incendie, bris de glace, dégâts matériels au véhicule, catastrophes naturelles.

Les assurances mixtes

Assistance juridique

Les litiges de la vie privée sont de plus en plus fréquents et la législation est complexe pour le commun des mortels. Le recours aux avocats ou autres auxiliaires de justice est coûteux. Le particulier peut s'assurer pour défendre ses intérêts en souscrivant un contrat d'assistance juridique qui lui permettra de bénéficier de conseils ou d'une assistance en cas de litige.

Ce service est parfois lié à la délivrance d'une carte de paiement.

Assistance voyages

Nombreux sont les particuliers qui voyagent. L'assistance voyage couvre les risques pouvant survenir lors d'un déplacement en France ou à l'étranger : maladie, accident, panne de véhicule, etc.

Ce service est aussi fréquemment lié à l'utilisation et/ou à la détention d'une carte de paiement.

Assurances diverses

De nombreux contrats peuvent être souscrits pour couvrir les biens (bateaux, tableaux de valeur), les animaux domestiques, les personnes (complémentaires maladie ou chirurgicale).

L'ESSENTIEL

- Les banques proposent à leurs clients deux grandes catégories de service : les services matériels et les services immatériels.
- Les services matériels sont essentiellement la location de coffres-forts et le change.
- Les services immatériels sont beaucoup plus variés et peuvent être plus ou moins sophistiqués d'un groupe bancaire à un autre : ils vont du simple conseil à la gestion de fortune en passant par la vente de produits d'assurance de biens ou de personnes.

Quiz : Les services aux particuliers

http://dunod.link/techbanc07

PARTIE III

LA BANQUE ET LES ENTREPRISES

8 • LES EFFETS DE COMMERCE

Executive summary

- Pour limiter les risques d'impayé ou les retards de paiement à l'échéance, le vendeur peut exiger d'être réglé par un effet de commerce : lettre de change ou billet à ordre.
- Quelles sont les caractéristiques de la lettre de change et du billet à ordre ? En quoi consiste le traitement automatisé des effets de commerce ? Qu'est-ce que le warrant ?

1 • LA LETTRE DE CHANGE

La lettre de change ou traite remonte au Moyen âge ; elle était utilisée par les banquiers pour permettre à leurs clients commerçants de se procurer des fonds sur une autre place et leur éviter ainsi un transport de monnaie onéreux et dangereux.

DÉFINITION

La **lettre de change** est un écrit par lequel une personne appelée tireur (le créancier, c'est-à-dire le fournisseur) invite une autre personne, appelée le tiré (le débiteur, c'est-à-dire le client), à payer une certaine somme (montant facturé), à une date déterminée (date d'échéance), à une troisième personne appelée bénéficiaire (souvent le tireur ou son banquier).

La lettre de change met en présence trois personnes.

- **Le tireur** : c'est lui qui prend l'initiative d'émettre la lettre de change et invite, de ce fait, le tiré (son débiteur, son client) à payer.
- **Le tiré** : c'est lui qui doit payer à l'échéance la somme indiquée ; il doit avoir une dette à l'égard du tireur ; c'est cette dette qui constitue la provision.
- **Le bénéficiaire** : c'est à lui que le tiré doit payer ; le bénéficiaire peut être le tireur lui-même ou une tierce personne désignée par lui et à qui il doit de l'argent (clause à ordre).

La lettre de change est toujours un acte de commerce, quelle que soit la qualité de ses signataires ou le motif de sa création.

Seules les personnes autorisées à effectuer des actes de commerce peuvent émettre des lettres de change ou s'engager par ce moyen de paiement.

• Les mentions obligatoires

Pour être valable, la lettre de change doit comporter un certain nombre de mentions :

- le mot « lettre de change » inséré dans le texte même du titre et exprimé dans la langue employée pour la rédaction de ce titre ;
- l'ordre de payer une certaine somme (en chiffres et en lettres) ;
- le nom de celui qui doit payer (le tiré) ;
- l'échéance ;
- le lieu de paiement ;

- le nom du bénéficiaire ;
- la date et le lieu de création ;
- le nom et la signature du tireur (celui qui émet la lettre de change).

À l'exception des trois mentions suivantes : date d'échéance, lieu de paiement et lieu de création, toute omission dans les mentions obligatoires prévues ci-dessus, a pour conséquence de faire du titre un simple billet négociable auquel le droit particulier de la lettre de change ne peut s'appliquer et le porteur ne peut, notamment, exercer de recours contre les endosseurs.

• Les précisions complémentaires et autres mentions

L'échéance

Si l'échéance n'est pas précisée, la lettre de change est supposée être à vue. On a ainsi plusieurs possibilités d'échéance :

- **À une certaine date** : la date est indiquée avec précision (par exemple, le 28 février de l'année N).
- **À un certain délai de date** : le délai court à compter de la date de création. À trente jours de la date signifiera à trente jours de la création de l'effet (ex. si l'effet est créé le 30 juin, il sera à échéance du 30 juillet).
- **À vue** : dès sa présentation au paiement (si le porteur la présente au paiement le 10 février, l'échéance sera le 10 février).
- **À un certain délai de vue** : le délai court à compter de l'acceptation de la lettre de change, c'est-à-dire à compter de l'engagement de payer du tiré (ex. la lettre est acceptée le 15 août et est créée à trente jours de vue ; l'échéance est le 14 septembre. Une autre lettre, créée à deux mois de vue, est acceptée le 15 août ; son échéance sera le 15 octobre).

La plupart du temps, l'échéance est fixée à une date précise (souvent le 10 ou le dernier jour du mois).

L'échéance, fixée à un certain nombre de jours de date ou de vue sera calculée sur le nombre exact de jours de chaque mois ; au contraire, l'échéance fixée à un certain nombre de mois de date ou de vue sera calculée sur le nombre de mois, quel que soit le nombre de jours de chaque mois.

Le lieu de paiement

L'effet est de droit payable au domicile du tiré, mais presque toujours, pour des raisons pratiques, celui-ci chargera sa banque de le régler par le débit de son compte.

On dit, dans ce cas, que l'effet est domicilié.

Domicilier un effet, c'est donc faire assurer le paiement de cet effet par une banque qui débitera le compte du tiré du montant porté sur l'effet.

La pratique de la domiciliation des effets de commerce est devenue quasi générale ; un emplacement est prévu à cet effet sur la lettre de change. L'indication de la banque domiciliataire, du guichet de la banque et du numéro de compte du tireur doit y être portée avec la plus grande exactitude. Ces mentions sont indiquées soit par le tireur en créant la traite, soit par le tiré, au moment où il accepte.

L'acceptation

Une lettre de change est valable si le tireur est titulaire d'une créance sur le tiré, sans que ce dernier l'ait formellement reconnue sur la traite. Toutefois, pour conforter sa créance, et surtout pour faciliter l'escompte de la traite, le tireur demandera souvent au tiré l'engagement de la payer à échéance. On dit alors qu'il y a acceptation.

Accepter une traite, c'est signer pour reconnaître l'existence de la créance et s'engager à régler l'effet à son échéance.

Refuser de l'accepter est d'ailleurs considéré comme un refus de paiement (un commissaire de justice pourra constater ce refus de paiement en dressant protêt « faute d'acceptation »).

L'acceptation se fait au recto de la lettre (en général, en bas, à gauche) avec la mention « acceptée pour la somme de... euros », suivie de la date et de la signature du tiré ; toutefois, la simple signature du tiré au recto vaut acceptation.

Quand la lettre de change est payable à un certain délai de vue, l'acceptation doit être datée. À défaut d'acceptation, c'est la date du protêt « faute d'acceptation » qui fait courir le délai convenu.

L'aval

Comme le tiré peut être défaillant, le tireur pourra souhaiter la garantie d'un tiers. Lorsque cette garantie est donnée par une signature sur l'effet, on parle alors d'aval.

En général, la signature est précédée de la mention « Bon pour aval ». Celui qui donne son aval, appelé avaliste ou avaliseur, devra donc payer la lettre de change au porteur si le tiré refuse de payer ou ne peut pas payer. On dit que l'avaliste est solidaire du tiré.

L'aval peut également être donné sur un document qui accompagne la traite et que l'on appelle « allonge ».

La clause de retour « sans protêt » ou « sans frais »

Cette clause a pour but de dispenser le porteur de remettre l'effet à un commissaire de justice pour dresser protêt en cas de non-acceptation ou en cas de non-paiement à l'échéance.

Elle est soit imprimée dans le libellé du titre, soit ajoutée au recto et, dans ce cas, signée de nouveau par la même personne qui a signé la lettre.

La mention « Valeur en... »

Cette mention figure couramment sur les effets ; elle exprime l'obligation entre tireur et tiré et prend une forme de ce genre : « Valeur en compte », « Valeur en marchandises », « Valeur en notre facture n°... du... ».

En cas d'escompte, cette clause a l'avantage de renseigner le banquier sur la cause du tirage de la traite, autrement dit sur la réalité de la créance du tireur sur le tiré.

• La provision

DÉFINITION

On appelle provision d'une lettre de change la créance du tireur sur le tiré. Il y a donc provision lorsque, à l'échéance, le tiré est débiteur à l'égard du tireur d'une somme au moins égale au montant de la lettre de change. La provision ne doit donc pas se confondre avec les fonds déposés en compte pour le paiement de la traite. Si Pierre livre à Paul des marchandises, Pierre a une créance sur Paul. Cette créance s'appelle la provision.

L'acceptation suppose la provision ; elle en établit la preuve à l'égard des endosseurs. La propriété de la provision est transmise de droit aux porteurs successifs de la lettre de change.

• L'endossement

Si la lettre de change, couramment appelée traite, peut être payée au bénéficiaire lui-même, elle peut également être payée à un tiers désigné par lui au moyen de ce que l'on appelle l'endossement.

Endosser une traite, c'est signer au dos pour la transmettre en ajoutant la mention « payez à l'ordre de... » ; toutefois, la simple signature au verso vaut endos.

Celui qui endosse la traite est l'endosseur ; celui qui en bénéficie est l'endossataire.

Par cette formule, le bénéficiaire de l'effet donne l'ordre au tiré de payer au cessionnaire (c'est-à-dire l'endossataire) le montant de la lettre de change à l'échéance ; ce dernier, en endossant l'effet, transmet le bénéfice de l'ordre à un nouveau cessionnaire qui pourra, par le même moyen, le transmettre à une nouvelle personne, et ainsi de suite.

L'endossement doit être pur et simple. Toute condition à laquelle il serait subordonné serait réputée non écrite.

L'endos apposé au dos de la lettre de change, peut être :

- nominatif : l'endossataire est nommément désigné ;
- au porteur : celui qui détient l'effet est bénéficiaire de l'endos ;
- en blanc : il n'y a pas de bénéficiaire désigné, ce qui revient à dire que quiconque peut être considéré comme endossataire. Cette forme d'endossement est souvent utilisée et présente un risque certain d'utilisation frauduleuse, puisque toute personne qui détient une telle lettre de change peut remplir le blanc à son profit. Si l'endossement est en blanc, le porteur peut :
  - remplir le blanc, soit de son nom, soit du nom d'une autre personne ;
  - endosser de nouveau en blanc ou à une autre personne ;
  - remettre la lettre de change à un tiers, sans remplir le blanc et sans l'endosser.

L'endossement peut être fait dans des buts différents ; d'où trois sortes d'endossements :

- L'endos translatif de propriété : cet endos transmet la propriété de la créance (c'est-à-dire la somme due) à l'endossataire.
- L'endos de procuration (appelé aussi endos d'encaissement) : dans ce cas, le bénéficiaire de l'endos est simplement mandaté pour recueillir les fonds pour le compte de l'endosseur. L'endos de procuration est utilisé lorsque l'on charge le banquier d'encaisser les effets qu'on lui remet.
- L'endos pignoratif : beaucoup moins courant, ce type d'endos permet de remettre un effet en garantie à un créancier quelconque. Si le créancier n'est pas payé, il pourra encaisser les fonds à la place de l'endosseur.

Un endos de procuration ne peut donc pas être suivi d'un endos translatif de propriété ; un endos pignoratif ne peut être suivi, pour encaissement à l'échéance, que d'un endos de procuration.

• La solidarité des signataires

Tous ceux qui ont tiré, accepté, endossé ou avalisé une lettre de change, sont tenus solidairement envers le porteur.

Le porteur de la lettre de change a le droit d'agir contre toutes ces personnes, individuellement ou collectivement, sans être astreint à observer l'ordre dans lequel elles se sont obligées.

• Le paiement de la lettre de change

Les délais de présentation

Pour préserver ses droits, le porteur de l'effet (le bénéficiaire final) doit présenter la lettre de change dans des délais très stricts : soit le jour de l'échéance, soit dans les dix jours qui suivent l'échéance si celle-ci est connue, soit dans le délai d'un an si la traite est à vue.

Les modalités de paiement

Lors du paiement, le porteur remet la lettre de change au tiré. Il ne peut refuser un paiement partiel qui sera dans ce cas mentionné sur la lettre de change ; cette dernière ne sera pas restituée au tiré (elle est conservée par le porteur).

Le paiement d'une lettre de change, dont l'échéance tombe un jour férié légal ou assimilé, ne peut être exigé que le premier jour ouvrable qui suit.

Le recours du porteur en cas d'impayé

Si le porteur a présenté la traite dans les délais légaux de présentation, il dispose de recours très précis.

Si la mention « avec protêt » est indiquée, il devra faire constater le non-paiement par protêt avant d'intenter une action en justice ; si la mention « sans protêt » (ou sans frais) est mentionnée, il peut agir immédiatement.

Le porteur d'une traite impayée doit alors avertir son endosseur (celui qui lui a remis) dans les quatre jours de la présentation ou du protêt. Chacun doit à son tour avertir son endosseur dans les deux jours et ceci en remontant jusqu'au tireur.

Tous les signataires de la traite sont responsables de son paiement et le porteur peut en réclamer le paiement intégral à n'importe lequel d'entre eux, car ils sont solidaires.

Le protêt

Le protêt est un acte établi par un commissaire de justice dans les deux cas suivants : non-paiement ou refus d'acceptation.

Le non-paiement. Lorsque l'effet n'est pas payé à l'échéance, le commissaire de justice se présente à la banque sur demande du porteur dans les dix jours ouvrables qui suivent l'échéance, afin de demander le paiement de l'effet. Si le paiement ne peut être effectué, il constate le refus de paiement en dressant protêt pour défaut de paiement.

Le refus d'acceptation. Si le tiré d'une lettre de change refuse de l'accepter, le tireur peut demander à un commissaire de justice de présenter l'effet à l'acceptation. Si le tiré refuse d'accepter l'effet, le commissaire de justice dressera protêt pour refus d'acceptation. Le refus d'acceptation sera alors assimilé à un refus de paiement et le porteur pourra agir pour récupérer les fonds qui lui sont dus, et ceci sans avoir besoin d'attendre l'échéance.

L'acte de protêt contient la transcription littérale de la lettre de change, de l'acceptation, des endossements qui y sont indiqués, la sommation de payer le montant de la lettre de change. Il énonce la présence ou l'absence de celui qui doit payer, les motifs du refus de payer et l'impuissance ou le refus de signer.

En pratique, le protêt est tombé en désuétude.

Les délais des recours

Le porteur d'un effet impayé a un an pour agir contre les endosseurs et le tireur à compter de l'échéance ou du protêt.

Les endosseurs ont six mois pour agir les uns contre les autres ou contre le tireur à compter du jour où ils ont été mis en cause (actionné), ou du jour où ils ont eux-mêmes payé l'effet.

• La perte de la lettre de change

Le porteur qui égare une lettre de change doit faire immédiatement opposition au paiement entre les mains du tiré.

Si la lettre de change égarée n'était pas acceptée, le porteur peut en poursuivre le recouvrement sur une deuxième, troisième, etc. Si la lettre de change égarée était acceptée, il doit, au préalable, obtenir une ordonnance du juge et donner caution.

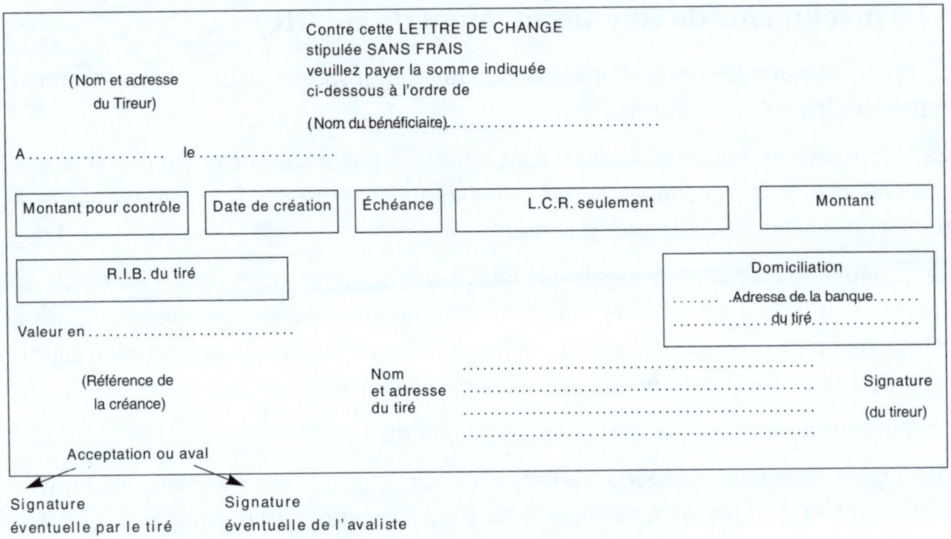

Figure 8.1 – La lettre de change

2 • LA LETTRE DE CHANGE-RELEVÉ

Devant la multiplication des effets émis par les entreprises, les banques ont cherché de nouveaux moyens de traitement afin d'éviter les nombreuses manipulations de papier, génératrices de coûts de gestion de plus en plus lourds. C'est ainsi qu'a été créée la lettre de change relevé (LCR). Tous les effets sont maintenant traités selon la procédure applicable aux LCR.

• Le principe de la LCR

La lettre de change relevé repose sur le principe simple que la preuve du paiement peut être faite sans remise de l'effet au débiteur après paiement. En conséquence, la circulation de la LCR n'est plus nécessaire pour le recouvrement des créances.

• Les caractéristiques d'une LCR

Les LCR sont émises dans des conditions assez proches des lettres de change classiques, avec toutefois des caractéristiques propres :

- elles comportent, en plus de la domiciliation, les références bancaires codifiées du tiré (mentions chiffrées portées sur le relevé d'identité bancaire) ;
- elles peuvent être créées ou non sur support papier, mais dans tous les cas, elles sont transférées sur support magnétique.

• Le mécanisme de fonctionnement de la LCR

Le tireur crée une lettre de change papier ou télétransmet à sa banque un document reprenant les mêmes informations.

Ces informations (papier ou bande) sont retraitées par la banque et triées par banque et échéance puis transmises aux autres banques par le système interbancaire de télécompensation (CORE) pour paiement.

Le banquier domiciliataire établit un relevé des sommes dues pour chacun de ses clients. Si le client accepte de payer, il retourne au banquier un exemplaire de ce relevé revêtu de son accord avec la mention « bon à payer » pour partie ou tout du relevé ; il peut aussi donner son accord par voie électronique.

Le débiteur ne recevra pas d'effet après paiement.

Dans ce système, les supports papier ne circulent plus entre banques ; ils peuvent cependant être créés matériellement soit par l'émetteur non équipé d'ordinateur (c'est alors le banquier qui réalise le transfert sur support informatique), soit si certaines raisons (escompte classique, opérations sur effet, etc.) rendent leur confection nécessaire.

• Les impayés

En cas d'impayé, la LCR parcourt le circuit précédent en sens inverse. Pour agir, le tireur non payé n'a pas à faire dresser protêt. Il peut directement actionner le tiré ou créer une lettre de change ordinaire qu'il pourra alors faire protester.

• Les contraintes du système LCR

L'utilisation de la LCR impose le respect de quelques principes.

Pour le tiré

Adresser à son créancier un relevé d'identité bancaire (RIB).

Attendre d'être interrogé par sa banque huit jours avant l'échéance, sur le sort qu'il désire réserver aux LCR tracées sur lui, et retourner l'avis au plus tard le dernier jour ouvrable avant la date de paiement.

Pour le tireur

Tracer des LCR correctement libellées sur modèles normalisés.

Les LCR « papier » doivent être complétées à la machine à écrire ou par ordinateur et signées par le tireur.

Les LCR « magnétiques » doivent comporter toutes les caractéristiques d'identification codées.

Remettre les LCR au minimum douze jours avant l'échéance, sinon l'échéance sera reportée à la première échéance suivante.

3 • LE BILLET À ORDRE

DÉFINITION

Le **billet à ordre** est un écrit par lequel une personne appelée souscripteur (le débiteur, c'est-à-dire le client) reconnaît sa dette et s'engage à payer à une autre personne appelée bénéficiaire (le créancier, c'est-à-dire le fournisseur, ou un tiers désigné par lui) une certaine somme à une époque déterminée. Le débiteur prend l'initiative et établit lui-même le document par lequel il s'engage à s'acquitter de sa dette à une date déterminée : le billet à ordre.

• La forme

Pour être valable, le billet à ordre doit comporter les mentions suivantes :

- la clause à ordre ou la formule « billet à ordre », insérée dans le texte même du billet ;
- la promesse pure et simple de payer une somme déterminée ;
- l'échéance ;
- le lieu de paiement ;
- le nom du bénéficiaire ;
- la date et le lieu de souscription ;
- la signature du souscripteur (c'est lui qui émet le billet).

• Les précisions complémentaires et autres mentions

Sont applicables au billet à ordre, dans la mesure où elles ne sont pas incompatibles avec sa nature, les dispositions relatives à la lettre de change et concernant l'échéance, la domiciliation, la provision, l'aval, l'endossement, la solidarité, le paiement, les recours en cas d'impayé, le protêt, la prescription (voir toutes ces techniques développées dans les pages précédentes dans le cas de la lettre de change).

Le souscripteur d'un billet à ordre est obligé de la même manière que l'accepteur d'une lettre de change.

À l'exception des trois mentions suivantes (date d'échéance, lieu de création et lieu de paiement), toute omission dans les mentions obligatoires prévues ci-dessus a pour conséquence de faire du titre un simple titre de créance soumis au droit commun auquel le droit particulier du billet à ordre ne peut s'appliquer.

À la différence de la lettre de change qui est toujours un acte commercial, le billet à ordre peut être, selon les cas, soit un acte civil, soit un acte commercial.

4 • LE BILLET À ORDRE-RELEVÉ (BOR)

Sa création a été réalisée dans le même but que la lettre de change relevé, étudiée précédemment. Une fois souscrit, il est remis par le bénéficiaire à sa banque et connaît le même procédé de traitement que la LCR. Le papier ne circule pas ; les opérations peuvent être traitées par l'informatique.

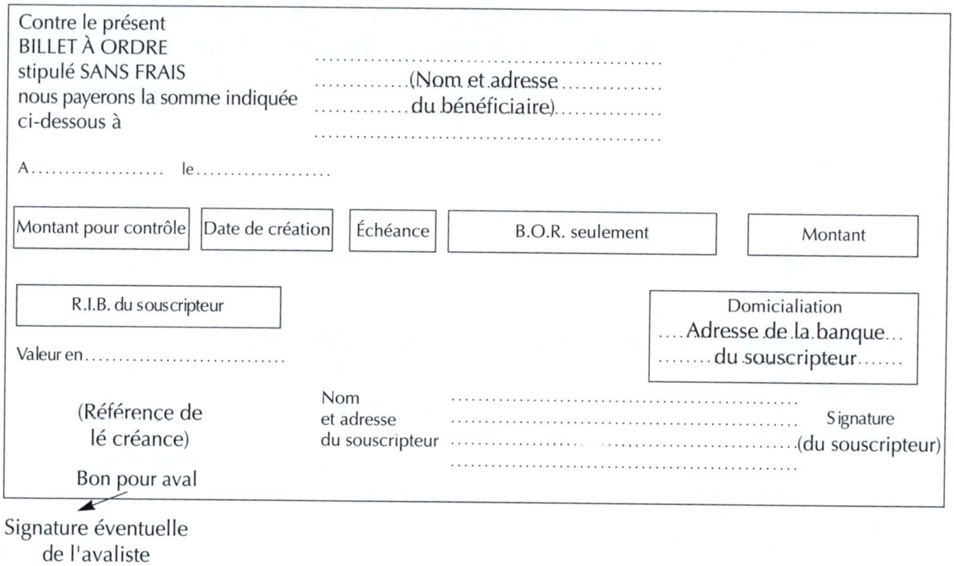

Figure 8.2 – Le billet à ordre

5 • LE TRAITEMENT AUTOMATISÉ DES EFFETS

Pour faciliter le traitement des effets et leur recouvrement, les banques ont mis en place une nouvelle procédure obligatoire depuis mai 1994.

Tous les effets doivent comporter l'indication du relevé d'identité bancaire des tirés.

La transmission des effets entre banques devient alors possible par simple échange d'enregistrements informatiques. Les effets ne sont plus restitués après paiement.

6 • LE WARRANT

DÉFINITION

Le ***warrant*** est un billet à ordre par lequel le souscripteur s'engage à payer une certaine somme à une certaine échéance. Il se distingue du billet à ordre ordinaire par le fait qu'il constitue, en outre, nantissement au profit du créancier sur des marchandises déposées dans un magasin général ou dans des entrepôts dont le stock est contrôlé par des sociétés de vérification des stocks.

Lorsqu'il a déposé des marchandises dans un magasin général, un commerçant peut souscrire un *warrant* au profit de son banquier qui pourra, de ce fait, lui consentir un crédit de trésorerie car il bénéficie de garanties sur les marchandises. Le mécanisme du crédit accordé sur warrant est exposé plus loin à propos des crédits de trésorerie aux entreprises.

Différences entre lettre de change et billet à ordre

La lettre de change (LC) est une invitation à payer émanant du tireur, alors que le billet à ordre (BO) est un engagement de payer du souscripteur.

Dans la LC trois personnes interviennent (le tireur, le tiré, le bénéficiaire), alors que dans le BO deux personnes seulement (le souscripteur et le bénéficiaire).

La LC est soumise à la formalité de l'acceptation ; dans le BO l'engagement du souscripteur remplace l'acceptation.

La LC est l'instrument de la vente à terme ; le BO est l'instrument normal du prêt d'argent ; il est utilisé aussi pour les paiements commerciaux à terme.

La LC est toujours un acte de commerce alors que ceux qui participent au billet à ordre contractent des obligations commerciales ou civiles, selon qu'ils sont commerçants ou non commerçants.

Les différends relatifs à une LC sont de la compétence des tribunaux de commerce ; les différends relatifs au BO sont du ressort du tribunal de commerce ou du tribunal judiciaire, selon que l'obligation contractée par les parties est commerciale ou civile.

L'ESSENTIEL

- Les effets de commerce permettent d'effectuer des règlements différés tout en engageant le débiteur dès l'émission de l'effet ou son acceptation.
- La lettre de change est émise par le créancier qui demande à son débiteur de s'engager à le payer à une date déterminée ; elle peut être acceptée ou non acceptée. Émettre ou accepter une lettre de change est un acte de commerce par nature.
- Le billet à ordre est émis par le débiteur qui s'engage à payer son créancier à une date déterminée ; c'est un acte civil ou commercial selon que la dette réglée par l'effet est civile ou commerciale.
- Les effets de commerce peuvent être endossés (version papier). Ils ne circulent pas entre banques.

Quiz : Les effets de commerce

http://dunod.link/techbanc08

9 • LE COMPTE-COURANT ET LA GESTION DES EXCÉDENTS DE TRÉSORERIE

Executive summary

- Comme elle le fait pour le particulier, la banque est tenue d'offrir aux entreprises un service de caisse, c'est-à-dire un certain nombre de facilités pour la manipulation de leurs fonds.
- Quelles sont les caractéristiques du compte-courant ? Comment une entreprise peut-elle gérer ses excédents de trésorerie ?

1 • LE COMPTE-COURANT

• Ouverture du compte-courant

Pour ouvrir un compte, une entreprise doit fournir des renseignements beaucoup plus nombreux qu'un simple particulier. En effet, les modalités de constitution sont plus complexes et le compte d'une entreprise sera souvent le support d'opérations de crédit, d'où un risque plus important pour le banquier.

En ce qui concerne les sociétés, la demande d'ouverture d'un compte est formulée par le représentant qualifié de la société, muni des pouvoirs nécessaires pour faire fonctionner le compte. Les pouvoirs de ce représentant sont déterminés par les statuts de la société. L'étude de la demande d'ouverture et des documents remis est effectuée par un service spécialisé de la banque ; elle ne constitue pas un vain formalisme, mais résulte du souci d'éviter les litiges éventuels et la mise en jeu d'une quelconque responsabilité de la banque.

Pour procéder à l'ouverture, un certain nombre de documents sont nécessaires :

Pour toutes les entreprises

- Numéro d'identification SIRET (codification INSEE).
- Pièce d'identité des dirigeants et principaux associés et des mandataires éventuels.
- Justification du domicile de l'entreprise.
- Documentation comptable.

Et en plus :

Pour les entreprises individuelles

- Pour les commerçants : extrait Kbis d'inscription au Registre du commerce et des sociétés.
- Pour les artisans : attestation d'inscription au Registre des métiers.
- Pour les professions libérales : document attestant de leur éventuelle appartenance à un ordre ou tout document justifiant de leur activité.
- Pour les agriculteurs : attestation d'inscription à la Chambre d'agriculture.

Pour les sociétés

- Copie certifiée des statuts.
- Extrait Kbis d'inscription au Registre du commerce et des sociétés.
- Copie de la publication dans un journal d'annonces légales.
- Procès-verbal de l'assemblée donnant pouvoir au dirigeant d'ouvrir le compte si ce pouvoir n'est pas statutaire.

Pour les associations

- Copie certifiée des statuts.
- Copie de la publication au journal officiel.
- Procès-verbal de l'assemblée donnant pouvoir au dirigeant d'ouvrir le compte si ce pouvoir n'est pas statutaire.

La signature des personnes habilitées à faire fonctionner le compte sera recueillie lors de la mise en place des procurations éventuelles.

• Les caractéristiques du compte-courant

La nature de ce compte qui est ouvert aux entreprises est différente de celle du compte de dépôts de fonds ou compte de chèques ouvert aux particuliers.

DÉFINITION

Il n'y a pas de définition classique et précise du **compte-courant** ; aussi ne peut-on guère le caractériser que par sa nature juridique, qui comprend quatre éléments essentiels : l'intention des parties, l'existence des remises, la réciprocité des remises et le croisement ou l'enchevêtrement des remises.

L'intention des parties

Le compte-courant est un contrat civil ou commercial suivant les opérations qu'il relate. C'est un contrat consensuel, car il ne peut être ouvert qu'avec la volonté des parties, volonté exprimée ou non, et qui peut simplement résulter des faits.

L'existence des remises

Par remise, il faut entendre une créance du remettant contre celui qui reçoit, et qui devient, dans le compte, un article de débit ou de crédit. Cette créance peut consister en argent, marchandises ou effets de commerce.

La réciprocité des remises

Il faut que les deux parties, en l'occurrence le client et son banquier, se fassent réciproquement des remises, c'est-à-dire que celles-ci figurent alternativement au débit et au crédit de chacun d'eux afin qu'ils soient tour à tour créanciers et débiteurs l'un de l'autre.

Le croisement ou l'enchevêtrement des remises

La réciprocité des remises ne suffit pas ; il faut encore que sa cadence prouve la répétition fréquente d'un mouvement de créance à dette et *vice-versa* entre parties.

Pour un compte de chèques, qui doit normalement fonctionner essentiellement en ligne créditrice, le fait de verser des sommes d'argent en compte et de les prélever ne constitue pas un compte-courant.

Il en est de même dans l'avance de fonds pure et simple, compte toujours débiteur dans lequel le client rembourse, en une ou plusieurs fois, l'unique avance qui lui a été consentie par le banquier.

• Les effets du compte-courant

Le compte-courant est ensuite caractérisé par ses effets, qui sont au nombre de trois : la novation, l'indivisibilité, le cours de plein droit des intérêts.

La novation

Toute créance portée en compte subit une sorte de novation (il y a remplacement d'une obligation par une autre), du fait qu'elle perd son individualité pour devenir un simple article de ce compte ; elle perd ainsi les sûretés et garanties dont elle était assortie (ex. cas des effets escomptés revenus impayés et débités en compte).

L'indivisibilité

Bien que tous les articles du compte restent indépendants les uns des autres, ils constituent cependant un bloc dont on ne peut en extraire aucun : seul le solde – qui les absorbe –, établi à l'arrêté du compte, fixera la qualité de créancier ou de débiteur pour chacune des parties.

Des sûretés particulières peuvent être affectées à ce solde, qui doit être établi en une monnaie unique, même si des monnaies différentes sont intervenues dans la tenue du compte.

Le cours de plein droit des intérêts

Chaque somme inscrite en compte-courant porte intérêt du jour où elle entre en valeur jusqu'à l'arrêté du compte.

Ces intérêts peuvent être réciproques, c'est-à-dire calculés au même taux au débit qu'au crédit, ou différentiels, c'est-à-dire calculés à des taux différents selon que le solde est débiteur ou créditeur.

• Les avantages du compte-courant

Les comptes courants reçoivent les mêmes opérations que les comptes de dépôts.

De plus, ils offrent à leurs titulaires la possibilité d'opérations de crédit, telles que les remises d'effets à l'escompte, les facilités de caisse, les avances de fonds, etc., suivant les conventions intervenues entre le titulaire et le banquier.

• Les opérations de caisse spécifiques au compte-courant

En plus des services habituellement rendus aux particuliers (versements et retraits d'espèces, paiements et encaissements de chèques, virements, etc.), la banque rend aux entreprises des services spécifiques.

L'encaissement des effets

Comme pour les chèques, la banque peut se charger d'encaisser les effets que lui aura remis l'entreprise. Lors de la remise, l'entreprise endosse l'effet au moyen d'un endos de procuration (ou d'encaissement, terme équivalent).

la domiciliation des effets

Pour faciliter l'encaissement des fonds par le porteur d'un effet, la plupart du temps celui-ci est domicilié, c'est-à-dire qu'il est payable par l'intermédiaire d'un tiers, généralement une banque.

Lorsque l'entreprise domicilie ses effets, elle charge donc son banquier de les payer ; pour que le banquier puisse payer, il lui faut un mandat de son client que l'on appelle un avis de domiciliation, l'autorisant à payer par le débit du compte de l'entreprise.

Cet avis de domiciliation doit parvenir à la banque avant l'échéance et être revêtu d'une signature du tiré, habilité à faire fonctionner le compte ; cette autorisation est maintenant, le plus souvent, donnée par télétransmission. Pour faciliter les choses, il arrive couramment que le débiteur remette à son banquier un avis de domiciliation permanent pour tous les effets présentés par un même fournisseur ou qu'il a acceptés.

Toutefois, avec le traitement automatisé des effets codifiés, les clients tirés reçoivent quelques jours avant l'échéance une demande d'accord préalable sous forme d'un relevé (système LCR ou BOR).

• La clôture du compte-courant

Un banquier peut être amené à clôturer le compte d'une entreprise pour trois raisons : cette dernière veut quitter la banque, la banque souhaite interrompre les relations ou l'entreprise cesse son activité.

La clôture du fait de l'entreprise

Les causes de la clôture

Une entreprise peut souhaiter cesser les relations qu'elle a avec son banquier pour deux raisons principales : elle n'est pas satisfaite des services rendus ou elle a trouvé mieux ailleurs.

Les modalités de la clôture

L'entreprise peut clôturer son compte de plusieurs manières :

- en prévenant sa banque, par écrit ou par oral ;
- en s'arrangeant pour que la position de son compte soit ramenée à zéro par émission d'un chèque ou par retrait de fonds ;
- en cessant de faire fonctionner son compte sur lequel figurera un solde créditeur ou débiteur.

Les précautions à prendre par le banquier

Si l'entreprise désire le quitter, le banquier doit prendre toute une série de mesures :

- demander la restitution des chèques non utilisés et des cartes bancaires ;
- contrôler les engagements de l'entreprise : est-elle encore débitrice à l'égard de la banque (autre compte, crédit, etc.) ;
- s'assurer que tous les chèques émis ont été présentés au paiement ;
- percevoir une provision éventuelle pour agios ;
- éviter la passation de toute écriture postérieure à la clôture ;
- récupérer la clef du compartiment de coffre dont l'entreprise pourrait être locataire ;
- procéder à la déclaration de clôture au fichier des comptes bancaires (FICOBA) ;
- informer le guichet pour éviter tout retrait postérieur à la clôture.

Si le compte est créditeur à la clôture : envoi d'un chèque pour solde de tout compte ou virement chez un confrère.

Si le compte est débiteur à la clôture : passage du solde en pertes et profits ou transmission au contentieux pour recouvrement.

La clôture du fait de la banque

Les causes de la clôture

Le banquier peut souhaiter se séparer d'un client pour de multiples raisons : incidents de paiement, risques particuliers ou compte jugé non rentable.

Les modalités de la clôture

Le banquier doit informer l'entreprise de sa décision par courrier recommandé avec accusé de réception et lui laisser un certain délai pour s'organiser, notamment pour ouvrir un compte chez un confrère.

Les précautions à prendre par le banquier

Sauf comportement gravement répréhensible de la part de l'entreprise (actes délictueux, engagements non tenus, etc.), ou de situation irrémédiablement compromise (le banquier perd tout espoir d'être remboursé), la banque doit accorder un préavis qui doit permettre à l'entreprise de trouver une nouvelle banque. La loi a fixé ce préavis à soixante jours minimum.

La clôture pour cessation d'activité

Si l'entreprise cesse son activité volontairement ou à la suite d'une liquidation judiciaire, la banque doit prendre les mêmes précautions qu'en cas de clôture de son fait, sans avoir à respecter de préavis particulier.

Les dates de valeur

On désigne ainsi les jours de débit ou de crédit réellement pris en compte par les banques pour le calcul des intérêts débiteurs (agisos) ou créditeurs.

D'une manière générale, les mouvements débiteurs (dépenses) sont portés au débit du compte avant la date de l'opération. À l'inverse, les opérations qui viennent au crédit d'un compte bancaire sont créditées après la date d'opération.

La date de débit ou de crédit réel, appelée date de valeur, est primordiale pour les entreprises et les banques dans la mesure où elle sert au calcul des intérêts créditeurs ou, à l'inverse, des intérêts débiteurs et de la commission de plus fort découvert.

La justification des jours de valeur réside dans les délais de traitement des opérations qui empêchent les banques de disposer réellement des fonds dès le moment où elles les comptabilisent.

Les dates de valeur les plus couramment pratiquées par les banques sont les suivantes :

- retrait et versement d'espèces : date d'opération ;
- chèque émis : date de compensation moins un jour ouvré ;
- remise de chèque sur place : date d'opération plus un jour ouvré ;
- virement reçu : date de réception des fonds par la banque.

2 • LA GESTION DES EXCÉDENTS DE TRÉSORERIE

Lorsqu'une entreprise dispose d'excédents de trésorerie, elle peut utiliser les placements bancaires, les placements monétaires et les placements financiers.

• Les placements bancaires

Les bons de caisse

En contrepartie d'un dépôt effectué auprès de sa banque, l'entreprise reçoit un bon ; sur ce document, la banque reconnaît sa dette et s'engage à la rembourser à une date donnée au déposant ou à tout bénéficiaire désigné par le souscripteur (dans ce dernier cas, le bon de caisse est transmis par endos).

En pratique, les bons de caisse sont tombés en désuétude.

Les comptes à terme

Les caractéristiques générales

Le compte à terme est une formule par laquelle l'entreprise demande à sa banque de bloquer une certaine somme pour un certain temps, moyennant rémunération.

Montant : pas de minimum légal (chaque banque fixe ses propres seuils) ; pas de maximum.

Durée : minimum un mois, maximum cinq ans.

Taux : rémunération libre.

Intérêts : ils sont versés à l'échéance.

Le régime fiscal

Pour les entrepreneurs individuels, les intérêts acquis sont imposables à l'IR et aux prélèvements sociaux sous la forme d'un **prélèvement forfaitaire unique (PFU)** au taux de 30 %, soit 12,8 % d'impôt et 17,2 % de prélèvements sociaux. L'épargnant peut opter pour une taxation selon le barème de l'impôt sur le revenu si c'est plus favorable.

Pour les sociétés : imposables selon les règles de droit commun avec l'ensemble des bénéfices.

Pour les associations : les intérêts sont soumis à l'IS au taux de 24 %[1].

---

1. Voir chapitre 5.

• Les placements monétaires

Les titres de créances négociables (TCN)

Ils peuvent être émis par les banques, les entreprises, les organismes publics (collectivités locales, hôpitaux...) et les fonds d'investissement dont l'objet est d'acquérir des créances et d'émettre des obligations ou des actions représentatives de ces créances sur le marché monétaire.

Depuis le 1er juin 2016, le marché est désormais composé de titres dénommés :

- **Titres de créances négociables à court terme** ou *Negotiable European Commercial Papers* (NEU CP). D'une durée initiale inférieure ou égale à 1 an, ils correspondent aux anciens billets de trésorerie émis par les entreprises ainsi qu'aux anciens certificats de dépôt émis par les établissements de crédit ou la Caisse des dépôts et consignations (CDC).
- **Titres de créances négociables à moyen terme** ou *Negociable European Medium Term Notes* (NEU MTN). Anciennement appelés « bons à moyen terme négociables », ce sont des titres d'une durée initiale supérieure à un an.

Le montant unitaire des TCN doit être au moins égal à la contrevaleur de 150 000 €. Ils peuvent toutefois être émis à un prix différent de leur valeur nominale et comporter une prime de remboursement.

Les TCN portent intérêt. Les intérêts sont fixés et négociés librement lors de l'émission. Ils sont en principe calculés sur la base d'un taux fixe et par référence au marché monétaire. Les TCN peuvent être libellés en devises étrangères sauf en cas de suspension temporaire de cette possibilité décidée par la Banque de France.

Enfin, ils peuvent éventuellement être garantis par un établissement de crédit habilité par son statut à délivrer une telle garantie. Ils peuvent également être garantis par une entreprise d'investissement ou une entité elle-même habilitée à émettre des TCN, lorsque cette entreprise ou cette entité détient, directement ou indirectement 20 % au moins du capital de l'émetteur ou dont le capital est détenu, directement ou indirectement, par l'émetteur à concurrence de 20 % au moins.

Les OPCVM monétaires

Voir chapitre 5.

• Les placements financiers

La détention directe d'un portefeuille d'obligations

L'entreprise a à sa disposition une vaste palette d'obligations : à taux fixes, à taux variables, indexées, convertibles en actions, à bons de souscription d'actions, à bons de souscription d'obligations, etc. (voir chapitre sur les valeurs mobilières).

Le placement de la trésorerie d'une entreprise en obligations n'est pas souhaitable compte tenu du risque de dépréciation du titre en cas de revente avant terme.

Les parts émises par les Organismes de placement collectif (OPC)

Rappelons les grandes caractéristiques de ces groupements collectifs de placement (FCP).

La composition de l'actif

L'actif d'un OPC comprend des valeurs mobilières françaises ou étrangères, négociées ou non sur un marché réglementé ; la composition de leur portefeuille est réglementée.

L'AMF classe les OPC en six familles :

- OPC actions : actions françaises, actions des pays de la zone euro, actions des pays de l'union européenne, actions internationales.
- OPC obligations et autres titres de créance : obligations et autres titres de créance libellés en euros, obligations et autres titres de créance internationaux.
- OPC monétaires : monétaires, monétaires court terme.
- OPC de fonds alternatifs : OPC de Multi gestion alternative.
- OPC à formule.
- OPC diversifiés.

Le régime fiscal

Les sommes distribuables doivent être, sauf exceptions, intégralement distribuées dans un délai maximal de cinq mois suivant la clôture de l'exercice.

Toutefois, les revenus encaissés par certains OPC peuvent être capitalisés.

Les **revenus** versés par les OPC sont imposés dans les conditions de droit commun pour chaque catégorie et en fonction du régime fiscal auquel est soumise l'entreprise. Pour les personnes physiques : les **plus-values** sont, sauf option, soumises au Prélèvement forfaitaire unique (PFU), au taux de 30 %. Ce taux global intègre l'impôt proprement dit (12,8 %) et les prélèvements sociaux qui sont passé à 17,2 %. Pour les sociétés, les plus-values sont imposables dans les conditions de droit commun. Pour les associations, les plus-values peuvent ne pas être imposables dans certaines conditions.

L'ESSENTIEL

- Les comptes ouverts aux entreprises auprès des banques sont des « comptes courants » avec des caractéristiques juridiques entraînant notamment la novation des opérations passées en compte.
- Le compte-courant est souvent aussi le support de crédits spécifiques aux entreprises.
- Si une entreprise dispose d'excédents de trésorerie, elle a diverses possibilités : les placements bancaires, les placements monétaires et les placements financiers.

Quiz : Le compte-courant

http://dunod.link/techbanc09

10 • LE FINANCEMENT DE L'ACTIVITÉ

Executive summary

- Pour financer ses besoins de trésorerie, une entreprise peut se tourner vers sa banque qui pourra lui proposer des crédits à court terme.
- Quels sont les crédits par caisse ? Comment une entreprise peut financer son poste clients ? Comment peut-elle financer ses stocks ? En quoi consistent les crédits par signature ? Comment sont financées les entreprises titulaires de marchés publics ? Comment une entreprise peut-elle en financer une autre ?

1 • LES CRÉDITS PAR CAISSE

On appelle crédits par caisse les crédits accordés par une banque autorisant un client à rendre son compte débiteur. On distingue la facilité de caisse, le découvert, le crédit de campagne, le crédit spot et l'accréditif.

• Les modalités d'obtention

Ces crédits peuvent être accordés sous forme simple par débit en compte ou sous forme mobilisable par escompte de billets à ordre ou de *Negotiable European Commercial PapersPapers*. Ils sont généralement de courte durée (de quelques jours à quelques mois).

L'entreprise qui sollicite un crédit par caisse ou une augmentation de ce crédit fait l'objet d'une étude de la part de la banque. Celle-ci recherche les motifs et le fondement de la demande. Elle vérifiera également si les rentrées espérées permettront d'assurer la résorption permanente ou cyclique du concours demandé.

Le montant du crédit accordé peut varier en fonction de l'entreprise, des besoins, de l'objet, de la garantie accordée, et de la situation du client vis-à-vis de la banque (fidélité, etc.).

Dans tous les cas, ce montant dépasse rarement un mois de chiffre d'affaires, taxes comprises.

D'une façon générale, les crédits par caisse ont pour vocation de financer la part du besoin en fonds de roulement (excédent des emplois variables – principalement stocks et créances clients – sur les ressources variables – principalement dettes fournisseurs et dettes fiscales et sociales) qui n'est pas financé par le fonds de roulement (excédent des ressources stables – ressources propres et dettes à moyen et long terme – sur les emplois stables – immobilisations).

Dans les PME, un crédit par caisse fait souvent l'objet d'une garantie : caution personnelle des dirigeants, nantissement de compte à terme ou de comptes titres, gage sur matériel ou marchandises et plus rarement nantissement du fonds de commerce ou hypothèque sur un immeuble.

Le besoin en fonds de roulement (BFR)

Emplois variables

Stocks
Créances clients
Créances diverses

Ressources variables

Fournisseurs
Dettes fiscales et sociales
Dettes diverses

↕ BFR

Il est généré par l'activité et représente l'excédent des emplois variables sur les ressources variables.

Est très variable, voire inexistant selon l'activité de l'entreprise.

Est financé par le fonds de roulement et/ou la trésorerie passif.

Le fonds de roulement (FR)

Emplois stables

Immobilisations

Ressources stables

Capitaux propres
Provisions pour risques et charges
Emprunts à moyen ou long terme

↕

Figure 10.1 – Le besoin en fonds de roulement et le fonds de roulement

• La facilité de caisse

La facilité de caisse est accordée à une entreprise lorsqu'elle a besoin de faire face à une gêne momentanée de trésorerie. Cette autorisation est accordée pour une période donnée, jusqu'à une date limite à partir de laquelle l'autorisation tombe et nécessite une nouvelle étude (en général les banques revoient leurs autorisations à la lecture des comptes de l'entreprise grâce aux documents comptables que les dirigeants leur auront remis).

Bien qu'ayant généralement une validité annuelle, la facilité de caisse ne doit être en principe utilisée que pour une période très limitée (échéance de fin de mois, par exemple). Elle répond aux besoins de financement dus au décalage des entrées et sorties de fonds, et son remboursement est assuré chaque mois par les rentrées décalées. Elle est le financement par excellence de la partie fluctuante du besoin en fonds de roulement.

Son montant dépasse rarement un mois de chiffre d'affaires.

• Le découvert

Accordé pour une période plus longue (de quelques semaines à quelques mois), le découvert peut être autorisé dans le cas où l'entreprise est en attente d'une rentrée de fonds et qu'elle souhaite disposer à l'avance des fonds attendus (par exemple règlement d'un important marché).

Toutefois, dans la pratique, le découvert est souvent accordé pour assurer à l'entreprise un fonds de trésorerie lorsque les associés ne veulent pas ou ne peuvent apporter des fonds supplémentaires à l'entreprise. Dans ce dernier cas, la banque n'apportera la plupart du temps son concours que si elle bénéficie de bonnes garanties et est assurée notamment de la caution des associés, ces derniers pouvant être appelés à rembourser la banque en cas de défaillance de l'entreprise.

Le découvert résulte d'une convention entre le banquier et l'entreprise, qui ne fait pas toujours l'objet d'un écrit. Il est souvent accordé sans précision de durée. N'étant pas obligatoirement fondé sur un écrit, le découvert peut être dangereux pour l'entreprise, surtout s'il devient trop important ou si l'entreprise commence à avoir de sérieuses difficultés. C'est, en général, dans le cas où le besoin deviendrait de plus en plus crucial pour l'entreprise que la banque aura tendance à se retirer en réduisant ou en supprimant son découvert.

Une entreprise a toutefois toujours la possibilité de solliciter un « découvert confirmé » moyennant l'application d'une commission de confirmation (en général, 1 % du montant autorisé). La confirmation est généralement faite par simple lettre du banquier qui précise le montant, la durée et les conditions particulières.

• Le crédit de campagne

Pour différentes raisons, une entreprise peut subir un important décalage entre les dépenses qu'elle règle et les rentrées qu'elle doit avoir. Elle peut avoir ce que l'on appelle une activité saisonnière. C'est ainsi qu'elle peut fabriquer toute l'année et vendre sur une période très courte (ex. distillerie), ou bien qu'elle ne peut acheter que sur une période très courte (ex. conserverie) pour vendre toute l'année.

Elle peut aussi avoir exceptionnellement une charge importante de trésorerie à assurer (lancement d'une campagne de publicité par exemple).

Dans tous les cas l'entreprise ne pourra pas et ne devra pas assurer ce décalage avec ses seuls capitaux (les fonds disponibles seraient inutilisés à certaines périodes).
Elle demandera pour cela un crédit de campagne.

Le crédit accordé par la banque le sera sur la base du besoin le plus élevé en montant et le remboursement se fera au fur et à mesure des ventes.

L'étude de la demande de financement s'appuiera sur un tableau de trésorerie qui fera ressortir mois par mois les besoins de financement de l'entreprise.

• Le crédit « spot »

Cette appellation est donnée à un découvert sous forme d'avance d'une durée de quelques heures à quelques jours, formalisé le plus souvent par des billets financiers.

Ce type de crédit, accessible aux PME d'une certaine importance, se négocie souvent aux conditions euribor plus 0,50 % à 1,50 %.

Le principal avantage de ce type de financement réside dans la suppression des commissions applicables au découvert, le taux proposé étant le seul coût pour l'entreprise.

• L'accréditif

L'accréditif est la possibilité pour une entreprise de disposer de fonds dans une autre agence de sa banque ou chez un de ses correspondants.
Il peut être simple ou permanent.

- **Accréditif simple** : il y a débit préalable du compte avant envoi des fonds et, dans ce cas, il n'y a pas de crédit.
- **Accréditif permanent** : le débit du compte a lieu après utilisation (en général, un montant est autorisé pour une période donnée, par exemple 20 000 €par semaine) et, dans ce cas seulement, l'accréditif devient un crédit à part entière, car il y a risque de décaissement sans contrepartie en compte.

• Les méthodes de calcul des agios

Tous les crédits par caisse donnent lieu à la perception d'agios par la banque : les agios de compte comprennent les intérêts proprement dit et les commissions de découvert.

Les intérêts

Les intérêts sont calculés sur les capitaux prélevés pendant les périodes d'utilisation au taux appliqué à l'entreprise. Les taux d'intérêt pratiqués par les banques varient en fonction de l'entreprise (importance, garantie, risques, solvabilité, etc.).

Les banques utilisent une grille de taux fixés en fonction du chiffre d'affaires des entreprises classées par catégories. Il faut cependant signaler que cette classification n'est souvent qu'indicative, et qu'une entreprise peut obtenir les conditions d'une catégorie supérieure ou se voir appliquer des taux plus élevés.

Les taux pratiqués par les banques font référence soit au taux de base bancaire, taux de référence le plus utilisé pour les crédits aux petites entreprises, soit au taux du marché, taux de référence pour les grosses PME et les grandes entreprises.

Les commissions de découvert

La commission de plus fort découvert

Cette commission qui s'applique aux pointes maximales d'utilisation des avances bancaires est calculée sur le montant du plus fort découvert en valeur enregistré chaque mois.

Le taux mensuel en est le plus souvent de 0,05 % (par exemple 5 € par mois, si le plus fort découvert du mois est de 10 000 €).

Cette commission grève quelquefois très fortement le coût du découvert. Elle peut atteindre :

- au minimum 0,60 % l'an (0,05 % × 12 mois), dans le cas d'un découvert constant tout au long de l'année ;
- au maximum une majoration de 50 % du taux des intérêts débiteurs, dans le cas d'une limitation à la moitié des intérêts débiteurs du trimestre, c'est-à-dire qu'un taux d'intérêt de 8 % ne pourra pas être majoré d'une commission supérieure à celle portant le taux d'intérêt à 12 %.

Malgré la rigidité de cette commission, il existe des possibilités de négociation pour certaines entreprises :

- limitation de la commission au 1/3 ou au 1/4 du montant des intérêts débiteurs du trimestre ;
- remplacement de la commission par une majoration du taux des intérêts débiteurs ;

- annulation pure et simple de la commission (très rare).

La commission de plus fort découvert n'est pas soumise à la TVA.

Elle a souvent pour effet de pénaliser les entreprises qui gèrent leur trésorerie d'une manière très serrée : une seule pointe débitrice accidentelle dans le trimestre viendra fortement majorer le taux de découvert.

Au contraire, une entreprise à découvert chronique et élevé (grosse consommatrice de découverts) absorbera plus facilement le montant de la commission dans la masse de ses agios.

La commission de mouvement

Cette commission, appelée aussi commission de compte, a pour but de rémunérer la banque pour les services rendus. Elle est calculée sur tous les mouvements débiteurs réels enregistrés sur un compte au cours d'un trimestre.

Le taux appliqué est le plus souvent compris entre 0,025 % et 0,300 %.

Sont, en principe, exclus et en conséquence exonérés de la commission les mouvements suivants :

- le solde à nouveau débiteur ;
- les virements de compte à compte dans la même banque ;
- les agios trimestriels et les agios d'escompte ;
- les remboursements d'emprunts ;
- les renouvellements de billets financiers représentant les crédits accordés à l'entreprise ;
- les erreurs, rétrocessions, ristournes.

Les mouvements non pris en compte sont, suivant les banques, signalés par un astérisque sur l'échelle d'intérêts ou figurent dans une colonne à part.

La commission de mouvement est taxable à la TVA.

L'entreprise qui dispose de soldes créditeurs intéressants peut demander à son banquier de compenser la commission de compte avec des intérêts fictifs créditeurs, calculés à un taux sensiblement inférieur au loyer de l'argent sur le marché monétaire. Les possibilités de négociation sont les suivantes :

- obtention au coup par coup de l'exonération de certains mouvements débiteurs ;
- compensation avec des intérêts créditeurs fictifs ;
- réduction du tiers ou de la moitié de la commission ;
- remplacement par une commission forfaitaire annuelle ;
- suppression pure et simple de la commission de compte (très rare).

Les autres commissions

Elles sont variables, suivant les banques et les entreprises. On peut rencontrer :

- la commission fixe par trimestre ou la commission fixe par mouvement plafonnée par trimestre, intitulée souvent « Frais » (bien que ceux-ci fassent double emploi avec la commission de compte) ;
- les commissions de suspens perçus lors de la présentation au débit d'opérations entraînant une position débitrice du compte hors autorisation ou sans autorisation ;
- la commission de dépassement d'autorisation de découvert ;
- des commissions diverses (par exemple, la commission d'immobilisation, lorsqu'aucune position créditrice n'est apparue sur le compte au cours du trimestre) ;
- la commission de tenue de compte, etc.

Ces commissions peuvent être naturellement toutes négociables.

• La rupture des ouvertures de crédit

Les concours à durée indéterminée, autres qu'occasionnels, consentis par un établissement de crédit à une entreprise, ne peuvent être réduits ou interrompus que sur notification écrite et à l'expiration d'un délai de préavis fixé lors de l'octroi du concours. Le non-respect de ces dispositions pourra entraîner la responsabilité pécuniaire de l'établissement de crédit.

L'établissement de crédit n'est cependant tenu de respecter aucun délai de préavis, que l'ouverture de crédit soit à durée indéterminée ou déterminée, en cas de comportement gravement répréhensible du bénéficiaire du crédit ou au cas où la situation de ce dernier se révélerait irrémédiablement compromise.

2 • LES CRÉDITS DE FINANCEMENT DES CRÉANCES PROFESSIONNELLES

En Europe, la France est un des pays où les délais de paiement sont les plus longs. Toutefois, la loi de modernisation de l'économie adoptée en juillet 2008, a prévu de plafonner à quarante-cinq jours « fin de mois », ou soixante jours à compter de la date d'émission de la facture, le délai de paiement convenu entre les entreprises. Elle a prévu également de passer le taux plancher des pénalités de retard de 1,5 fois le taux d'intérêt légal à 3 fois. Ces nouvelles dispositions s'appliquent aux contrats conclus depuis le 1er janvier 2009.

Les conditions générales de vente (CGV) interentreprises doivent également préciser les conditions d'application et le taux d'intérêt des pénalités dues en cas de retard de paiement. Il y a retard si le paiement intervient après la date mentionnée sur la facture.

Le taux d'intérêt prévu par les CGV correspond généralement au taux directeur (taux de refinancement ou REFI) semestriel de la Banque centrale européenne (BCE), en vigueur au 1er janvier ou au 1er juillet (4,5 % pour le 1er semestre 2024), majoré de 10 points (soit 14,5 % pour le 1er semestre 2024, mais il ne peut être inférieur à trois fois celui de l'intérêt légal (5,07 x 3, soit 15, 21 % pour le 1er semestre 2024).

Le plus gros problème de beaucoup d'entreprises et notamment des PME est donc le décalage fréquent entre les ventes et les règlements de ces ventes. Pour cela, elles peuvent utiliser l'escompte, faire appel aux mobilisations de créances au titre de la Loi Dailly ou encore avoir recours à l'affacturage.

• L'escompte

Les généralités

L'escompte est une opération qui consiste pour une banque à racheter à une entreprise les effets de commerce dont elle est porteuse (bénéficiaire final) avant l'échéance et ce moyennant le paiement d'agios, le cédant restant garant du paiement.

L'escompte fait donc intervenir trois parties : l'entreprise bénéficiaire de l'escompte, appelée le cédant, le débiteur de l'effet, appelé le cédé et le banquier qui est, lui, le cessionnaire.

Pratiquement, le cédant va remettre l'effet à sa banque soit en l'endossant si le nom du bénéficiaire est déjà indiqué, soit en portant comme bénéficiaire le banquier.

Les aspects juridiques

Alors que, pour l'encaissement, le banquier est simple mandataire, en cas d'escompte, il devient créancier cambiaire et bénéficie dans ce cas de :

- la transmission de la provision : la provision représente la créance du fournisseur sur le débiteur ;
- la solidarité des signatures : le porteur d'un effet peut réclamer le paiement de l'effet à tous ceux qui y ont apposé leur signature ;
- l'inopposabilité des exceptions : le débiteur ne peut opposer au porteur les litiges éventuels qu'il a avec le créancier (ex. le commerçant qui a accepté une traite ne peut invoquer la mauvaise qualité de la marchandise pour refuser de payer la traite).

N.B. : Le recours cambiaire n'est possible que lorsqu'il a été émis au départ un effet papier matérialisant au minimum l'engagement du cédant et du cédé ; il n'est donc pas possible pour une traite non acceptée (ni avalisée, ni endossée) ou lorsque l'effet est entièrement dématérialisé (LCR émise par le fournisseur ou BOR émis par le débiteur).

Les avantages de l'escompte

L'escompte permet à l'entreprise de rendre liquides des créances et son coût est, en principe, moins élevé que le découvert.

Le banquier bénéficie d'un double recours (recours cambiaire et de droit commun), il peut éventuellement se refinancer et peut aussi accroître ses dépôts (les entreprises escomptent souvent plus que leurs besoins immédiats, car un effet n'est pas divisible).

La technique de l'escompte

L'étude de la demande

Le banquier procède à l'étude de la solvabilité du cédant (risque cédant) et de celui de sa clientèle (risque cédé) par diverses sources de renseignements dont la Banque de France et les autres banques.

Il procède à la fixation d'un plafond cédant (maximum autorisé) et d'un plafond par cédé (principe de la division des risques).

Le plafond d'escompte autorisé est fixé en fonction du chiffre d'affaires et de la durée du crédit client. Il est, en général, égal à un mois de chiffre d'affaires, mais il peut atteindre deux mois et quelquefois plus. Lorsque l'entreprise est importante, ses banquiers se concertent souvent pour la répartition du plafond d'escompte.

Le banquier étudie aussi les garanties offertes : aval, retenue de garantie et assurance-crédit.

L'aval. Il s'agit de l'engagement pris par un tiers de garantir la bonne fin des effets escomptés revenus impayés. L'aval est souvent exigé d'un dirigeant d'une PME bénéficiant d'escompte.

La retenue de garantie. Afin de pouvoir couvrir les impayés, les banques exigent quelquefois des entreprises l'ouverture d'un compte « retenue de garantie » alimenté par un pourcentage des remises à l'escompte (5 % en général). Ce compte ainsi approvisionné sert à couvrir les impayés éventuels.

L'entreprise peut demander au banquier de limiter le plafond de ce compte et de fusionner, pour la détermination des agios, le compte « retenue de garantie » et le compte normal, et enfin de supprimer purement et simplement ce compte si une diminution sensible des impayés apparaît ou si aucun impayé n'a eu lieu pendant une période définie à l'avance.

L'assurance-crédit est une forme particulière d'assurance qui permet à l'entreprise cédante d'être couverte totalement ou partiellement contre les risques d'impayés. En exigeant ce type d'assurance, le banquier limite ou supprime les risques nés des impayés sur escompte et peut même exiger que les indemnités versées par l'assureur lui soient déposées sur le compte ouvert par l'entreprise sur ses livres.

Le mécanisme

Letri du papier. Le banquier n'accepte de prendre à l'escompte que les effets dont il espère être remboursé sans difficulté ; il va donc procéder à un tri du papier remis par le cédant et fera ce tri tant en fonction de la qualité du cédé que de la qualité du papier cédé.

- Qualité du cédé : incidents ou non dans le règlement des échéances.
- Qualité du papier : papier représentatif d'une créance commerciale ; le banquier refusera tout papier douteux (papier de complaisance, papier creux et papier brûlant).
- Il y a papier de complaisance quand le cédant et le cédé se connaissent mais n'ont pas de relation commerciale ; l'effet n'a pas de provision ; on parle de cavalerie.
- On parle de papier creux quand le cédé n'a aucune relation avec le cédant : « tirage sur le bottin ».
- Enfin, il y a papier brûlant quand l'échéance est très proche : dans ce cas, le banquier n'a pas le temps de procéder à la prise de renseignements sur le cédé.

Le suivi des risques. Une fois les effets pris à l'escompte, le banquier doit procéder au suivi des risques : risque cédant et risque cédé.

- Risque cédant : montant de l'utilisation par rapport au plafond autorisé.
- Risque cédé : suivi des encours et des éventuels impayés.

Les incidents possibles

Avant l'échéance

- Refus d'acceptation : le refus d'acceptation vaut refus de paiement.
- Réclamation : un effet est réclamé lorsque le porteur demande à sa banque de lui rendre l'effet, car il a convenu avec son débiteur d'une modification des conditions de paiement.
- Prorogations : le débiteur a demandé à son créancier un délai supplémentaire pour l'échéance de l'effet.

À l'échéance

L'effet peut revenir impayé d'où la nécessité de procéder aux opérations suivantes :

- surveillance des impayés : fréquence, volume, motif, traitement des impayés ;

- traitement de l'impayé par contre-passation en compte ou passage sur un compte d'impayé.

En cas de contre-passation en compte de l'impayé, la banque perd les recours cambiaires compte tenu de l'effet novatoire du compte-courant (l'effet est payé, mais le client peut devenir de ce fait débiteur en compte). Dans ce cas, le banquier perd ses recours contre le cédé et les éventuels endosseurs et avalistes.

En cas de passage sur un compte d'impayé, la banque conserve les recours cambiaires (en cas d'escompte d'effet papier) avec possibilité d'une action judiciaire à l'encontre de l'ensemble de ceux qui ont apposé leur signature sur l'effet (cédant, cédé, endossataires éventuels, avaliste).

Le coût de l'escompte

Lorsque le banquier escompte des effets à l'un de ses clients, il lui avance de l'argent. Cette avance est rémunérée par ce que l'on appelle les agios. Les agios comprennent les intérêts proprement dits, les commissions et les frais divers éventuels.

Les intérêts

Les intérêts sont calculés *prorata temporis* et en fonction du montant avancé. On les appelle souvent « l'escompte » au sens strict du terme. Le coût de l'escompte est variable selon la qualité de l'entreprise. Le taux est fixé par rapport au taux de base bancaire pour les TPE et au taux du marché pour les PME d'une certaine taille et les grandes entreprises. À ce taux de référence, viennent se rajouter un ou plusieurs points selon la qualité de l'emprunteur ou du papier cédé (ex. si le taux de base bancaire est de 6,60 %, on parlera alors de TBB + 3, ce qui signifiera un taux de 9,60 %).

Les commissions

En dehors du prêt d'argent, le banquier considère que, dans l'opération d'escompte, il rend un service et il perçoit de ce fait diverses commissions.

Les commissions variables. Il s'agit de la commission d'endos qui est calculée comme l'escompte et en majore le coût (en principe 0,60 % l'an).

Les commissions proportionnelles. On trouve la commission de bordereau qui se calcule en pourcentage de l'ensemble de la remise, et la commission de non-acceptation qui se calcule en pourcentage des effets non acceptés remis à l'escompte ; cette dernière commission rémunère le risque supplémentaire lié à la non-acceptation de l'effet.

Les commissions fixes. Elles sont prélevées pour certaines opérations :

- Commission de manipulation et de service : elle rémunère le service apporté par la banque lors du recouvrement des effets. Elle est prélevée pour tous les effets, que ceux-ci soient remis à l'encaissement ou à l'escompte. Elle est d'environ 0,50 € HT pour les effets magnétiques et 5 € HT pour les effets sur support papier.

- Commission d'impayé : elle est prélevée lorsque l'effet présenté à l'encaissement ou à l'escompte revient impayé. Elle est d'environ 15 € HT par effet. Les frais de protêt s'ajoutent parfois à cette commission.
- Commission de prorogation : elle est facturée par la banque lorsque le tiré d'un effet escompté ou présenté à l'encaissement demande, avant l'échéance ou à l'échéance, de proroger l'effet. Elle est d'environ 15 € HT par effet.
- Commission d'effet réclamé : elle est perçue lorsque le bénéficiaire de l'effet demande à sa banque le retrait de l'effet avant l'échéance. Elle est d'environ 15 € HT par effet.
- Commission de changement de domiciliation : elle est prélevée lorsque le remettant demande à sa banque de modifier la domiciliation bancaire d'un effet remis à l'encaissement ou à l'escompte. Elle est d'environ 15 € HT par effet.

Toutes ces commissions et leurs montants peuvent être très différents d'un établissement à un autre et varient sensiblement selon que les effets sont des effets papier circulants ou non circulants, ou encore des effets sur support magnétique.

Les frais

La banque peut percevoir aussi différents frais tels que les demandes d'avis de sort. Procéder à un avis de sort, c'est interroger par écrit, par téléphone ou par mail la banque du cédé (de celui qui doit payer) pour savoir si l'effet a bien été payé à l'échéance.

La TVA

Enfin le banquier perçoit pour le compte du Trésor la TVA qui ne porte toutefois que sur les commissions ou frais fixes (taux actuel : 20 %).

Le mode de calcul des intérêts sur escompte

L'escompte correspond à l'intérêt calculé sur la valeur nominale de l'effet pendant une période qui court de la date de négociation (remise de l'effet) à la date d'échéance de l'effet, majoré des jours de banque.

Le calcul du nombre de jours. Le principe général est de compter les jours qui séparent les deux dates extrêmes en négligeant le jour correspondant à l'une de ces deux dates. Les banques majorent le nombre ainsi calculé d'un ou plusieurs jours supplémentaires (1 à 2), dits « jours de banque ». Les banques sont tenues de calculer les intérêts en prenant pour base l'année civile (365 ou 366 jours) et non l'année commerciale (360 jours).

EXEMPLE

Soit l'effet suivant :

– Date d'échéance : 31 juillet

– Date de négociation : 18 mai

– Jour de banque : 1

Nombre de jours d'escompte à courir :

– Mai : 13 jours (18 mai non compté)

– Juin : 30 jours

– Juillet : 31 jours

– 74 jours + 1 jour de banque = 75 jours.

Le minimum de jours. L'effet présenté à l'escompte doit avoir au moins un certain nombre de jours séparant la négociation de l'échéance ; s'il ne remplit pas cette condition, la banque lui applique un nombre de jours minimum qui est généralement de dix jours.

Le minimum d'escompte. Si l'escompte calculé est inférieur au minimum imposé, la banque retient ce minimum (5 € en général). Ce minimum comprend les intérêts et la commission d'endos. Si l'effet à escompter est d'un faible montant, il peut être perçu pour chaque opération un minimum forfaitaire.

Le taux d'escompte. Le taux d'escompte est fixé par la banque en fonction d'un taux de référence, de la solvabilité du client et de la qualité du papier escompté. Schématiquement, le taux appliqué à une entreprise est déterminé de la façon suivante : taux de base bancaire (TBB) ou taux du marché + commission d'endos (0,60 % actuellement) + rémunération du banquier. La rémunération du banquier varie en fonction de la qualité et de la taille de l'entreprise.

Le taux de revient de l'escompte. Ce taux est le taux de revient pour le client escompteur (ou taux de placement pour le banquier)

EXEMPLE

Sur un effet de commerce de nominal 10 000 €, d'échéance 31 juillet, escompté le 2 mai au taux de 6 %, l'escompte commercial sera calculé comme suit : Nombre de jours : 90 jours (pour le calcul de l'escompte rationnel les jours de banque sont exclus), ce qui donne 10 000 x 6 % x 90/365 = 147,95 €.

En fait, dans la réalité, les choses sont différentes.

Le 2 mai, la banque prêtera à son client 10 000 € – 147,95 € soit 9 852,05 €, et elle récupérera le 31 mai 10 000 €.

En conséquence, les 147,95 € sont les intérêts rapportés par la somme de 9 852,05 € et non par celle de 10 000 €.

Calculons donc le taux qui permet à une somme de 9 852,05 € d'obtenir 147,95 € d'intérêts pour quatre-vingt-dix jours :

$$\text{Intérêts} = \frac{\text{Capital} \times \text{Nombre de jours} \times \text{Taux}}{365 \times 100}$$

$$\text{Taux} = \frac{\text{Intérêts} \times 365 \times 100}{365 \times 100} = \frac{147,95 \times 365 \times 100}{9852,05 \times 90}$$

Le taux de revient est de 6,09 %.

Les risques de l'escompte

Lorsqu'une banque accorde de l'escompte, elle consent un crédit à l'un de ses clients, mais sera payée à l'échéance par un tiers. Il doit donc s'assurer de la qualité de son client (le cédant) mais aussi de celui qui doit payer l'effet (le cédé).

L'étude du risque cédant

Avant d'accorder une ligne d'escompte (appelée autorisation d'escompte alors que l'utilisation réelle est appelée encours), le banquier doit étudier la qualité de l'emprunteur : sa santé financière, sa situation commerciale, ses besoins, etc.

En effet, si le cédé est défaillant, le banquier pourra se retourner contre le cédant pour se faire rembourser l'avance consentie.

L'étude du risque cédé

Avant d'accepter d'escompter un effet, le banquier prend des renseignements auprès de la banque du cédé et consulte le fichier central des incidents de paiements de la Banque de France, sur lequel sont notés les incidents de paiements sur effets.

Le suivi du risque

Pour savoir à tout moment où il en est à propos des opérations d'escompte effectuées pour le compte d'une entreprise, le banquier établit des états appelés états des risques sur lesquels est porté soit l'encours du cédant, c'est-à-dire le montant de l'escompte utilisé, soit l'encours, cédé c'est-à-dire le montant sur chaque cédé avec les impayés éventuels. Par ailleurs, le banquier établit régulièrement un état des impayés subis par son client afin de limiter ou d'écarter ses risques sur des cédés de mauvaise qualité.

L'escompte en compte (ou escompte-valeur)

Cette pratique consiste à appliquer au découvert le taux de l'escompte commercial (éventuellement majoré), la contrepartie du découvert étant constituée par le montant des effets remis à l'encaissement par anticipation. Cela revient à présenter de façon continue les traites à l'encaissement sans attendre leur échéance, la date de valeur restant égale à la date d'échéance majorée de quatre jours (comme pour un effet remis à l'encaissement).

Les agios ne sont calculés qu'au niveau de l'arrêté de compte trimestriel.

Cette formule est très avantageuse pour l'entreprise.

L'escompte de chèque

Bien que peu pratiquée, cette formule est parfois valable pour une entreprise au coup par coup : il peut être intéressant d'escompter un chèque, hors place, d'une somme importante ; l'escompte du chèque permet en effet :

- d'éviter le coût des jours de banque au taux de découvert ;
- de minimiser la pointe de plus fort découvert et par conséquent la commission de plus fort découvert ;
- de ne supporter que les agios d'escompte, au taux d'escompte, sans la commission d'endos de 0,60 %, pendant la période d'escompte du chèque.

• La mobilisation de créances professionnelles « Dailly »

La loi n° 81-1 du 2 janvier 1981, plus connue sous le nom de son auteur, Étienne Dailly, a été votée dans le but de faciliter le crédit aux entreprises par cession de leurs créances professionnelles. Cette technique a été améliorée par la loi du 24 janvier 1984, portant réforme de la profession bancaire.

Cette technique de crédit permet aux entreprises quels que soient leur forme (affaires personnelles, sociétés, professions libérales) et leur secteur d'activité (primaire, secondaire ou tertiaire) :

- de mobiliser la partie de leur poste « clients » qui n'est pas représentée par des effets de commerce ou de mobiliser les créances qu'elles peuvent détenir sur des tiers autres que des particuliers ;
- de mieux justifier auprès des banques des crédits qu'elles sollicitent.

Les innovations juridiques

Jusqu'au vote de cette loi, la cession de créances ne pouvait se faire qu'au prix d'un certain formalisme et selon deux moyens :

- un acte écrit avec signification au débiteur cédé ;
- la création d'un effet de commerce.

La loi Dailly offre une troisième solution : la possibilité pour un professionnel de céder ou de nantir ses créances sur d'autres professionnels ou sur une personne morale de droit public par la remise d'un simple bordereau pouvant regrouper plusieurs créances.

Les partenaires

La mobilisation « Dailly » met en relation un établissement de crédit, un emprunteur et un débiteur de la créance.

Un établissement de crédit

La cession ou le nantissement d'une créance ne peut être consentie, dans le cadre de cette technique, qu'au profit d'un établissement de crédit : banque, banque mutualiste ou coopérative, factor, etc.

Un emprunteur

L'emprunteur est le client de la banque. Il est souvent appelé le constituant car il peut y avoir cession ou nantissement. Il est :

- soit une personne morale de droit privé (société commerciale ou civile, groupement d'intérêt économique, association, syndicat, etc.) ou de droit public ;
- soit un « professionnel » au sens donné par la loi : commerçant, artisan, agriculteur, membre d'une profession libérale, etc.

Un débiteur de la créance

Le débiteur de la créance cédée ou nantie doit présenter les mêmes caractéristiques que le constituant : personne morale de droit public ou privé, ou personne physique dans l'exercice de son activité professionnelle.

Les créances concernées

La cause de la créance importe peu. La créance peut donc être commerciale ou non ; elle peut résulter d'une livraison de marchandises, d'une prestation de service, ou de toute autre cause. Elle peut être à court, moyen ou long terme, sur la France ou sur l'étranger.

La créance peut être actuelle, conditionnelle ou future (ex. entreprise adjudicataire d'un marché). Toutefois, les banques sont extrêmement réticentes à financer des créances autres que celles qui sont déjà nées. La procédure est expressément applicable aux créances résultant de marchés publics.

En cas de recours à la sous-traitance, l'entreprise principale peut céder ou nantir la totalité du marché à condition de fournir un cautionnement bancaire en faveur des sous-traitants, afin d'éliminer pour ces derniers, le risque d'une défaillance de l'entreprise principale.

Les modalités de mobilisation

Préalablement à toute mobilisation Dailly, le banquier signe avec son client une convention cadre dans laquelle seront définies les conditions de mobilisation, d'utilisation et de recouvrement des créances.

La cession ou le nantissement s'opère par la remise à l'établissement de crédit d'un bordereau comportant une ou plusieurs créances.

Le bordereau Dailly

Il comporte un certain nombre de mentions obligatoires et peut reprendre certaines mentions facultatives.

Un bordereau simplifié peut être utilisé par les entreprises utilisant un procédé informatique de recouvrement.

Les **mentions obligatoires** sont les suivantes :

- dénomination « acte de cession de créances professionnelles » ou « acte de nantissement de créances professionnelles » ;
- référence à la loi du 2 janvier 1981 facilitant le crédit aux entreprises et à la loi du 24 janvier 1984 portant réforme de la profession bancaire ;
- indication du nom ou de la dénomination sociale de l'établissement de crédit bénéficiaire ;
- désignation ou individualisation des créances cédées ou données en nantissement ou des éléments susceptibles d'effectuer cette désignation ou cette individualisation, notamment par l'indication du débiteur, du lieu de paiement, du montant des créances visées ou de leur évaluation et s'il y a lieu de leur échéance ;
- indication des sûretés éventuelles propres à chaque créance ;
- signature du cédant ;
- date de création du bordereau établie par le cessionnaire.

Les **mentions facultatives** sont les suivantes :

- Clause « à ordre » : le bordereau pourra ainsi être endossé au profit d'un autre établissement de crédit lorsque le banquier cessionnaire ou nanti éprouvera le besoin de se refinancer auprès de l'un de ses confrères.
- Notification au débiteur : elle peut être réalisée par un simple courrier, mais la procédure la plus couramment utilisée est l'envoi d'une lettre recommandée avec accusé de réception. La notification interdit au débiteur de la créance de régler sa dette en d'autres mains que l'établissement de crédit bénéficiaire de la cession ou du nantissement.

- L'établissement de crédit peut aussi demander au cédé de s'engager à le payer directement dans un document appelé « Acte d'acceptation de la cession ou du nantissement d'une créance professionnelle ». Après acceptation, le cédé ne peut plus opposer au cessionnaire les exceptions fondées sur ses rapports personnels avec le cédant (tout litige entre le cédant et le cédé ne doit pas empêcher le cédé de payer le cessionnaire).

On a ainsi trois modalités de recouvrement : sans notification au débiteur, avec notification et avec notification plus engagement de payer.

Tableau 10.1 – Modèle de bordereau – Bordereau de cession de créances professionnelles

Établissement bénéficiaire : Banque Nationale, 4, passage du Gué-43-000-LE-PUY
Cédant : Société La Performante, rue Laroche-43-000-LE-PUY
Le présent bordereau, soumis aux dispositions de la loi 81-1 du 2 janvier 1981, à la loi 84-46 du 24 janvier 1984 et aux conventions particulières signées, concerne les créances énumérées ci-après. Il est stipulé endossable :

Débiteurs	Lieux de paiement	Échéances	Montants	Garanties
SA Piromac	43 100 Brioude	20/12/N	17 400,00 €	Néant
SA Lafleur	75 008 Paris	30/12/N	18 500,00 €	Néant
Dumayet	60 230 Chambly	30/12/N	12 600,00 €	Néant
		Total	48 500,00 €	
Le Puy, le 20 octobre N Signature et cachet de la Banque Nationale			Signature et cachet du cédant	

La cession ou nantissement

L'intérêt du choix

L'entreprise bénéficiaire du crédit peut nantir ou céder la créance qu'elle détient sur un tiers. L'intérêt du choix est évident :

- le banquier bénéficiaire du nantissement n'est pas propriétaire de la créance donnée en garantie et ne peut donc opposer aux tiers que son privilège de créancier nanti. Or ce privilège est souvent primé par celui d'autres créanciers préférentiels : fisc, salariés, etc. ;
- le banquier bénéficiaire de la cession, au contraire, parce qu'il est propriétaire de la créance, échappe à tout concours avec les tiers.

L'effet de la cession

La cession entraîne de plein droit, sauf convention contraire, le transfert des sûretés garantissant les créances (par exemple, une clause de réserve de propriété).

La cession est opposable aux tiers à compter de la date apposée sur le bordereau.

Les modalités d'utilisation

L'utilisation à titre d'escompte

Dans ce cas, le crédit consenti par le banquier n'est pas distinct de la cession, il consiste à créditer le compte de l'entreprise du montant ou d'une partie du montant de la créance cédée, déduction faite des agios qui sont généralement perçus mois par mois jusqu'au règlement final.

Cette solution est intéressante pour l'entreprise lorsqu'elle n'est pas réglée par lettre de change ou billet à ordre ou lorsqu'elle utilise des LCR magnétiques.

L'utilisation à titre de garantie

Il s'agit alors d'un transfert de garantie fiduciaire. Les créances cédées sont un simple instrument de garantie et sont acquises pour sûreté du crédit consenti qui est généralement un découvert en compte.

Dans ce cas, le crédit n'est pas nécessairement égal au montant cédé ; il peut être inférieur, voire, plus rarement, supérieur.

Le suivi des encaissements

Par la banque cessionnaire

Le banquier doit mettre en place une structure permettant :

- de surveiller les échéances et de relancer, éventuellement, le remettant et le débiteur cédé ;
- d'imputer les règlements aux bordereaux correspondants ;
- d'interroger son client en cas de différences sur les montants.

En pratique, les banques ouvrent des comptes spécifiques aux créances cédées afin de mieux assurer le suivi des rentrées.

Par l'entreprise cédante

La surveillance des créances est effectuée, en pratique, par les entreprises cédantes, en accord avec leur banquier.

Le recours du cessionnaire en cas de non-paiement

Le recours contre le cédant

Il s'agit du recours attaché à tout crédit : le cédant doit rembourser le crédit.

Le recours contre le cédé

Le banquier devra justifier de l'existence des créances par la production de documents prouvant leur existence, factures notamment ; sa position sera notamment améliorée s'il a obtenu un engagement de payer du débiteur cédé.

Les avantages et les inconvénients du système

Les entreprises bénéficient d'une facilité plus grande de mobilisation de leurs créances. Les concours sont mieux ajustés à l'activité puisqu'ils sont fonction notamment du chiffre d'affaires.

Toutefois, contrairement à l'escompte classique, ce n'est pas un moyen de recouvrement. Le risque de paiement est entre les mains du cédant.

• L'affacturage

L'affacturage est un contrat par lequel un établissement de créditspécialisé, appelé factor, achète ferme les créances détenues par un fournisseur, appelé vendeur, sur ses clients (français ou étrangers), appelés acheteurs ou bénéficiaires de services et ce, moyennant rémunération.

Les modalités

Le contrat d'affacturage comporte à la fois transfert de créances, par subrogation conventionnelle, et garantie de bonne fin. Le factor se charge de l'encaissement des créances.

Le vendeur accorde au factor l'exclusivité de l'affacturage de toutes ses créances. Toutefois, cette convention d'exclusivité peut, dans certains cas, concerner simplement un secteur géographique ou un département d'activité.

Le contrat est conclu le plus souvent sans limitation de durée.

Le vendeur doit obtenir l'approbation du factor pour chacun de ses clients avec généralement un plafond par client.

Certains factors utilisent un mode de transfert des factures sous forme de « paiement concomitant à la remise des factures, et pour le même montant en subrogation ». D'autres utilisent la « transmission des factures dissociée du financement, en cession de créances commerciales ».

Les sociétés de *factoring* proposent de plus en plus de dissocier les trois services qu'offre l'affacturage : gestion du recouvrement des créances, garanties de paiement de ces dernières, mais aussi financement du poste client.

La tendance à l'affacturage à la carte a poussé certains factors à proposer des contrats dans lesquels le factor n'impose pas la remise totale du chiffre d'affaires.

Les avantages pour l'utilisateur

L'affacturage présente trois avantages principaux :

- c'est un procédé de recouvrement efficace puisque le factor décharge le vendeur du souci de la gestion du poste clients et de l'encaissement des sommes dues ;
- c'est une technique de mobilisation du poste client et ce quel que soit le mode de règlement convenu avec l'acheteur ;
- c'est une garantie de bonne fin puisque le factor s'engage à payer au vendeur les factures qu'il a émises. Le risque d'insolvabilité de l'acheteur et le risque de non-paiement à l'échéance sont pris en charge par le factor sauf faute du fournisseur.

On peut noter aussi un certain nombre d'avantages accessoires :

- en offrant la sous-traitance totale du poste client, le factor permet à l'entreprise de faire des économies d'échelle importantes : d'une part sur les charges de personnel, d'autre part sur les frais d'assurance et les coûts des financements bancaires ;
- en remettant ses créances clients au factor, l'entreprise évite de devoir estimer jusqu'à quelle limite d'encours elle peut traiter avec un client : il lui suffit alors d'interroger son factor qui fixera l'encours garanti ;
- les fonds sont virés sur le compte bancaire du cédant aussitôt la facture faite, sauf s'il ne veut pas bénéficier d'une avance en trésorerie.

Le coût

La rémunération du factor comprend deux éléments.

La commission d'affacturage, calculée sur le montant des créances transférées, qui constitue le paiement des services de gestion comptable, de recouvrement et de garantie de bonne fin. Le coût de ce service est compris entre 0,20 et 1 % du chiffre d'affaires confié, avec un taux moyen de 1,5 % ; cette commission peut être aussi pour partie et pour partie variable. La commission d'affacturage est calculée d'après le secteur d'activité, le nombre de factures et de clients, la nature de la clientèle, le volume du chiffre d'affaires confié.

Les intérêts débiteurs, ou commission de financement, calculés *prorata temporis*, qui représentent le coût du financement anticipé. Leur taux varie en fonction de l'évolution du loyer de l'argent, de la qualité du cessionnaire et du mode de règlement des factures cédées : chèque ou billet à ordre. En cas de paiement par chèque, le coût est équivalent à celui du crédit bancaire ; en cas de paiement par billet à ordre, le factor perçoit une commission de l'ordre de 1 % l'an.

3 • LE FINANCEMENT DES STOCKS

La banque peut avancer à une entreprise des fonds sur des marchandises qu'elle détient soit au moyen d'une avance sur marchandises, soit par l'escompte des warrants.

• L'avance sur marchandises

L'entreprise qui détient des marchandises en stock peut demander à son banquier une avance sur ces marchandises. Cette avance sera la plupart du temps garantie par les marchandises qui seront donc affectées en gage dans les locaux de l'entreprise ou, ce qui est plus sûr, dans les locaux appartenant à un tiers (magasin général par exemple).

• L'escompte de warrants

Lorsque la banque accorde une avance sur marchandises, elle préférera souvent la solution qui consiste à confier les marchandises à un tiers. Dans ce dernier cas, les marchandises seront le plus souvent déposées dans un magasin général.

Les magasins généraux

Les magasins généraux sont des entrepôts placés sous le contrôle de l'État. Ils sont responsables de la conservation et de la garde des marchandises déposées et sont assurés obligatoirement contre l'incendie.

Lorsqu'une entreprise dépose des marchandises dans un magasin général, on lui remet un document appelé récépissé-warrant. Ce document comprend deux parties :

- la première, appelée récépissé, qui atteste du dépôt des marchandises ;
- la seconde, appelée warrant, qui pourra permettre à l'entreprise d'obtenir une avance de sa banque.

L'escompte du warrant

Lorsqu'une entreprise a déposé des marchandises dans un magasin général, elle peut obtenir de son banquier, si ce dernier accorde le crédit, une avance garantie par les marchandises déposées.

Pour obtenir une avance de sa banque, l'entreprise endossera le warrant seul (on parle de warrant détaché parce que séparé du récépissé), à l'ordre de sa banque, en s'engageant à rembourser la somme prêtée à l'échéance mentionnée sur le warrant.

Si le crédit n'est pas remboursé à l'échéance, la banque pourra faire vendre les marchandises et se retournera contre son client et les éventuels signataires de l'effet (avaliste, endosseurs) pour le surplus si le produit de la vente ne suffit pas à rembourser la somme prêtée.

Si le bénéficiaire du crédit veut vendre sa marchandise avant échéance du warrant, il a deux solutions principales :

- rembourser la banque pour libérer la marchandise ;
- vendre la marchandise moins chère, à charge pour l'acheteur de régler la banque pour le montant du crédit accordé.

4 • LES CRÉDITS PAR SIGNATURE

• Les généralités

Si le plus souvent la banque aide l'entreprise en mettant à sa disposition des fonds sous forme de crédits de trésorerie, elle peut aussi lui apporter son concours sous forme d'engagements que l'on appelle des crédits par signature. Ces crédits font partie des engagements « hors bilan » de la banque.

La banque prête alors simplement sa signature sans supporter de charge de trésorerie. L'étude faite par la banque doit être aussi minutieuse que pour n'importe quel autre concours bancaire, car cet engagement peut entraîner des décaissements importants.

Dans cette forme de crédit, le banquier s'engage :

- soit à prêter au bénéficiaire de l'engagement une certaine somme utilisable dans les conditions définies par l'ouverture de crédit ;
- soit, auprès de tiers, à satisfaire aux obligations contractées envers eux par certains de ses clients, au cas où ces derniers n'y satisferaient pas eux-mêmes.

Ces crédits par signature peuvent donc soit garantir la mise à disposition de fonds, soit différer certains décaissements, les éviter ou encore accélérer certaines rentrées de fonds. En cas d'engagements en faveur de tiers, ils sont le plus souvent accordés sous forme de cautions. Le banquier peut aussi s'engager en acceptant des effets de commerce : on parle dans ce cas de crédits par acceptation.

• L'étendue de l'engagement du banquier

L'engagement du banquier est limité dans le montant et/ou l'étendue ; il peut être limité ou non dans le temps.

Sauf dispositions spécifiques, le banquier ne peut revenir sur son engagement et ce quelle que soit l'évolution de la situation de son client.

L'engagement résulte obligatoirement d'un écrit ; il ne se présume pas.

En cas de caution, celle-ci peut être simple ou solidaire.

Le banquier qui s'engage par signature est subrogé dans les droits du créancier bénéficiaire de la caution. Une fois qu'il a honoré les engagements de son client, il bénéficie donc des droits du bénéficiaire de l'engagement. Cette subrogation est particulièrement intéressante dans le cadre de cautions fiscales ou douanières. Toutefois dans ce cas, le banquier doit se faire remettre une quittance subrogative.

• Le coût

Le coût des cautions varie de 0,50 % à 2,50 % et les commissions peuvent porter d'une part sur l'autorisation et d'autre part sur l'utilisation.

• Les différents types d'engagements par signature

Les engagements de prêter

De nombreux crédits font l'objet, avant utilisation ou décaissement, d'un engagement de la part de la banque sous forme d'un crédit par signature : c'est le cas des lignes de crédit confirmées (découvert, escompte, Dailly, multiple options facilities, etc.).

Les cautions

Pour différer les paiements

Les obligations cautionnées. Toute entreprise, ou presque, perçoit pour le compte de l'État de la TVA. Cette TVA doit être reversée immédiatement (en fait, vers le 15 du mois ou du trimestre suivant), diminuée de celle qui a été payée. Or comme la plupart des entreprises accordent des délais de paiement à leurs clients, l'administration fiscale admet que le reversement de cette TVA soit différé de quatre mois au plus, avec toutefois pour condition que la TVA soit due par l'entreprise dès la facturation (TVA sur les débits) et que ce différé de paiement soit cautionné par une banque. Au cas où l'entreprise serait défaillante, le Trésor public se retournerait contre la banque.

Le même mécanisme existe pour certains droits de douane ou les droits d'enregistrement (droits perçus lors de l'achat d'immeubles, par exemple).

Les crédits d'enlèvement. Il s'agit de la possibilité pour un importateur d'enlever des marchandises sans avoir à attendre la liquidation (calcul) des droits de douane à condition de fournir une caution bancaire.

Les cautions pour impôts contestés. Le contribuable qui conteste des impôts ou des taxes doit les régler ou fournir des garanties. La banque peut alors se porter caution avec les risques de ne pouvoir être toujours subrogée dans les droits du Trésor.

Pour éviter les paiements

Les cautions d'adjudication et de bonne fin. Si une entreprise veut participer à des chantiers de travaux commandés par l'État ou les collectivités locales (régions, départements, communes), elle devra apporter des garanties, dont la plus importante est la caution d'adjudication et de bonne fin.

Cette caution signifie que, d'une part (adjudication), le banquier garantit le sérieux de l'entreprise adjudicataire et, d'autre part (bonne fin), qu'elle est à même de mener dans de bonnes conditions le chantier à sa fin.

Cette caution évite à l'entreprise de déposer des fonds en garantie lorsqu'elle se portera candidate à l'adjudication.

Les cautions en matière de droits de douanes et TVA. À condition de fournir une caution bancaire, une entreprise peut être dispensée de payer des droits de douane ou la TVA sur des produits importés devant être réexportés (admissions temporaires).

Pour accélérer les rentrées

Les cautions de remboursement d'acomptes. En cas d'acomptes versés par les clients dans le cadre de marchés publics ou privés, nationaux ou étrangers.

Les cautions de retenue de garantie. Dans le cadre de marchés publics ou privés, nationaux ou étrangers. Le maître de l'ouvrage peut différer le paiement intégral des sommes dues dans l'attente de la réception définitive.

Pour garantir des engagements financiers

Les cautions de remboursement de découvert local. Les concours consentis par un autre banquier à l'étranger seront contre-garantis par la banque de l'exportateur.

Les cautions de remboursement des douanes du pays acheteur. Pour garantir le paiement des droits de douane en cas d'exonération sous condition de rapatriement ou de réexportation (en cas d'importation temporaire de matériels de chantier par exemple).

Les cautions dans le cadre d'obligations diverses. Cautions en faveur d'autres confrères : sociétés de crédit-bail, institutions financières spécialisées. Cautionnement pour le compte de certaines professions qui doivent fournir des garanties (ex. garantie financière des conseils juridiques, des agents immobiliers, etc.). Dans le cadre d'émission de titres par des émetteurs publics ou privés : garantie de bonne fin.

La garantie à première demande

La garantie à première demande est un acte par lequel un garant (le plus souvent une banque ou une compagnie d'assurances) s'engage à payer dès la 1re demande et dans un délai de 15 jours, à la demande du bénéficiaire, une somme d'argent déterminée sans pouvoir soulever d'exception, d'objection ou de contestation tenant à l'exécution de l'obligation garantie selon le contrat de base.

La garantie à première demande est une garantie autonome par rapport au contrat qu'il garantit dans la mesure où elle peut très facilement être mise en œuvre.

Lorsqu'il y a appel à garantie, le garant doit s'exécuter sans qu'il ne soit besoin de chercher son insolvabilité ou non et il n'y a pas de bénéfice de division ni de bénéfice de discussion contrairement au cautionnement simple.

Les crédits par acceptation ou aval

Pour faciliter à son client soit la livraison de marchandises, soit l'octroi de crédit par un confrère, le banquier peut accepter (ou avaliser) un effet de commerce tiré par son client en s'engageant, de ce fait, à payer à l'échéance. À cette date, le client assurera à son banquier la couverture de l'effet par la somme prévue, ce dernier n'ayant pas, en principe, de décaissement à effectuer.

Le crédit par acceptation : facilité pour la constitution des stocks

Pour permettre à son client de s'approvisionner en bénéficiant de la confiance de ses fournisseurs, le banquier pourra accepter (ou avaliser) un effet tiré par le vendeur, que ce dernier soit situé à l'étranger ou qu'il réside en France.

Le crédit par acceptation : facilité pour l'octroi d'un crédit

Le banquier qui souhaite épauler une entreprise dans la gestion de sa trésorerie peut se trouver gêné lui-même quant à ses disponibilités (contraintes de l'encadrement du crédit par exemple).

L'entreprise peut trouver un autre banquier qui acceptera le décaissement des fonds à condition d'être couvert en risque par son confrère. Le crédit est ainsi réparti en risque et en trésorerie entre les deux banquiers.

Le crédit documentaire

Le crédit documentaire est l'engagement pris par la banque d'un importateur de garantir à l'exportateur le paiement des marchandises (ou l'acceptation d'une traite) contre la remise de documents attestant de l'expédition et de la qualité des marchandises prévues au contrat.

- Révocable : le banquier peut revenir sur son engagement avant expédition des marchandises.
- Irrévocable : le banquier ne peut revenir sur son engagement, sauf accord de toutes les parties.
- Notifié : le banquier de l'importateur est seul engagé.
- Confirmé : l'engagement du banquier de l'importateur est conforté par un banquier correspondant dans le pays de l'exportateur.

De plus larges développements sont consacrés au crédit documentaire dans le chapitre 12, qui traite du commerce international.

• Les avantages et inconvénients des engagements par signature

Pour le banquier

Les avantages

Au moment de sa mise en place, un crédit par signature évite toute sortie de fonds. Il évite les contraintes en cas d'encadrement du crédit. Il permet la perception de commissions sur l'autorisation voire sur l'utilisation. Enfin, le banquier peut être subrogé dans les droits du créancier bénéficiaire de l'engagement (avantage déterminant en cas de cautions fiscales).

Les inconvénients

Le risque est difficile à évaluer. Le suivi des engagements est lourd à gérer. Il y a souvent décalage des engagements dans le temps.

Pour le client

Les avantages

Ce type de concours permet une meilleure gestion de la trésorerie. Il y a souvent abaissement des coûts financiers. Enfin, les engagements pris par la banque valorisent l'image de marque de l'entreprise

Les inconvénients

Il y a paiement de commissions même en cas de non-utilisation. L'entreprise doit souvent apporter des garanties. Les concours sont parfois mis en place contre blocage de fonds.

5 • LE FINANCEMENT DES MARCHÉS PUBLICS

L'État ou les collectivités locales (régions, départements, communes) ayant souvent l'habitude de régler leurs fournisseurs dans des délais dépassant très largement ceux des entreprises privées, les titulaires de marchés publics se sont vu proposer des modes de financement particuliers adaptés à ce type de contrats.

Un marché public est un contrat de fournitures de travaux, de biens ou de services passé avec une personne publique ou une personne privée remplissant une mission de service public (recherche scientifique, par exemple).

Le financement des marchés publics peut se faire selon trois techniques : des cautions, des paiements à titre d'avance et des crédits sur commandes publiques.

• Les cautions

Ces cautions que nous avons vues plus haut sont délivrées notamment pour éviter les décaissements pour soumissionner (c'est-à-dire proposer ses services) ou les retards d'encaissement dus à la procédure de la retenue de garantie (la retenue de garantie est un montant non réglé par le client avant réception définitive des travaux ; elle est en général de 5 % du marché).

• Les paiements à titre d'avance

Cette procédure permet aux petites et moyennes entreprises de bénéficier, dès l'expiration des délais d'ordonnancement, d'avances égales à 100 % du montant TTC des créances qu'elles détiennent sur commandes publiques (l'ordonnancement est une procédure administrative autorisant le paiement et précédant celui-ci ; il doit normalement être effectué dans les quarante-cinq jours de la réception des travaux, fournitures et services).

Les intérêts de l'avance consentie sont imputés sur les intérêts moratoires (intérêts de retard) dus par la collectivité publique, intérêts qui seront versés en même temps que le règlement du marché à l'organisme qui aura fait l'avance.

• Les crédits sur commandes publiques

En dehors des paiements à titre d'avance, les entreprises titulaires de commandes publiques peuvent obtenir des crédits spécifiques.

Les crédits de préfinancement

Ces crédits assurent à l'entreprise une partie de la trésorerie nécessaire aux premières dépenses (approvisionnement notamment). Ils sont accordés au vu d'un plan de trésorerie établi par l'entreprise et faisant apparaître le découvert qu'elle supporte.

Les crédits de mobilisation

À ce stade, l'entreprise peut obtenir un crédit sur les sommes qui lui sont dues, au fur et à mesure de l'exécution des travaux et ceci en tenant compte du délai moyen de paiement des administrations concernées.

Les crédits globalisés

Ce type de concours permet aux entreprises ayant un volume important d'affaires avec les collectivités publiques de couvrir une partie des besoins de préfinancement et de mobilisation des marchés dont elles sont titulaires. Ces crédits globalisés sont accordés après une analyse détaillée du cycle d'exploitation de l'entreprise.

6 • LES NEGOTIABLE EURO COMMERCIAL PAPERS

Les titres négociables à court terme ou *Negotiable Euro Commercial Papers* (NEU CP ou NEU MTN) ont remplacé en 2016 les billets de trésorerie (BT), les bons à moyen terme négociables (BMTN) et les certificats de dépôts négociables. Ils permettent d'accroître le nombre et la qualité des instruments mis à la disposition des emprunteurs et des prêteurs.

Le marché des NEU CP ou NEU MTN permet donc à une entreprise d'emprunter directement des fonds sur le marché monétaire et offre donc une alternative aux concours bancaires.

• Les émetteurs

Les NEU CP et NEU MTN peuvent être émis par les établissements de crédit, les entreprises d'investissement, la Caisse des Dépôts et Consignations, les sociétés de financement, les autres entreprises (sociétés par actions, sociétés coopératives agricoles, sociétés coopératives par actions, les entreprises du secteur public, les groupements d'intérêt économique et sociétés en nom collectif, les institutions de l'Union Européenne et organisations internationales, la caisse d'amortissement de la dette sociale, les collectivités locales et leurs groupements, les associations, les États, les organismes de titrisation, l'agence centrale des organismes de sécurité sociale et les centres hospitaliers régionaux

• Les détenteurs

Les NEU CP et NEU MTN peuvent être détenus et négociés sur le marché monétaire par toute personne morale ou physique, et notamment par les OPC et les sociétés d'investissement.

• Les modalités d'émission

Les NEU CP et NEU MTN peuvent être cautionnés par un ou plusieurs établissements de crédit.

La domiciliation des NEU CP et NEU MTN à la caisse d'un établissement de crédit habilité à recevoir du public des fonds est obligatoire.

Les émetteurs sont astreints à la publication d'informations financières, à périodicité semestrielle ou trimestrielle. En outre, une notice d'information financière doit être publiée préalablement à l'émission des billets.

• Les caractéristiques des billets

Le montant minimum des NEU CP et NEU MTN est de 150 000 €. Les billets peuvent être émis en euros ou en devises.

Leur durée est d'un jour à un an pour les NEU CP et au minimum de 1 an et 1 jour pour les NEU MTN.

Le taux d'intérêt est librement fixé à l'émission et est souvent proche de celui du marché monétaire.

• La fiscalité des NEU CP et NEU MTN

Les revenus des NEU CP et NEU MTN détenus par les personnes morales sont imposés dans les conditions de droit commun.

Les produits perçus par des organismes à but non lucratif sont imposés au taux réduit de 10 %.

Pour les entrepreneurs individuels, les intérêts acquis sont soumis à l'impôt aux conditions de droit commun (TAX flat ou sur option IR et PS).

EXEMPLE DE BORDEREAU D'ESCOMPTE

M. Gaspard, négociant à Tarbes, remet des effets à l'escompte à la Banque du Sud, le 9 mai N.

2 800 € sur Pau échéant le 12 mai,

3 000 € sur Marseille échéant le 15 mai,

4 500 € sur Nantes échéant le 25 mai,

6 000 € sur Toulouse échéant le 8 juin,

5 000 € sur Paris échéant le 15 juin,

7 200 € sur Rouen échéant le 30 juin.

Conditions de compte : escompte : 5,40 %.

Commission d'endos : 0,60 %.

Commission de manipulation et de service : 3 € par effet.

Commission de bordereau : 1/8 °/00 (pour mille),

TVA 20 % ; application d'un jour de banque et d'un minimum de 10 jours.

Tableau 10.2 – Banque du Sud – Tarbes – Bordereau d'escompte – Remise du 9 mai N – M. Gaspard

Lieu de paiement	Montant	Échéances	Jours		Nombres
			Réels	Décomptés	
Pau Marseille Nantes Toulouse Paris Rouen	2 800 3 000 4 500 6 000 5 000 7 200	12/05 15/05 25/05 08/06 15/06 30/06	3 6 16 30 37 52	10 10 17 31 38 53	28 000 30 000 76 500 186 000 190 000 381 600
	28 500 €				892 100

Taux : 5,40 + 0,60 = 6 %

N	=	*892 100*	=	*146,65 €*
36 500		*6 083,33*		
T				

Escompte :

Commission de manipulation et de service : 3 x 6 = 18 €

Commission de bordereau : 28 500/8 000 = 3,56 €

TVA : 18 x 20 % = 3,60 €

Total agios, TVA comprise = 146,65 + 18 + 3,56 + 3,60 = 171,81 €

Remise, agios déduits : 28 500,00 – 171,81 = 28 328,19 €

À votre crédit : 28 328,19 €

Bases de calcul des agios bancaires

Jours

Jour calendaire

Les jours calendaires sont tous ceux du calendrier.

Jour ouvrable

Les jours ouvrables correspondent à l'amplitude maximale d'ouverture des banques, qui est de six jours par semaine (du lundi au samedi).

Jour ouvré

Les jours ouvrés sont ceux où les banques travaillent effectivement.

La plupart des agences bancaires sont actuellement ouvertes au public cinq jours sur sept. Certaines le sont du lundi au vendredi, d'autres du mardi au samedi, soit uniformément cinq jours ouvrés.

Jour de banque

Les jours de banque correspondent à la différence entre le nombre de jours d'agios décompté par la banque lors de la mobilisation d'un crédit, par exemple, et le nombre réel de jours de mise à disposition des fonds relatifs à ce crédit.

Ex. un billet représentatif d'un crédit de trésorerie escompté en valeur le 1er juin à échéance du 30 juin fera l'objet d'une perception d'agios portant sur trente-et-un jours (durée apparente + un jour), alors que les fonds n'auront été disponibles que pendant vingt-neuf jours (si l'effet est débité en valeur le 30, les fonds sont disponibles jusqu'au 29 inclus). Cet écart de deux jours (de banque) majore d'autant plus le coût du crédit que la période de mobilisation est plus courte (dans l'exemple choisi, le coût supplémentaire est de 2/29).

Taux de base bancaire

Définition

Le taux de base bancaire (TBB) est le taux d'intérêt annuel fixé par la banque et qui sert de base au calcul du prix des crédits qu'elle consent.

Ainsi, le coût d'une ligne d'escompte commercial sera décomposé de la façon suivante : taux de base de la banque + 1,10 %, soit un taux annuel de 7,70 % (dans l'hypothèse d'un taux de base de 6,60 %).

Fixation

Le taux de base bancaire est en théorie fixé en fonction du taux du marché monétaire, qui dépend lui-même des conditions du marché (loi de l'offre et de la demande).

Chaque banque fixe en principe librement son taux de base. De fait, toute décision en ce sens est le résultat de concertations avec les autorités monétaires (notamment avec le ministère des Finances) ; elle est liée à l'évolution des taux pratiqués sur le marché monétaire. On constate d'ailleurs que beaucoup des banques appliquent le même taux de base et que celui-ci résulte souvent d'une « entente » bancaire.

Le taux de base bancaire détermine, par différence avec le taux du marché monétaire (qui est le taux auquel les banques se procurent des capitaux), l'essentiel de la marge bénéficiaire des banques résultant de l'octroi des crédits (dans la mesure où le taux des crédits n'est pas fondé sur le taux du marché monétaire, ce qui tend à se généraliser, surtout pour les grandes entreprises).

Les banques ne prêtent pas aux PME, en principe, en dessous du taux de base bancaire.

Taux de base bancaire et taux du marché

De nombreux emprunts et concours bancaires accordés aux entreprises sont aujourd'hui octroyés et négociés sur la base de taux indexés sur le taux du marché monétaire. De plus, certaines grandes entreprises financent leur exploitation par des billets de trésorerie au taux du marché monétaire auquel est appliquée une majoration, ou taux Euribor auquel est également appliquée une majoration.

Depuis janvier 1999, l'Euribor (Euro Interbank Offered Rate – taux interbancaire en euros) est le taux de référence pour le nouveau marché monétaire en euros. Il est représentatif des taux offerts entre banques de première catégorie au sein de la zone euro pour les échéances d'une semaine jusqu'à douze mois. Euribor est publié quotidiennement.

Cela tend à réduire l'importance de l'utilisation du taux de base bancaire. Notons toutefois que celui-ci est encore fréquemment utilisé comme taux de référence pour 40 % de l'encours des crédits aux entreprises et pour la quasi-totalité des concours bancaires accordés aux entreprises de petites et moyennes dimensions, ainsi que pour certains prêts aux particuliers.

Taux annuel effectif global (TAEG)

Le TAEG est un indicateur, calculé de la même manière et sur des bases identiques par les banques et les établissements de crédit, devant permettre :

- au futur emprunteur de pouvoir comparer le coût des financements proposés ;
- de s'assurer que ce taux reste en deçà du taux d'usure.

Le décret n° 85-944 du 4 septembre 1985 a précisé les modalités de calcul du TAEG, en légalisant la méthode du taux proportionnel.

Le TAEG est un taux annuel, obtenu en multipliant le taux de période par le rapport entre la durée de l'année civile et celle de la période unitaire, à terme échu et exprimé pour cent unités monétaires.

Exemple 1

À un taux mensuel de 1 %, correspond un TAEG annuel de 1 % x 12 mois = 12 %.

Le taux de période est calculé actuariellement, à partir d'une période unitaire correspondant à la périodicité des versements effectués par l'emprunteur. Il assure, selon la méthode des intérêts composés, l'égalité entre, d'une part, les sommes prêtées et, d'autre part, tous les versements dus par l'emprunteur au titre de ce prêt, en capital, intérêts et frais divers ; ces éléments étant, le cas échéant, estimés.

La période peut correspondre au semestre, au trimestre, mais ne peut être inférieure au mois.

Lorsque la périodicité des versements est irrégulière, la période unitaire est celle qui correspond au plus petit intervalle séparant deux versements.

Le taux de période et la durée de la période doivent être expressément communiqués à l'emprunteur, car un même taux effectif global peut être le produit de différents taux de période et nombre de périodes.

Exemple 2

À un TAEG de 9 % peut correspondre un taux actuariel mensuel de 0,75 %, un taux actuariel trimestriel de 2,25 % ou un taux actuariel semestriel de 4,50 %.

Toutefois la méthode proportionnelle est condamnée à terme, au profit de la méthode du taux équivalent retenue par une récente directive européenne. La méthode proportionnelle ne peut plus être retenue en France depuis le 31 décembre 1995.

Taux d'usure

Une nouvelle définition du taux d'usure a été introduite par la loi du 31 décembre 1989 (loi n° 80-1010 relative à la prévention et au règlement des difficultés liées au surendettement des particuliers et des familles, modifiant l'article 1er de la loi n° 66-1010 du 28 décembre 1966).

Depuis le 1er juillet 1990, est considéré comme usuraire tout prêt conventionnel consenti à un taux effectif global qui excède, au moment où il est consenti, de plus d'un tiers le taux effectif moyen pratiqué au cours du trimestre précédent, par les établissements de crédit, pour les opérations de même nature, comportant des risques analogues.

Les taux d'usure sont désormais calculés chaque trimestre par la Banque de France à partir d'enquêtes sur les taux réellement pratiqués par les établissements de crédits dans chaque catégorie de crédit. Le ministère de l'Économie a ainsi défini une grille de douze taux d'usure, dont six pour les particuliers et six pour les entreprises.

La loi du 2 août 2005 a supprimé la référence à un taux de l'usure, excepté pour les découverts, pour les prêts aux commerçants, artisans, entrepreneurs individuels et aux personnes morales n'ayant pas d'activité industrielle, commerciale, artisanale, agricole ou professionnelle non commerciale (associations, fondations, SCI, collectivités locales).

Échelle d'intérêts

L'échelle d'intérêts est établie par la banque pour chaque trimestre civil. Elle permet le calcul des intérêts, compte tenu du montant et de la date de valeur de chaque opération, et l'application des commissions. Elle doit être communiquée avec chaque ticket d'agios aux titulaires de comptes courants.

La présentation de l'échelle d'intérêts comprend en général :

- la date d'opération (ou date comptable), date d'enregistrement de l'écriture ;
- la date de valeur, seule date prise en compte par la banque pour le décompte des intérêts ;
- une colonne comprenant les mouvements débiteurs par jour ;
- une colonne comprenant les mouvements créditeurs par jour ;
- une ou deux colonnes faisant ressortir le solde créditeur ou débiteur par jour ;
- une colonne faisant apparaître le nombre de jours de valeur entre deux opérations, par différence entre les dates de valeur de chaque opération ;
- une colonne pour le décompte des nombres débiteurs (voir ci-après la méthode des nombres) ;
- une colonne pour le décompte des nombres créditeurs.

Certains arrêtés comprennent également en sus des renseignements ci-dessous :

- le montant du plus fort découvert de chaque mois du trimestre ;
- la base de calcul de la commission de mouvement ;
- le décompte des différentes commissions, etc.

Lorsque l'entreprise est titulaire de plusieurs comptes bancaires dans le même établissement, elle peut exiger la fusion des comptes et l'établissement d'une échelle unique, cela afin d'éviter le décompte d'intérêts sur des nombres débiteurs et la non-prise en compte de nombres créditeurs sur un autre compte.

La méthode des nombres

La quasi-totalité des banques utilise, actuellement, la méthode des nombres pour le calcul des intérêts débiteurs.

Le nombre est la multiplication du solde en euros par le nombre des jours pendant lesquels le solde est resté constant.

L'ESSENTIEL

- L'activité de beaucoup d'entreprises génère des besoins de financement pour s'approvisionner, pour fabriquer, pour stocker ou pour vendre.
- Les crédits de trésorerie ont pour fonction de répondre à ces besoins soit sous forme de crédits par débit en compte ou par billets, tels que la facilité de caisse, le découvert ou le crédit de campagne, soit sous forme de crédits de mobilisation, tels que l'escompte ou la mobilisation Dailly.
- D'autres crédits sont destinés à financer des besoins plus spécifiques, tels que le financement des marchés publics ou les crédits par signature qui ont lieu sans décaissement et permettent aux entreprises soit de s'assurer des financements, soit d'améliorer leur trésorerie en différant ou évitant des décaissements ou en accélérant des rentrées de fonds.
- Les grandes entreprises peuvent émettre des Negotiable European Commercial Papers trésorerie qui peuvent être souscrits par d'autres agents économiques que les banques.

Quiz : Le financement de l'activité

http://dunod.link/techbanc10

11 • LE FINANCEMENT DES INVESTISSEMENTS

Executive summary

- Pour produire, les entreprises ont besoin de matières premières, de main-d'œuvre, mais aussi de divers équipements : terrains, constructions, matériel de fabrication, etc. ; l'ensemble de ces équipements est appelé l'outil de production.
- Comment une entreprise peut-elle financer ses investissements ? Qu'est-ce que l'autofinancement ? Comment une entreprise peut-elle faire un appel public à l'épargne ? Quels sont les concours bancaires qui financent les investissements ? Quelles sont les aides publiques à l'investissement ?

1 • L'AUTOFINANCEMENT

On appelle autofinancement l'opération qui consiste pour une entreprise à financer ses investissements sans faire appel à des capitaux extérieurs. Elle se finance donc avec ses propres capitaux.

L'autofinancement peut être constitué par les amortissements[1] de l'exercice, le bénéfice du même exercice ou ceux des exercices précédents : les réserves.

L'autofinancement est aux entreprises ce que l'épargne est aux particuliers. Il présente pour l'entreprise l'avantage de la rendre indépendante des tiers, mais il a pour inconvénient majeur de limiter bien souvent l'entreprise dans ses possibilités d'investissement s'il n'y a pas recours à l'emprunt.

2 • L'APPEL PUBLIC À L'ÉPARGNE

Bien souvent, les capitaux propres de l'entreprise ne suffisent pas à financer ses investissements ou les limitent en qualité ou en quantité.

Pour pallier cette insuffisance, les sociétés par actions peuvent faire appel au marché financier, c'est-à-dire émettre notamment des actions ou des obligations ou des titres dérivés des actions ou des obligations.

En effet, une société peut augmenter son capital en demandant de nouveaux apports à ses actionnaires actuels ou à de nouveaux actionnaires, mais elle peut également émettre un emprunt obligataire en demandant au public (personnes morales ou physiques) de lui prêter des capitaux sur une longue durée (dix à quinze ans).

Elle peut enfin utiliser d'autres techniques comme le capital-risque, l'actionnariat des salariés, ou encore se faire mieux connaître par une introduction en Bourse.

• Les augmentations de capital en numéraire

Une société peut augmenter son capital sans faire appel aux actionnaires. Elle le fera par incorporation des réserves (bénéfices des années précédentes non distribués) au capital. On parle dans ce cas d'augmentation de capital à titre gratuit ou d'augmentation de capital par incorporation de réserves. Cette opération n'apporte évidemment pas de capitaux frais à la société.

Si la société a besoin d'argent frais pour procéder à des investissements, elle va faire appel à ses actionnaires ou à de nouveaux actionnaires pour qu'ils effectuent de

1. Amortir c'est constater comptablement la dépréciation d'un outil de production ; l'amortissement étant déductible fiscalement, l'entreprise constate ainsi une charge sans sortie de fonds ce qui lui permettra de trouver des moyens supplémentaires pour financer ses investissements.

nouveaux apports. On parle alors d'augmentation de capital à titre onéreux ou d'augmentation de capital en numéraire.

Les aspects juridiques

Avant toute nouvelle augmentation de capital, le capital déjà émis doit être entièrement libéré, c'est-à-dire que les fonds que les actionnaires s'étaient précédemment engagés à apporter l'ont effectivement été.

L'augmentation de capital est proposée par le directoire ou le conseil d'administration selon le cas. Elle est ensuite décidée par l'assemblée générale extraordinaire des actionnaires puisqu'elle entraîne une modification des statuts (*quorum* nécessaire : moitié des actionnaires à la première convocation et quart ensuite ; majorité nécessaire : deux tiers des voix des actionnaires présents ou représentés. Le *quorum* correspond au nombre de voix présentes ou représentées ; la majorité est le nombre de voix exprimées nécessaires pour qu'une décision soit prise.).

La publicité sur l'émission doit être faite, d'une part, par le dépôt de la délibération de l'assemblée générale extraordinaire au greffe du tribunal de commerce et, d'autre part, par une insertion au BALO (Bulletin des annonces légales obligatoires) si la société fait publiquement appel à l'épargne. La note d'information sur l'émission doit être visée par l'Autorité des marchés financiers avant sa diffusion.

Il est en principe attribué un droit préférentiel de souscription aux actionnaires en place, mais l'assemblée générale extraordinaire peut décider de sa suppression.

Sauf décision formelle de l'assemblée générale extraordinaire, l'augmentation de capital se fera avec suppression du droit préférentiel de souscription à titre réductible.

Les modalités pratiques

L'émission au pair ou avec prime d'émission

Au pair : le titre est émis pour sa valeur nominale.

Avec prime d'émission : le souscripteur verse un supplément en sus du prix d'émission de l'action. La prime d'émission a pour but de rétablir l'égalité entre les actionnaires mais, contrairement au droit préférentiel de souscription, elle profite à la société émettrice.

L'émission avec libération totale immédiate ou libération partielle

Libération totale immédiate : les actionnaires versent la totalité du capital souscrit.

Libération partielle : les actionnaires se libèrent immédiatement au moins de la moitié, le solde pouvant être libéré dans les cinq ans maximum.

L'augmentation de capital à titre irréductible ou à titre réductible

Pour favoriser les actionnaires en place par rapport à de nouveaux actionnaires, et pour respecter l'égalité en fonction du nombre d'actions détenues, la société va attribuer à chaque action ancienne un droit de participer à l'augmentation de capital.

Le délai d'exercice du droit de souscription ne peut être légalement inférieur à vingt jours à compter de la date d'ouverture de la souscription.

L'augmentation de capital à titre onéreux peut être d'abord faite à titre irréductible puis à titre réductible.

À titre irréductible. La souscription d'actions nouvelles est réservée aux titulaires de droits préférentiels de souscription, c'est-à-dire aux actionnaires anciens. La souscription est dite irréductible, car la société ne pourra pas refuser leur souscription à concurrence des droits dont ils disposent ; il y a autant de droits que d'actions anciennes.

À titre réductible. Le droit de souscription à titre réductible a été supprimé par la loi du 3 janvier 1983. Toutefois ce droit peut être rétabli par l'assemblée générale extraordinaire. Ainsi, si tous les actionnaires n'utilisent pas leurs droits, l'augmentation de capital se fera pour le restant à titre réductible et ce, au prorata des souscriptions à titre irréductible des demandeurs, dans la limite de leur demande (on parle de droit réductible car les demandes peuvent être plus nombreuses que les possibilités de souscription offertes).

Toutefois, si cela a été prévu par l'assemblée générale extraordinaire et si les souscriptions n'ont pas absorbé la totalité de l'augmentation de capital, cette dernière peut être limitée au montant des souscriptions si elles atteignent au moins les 3/4 de l'augmentation prévue.

Rappelons que l'actionnaire n'est pas obligé d'utiliser ses droits ; il peut les céder. Il peut aussi en acquérir d'autres s'il n'en possède pas assez pour souscrire à l'augmentation de capital.

Les augmentations de capital par suppression du droit préférentiel de souscription

L'augmentation de capital peut avoir lieu par suppression du droit préférentiel de souscription soit en faveur de personnes déterminées, soit en faveur de personnes non déterminées.

Le rôle des banques

Les banques conseillent l'émetteur sur l'opportunité et le volume de l'émission.

Elles mettent à la disposition de ce dernier leurs guichets et perçoivent à ce titre une commission.

Elles peuvent offrir une garantie de bonne fin du placement en souscrivant elles-mêmes les titres et en les replaçant auprès de leur clientèle. Cette garantie est pratiquée moyennant la perception d'une commission calculée en fonction des capitaux garantis.

• Les emprunts obligataires

Les aspects juridiques

L'émetteur doit procéder à une publicité au BALO.

Il doit également soumettre la note d'information qui accompagne l'émission du visa de l'Autorité des marchés financiers.

Ne peuvent émettre des emprunts obligataires que les sociétés par actions ou les groupements d'intérêt économique à la condition qu'ils soient composés exclusivement de sociétés par actions.
Le capital doit être entièrement libéré.

La société émettrice doit avoir deux années d'existence et avoir eu deux bilans approuvés par les actionnaires. À défaut, elle doit apporter la garantie de l'État ou d'une autre société remplissant ces conditions.
La décision d'émettre est du ressort de l'assemblée générale ordinaire.

Les modalités pratiques

Les taux sont fixés librement en concertation avec le Trésor.

L'émission peut avoir lieu avec ou sans prime de remboursement (il y a prime de remboursement lorsque l'obligataire est remboursé pour un montant supérieur à celui de la souscription).

La date de jouissance (c'est-à-dire le point de départ du calcul des intérêts) peut être immédiate ou décalée.

Le remboursement peut être prévu selon diverses modalités :

- avec ou sans différé : il y a différé lorsque la société n'amortit pas l'emprunt pendant une certaine période au départ ;
- en annuités constantes : les remboursements annuels, capital et intérêts, sont toujours les mêmes ;
- avec amortissements constants : le capital amorti chaque année est toujours le même ;
- par rachats en Bourse : pour rembourser l'emprunt la société se porte acquéreur de ses titres sur le marché, ce qui peut lui permettre de bénéficier de cours favorables ;

- *in fine* : remboursement en bloc à la fin de l'emprunt ; situation maintenant la plus fréquente.

Le rôle des banques

Les banques peuvent conseiller l'émetteur sur l'opportunité et les modalités de l'émission.

Elles peuvent aussi procéder à la prise ferme de l'émission avec cession auprès du public.

• Les autres modalités d'appel public à l'épargne

Le capital-risque

Les sociétés de capital-risque ont pour objet d'apporter des fonds propres aux petites et moyennes entreprises non cotées. Elles ne peuvent employer en titres d'une même société plus de 25 % de leur capital.

On peut distinguer plusieurs formes de capital-risque :

- le capital-risque création avec intervention dans une entreprise qui a moins de trois ans d'existence ;
- le capital-risque développement dans des entreprises ayant déjà fait leurs preuves ;
- le capital-risque transmission en cas d'intervention pour transmission de l'entreprise, notamment aux salariés.

Les sociétés de capital-risque ne peuvent, directement ou indirectement, par personne ou organisme interposé, détenir plus de 40 % des droits de vote dans une même société. La prise de participation de la société de capital-risque dans une entreprise ne doit pas conférer à l'un de ses actionnaires, directement ou indirectement, la détention de plus de 40 % de droits de vote dans cette entreprise.

Les sociétés de capital-risque doivent distribuer 50 % au moins des produits et plus-values nets exonérés d'impôt sur les sociétés dès que le montant de leurs réserves, majoré des sommes reportées à nouveau, atteint la moitié de leur capital, diminué, le cas échéant, des incorporations de réserves, bénéfices ou provisions.

L'actionnariat des salariés

Les salariés peuvent devenir actionnaires de leur entreprise dans différentes situations :

- participation des salariés aux fruits de l'expansion des entreprises et plans d'épargne d'entreprise ;

- pour les sociétés cotées en Bourse : rachat par les salariés des actions de leur entreprise ou participation à une augmentation de capital qui leur est réservée ;
- souscription ou achats des actions de la société dans des conditions préférentielles : technique des stocks options ; le prix du titre est fixé lors de l'octroi de l'option, mais la levée des titres n'a lieu que beaucoup plus tard, le titre s'étant normalement entre-temps valorisé ;
- rachat de l'entreprise par les salariés (RES) par le biais d'une société holding créée spécifiquement à cette occasion.

L'introduction en Bourse

L'introduction en Bourse est l'opération par laquelle un certain pourcentage du capital est cédé au public sur le marché : minimum 10 % du capital.

L'introduction en Bourse présente deux avantages principaux pour l'émetteur :

- acquisition d'une certaine notoriété ;
- possibilité d'accéder à terme ou immédiatement à des sources de financement complémentaires : augmentation de capital ou émission d'un emprunt par exemple.

L'introduction peut se faire selon différents procédés :

- ajustement du cours d'introduction en fonction de la demande du titre ;
- offre publique de vente à un prix déterminé ;
- mise en vente des titres sur le marché.

L'introduction en Bourse ne procure à la société concernée aucun apport immédiat de capitaux frais, mais elle a lieu dans l'optique d'un très proche appel au marché.

3 • LES CONCOURS BANCAIRES

Toutes les entreprises ne peuvent pas faire appel au marché financier qui est réservé aux sociétés les plus importantes. Ces dernières peuvent, elles aussi, préférer s'adresser à leur banque pour financer certains investissements.

Si le recours aux concours bancaires est une solution couramment utilisée, et qui a bien souvent le mérite d'être la seule possible (ou presque) pour la quasi-totalité des petites et moyennes entreprises, il faut reconnaître que ce mode de financement présente des inconvénients pour l'entreprise, en la rendant tributaire des aléas de la distribution du crédit (montant, coût, délais, etc.) et de la politique arrêtée par son banquier (choix des risques, garanties, etc.). Les banques peuvent intervenir soit sous forme de crédit classique, soit sous forme de crédit-bail (*leasing*), soit encore sous forme d'un prêt participatif.

• Le crédit bancaire classique

Ce crédit peut être accordé à moyen terme ou à long terme.

Les crédits à moyen terme

D'une durée de deux à sept ans, ils sont accordés soit par une banque seule, soit par une banque en concours avec un établissement spécialisé, comme la Banque Publique d'investissement.

Il doit exister une liaison entre la durée du financement et la durée de vie du bien financé. Il faut éviter, dans tous les cas, que la durée du financement soit plus longue que la durée d'utilisation du bien que le crédit à moyen terme finance. Celui-ci s'applique donc à des investissements de durée moyenne, tels que véhicules et matériels et, de façon plus générale, à la plupart des biens d'équipement et moyens de production de l'entreprise.

La durée du prêt doit cependant tenir compte des possibilités financières de l'entreprise ; celle-ci, en effet, pendant cette période, doit pouvoir non seulement assurer le remboursement du crédit, mais encore dégager un autofinancement suffisant pour reconstituer le bien qui s'use (c'est l'amortissement).

Dans tous les cas, un financement par un crédit à moyen terme ne doit pas normalement couvrir la totalité de l'investissement. Il est logique que l'entreprise qui désire s'équiper fasse un effort d'autofinancement.

Le pourcentage du programme d'investissement financé par un crédit à moyen terme est compris en général entre 60 % et 80 % du montant HT de l'investissement. Toutefois les financements à 100 % sont fréquents pour les investissements modestes tels que véhicules, matériels informatiques, etc.

L'octroi d'un crédit à moyen terme fait, de la part du banquier, l'objet d'une étude poussée, car le risque provient de la durée et de l'importance du prêt. Il faut étudier les incidences sur l'activité de la mise en place de cet équipement et prévoir la situation financière de l'entreprise, compte tenu de son nouvel outil de production et également de ses charges nouvelles. Ceci nécessite de s'appuyer sur :

- un compte de résultat prévisionnel qui mettra en parallèle l'ensemble des charges et ressources de l'emprunteur, afin de dégager les possibilités futures de l'entreprise de rembourser les fonds empruntés ;
- un tableau de financement pour connaître l'impact de l'investissement sur la structure du bilan de l'entreprise (fonds de roulement, besoin en fonds de roulement et trésorerie), afin de s'assurer du bon dénouement de l'opération de crédit.

L'analyse d'une demande de crédit à moyen terme repose principalement sur l'étude des éléments suivants :

- forme juridique de l'entreprise et notamment montant et composition du capital ;

- situation économique ;
- intérêt économique et financier de l'opération ;
- situation financière de l'entreprise avant l'opération, pendant et après l'opération ;
- garanties offertes (personnelles et/ou réelles choisies en fonction des biens financés et de la situation de l'emprunteur).

Les crédits à long terme

D'une durée de sept à vingt ans, ils sont distribués par les banques et les institutions financières spécialisées.

Pour ce type de financement, les banques interviennent souvent en pool avec partage des risques et de la trésorerie.

• Le crédit-bail (*leasing*)

Le **crédit-bail** est une technique de financement d'une immobilisation par laquelle un établissement de crédit acquiert un bien meuble ou immeuble pour le louer à une entreprise, cette dernière ayant la possibilité de racheter le bien loué pour une valeur résiduelle généralement faible en fin de contrat.
Ce n'est pas une vente à tempérament, car l'utilisateur n'est pas propriétaire du bien financé.
Ce n'est pas une simple location, car le locataire dispose d'une faculté de rachat.
Ce n'est pas une location-vente, car le locataire n'est pas obligé d'acquérir le bien loué après un certain délai.

Le mécanisme

L'entreprise choisit son équipement. Le fournisseur est réglé par la société de crédit-bail. La durée du contrat doit correspondre à la vie économique du bien loué. À la fin du contrat, le locataire peut acquérir le bien loué, le restituer ou dans certains cas renouveler le contrat sur de nouvelles bases.

Les formes principales de crédit-bail

Le crédit-bail mobilier

Il porte sur des biens d'équipement qui doivent être utilisés pour les besoins de l'entreprise ou à titre mixte et participer à la productivité de l'entreprise ; il ne peut s'appliquer aux fonds de commerce et aux logiciels informatiques.

Il est distribué par des sociétés spécialisées filiales de banques.

Les concours de ces établissements sont fonction de leurs fonds propres.

Le crédit-bail immobilier

Il concerne des biens immobiliers professionnels déjà construits ou à construire. Il est distribué par des sociétés spécialisées filiales de banques qui se financent par émissions d'emprunts obligataires.

Les opérations particulières de crédit-bail

Le lease-back

C'est une technique de crédit par laquelle l'emprunteur transfère au prêteur la propriété d'un bien qu'il rachètera progressivement suivant une formule de location assortie d'une promesse de vente.

Le *lease-back* permet donc à une entreprise de trouver des capitaux en cédant ses immobilisations. Cette opération ne peut avoir lieu en matière de fonds de commerce ou d'établissement artisanal.

Le crédit-bail adossé

Appelé aussi crédit-bail fournisseur, c'est une opération par laquelle une entreprise vend le matériel qu'elle fabrique à une société de crédit-bail qui le laisse à sa disposition dans le cadre d'un contrat de crédit-bail.

L'entreprise productrice, devenue locataire de ses propres productions, sous-loue le matériel à ses clients utilisateurs, dans des conditions qui sont souvent identiques à celles du contrat de crédit-bail dont elle est bénéficiaire.

Les avantages du crédit-bail

Le crédit-bail est d'une grande souplesse d'utilisation.

Il n'exige aucun autofinancement.

L'utilisateur étant locataire du bien financé n'a pas à fournir de garantie réelle.

Il n'y a pas d'immobilisation au bilan puisqu'il s'agit de location.

Les loyers sont passés en frais généraux, à condition que la durée de location corresponde à la vie économique du bien loué.

Les inconvénients du crédit-bail

Il s'agit d'une technique de financement d'un coût élevé, surtout pour les petits investissements.

Ce type de financement est réservé aux biens standard.

Les biens financés ne peuvent être donnés en garantie.

Le locataire en rachetant le bien, même pour une valeur résiduelle faible, doit l'amortir à l'issue du contrat.

Par ailleurs, la mise en œuvre des clauses de sortie prévues en cas de rupture anticipée du contrat peut avoir des conséquences financières assez lourdes pour le crédit-preneur. Il en est de même en cas de non-paiement des loyers.

• Le prêt participatif

Les prêts participatifs ont été créés en 1978 afin d'améliorer la structure financière des sociétés commerciales ou industrielles éligibles à ce dispositif.

Le prêt participatif est un prêt sans garantie ; il est donc considéré comme une créance de dernier rang. Il est rémunéré par un intérêt fixe, complété le cas échéant par un intérêt variable, selon les performances économiques de l'entreprise.

Peuvent consentir des prêts participatifs l'État, les établissements de crédit, les sociétés commerciales, les sociétés et mutuelles d'assurances, certains établissements publics, les associations sans but lucratif visées par l'article L. 511-6 5° du Code monétaire et financier, à savoir principalement l'ADIE (Association pour le Droit à l'initiative économique).

Ces prêts peuvent aussi être accordés aux entreprises individuelles et aux entreprises artisanales.

L'intéressement auquel le prêteur a droit, peut prendre la forme soit :

- d'une participation au bénéfice réalisé lors de l'utilisation du bien acquis, financé totalement ou partiellement par ce prêt ;
- d'une participation sur la plus-value réalisée lors de la cession de ce bien ;
- d'une participation sous la forme de rétrocession de la marge réalisée.

• Le *crowdfunding*

Le *crowdfunding* (ou financement participatif) est un outil de collecte de fonds opéré via une plateforme internet permettant à un ensemble de contributeurs de choisir collectivement de financer directement des projets identifiés.

Il existe, aujourd'hui, une multitude de plateformes ; certaines sont généralistes, d'autres sont spécialisées.

Ce type de financement s'adresse aux créateurs, repreneurs, entrepreneurs et associations qui ne disposent pas des fonds nécessaires à la mise en œuvre de leur projet.

Pour fonctionner les plateformes prennent une commission sur le montant des sommes récoltées.

Les différentes formes de crowdfunding

Le *crowdfunding* peut prendre différentes formes : dons, prêts, investissement.

- **Crowdfunding sous forme de dons**. Le don peut être sans contrepartie, avec une contrepartie, ou prendre la forme de pré-ventes.
- **Crowdfunding sous forme de prêt**. Il peut s'agir de prêts sans intérêts, prêts avec intérêts, sans caution ni garantie de votre part, prêts en minibons (bons de caisse).
- **Crowdfunding sous forme d'investissement**. Le financement prend la forme d'une prise de participation ; cette participation peut être en capital (parts sociales ou actions), en obligations (titres représentatifs d'une part d'emprunt), contre royalties (commissions sur le chiffre d'affaires).

La prise de participation peut, dans certains cas, donner lieu à une réduction d'impôt pour les investisseurs.

4 • LES AIDES PUBLIQUES

Les entreprises peuvent obtenir, dans certains cas et dans certaines conditions, des subventions de l'État ou des collectivités locales pour financer leurs équipements.

L'intervention et le soutien publics sont le plus souvent réservés aux entreprises qui présentent un intérêt certain pour l'économie (industries de pointe par exemple) ou, au contraire, à celles qui connaissent de graves difficultés en raison de la concurrence internationale par exemple, ou auxquelles il convient d'apporter un soutien pour maintenir l'emploi.

Dans certains cas, cette aide peut prendre la forme de prêts à taux bonifiés, la collectivité prenant à sa charge une partie des intérêts.

Les aides directes à l'investissement ont d'ailleurs tendance à disparaître et à être remplacées par des incitations à la création d'emplois.

L'ESSENTIEL

- Une entreprise peut financer ses investissements par l'autofinancement, l'appel public à l'épargne, les concours bancaires voire des aides publiques.
- Les établissements de crédit peuvent accorder aux entreprises des concours pour financer leurs investissements sous forme de crédits classiques à moyen ou long terme ou sous forme de crédit-bail.
- Les crédits à moyen terme financent des équipements mobiliers d'une durée de vie moyenne, alors que les crédits à long terme financent essentiellement des investissements immobiliers.
- Les entreprises utilisent de plus en plus le crédit-bail pour financer leurs investissements.

Quiz : Le financement des investissements

http://dunod.link/techbanc11

12 • LE FINANCEMENT DU COMMERCE EXTÉRIEUR

Executive summary

- Les banques offrent aux importateurs et exportateurs des services et des financements spécifiques.
- Quels sont les principaux documents utilisés dans le commerce international ? Comment sont financées les importations ? Comment sont financées les exportations ? Comment s'effectuent les opérations de change ?

1 • LES DOCUMENTS UTILISÉS DANS LE COMMERCE INTERNATIONAL

Le vendeur doit préciser ce qu'il vend et l'acheteur connaître ce qu'il achète ; on utilise pour cela, à l'international, de nombreux documents.

• Les documents commerciaux

Les principaux documents commerciaux sont la facture qui définit la marchandise en quantité, qualité et prix, et les notes de poids et de colisage.

Les certificats de poids, de jaugeage, de mesurage peuvent être établis par le vendeur, sauf si l'acheteur exige qu'ils soient émis par un tiers.

• Les documents de garantie

La qualité des marchandises exportées doit souvent être attestée par des tiers : on a essentiellement le certificat d'origine et le certificat sanitaire.

Le certificat d'origine

Certains produits font l'objet d'une attestation de qualité par des organismes officiels tels que douanes, chambres de commerce ; on peut garantir ainsi l'origine de pierres précieuses, tapis, etc.

Le certificat sanitaire ou phytosanitaire

De nombreux pays importateurs exigent un certificat phytosanitaire pour tout produit agricole. Ce certificat, délivré par les autorités locales de l'exportateur, atteste que les produits du pays exportateur sont sains et ne contiennent ni insectes nuisibles, ni germes pathogènes et/ou ne viennent pas de régions atteintes d'une épidémie.

Le certificat d'analyse

Pour certaines marchandises, telles que les produits chimiques, certaines matières premières, certains produits d'origine agricole comme le vin, l'alcool, etc., l'acheteur peut aussi exiger la présentation d'un certificat d'analyse. Ce certificat peut être établi et signé soit par le fabricant lui-même, soit par un laboratoire indépendant ou un laboratoire d'État. Il constate la teneur et le titrage de la marchandise, afin d'en déterminer la qualité spécifique.

Le certificat d'usine

Ce document contient habituellement des essais physiques ou mécaniques (élongation, résistance à la traction, à la torsion, etc.) et même des analyses chimiques.

Le certificat de circulation des marchandises

C'est un document douanier qui a pour but de faciliter l'application des dispositions mises au point par l'Union européenne avec certains pays tiers en vue de faire bénéficier les produits originaires de l'Union européenne de droits de douane préférentiels dans ces pays.

La facture douanière

La facture douanière reproduit les indications essentielles de la facture commerciale et certifie l'origine de la marchandise sous la signature conjointe de l'exportateur et d'un témoin. Elle est requise par la douane de certains pays anglo-saxons ou sous influence anglo-saxonne pour dédouaner la marchandise.

La facture consulaire

Ce document, dont la forme et le libellé varient d'un pays à l'autre, doit mentionner la description détaillée de la marchandise dans la langue nationale du destinataire et suivant le tarif douanier de ce pays. Il doit également indiquer la valeur, le poids brut et net et certifier l'origine de la marchandise. Il doit ensuite être légalisé par le Consul du pays importateur.

• Les documents d'assurance

La marchandise qui voyage court de nombreux risques de destruction, détérioration, perte, vol, etc. Ces accidents doivent être assurés soit au profit du vendeur, soit au profit de l'acheteur selon que c'est l'un ou l'autre qui court le risque du transport.

L'attestation d'assurance certifie de la couverture des risques mentionnés.

Précisons tout de suite que, selon le type de contrat (CAF, FOB, etc.), la marchandise voyage soit aux risques et frais du vendeur, soit aux risques et frais de l'acheteur, soit à risques partagés. Par simplification, c'est le vendeur qui souscrit la plupart du temps le contrat d'assurance dont le bénéficiaire peut être, selon le cas, lui-même, l'acheteur ou les deux en fonction de la répartition des risques.

• Les documents de transport

Le transporteur à qui le vendeur confie la marchandise lui remet un titre de transport qui est adressé à l'acheteur pour qu'il puisse retirer la marchandise à l'arrivée.

Ce document peut être une lettre de voiture s'il s'agit de transport par route ou par rail, une lettre de transport aérien s'il s'agit de transport par avion ou un connaissement s'il s'agit de transport maritime ou un connaissement de transport combiné s'il s'agit d'un transport multimodal (utilisant différents moyens de transport).

Le connaissement de transport combiné est maintenant le document le plus couramment utilisé car, avec le développement des transports par conteneurs, la majorité des expéditions se font « de porte-à-porte » et l'ensemble du voyage est couvert par un document unique présentant les mêmes caractéristiques que le connaissement maritime traditionnel.

Le connaissement peut être endossé, c'est-à-dire que le bénéficiaire du connaissement, destinataire mentionné sur le document, peut le transmettre à un tiers par endossement ; ce dernier, devenant alors propriétaire de la marchandise peut la retirer.

Cette procédure est souvent utilisée au profit d'une banque qui détient ainsi un droit de gage sur ladite marchandise.

2 • LE FINANCEMENT DES IMPORTATIONS

Un importateur peut régler ses achats grâce à la remise documentaire, au crédit documentaire et à l'avance en devises ; il peut également bénéficier de cautions en douane.

• La remise documentaire

Les principes

Pour retirer ses marchandises, l'acheteur doit être en possession d'un certain nombre de documents : titre de transport, certificats divers, documents douaniers, etc.

L'exportateur qui veut être assuré de ne livrer la marchandise qu'en contrepartie du paiement adressera ces documents à la banque de l'acheteur qui ne pourra les remettre à ce dernier que contre paiement (règlement comptant ou par acceptation d'une traite). On notera que la remise documentaire n'est pas un mode de financement, mais un simple service rendu par la banque de l'importateur aux deux parties.

Cette procédure semble apporter toutes garanties au vendeur (qui sera assuré d'être payé en cas de paiement comptant ou par traite avalisée par la banque) ainsi qu'à l'acheteur (qui sera sûr d'obtenir ses marchandises).

Toutefois, le vendeur ne peut envoyer les documents qu'après expédition des marchandises et il court alors le risque de voir l'acheteur ne pas pouvoir payer ou ne plus vouloir des marchandises.

En cas de défaillance de l'acheteur, le vendeur n'a alors plus que deux solutions : rapatrier les marchandises à ses frais ou trouver un autre acheteur sur place si la qualité de la marchandise le lui permet.

Pour protéger plus efficacement les deux parties, les banques ont imaginé une technique plus élaborée : le crédit documentaire.

Le mécanisme

Première étape

L'exportateur expédie ses marchandises à l'importateur.

Deuxième étape

Il remet à sa banque les documents demandés par l'importateur, généralement :

- la facture, qui détaille la marchandise expédiée, le prix et les conditions (assurance, transport, règlement) ;
- le document de transport : connaissement, lettre de transport aérien, lettre de voiture ou connaissement de transport combiné qui atteste la réalité de l'expédition et mentionne la date de départ ;
- le document d'assurance, si les risques sont pris en charge par l'exportateur ;
- la liste de colisage, qui donne le détail du conditionnement ;
- la traite dans le cas où le règlement sera fait par acceptation...

En même temps, l'exportateur précise ses instructions, à savoir, que les documents devront être délivrés à l'importateur :

- contre paiement comptant ;
- ou contre acceptation par l'importateur d'un ou plusieurs effets à échéance.

Troisième étape

La banque de l'exportateur transmet les documents accompagnés des instructions à la banque de l'importateur.

Quatrième étape

La banque de l'importateur délivre les documents dans le respect des instructions qu'elle a reçues (contre paiement ou contre acceptation), puis avise la banque de l'exportateur.

Dans le cas de remise contre acceptation, l'exportateur peut demander que le ou les effets soient avalisés par la banque de l'importateur.

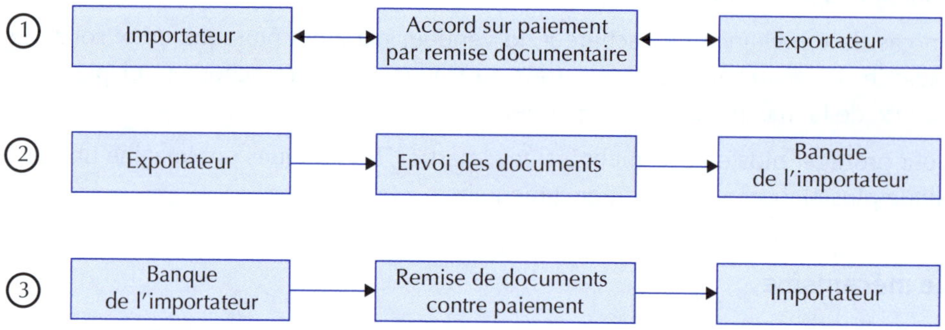

Figure 12.1 – Schéma de remise documentaire

• Le crédit documentaire

DÉFINITION

Le **crédit documentaire** est l'engagement pris par la banque d'un importateur de garantir à l'exportateur le paiement des marchandises (ou l'acceptation d'une traite) contre la remise de documents attestant de l'expédition de la marchandise définie au contrat dans les délais convenus. Le crédit documentaire est donc un crédit par signature.

Le mécanisme

Lorsque le vendeur et l'acheteur signent leur contrat, le vendeur demande à être assuré du paiement au moyen d'un crédit documentaire. L'acheteur va trouver son banquier et lui demande de s'engager à payer le prix des marchandises à présentation des documents prévus au contrat. Si le banquier consent le crédit, il en informe le vendeur.

Les formes du crédit-documentaire

Les formes classiques du crédit documentaire

Le crédit documentaire peut être révocable ou irrévocable, notifié ou confirmé.

- Révocable : le banquier peut revenir sur son engagement avant expédition des marchandises. L'exportateur conserve un risque tant qu'il n'a pas expédié ses marchandises. En pratique, le crédit révocable est rarement utilisé, sauf entre sociétés apparentées, car c'est un instrument rapide de rapatriement de fonds.

- Irrévocable : le banquier ne peut revenir sur son engagement, quelle que soit l'évolution de la situation de son client, à moins d'un accord de toutes les parties concernées.

L'exportateur est assuré d'être payé par le banquier de l'importateur, sauf à ne pas respecter ses engagements ou défaillance de la banque de l'importateur.

- Notifié : le banquier de l'importateur est seul engagé. L'exportateur est alors couvert contre le risque commercial, mais il n'est pas protégé en cas de risque pays : risque politique, catastrophique ou de non-transfert.
- Confirmé : l'engagement du banquier de l'importateur est conforté par un banquier correspondant dans le pays de l'exportateur. L'exportateur qui respecte entièrement ses engagements est totalement assuré d'être payé.

Les formes particulières de crédit documentaire

Le crédit documentaire revolving (ou crédit permanent)

Le crédit revolving est un crédit documentaire qui se renouvelle par lui-même dans certaines circonstances. Ce type de crédit documentaire évite l'ouverture de multiples autres crédits documentaires dans le cadre d'un courant d'affaires régulier, avec des expéditions de volume constant.

Ce crédit signifie qu'il y a remise en vigueur ou reconduction automatique du crédit après la première utilisation dans les limites de son plafond maximum autorisé. Le caractère renouvelable est défini de façon multiple (montant, nombre de renouvellement, périodicité, période validité...).

Le crédit documentaire transférable

Il arrive fréquemment dans le commerce international que l'exportateur ne soit pas producteur des biens exportés, mais soit une entreprise de négoce qui achète des produits en vue de les revendre. Dans ce type de commerce, le crédit documentaire transférable permet de répondre à deux problèmes, à savoir un problème de financement, l'entreprise de négoce pouvant être amenée à payer son fournisseur avant l'encaissement du prix de la revente de la marchandise, et un problème de garantie, le fournisseur pouvant souhaiter être rassuré sur le paiement de ses livraisons à la maison de négoce.

Le crédit documentaire back-to-back

Si l'importateur refuse d'ouvrir un crédit documentaire transférable ou que l'exportateur ne désire pas que son client ait connaissance qu'il en sous-traite la réalisation, ce dernier peut adosser au crédit reçu de son client des crédits qu'il fait émettre en faveur de ses sous-traitants. La banque notificatrice ou confirmatrice du crédit reçu de l'étranger devient alors aussi la banque émettrice du crédit documentaire que le bénéficiaire destine à son fournisseur. L'organisation de l'opération n'établit aucun lien juridique entre les deux crédits documentaires, contrairement au crédit documentaire transférable.

Le premier crédit sera appelé « crédit de base », l'autre sera qualifié de « contre-crédit ou crédit adossé ». Ce crédit adossé sera dénommé « concordant » s'il exige les mêmes documents que le crédit initial et donne seulement lieu à une substitution de facture. S'ils sont « non concordants », l'exportateur demande à ses fournisseurs d'autres documents que ceux exigés en premier lieu par son client.

La réalisation du crédit documentaire

Le paiement peut être effectué de trois manières :

- paiement comptant par le banquier correspondant du donneur d'ordre ou par le banquier donneur d'ordre ;
- acceptation d'un effet par le banquier correspondant ou par le banquier donneur d'ordre ;
- paiement différé sans support cambiaire.

Dans le cas d'un crédit notifié, l'exportateur remet les documents à son banquier ; celui-ci les transmet au banquier de l'importateur qui procédera au règlement, dans la mesure où les documents présentés seront conformes à ceux qui étaient prévus et où l'expédition aura été faite dans les délais contractuels.

Si le crédit est confirmé, l'exportateur présente les documents à la banque confirmatrice du crédit qui procède au paiement, puis se fait rembourser par la banque de l'importateur.

Les risques du crédit-documentaire

Pour l'importateur

Si l'importateur est assuré que l'exportateur ne sera pas payé s'il ne remet pas les documents convenus en temps et en heure à sa banque, rien ne peut lui assurer une totale conformité des marchandises aux documents.

Il peut y avoir une mauvaise qualification des produits ou une escroquerie sur la marchandise.

Pour éliminer ce risque, l'importateur peut faire contrôler la marchandise avant son expédition par un représentant ou par un tiers qui sera sur place.

Pour les banques

Les risques documentaires. Avant de payer, les banques doivent vérifier la conformité des documents présentés à ceux qui ont été exigés par l'importateur ; si elles règlent l'exportateur alors que les documents ne sont pas conformes, elles ne pourront pas se faire rembourser par l'importateur.

Toutefois, si les banques sont responsables de la vérification des documents, elles ne le sont pas de la non-conformité des marchandises reçues avec celles qui sont annoncées dans les documents.

En cas de doute au moment de la vérification des documents, les banques doivent interroger l'importateur afin d'obtenir son accord avant de payer.

Les risques de non-paiement. Dans le cas d'un crédit notifié, la banque de l'importateur risque de ne pas être remboursée par son client ; pour éviter ce risque, elle peut bloquer les fonds à l'avance ; pour le limiter, elle peut prendre des garanties comme faire faire établir les documents permettant de retirer les marchandises à son nom.

Dans le cas d'un crédit confirmé, la banque confirmatrice risque de ne pas être remboursée en cas de défaillance de son confrère ou de risque pays.

Au risque de non-paiement, il faut ajouter éventuellement le risque de change, si une couverture à terme n'a pas été prévue.

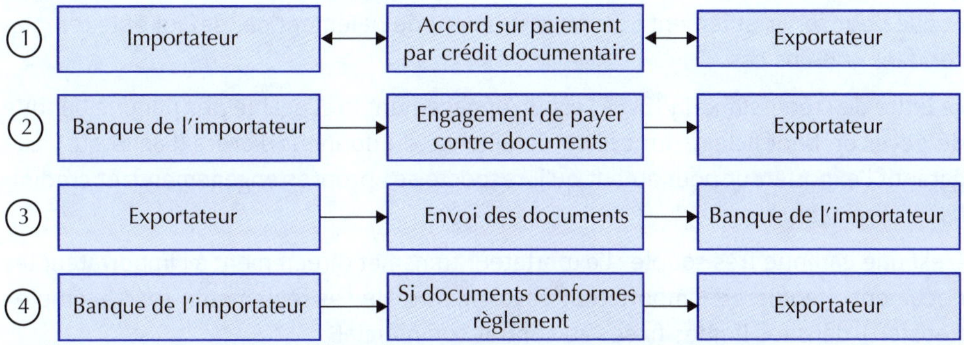

Figure 12.2 – Schéma crédit documentaire notifié

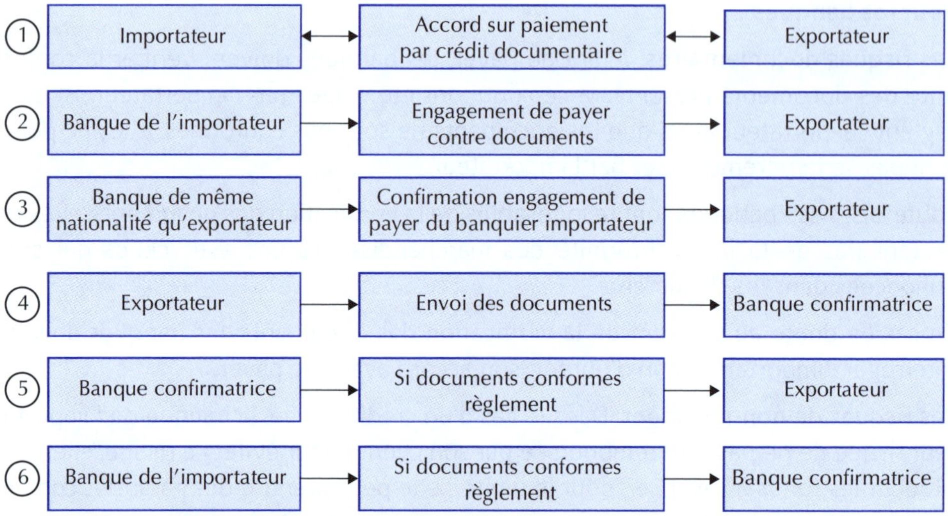

Figure 12.3 – Schéma crédit documentaire confirmé

• La lettre de crédit *stand-by*

La lettre de crédit *stand-by* est amenée de plus en plus à se substituer aux autres garanties internationales. Son mécanisme s'apparente à celui du crédit documentaire et elle peut servir utilement comme instrument de paiement par défaut et le remplacer dans certains cas.

La lettre de crédit *stand-by* (SLBC) est un engagement irrévocable pris par une banque de payer un bénéficiaire, en cas de défaillance du donneur d'ordre (l'acheteur). Elle garantit l'exportateur pour autant qu'il respecte ses propres engagements et crédibilise l'importateur.

C'est une garantie très souple : l'exportateur transmet directement à l'importateur les documents requis et l'importateur reste maître de ses règlements (par exemple : transfert), dans les limites fixées au contrat commercial.

Le donneur d'ordre ne paie que les frais d'émission et une commission de risque pendant la durée de vie de la SLBC ; le vendeur, si la SLBC doit être confirmée, ne paiera qu'une commission de confirmation dont le taux est fonction du risque « pays » et de la qualité de la banque émettrice.

C'est une garantie qui, n'ayant pas pour vocation d'être appelée, permet de couvrir des expéditions successives si les termes de paiement le permettent.

En cas de défaut de paiement par l'importateur, la SLBC est mise en jeu par la production de documents prévus lors de son ouverture (copie de facture impayée, document de transport, etc.).

• L'avance en devises à l'importation

Les modalités

Un importateur peut obtenir de sa banque une avance en devises qui se substitue à un crédit en euros.

L'avance en devises import est accordée au taux du marché de la devise considérée, augmentée d'une marge fixée par la banque en fonction de la qualité du client et des montants traités.

La durée est libre et l'avance peut être faite, soit dans la monnaie du contrat commercial, soit en toute autre devise pouvant être libellée en euros.

Les devises avancées sont affectées immédiatement et directement, éventuellement après arbitrage (c'est-à-dire par vente d'une devise contre une autre), au règlement du fournisseur étranger.

Le remboursement peut intervenir par l'achat de devises au comptant ou à terme ou par l'utilisation des devises reçues par le client.

Les avantages et inconvénients

Les avantages

Sur certaines devises, l'écart des taux d'emprunt est à l'avantage de l'avance en devises par rapport à un crédit en euros.

Les inconvénients

Le risque de change existe dans tous les cas. Toutefois, ce risque est moindre si l'entreprise a à la fois un courant d'importations et un autre d'exportations exprimés tous deux dans la même devise, ou si l'euro est utilisé comme devise pour financer l'opération.

• Les cautions en douane

Le banquier garantit au service des douanes le paiement des droits de douane lorsque l'administration admet le paiement différé ou le non-paiement en cas de réexportation des produits importés. Le banquier ne décaisse pas, mais aura à intervenir si son client importateur ne respecte pas ses engagements.

Une banque peut garantir un importateur dans le cadre de crédits d'enlèvement ou de crédits de droits et de taxes.

Les crédits d'enlèvement

Le crédit d'enlèvement permet à un importateur de bénéficier d'un report de paiement des droits de douane qui ne peut excéder trente jours ; il peut donc disposer des marchandises avant acquittement des droits et taxes.

Le bénéfice du crédit d'enlèvement est parfois subordonné à la constitution d'une garantie sous forme d'une caution bancaire.

Le montant de crédit octroyé est calculé sur la base de droits et taxes exigibles au titre des opérations effectuées pendant trente jours, augmentés du délai d'encaissement des moyens de paiement utilisés. L'autorisation donne lieu au dépôt d'une soumission cautionnée de crédit d'enlèvement, signée par le principal obligé et la caution.

La gestion du crédit d'enlèvement est effectuée par le système SOFI : à chaque opération, le montant de droits préliquidé sur la déclaration est imputé sur le disponible du crédit d'enlèvement de l'opérateur. Le solde disponible est immédiatement calculé. Parallèlement, chaque règlement donne lieu à intégration comptable afin de reconstituer le crédit en vue de nouvelles opérations.

En cas de dépassement du crédit, le système indique à l'opérateur que celui-ci ne peut plus passer d'opérations sur son crédit d'enlèvement jusqu'à ce qu'il soit reconstitué, partiellement ou en totalité. Dans l'intervalle, l'opérateur est tenu de s'acquitter des droits au comptant.

Le crédit de droits et taxes

En matière de douane, les redevables qui offrent des garanties de solvabilité peuvent être autorisés à payer les droits et taxes, dans le cadre du crédit de droits et taxes, au moyen d'obligations cautionnées, à quatre mois d'échéance, si la somme est supérieure à 762 €.

Le dépôt des obligations cautionnées étant considéré comme un paiement, les obligations cautionnées doivent être remises au receveur du bureau de douane, comme tous les autres moyens de paiement, lorsque les droits et taxes sont exigibles, c'est-à-dire avant l'enlèvement des marchandises si le redevable ne bénéficie pas de crédit d'enlèvement.

Si le redevable bénéficie non seulement du crédit d'enlèvement, mais aussi du crédit de droits, l'obligation doit être remise au receveur au plus tard à la date d'expiration du crédit d'enlèvement.

Les obligations acceptées par le receveur sont imputées sur le crédit ouvert. Au fur et à mesure que les échéances sont honorées, le crédit étant reconstitué à due concurrence, de nouvelles obligations peuvent être acceptées dans la limite du crédit disponible.

3 • LE FINANCEMENT DES EXPORTATIONS

L'exportateur dispose de toute une palette de produits lui permettant d'exercer son activité : il peut s'assurer auprès de Bpifrance Assurance Export pour couvrir les risques relatifs à son activité ; il peut bénéficier de financements spécifiques : cautions, préfinancements, financements de la commercialisation et avances en devises.

• L'assurance des risques des exportations

Les risques

Lorsqu'une entreprise vend en France, elle court, comme tout fournisseur, si elle accorde des délais de paiement, le risque de ne pas être payée. Tous ces risques sont amplifiés lorsqu'il s'agit d'opérations de commerce international. En effet, en raison de l'éloignement, la durée des transactions est allongée et les rapports personnels entre les parties sont souvent moins étroits qu'entre contractants d'un même pays.

En pratique, l'exportateur doit faire face à trois types de risques :

- le risque commercial : celui de ne pas être payé par l'importateur ;
- le risque pays, né de la situation du pays importateur, qui se décompose en risque politique, risque catastrophique et risque de non-transfert :
  - le risque politique : les dirigeants du pays acheteur peuvent interdire tout transfert de fonds vers l'étranger ou vers tel ou tel pays ;
  - le risque catastrophique : une catastrophe quelconque (inondation, tremblement de terre, etc.) peut désorganiser l'économie d'un pays et empêcher les acheteurs d'honorer leurs engagements ;
  - le risque de non-transfert : pour des raisons techniques ou tenant à la situation de la monnaie, les règlements en faveur de l'étranger ne se font plus ;
- le risque de change, s'il n'est pas payé dans la monnaie nationale.

Ces risques peuvent en grande partie être couverts par la souscription d'une assurance auprès de Bpifrance Assurance Export ou d'un autre assureur.

L'assurance des risques des exportations

Les entreprises industrielles ou commerciales quel que soit leur secteur d'activité. Certaines garanties sont étendues aux filiales en France et à l'étranger.

Inciter les entreprises à prospecter des marchés étrangers pour y créer ou y développer un courant d'affaires.

Les protéger contre les risques de non-paiement de leurs acheteurs étrangers.

Renforcer leur compétitivité en leur permettant de faire des offres ou de facturer en devises sans risque monétaire.

Leur permettre d'investir à l'étranger sans craindre des décisions ou des événements spoliateurs.

L'assurance-prospection

Elle garantit les entreprises contre le risque d'insuccès de leurs actions de prospection commerciale.

La prospection des marchés étrangers nécessite en effet des dépenses parfois importantes, et leur amortissement par un chiffre d'affaires significatif est aléatoire ou différé dans le temps.

Bpifrance Assurance Export verse à l'assuré des indemnités tant que la marge dégagée sur les ventes n'a pas compensé le montant des frais engagés.

Trois formules sont proposées aux entreprises en fonction de leur stratégie :

- l'assurance-foire qui couvre les dépenses engagées à l'occasion d'une manifestation commerciale hors Union européenne ;
- l'assurance-prospection normale, destinée aux actions ciblées et de longue durée ;
- l'assurance-prospection simplifiée qui permet aux exportateurs moins expérimentés d'entreprendre une action de prospection globale.

L'assurance-crédit

L'assurance-crédit couvre les entreprises exportatrices contre les risques de non-paiement de la part de leurs acheteurs étrangers auxquels elles ont consenti un crédit. Cette assurance s'applique également aux risques d'interruption de marché pendant la période de fabrication et permet une indemnisation de l'assuré en cas de perte à la revente de produits spécifiques.

Dans le cadre de l'assurance-crédit, Bpifrance Assurance Export apporte également un service préventif en sélectionnant la clientèle étrangère, facilite l'accès au financement bancaire et assume, en outre, l'action précontentieuse et contentieuse pour le recouvrement des créances. Les garanties s'appliquent aussi bien aux opérations de commerce courant qu'aux grands projets.

- Garantie dans le cadre d'exportations de biens de consommation et de prestations de service. La durée du crédit consenti peut aller jusqu'à cent-quatre-vingts jours.
- La police GCP (globale, commerciale, politique) garantit le risque de non-paiement sur des acheteurs privés (risque commercial et risques politiques) et sur des acheteurs publics. Des avenants spécifiques couvrent le risque de fabrication, le risque sur engagements de caution, le risque sur stocks constitués à l'étranger.
- La police PCT est réservée à la couverture des risques politiques de crédit.

- Garantie dans le cadre d'exportations de biens d'équipement légers ou produits en série. La durée de crédit consentie peut atteindre trois ans.
- La police BE garantit le risque commercial et les risques politiques de crédit et de manière facultative le risque de fabrication ainsi que le risque d'engagement de caution.
- La police EA est une police d'abonnement qui laisse à l'entreprise le choix des affaires qu'elle souhaite faire assurer.
- Garantie dans le cadre de grands projets dont la durée de crédit dépasse trois ans.

Pour des opérations plus complexes, telles les ventes d'équipements lourds ou de grands ensembles industriels, des polices dites « individuelles » sont délivrées affaire par affaire.

L'assurance-change

L'assurance-change permet aux entreprises de facturer en devises sans risque de perte de change. Les exportateurs sont couverts sur la base du cours garanti jusqu'aux paiements.

Pour la couverture du risque de change, il y a deux types de garanties :

- l'assurance change de type « négociation » ;
- l'assurance change « contrat ».

L'assurance change « négociation » accompagne l'entreprise dès la remise de l'offre commerciale et permet de fixer un cours de change à tout moment de la période de négociation. Avec ce produit, l'entreprise est couverte à hauteur de 100 % du risque de change jusqu'au dernier terme de paiement de son contrat commercial mais elle n'est pas engagée si son offre n'est pas retenue.

Il existe une variante « intéressement » qui permet à l'entreprise de profiter d'une évolution favorable de la devise pendant la période de négociation commerciale.

L'assurance change « contrat » permet à l'entreprise de figer un cours de change avant la signature du contrat commercial ou au plus tard dans les quinze jours de sa signature.

• Les garanties internationales

Dans le cadre de son activité, l'exportateur a souvent besoin de l'appui de garanties internationales (ou lettres de crédit *stand-by*) sous forme de cautions, soit pour permettre la bonne exécution des marchés, soit pour garantir ses engagements financiers.

Les cautions pour assurer la bonne exécution des marchés

On peut citer les principales cautions :

- la caution d'adjudication ou de soumission : pour garantir la capacité à prétendre à un marché ;
- la caution de bonne fin ou de bonne exécution : pour soutenir la capacité à mener à bien un marché ;
- la caution de retenue de garantie : pour éviter le blocage de fonds avant la réception définitive de travaux.

Les cautions pour garantir les engagements financiers

L'exportateur peut avoir besoin de son banquier pour garantir des engagements financiers qu'il a pu prendre. On peut trouver dans cette catégorie, les cautions suivantes :

- la caution de remboursement d'acomptes : en garantie des acomptes versés par les clients avant réalisation des travaux ;
- la caution de remboursement de découvert local : les concours consentis par un autre banquier à l'étranger seront contre-garantis par la banque de l'exportateur ;
- la caution de remboursement des douanes du pays acheteur : pour garantir le paiement des droits de douane en cas d'exonération sous condition de rapatriement ou de réexportation (en cas d'importation temporaire de matériels de chantier par exemple).

• Les crédits de préfinancement

Les crédits de préfinancement d'exportations sont des crédits de découvert mobilisables auprès de la Banque de France, consentis par un banquier à un industriel, afin de lui permettre de financer l'essentiel des besoins spécifiques résultants de l'activité exportatrice de son entreprise.

Ils sont consentis soit pour faciliter l'exécution d'une ou plusieurs commandes se rapportant à un marché déterminé : ce sont les crédits de préfinancement spécialisés ; soit dans le cadre global d'une activité exportatrice : ce sont les crédits de préfinancement revolving. Ils peuvent être aussi accordés à des conditions fixes : ce sont les crédits à taux stabilisé.

Les crédits de préfinancement spécialisés

Le champ d'application

Les crédits de préfinancement spécialisés s'appliquent à des marchés dont la durée d'exécution peut être longue.

Les acomptes reçus par l'exportateur ne couvrent en général qu'une partie des dépenses à engager durant l'exécution du contrat ; il en résulte pour l'exportateur un décalage de trésorerie qui peut être couvert en grande partie par des crédits de ce type.

Les bénéficiaires

Les crédits ne sont normalement accordés qu'aux entreprises qui exportent directement leurs marchandises, leurs fabrications ou leurs prestations.

Le bénéficiaire du crédit est généralement le signataire du contrat d'exportation, mais les cosignataires ou les sous-traitants nommément désignés d'un marché peuvent en bénéficier.

Le montant

Le montant du crédit est fonction de la charge de trésorerie que doit supporter l'exportateur. Celle-ci apparaît à la lecture du plan de financement faisant apparaître mois par mois les dépenses cumulées et les recettes perçues au titre du marché. Le plan de financement peut tenir compte non seulement des dépenses proprement industrielles, mais également de tous les autres frais engagés pour satisfaire aux clauses contractuelles.

Le crédit peut atteindre 100 % des besoins mensuels ainsi déterminés.

Les sous-traitances étrangères et les frais de vente ou courtage ne sont financés qu'à hauteur de la part garantie par Bpifrance Assurance Export.

La durée

La durée du crédit de préfinancement est adaptée à celle de la fabrication du matériel et peut se poursuivre jusqu'à la naissance de la créance.

La réalisation pratique

Les crédits de préfinancement s'analysent comme des découverts mobilisables. Ils sont consentis, avec accord préalable de la Banque de France, pour une durée renouvelable d'un an, sur la base de montants d'autorisation mensuels.

Ils donnent lieu à l'émission d'effets souscrits par le bénéficiaire à l'ordre de son banquier ou d'acceptations de banque (tirage du bénéficiaire sur son banquier).

Le dénouement

Le dénouement du crédit est assuré :

- soit par le règlement au comptant de l'acheteur étranger (notamment par utilisation d'un crédit acheteur) ;
- soit par la mise en place d'un crédit de mobilisation de créances nées à court terme, à moyen terme ou à long terme.

Le coût

Le coût de ces crédits est fonction de la qualité de l'emprunteur ; aux intérêts s'ajoutent les commissions usuelles des banques.

Les garanties

Pendant la période d'exécution du contrat, l'exportateur est exposé au risque d'une interruption de marché laissant à sa charge les frais qu'il a déjà engagés. C'est le « risque de fabrication » en raison d'un événement politique, monétaire ou catastrophique ou d'une défaillance financière de l'acheteur.

Bpifrance Assurance Export peut le garantir contre ce risque :

- si l'importateur étranger est un acheteur privé (faillite possible), la garantie couvre le risque d'interruption du marché résultant d'un événement politique ou catastrophique et éventuellement de l'insolvabilité du débiteur ;
- si l'importateur est un acheteur public (faillite impossible), la garantie couvre le risque de carence et de résiliation arbitraire du contrat par le débiteur étranger.

Les crédits de préfinancement *revolving*

Ce type de concours est accordé non plus sur un marché déterminé, mais en fonction d'un courant d'affaires à l'exportation. Le crédit revolving se confond alors avec l'ensemble des crédits de trésorerie accordés à l'entreprise exportatrice.

Les crédits de préfinancement à taux stabilisé

Les exportateurs peuvent bénéficier, sous certaines conditions, d'un taux d'intérêt stabilisé pour le préfinancement de leurs contrats.

Le bénéfice de cette procédure est destiné à permettre aux exportateurs d'inclure dans leur prix de vente des frais financiers à un taux fixe garanti. Le taux stabilisé s'applique en effet irrévocablement à toute la durée de préfinancement du contrat donné, quelles que soient les fluctuations des conditions de banque, sous réserve que le crédit soit demeuré mobilisable auprès de l'institut d'émission.

La procédure est réservée aux entreprises remplissant certaines conditions de chiffre d'affaires et n'est applicable qu'à des contrats signés avec des pays hors de l'Union européenne.

La quotité stabilisable des crédits est égale à 100 % des découverts mensuels prévisionnels.

Le crédit suppose :

- l'accord préalable de la Banque de France sur les montants mensuels mobilisables et sur l'éligibilité et le taux ;
- l'option irrévocable de l'exportateur concernant le taux fixe.

Les taux applicables varient uniquement selon la date de signature du marché ou de la soumission sur l'appel d'offres.

• Le financement de la commercialisation

Les besoins de l'exportateur vont se manifester également après la livraison de sa production. La banque peut lui proposer des crédits de mobilisation à court terme ou des crédits spécifiques à moyen ou long terme.

La mobilisation des créances nées sur l'étranger (MCE)

La créance de l'exportateur prend naissance lors de l'expédition des marchandises ou de la livraison des travaux ou prestations. Elle est à court terme si elle n'excède pas dix-huit mois.

L'entreprise peut mobiliser les créances de ce type à 100 % ; la mobilisation se fait le plus souvent sous forme de l'émission de billets souscrits à l'ordre du banquier.

Les créances inférieures à six mois sont mobilisables sans accord de la Banque de France. Les créances à plus de six mois doivent faire l'objet d'un accord de la Banque de France pour mobilisation.

L'entreprise doit justifier de ses créances par l'apposition de références précises portées sur les billets de mobilisation. Toutefois, si l'activité exportatrice de l'entreprise est importante et porte sur de nombreuses créances, elle peut être dispensée de références après accord de la Banque de France.

Les crédits à moyen ou long terme exportation

La concurrence internationale oblige souvent les exportateurs à consentir des délais de règlement très largement supérieurs à dix-huit mois, notamment sur des produits de prix unitaire élevé ou pour des travaux importants. Des techniques de financement appropriées leur sont offertes : crédit-fournisseur et crédit-acheteur. Ces crédits peuvent être accordés en euros ou en devises.

Les créances à moyen et à long terme peuvent être financées par crédit-fournisseur en euros, par crédit-acheteur en euros et par ces deux formes de crédit à taux fixe en devises étrangères.

Le crédit-fournisseur est un escompte accordé au fournisseur français qui a consenti à son partenaire étranger des délais de paiement ; le crédit lui permet d'encaisser au moment de la livraison (partielle ou totale) le montant des sommes qui lui sont dues à terme par l'acheteur. La banque fait donc un crédit au fournisseur français d'où le nom de crédit-fournisseur.

À l'inverse, le crédit-acheteur est un prêt consenti directement par une banque française à un acheteur étranger afin de lui permettre de régler au comptant son fournisseur français.

Le crédit fournisseur

Le crédit fournisseur permet à l'exportateur français de faire escompter les créances qu'il détient sur un acheteur étranger sous certaines conditions et suivant des modalités déterminées.

La mise en place d'un crédit fournisseur est soumise à la Commission des garanties et du commerce extérieur, commission administrative interministérielle qui donne des avis sur les demandes de crédit et sur les conditions de leur octroi. C'est le directeur de la Direction des relations économiques extérieures qui prend ensuite la décision définitive. Toute créance peut donner lieu à un crédit à moyen terme si sa durée est supérieure à dix-huit mois et inférieure ou égale à sept ans et à un crédit à long terme pour les échéances qui dépassent sept ans. La durée du crédit est calculée à compter de chaque livraison.

Le crédit de mobilisation peut porter sur 100 % du montant de la créance ; en général, il est limité à 80 ou 85 % du marché.

Ce type de crédit s'applique surtout aux exportations de biens d'équipement et prestations de services liées généralement à la livraison ou l'installation de ces équipements.

La créance financée doit être une créance commerciale résultant d'un contrat d'exportation réalisé par une entreprise française avec un acheteur d'un pays étranger.

La créance doit en outre être « certaine » dans son montant, son échéance et son exigibilité.

L'octroi du crédit de mobilisation est en règle générale subordonné à l'obtention d'une garantie de la Bpifrance Assurance Export portant pour le moins sur les risques politiques et de non-transfert et applicable à la créance dont le financement est demandé.

Le crédit-acheteur

Le crédit-acheteur a pour but de décharger le fournisseur de tout souci de financement. Dans ce type de financement, il y a deux contrats : un contrat commercial et un contrat de crédit.

Le contrat commercial définit les obligations respectives du vendeur et de l'acheteur, c'est-à-dire essentiellement les prestations de l'un et le paiement de l'autre, stipulé ici au comptant afin de dégager le vendeur de la charge que constitueraient pour lui des paiements différés.

Le contrat de crédit, dit « ouverture de crédit », permet aux banques françaises de proposer, sous certaines conditions, à l'acheteur, qui devient ici emprunteur, la mise à disposition en temps utile des sommes nécessaires au respect de ses engagements de paiement au comptant.

La mise à disposition des fonds ne peut avoir qu'un objet, le paiement du fournisseur, pour lequel l'emprunteur donne, là, mandat irrévocable aux banques de le réaliser « pour son compte en son nom et en son acquit » dans des termes exactement repris du contrat commercial.

L'obligation de l'emprunteur de rembourser les fonds, étrangère à l'affectation de ceux-ci et découlant des rapports autonomes noués entre lui-même et les banques, ne saurait être en aucune manière altérée par les « exceptions » que celui-ci, en tant qu'acheteur, pourrait éventuellement soulever à l'encontre du fournisseur, au titre du contrat commercial.

Ainsi le fournisseur, dans le mode acheteur, est bien dégagé de la charge du crédit et se trouve assuré que son acheteur en a obtenu le bénéfice à sa place, en vue d'exécuter ses engagements de paiement au comptant. Ce bénéfice du crédit étant toutefois conditionnel, le fournisseur sait qu'il conserve un risque éventuel de non-paiement à l'échéance, similaire à celui qu'il peut connaître en « crédit fournisseur » s'il ne reçoit pas, une fois ses prestations terminées, les titres de créances auxquels il a droit ; Bpifrance Assurance Export couvre normalement ce risque à hauteur de 90 %.

L'existence de deux contrats a pour corollaire l'existence de deux polices Bpifrance Assurance Export :

- la police dite de « risque de fabrication » qui assure avec une quotité de 90 % le fournisseur, au titre du contrat commercial, contre le risque d'interruption durant les prestations, du fait de l'acheteur, et de non-paiement de celui-ci en cas de perte du bénéfice du crédit et d'absence d'autres ressources ;
- la police dite de « risque de crédit », qui assure avec une quotité de 95 % les banques, au titre de l'ouverture de crédit, contre les manquements possibles de l'emprunteur à ses engagements de remboursement, aux échéances convenues, des sommes mises à sa disposition et de paiement des intérêts et des commissions.

Le crédit-acheteur, dont l'objet est de permettre le paiement comptant du fournisseur par l'acheteur, peut être mis en place au gré de la volonté de ceux-ci, au fur et à mesure de l'exécution des prestations, dans les limites strictes des dépenses entraînées par celles-ci.

• Les avances en devises à l'exportation

Les modalités

L'avance en devises à l'exportation se substitue le plus souvent à une ligne de mobilisation de créances nées sur l'étranger, mais peut aussi se substituer à tout autre crédit en euros.

Comme pour l'avance en devises import, l'avance en devises export est accordée au taux du marché de la devise considérée augmenté d'une marge fixée par la banque, en fonction de la qualité du client et des montants traités.

La durée est libre, mais l'échéance est souvent fonction de l'échéance contractuelle (délai de paiement prévu entre client et fournisseur).

L'avance peut être faite soit dans la monnaie prévue au contrat commercial, soit en toute autre devise (le contrat pouvant être libellé en euros). Les devises avancées sont cédées immédiatement et leur contre-valeur est portée au crédit du compte en euros du client.

Le remboursement peut s'effectuer :

- soit par affectation directe des devises, éventuellement après arbitrage, des sommes reçues de l'étranger (lorsque le rapatriement a lieu avant la date d'échéance de l'emprunt, les devises reçues peuvent être conservées jusqu'à l'échéance, quel que soit le délai restant à courir, ou utilisées pour un remboursement anticipé) ;
- soit par achat de devises au comptant (impayés, annulation de contrat commercial, erreur matérielle).

Les avantages et inconvénients

Les avantages

Sur certaines devises, l'écart des taux d'emprunt par rapport à l'euro est à l'avantage de l'avance en devises.

Il y a annulation de tout risque de change dans le cas où la monnaie de règlement est la même que celle de l'avance.

Les inconvénients

Le risque de change existe chaque fois que la monnaie de règlement est différente de celle de l'avance.

• Les crédits de trésorerie spécialisés

Les crédits de trésorerie spécialisés sont destinés :

- soit à faciliter les recherches de nouveaux débouchés extérieurs (crédits de prospection) ;
- soit à améliorer la rapidité de leurs livraisons (financement de stocks à l'étranger) ;
- soit à pallier une charge de trésorerie en cas de sinistre couvert par l'assurance-crédit (crédit de mobilisation des indemnités de sinistre dues par Bpifrance Assurance Export).

Il s'agit, dans les trois cas, de crédits à court terme qui prennent la forme de billets émis par le bénéficiaire à l'ordre de son banquier ou de tirages du bénéficiaire acceptés par son banquier, et escomptés par ce dernier.

Les crédits de prospection

Ces crédits sont liés à l'existence d'un contrat assurance-prospection que délivre Bpifrance Assurance Export : l'exportateur qui bénéficie d'un tel contrat peut obtenir de sa banque un crédit lui permettant de financer les frais qu'il engage pour prospecter de nouveaux marchés étrangers.

Le montant du crédit ne dépasse pas, sauf dans le cas de parrainage bancaire, l'indemnité maximale que pourrait verser Bpifrance Assurance Export.

Le crédit est accordé pour une durée d'un an renouvelable pendant la période de garantie de Bpifrance Assurance Export (de trois à cinq ans).

Le financement de stocks détenus à l'étranger

Les entreprises industrielles sont fréquemment amenées à constituer à l'étranger des stocks de produits ou de matériels destinés à être vendus sur place ; il en résulte pour elles des charges de trésorerie qui peuvent être lourdes. Pour les aider à les supporter, les banques ont mis en place des crédits de trésorerie spécialisés qui doivent répondre aux conditions ci-dessous :

- les stocks doivent demeurer la propriété directe de l'exportateur ;
- la possibilité de les vendre dans ces pays doit être réelle.

Le montant du crédit est apprécié en fonction des besoins généraux de l'entreprise et de la valeur des stocks financés dont ils doivent représenter une proportion raisonnable.

Leur durée est d'un an et peut être renouvelée ; ces crédits peuvent être consentis en devises.

Les crédits des indemnités de sinistre dues par Bpifrance Assurance Export

Lorsque l'un des risques garantis par la Bpifrance Assurance Export vient à se produire (risque de fabrication ou risque de crédit), l'exportateur assuré doit en faire la déclaration à la Bpifrance Assurance Export (déclaration de sinistre). Si Bpifrance Assurance Export se reconnaît débitrice, une indemnité correspondante lui sera versée à l'issue d'une période de constitution de sinistre dont la durée varie suivant la nature du sinistre (sinistre de fabrication ou sinistre de crédit) et le type de police. Ces délais de règlements font supporter à l'exportateur des charges de trésorerie qui peuvent être lourdes, tant en montant qu'en durée.

Pour lui permettre d'y faire face, les banques peuvent lui accorder des crédits de trésorerie, correspondant à l'indemnité de Bpifrance Assurance Export, d'une durée calquée sur le délai de règlement de cette indemnité.

Les rachats de créances

L'affacturage

Rachat de l'ensemble des créances par la banque qui supportera le risque de non-paiement.

Le forfaitage

Il s'agit de l'escompte d'effets commerciaux tirés sur un acheteur étranger et acceptés par lui, le tireur ne restant pas garant du paiement.

La confirmation de commandes

Procédure identique au forfaitage mais s'appliquant aux biens d'équipement.

Les crédits financiers

Il s'agit le plus souvent de crédits accordés à l'acheteur pour financer le versement d'acomptes, ou de crédits ouverts au vendeur pour assurer des dépenses locales.

Ces crédits sont mis en place le plus souvent pour faire face aux exigences de Bpifrance Assurance Export, notamment en ce qui concerne les acomptes à verser par l'acheteur.

4 • LES OPÉRATIONS DE CHANGE

Le règlement des opérations internationales pose le problème de la monnaie, chaque partie utilisant souvent une monnaie différente.

Deux solutions sont possibles : le vendeur est réglé dans sa monnaie et l'acheteur devra se procurer des devises (on appelle devise toute monnaie étrangère) ; ou le vendeur sera réglé dans la monnaie de l'acheteur et il devra la changer pour retrouver la contrepartie dans sa monnaie nationale.

• Les mécanismes des règlements internationaux

Pour pouvoir transférer les fonds à l'étranger, il faut procéder en deux temps :

- acheter de la monnaie étrangère, cette monnaie sera payée avec de la monnaie locale ou par application de devises reçues ;
- transférer cette monnaie étrangère dans le pays où le règlement doit avoir lieu.

Si une entreprise française veut régler des marchandises achetées aux USA, elle devra se procurer des dollars. Pour acheter ces dollars elle les paiera avec des euros. Le prix auquel elle achètera le dollar sera appelé le cours de la monnaie.

Pour se procurer des dollars, elle s'adressera à sa banque. Pour que l'opération se réalise, il faut que sa banque ait un correspondant aux USA. Si la banque française ne détient pas de dollars ou n'en détient pas en quantité suffisante chez son correspondant, elle devra se procurer ces dollars sur le marché des changes à Paris pour alimenter son compte.

Sur ce marché, la banque française trouvera un confrère qui lui cédera des dollars parce qu'il en disposera chez un correspondant aux USA. De ce fait, l'achat des devises se fera si nécessaire à Paris, le règlement en dollars se faisant aux USA sans transfert physique des devises à la frontière.

On appelle cette opération le change-transfert et on l'oppose au change manuel qui est l'échange de billets ou de chèques de voyage au guichet des banques.

• Le contrôle des changes

Les généralités

Le contrôle des changes est l'ensemble des réglementations limitant ou interdisant les mouvements de capitaux avec l'étranger. La réglementation émane du ministère des Finances et de la Banque centrale européenne.

La mise en place d'intermédiaires agréés (Banques) se fait sous contrôle de l'administration des douanes.

Les principes

En France

Il faut entendre par France :

- la France métropolitaine, la Corse et la principauté de Monaco ;
- les départements d'Outre-mer : Guadeloupe, Guyane, Martinique, Réunion et Saint-Pierre et Miquelon, Mayotte ; les territoires d'Outre-mer : Nouvelle-Calédonie et dépendances, îles Wallis et Futuna, Polynésie française et les terres australes et antarctiques.

Sont assimilés à la France, au regard du contrôle des changes, les pays dont l'institut d'émission est lié au Trésor français (certains pays d'Afrique) ; les comptes de non-résidents ouverts au titre de ces pays sont donc assimilés à des comptes de résidents, au regard du contrôle des changes seulement.

À l'étranger

Il faut entendre par étranger tous les pays étrangers, à l'exception de ceux dont l'institut d'émission est lié au Trésor français (*cf.* pays assimilés à la France).

Les résidents

Ont le statut de résident :

- les personnes physiques ayant leur principal centre d'intérêt en France ; un seul des critères suivants suffit : domicile principal, activité principale, personne séjournant plus de six mois par an ;
- les fonctionnaires et autres agents publics français en poste à l'étranger et les personnes morales françaises ou étrangères pour leurs établissements en France.

Les non-résidents

Ont le statut de non-résident :

- les personnes physiques ayant leur principal centre d'intérêt à l'étranger ;
- les fonctionnaires et autres agents publics étrangers en poste en France et les personnes morales françaises ou étrangères pour leurs établissements à l'étranger.
- les personnes physiques de nationalité française, à l'exception des fonctionnaires et autres agents publics en poste à l'étranger, qui acquièrent la qualité de non-résident dès leur installation à l'étranger.

La réglementation des opérations effectuées par les résidents

Les avoirs et comptes en France ou à l'étranger

Les résidents peuvent constituer et détenir tout avoir à l'étranger, quelle qu'en soit la forme, ainsi que conserver en France des avoirs en devises sans limitation de montant ni de durée.

Parallèlement à leurs comptes ordinaires en euros, les résidents peuvent ouvrir en France ou à l'étranger des comptes en devises (un compte joint entre un résident et un non-résident est assimilé à un compte résident).

Les personnes physiques, les associations, les sociétés n'ayant pas la forme commerciale, domiciliées ou établies en France, sont tenues de mentionner, en même temps que leur déclaration de revenus ou de résultats, les références des comptes ouverts, utilisés ou clos à l'étranger.

Les opérations de change

Les résidents peuvent procéder librement à toute opération de change, au comptant ou à terme, tant en France (avec les organismes bancaires, d'autres résidents ou des non-résidents) qu'à l'étranger. Sont notamment possibles : les achats et ventes de devises, les couvertures à terme, les swaps de devises, les options de change et les compensations de créances.

En dehors des établissements de crédit, habilités de plein droit à effectuer ces opérations, les commerçants peuvent ouvrir un bureau de change manuel sous certaines conditions.

Les mouvements de fonds entre la France et l'étranger

Les règlements effectués sous quelque forme que ce soit par les résidents en faveur de non-résidents sont entièrement libres, ainsi que les encaissements en provenance de l'étranger.

Ces mouvements de fonds font l'objet de déclarations statistiques adressées mensuellement à la Banque de France.

Les exportations ou importations de sommes, titres ou valeurs par envois postaux, effectuées par des résidents autres que les organismes bancaires ou par des non-résidents séjournant en France, doivent être déclarées à l'administration des douanes lorsque la valeur de l'expédition est supérieure à 10 000 €.

Les voyages à l'étranger

Les voyageurs résidents peuvent librement importer ou exporter, tant pour leur propre compte que pour celui d'autrui, en euros ou en devises, toute somme, titre ou valeur.

Toutefois, à partir de 10 000 € ou contre-valeur, ils doivent en faire la déclaration au bureau de douane frontalier.

Tout défaut de déclaration constitue une infraction douanière qui peut entraîner, sauf transaction, une amende comprise entre le montant sur lequel a porté l'infraction et le double de celui-ci, une peine d'emprisonnement d'un à cinq ans et la confiscation du corps du délit.

L'achat de titres à l'étranger et transactions sur or

L'achat, la détention et la vente de titres à l'étranger par les résidents sont totalement libres quelle qu'en soit la forme : actions, obligations, bons du trésor, etc.

Les revenus perçus supportent en France une fiscalité identique à celle qui frappe ces produits en France.

Les transactions sur l'or monétaire sont libres. L'or monétaire est considéré comme une marchandise et son importation ou son exportation doit par conséquent faire l'objet d'une déclaration en douane.

Les emprunts et prêts

Les résidents ont la possibilité d'emprunter en devises auprès d'autres résidents, qu'il s'agisse ou non d'organismes bancaires.

Les résidents peuvent librement contracter des emprunts en euros ou en devises auprès de non-résidents, dans la mesure où ces emprunts ne présentent pas le caractère d'investissements directs étrangers en France (voir plus loin).

Les résidents peuvent librement consentir aux non-résidents tous prêts tant en euros qu'en devises.

Les résidents peuvent librement accorder une garantie ou une contre-garantie à l'étranger ou en France au profit de non-résidents, quelle qu'en soit la forme : caution, hypothèque, nantissement, lettre d'intention...

Ils peuvent également recevoir librement des garanties ou contre-garanties délivrées en leur faveur par des non-résidents. Seule leur mise en jeu peut relever éventuellement des dispositions relatives aux investissements directs étrangers en France.

Les investissements à l'étranger

Les constitutions et liquidations d'investissements directs français à l'étranger sont libres, mais font l'objet d'un compte-rendu lorsqu'elles excèdent un certain montant par opération.

La réglementation des opérations effectuées par les non-résidents

Les avoirs et comptes en France

Les non-résidents ont la possibilité de constituer et de détenir librement tout avoir en France, quelle qu'en soit la forme, à l'exception des opérations ayant le caractère d'investissement direct qui sont soumises à une réglementation particulière.

Ils peuvent disposer librement en France de comptes en euros ou en devises. Le fonctionnement de ces comptes est libre. Ces comptes peuvent être rémunérés à vue ou à terme et les intérêts produits sont exempts de prélèvement fiscal.

Les opérations de change

Les non-résidents peuvent procéder librement en France à toute opération de change, tant au comptant qu'à terme.

Les voyages en France

Les voyageurs non-résidents peuvent librement importer ou exporter, tant pour leur propre compte que pour celui d'autrui, en euros ou en devises, toute somme, titre ou valeur.

Toutefois, à partir de 10 000 € ou contre-valeur, ils doivent en faire la déclaration au bureau de douane frontalier.

Tout défaut de déclaration constitue une infraction douanière pouvant entraîner, sauf transaction, une amende égale au minimum au montant et au maximum au double de la somme sur laquelle a porté l'infraction, une peine d'emprisonnement d'un à cinq ans et la confiscation du corps du délit.

Les transactions en France sur titres et or

L'admission aux négociations d'un marché réglementé, l'émission avec ou sans appel public à l'épargne, le placement ou la vente en France des titres sont, selon le cas, libres ou soumis à l'autorisation préalable du ministre chargé de l'Économie.

Les non-résidents peuvent librement acheter et vendre des titres sur le marché français ; les revenus perçus sont soumis en France à un prélèvement dont la restitution peut être prévue dans le cadre des conventions fiscales internationales.

Les transactions sur or monétaire sont libres. L'or monétaire est considéré comme une marchandise et son importation ou son exportation doit par conséquent faire l'objet d'une déclaration en douane.

Les emprunts et prêts

Les non-résidents peuvent librement contracter des emprunts auprès de résidents, tant en euros qu'en devises.

Les non-résidents peuvent librement consentir des prêts aux résidents dès lors que ces prêts n'ont pas le caractère d'investissements directs étrangers en France.

Quelle qu'en soit la forme (caution, hypothèque, nantissement, lettre d'intention...), les garanties ou contre-garanties peuvent être données librement par un non-résident au profit de résidents.

Les non-résidents peuvent également être garantis ou contre-garantis librement par les résidents.

Les investissements en France

Demeurent dans tous les cas soumis à autorisation préalable de la Direction du Trésor et ce, quelle que soit l'origine de l'investisseur, les investissements dans des activités participant à l'exercice de l'autorité publique, mettant en cause l'ordre, la santé ou la sécurité publique ou réalisés dans les activités de production ou de commerce d'armes, munitions ou matériel de guerre, ou ayant pour effet de faire échec à l'application des lois et réglementations françaises.

Les investissements étrangers en France doivent faire l'objet d'une déclaration préalable et peuvent être soumis à autorisation (sauf pour les investisseurs ressortissants de l'Union européenne).

Le contrôle des changes

Pour éviter les fortes tensions sur la monnaie nationale, les pouvoirs publics peuvent exercer sur les sorties et entrées de capitaux des contraintes ; ces contraintes sont appelées dans leur ensemble le « contrôle des changes ». Sans entrer dans le détail de modalités techniques complexes et fluctuantes, on peut dire que l'on agit dans plusieurs directions et par exemple dans les domaines suivants :

- incitations auprès des exportateurs pour qu'ils cèdent rapidement les devises reçues de leurs ventes ;
- justification des paiements pour les importateurs ;
- réglementation plus ou moins stricte des investissements effectués par les Français à l'étranger (immobilier, valeurs mobilières, etc.) ;
- réglementation éventuelle de l'achat des devises pour le tourisme.

Actuellement, le contrôle des changes a pratiquement disparu.

L'ESSENTIEL

- Les banques offrent aux importateurs et exportateurs des services et des financements spécifiques.
- Pour limiter les risques de non-paiement, un exportateur peut demander à être réglé au moyen d'un encaissement documentaire ou d'un crédit documentaire.
- Dans le cas d'un encaissement documentaire, le banquier de l'importateur sert d'intermédiaire entre l'exportateur et l'importateur, ce dernier ne pouvant retirer ses marchandises que contre paiement.
- Le crédit documentaire est l'engagement du banquier de l'importateur de payer l'exportateur contre remise de documents attestant de l'expédition de la marchandise convenue dans les délais ; il peut être confirmé par une banque de même nationalité que l'exportateur.
- Les exportateurs peuvent bénéficier de financements spécifiques comme la mobilisation de créances nées pour les exportations de services, de biens de consommation et d'équipements courants ou de crédits acheteurs ou fournisseurs pour le financement d'exportation de gros équipements.
- Bpifrance Assurance Export offre aux exportateurs des produits d'assurance couvrant les risques spécifiques à leur activité.

Quiz : Le financement du commerce extérieur

http://dunod.link/techbanc12

PARTIE IV

LA BANQUE ET LES MARCHÉS DE CAPITAUX

13 • GÉNÉRALITÉS SUR LES MARCHÉS DE CAPITAUX

Executive summary

- Les agents économiques tels que l'État, les collectivités locales, les banques et les entreprises, qu'elles soient publiques ou privées, ont de nombreux besoins de capitaux pour financer leur activité ou pour financer leurs investissements. Pour répondre à des besoins aussi variés dans leurs origines que par la diversité des opérateurs, ils ont recours aux marchés : marché monétaire et marché financier.
- Quel est le rôle du marché monétaire ? Quels sont les besoins financés par le marché financier ?

1 • LE MARCHÉ MONÉTAIRE

• Les généralités

Le marché monétaire peut être défini comme le marché des capitaux à court terme. Réformé, à partir de 1985, il comprend un marché interbancaire réservé aux seuls professionnels et un marché des titres négociables ouvert à tous les agents économiques.

En outre, c'est sur ce marché que les banques commerciales empruntent pour se financer à court terme. Autrement dit, lorsqu'une banque n'a pas assez de liquidités (monnaie immédiatement disponible) pour émettre des crédits, elle va avoir recours au marché monétaire. De ce fait, c'est un segment crucial des marchés financiers où les institutions financières et les entreprises gèrent leurs besoins en liquidités à court terme. Il fonctionne comme un lieu d'échange pour les instruments financiers à court terme, offrant des financements à court terme, généralement pour une période allant jusqu'à un an.

Le marché monétaire est un **marché réservé aux investisseurs institutionnels**. Les participants comprennent des institutions financières telles que les banques, les sociétés de financement, les entreprises, les fonds spéculatifs, les investisseurs institutionnels, les gouvernements, et même les particuliers dans certains cas. On n'y échange pas de titres cotés, mais de l'argent que les banques se prêtent à court terme à travers des titres de créances négociables de courtes échéances : les bons du Trésor et billets de trésorerie émis par les entreprises, les certificats de dépôt émis par les banques, etc.

Les principaux instruments du marché monétaire comprennent les bons du Trésor, les certificats de dépôt (CD), les acceptations bancaires, les fonds du marché monétaire (FMM), les obligations à court terme, les billets de trésorerie (BT), etc. Ces instruments sont généralement considérés comme étant à faible risque.

Les banques centrales utilisent souvent le marché monétaire comme un outil pour mettre en œuvre leur politique monétaire en ajustant les taux d'intérêt directeurs. Elles peuvent influencer l'offre de monnaie et le coût du crédit en achetant ou en vendant des titres sur le marché monétaire.

Pour de nombreux investisseurs, le marché monétaire offre un endroit sûr pour placer temporairement des liquidités, offrant une certaine sécurité et une liquidité immédiate.

Les taux d'intérêt sur le marché monétaire sont influencés par divers facteurs, tels que les politiques monétaires des banques centrales, l'offre et la demande de liquidités, ainsi que les conditions économiques globales.

• Les taux de référence

L'**Euribor** (*Euro Interbank Offered Rate*) est un taux d'intérêt de référence utilisé sur le marché monétaire de la zone euro. Il représente le taux d'intérêt auquel un groupe de banques européennes se prêtent de l'argent entre elles sur une base quotidienne en euros. L'Euribor est calculé quotidiennement par la Fédération bancaire européenne (FBE) en se basant sur les données fournies par un panel de banques sélectionnées.

Il existe différentes maturités pour l'Euribor, allant de l'*overnight* (taux pour un jour) à un an. Les taux d'Euribor les plus couramment suivis sont ceux pour des périodes de trois mois, six mois et un an.

L'Euribor est largement utilisé comme taux de référence pour divers produits financiers, notamment les prêts hypothécaires, les prêts aux entreprises, les produits dérivés et les contrats à terme, ainsi que pour les instruments financiers à taux variable. Il sert de base pour le calcul des taux d'intérêt pour de nombreux emprunts et produits financiers dans la zone euro.

L'**Eonia** (*Euro OverNight Index Average*) était un taux de référence quotidien moyen du marché monétaire de la zone euro. Il représentait la moyenne pondérée des taux d'intérêt auxquels un groupe de banques se prêtait des fonds non garantis en euros sur le marché interbancaire de nuit.

L'Eonia était calculé par la Banque centrale européenne (BCE) à partir des données fournies par un groupe de banques sélectionnées. Il était utilisé comme référence pour les transactions interbancaires à très court terme, en particulier pour les prêts et les emprunts d'une journée ou overnight.

Cependant, en raison des réformes réglementaires dans le cadre du plan de réforme des taux de référence après les scandales liés à la manipulation des taux interbancaires, notamment le scandale du Libor, l'Eonia a été remplacé par l' €STR (*Euro Short-Term Rate*) en 2019.

L' **€STR** est un taux de référence similaire à l'Eonia, mais calculé de manière plus transparente et plus robuste. Il est basé sur des transactions réelles et est censé mieux refléter les taux de financement à court terme dans la zone euro. L' €STR est désormais utilisé comme référence pour les produits financiers à court terme dans la zone euro, remplaçant progressivement l'Eonia.

• Le marché interbancaire

Le marché interbancaire est **un marché réservé aux banques**. Elles s'échangent entre elles des actifs financiers de court terme, entre un jour et un an. C'est un marché de gré à gré. Il constitue donc un segment essentiel du système financier où les banques prêtent et empruntent des fonds entre elles. Les institutions financières y échangent des ressources à court terme pour répondre à leurs besoins en liquidités ou pour gérer leurs excédents de liquidités de manière efficace.

DÉFINITION

Un **marché de gré à gré** est un marché sur lequel les transactions sont conclues directement entre l'acheteur et le vendeur, impliquant un risque de contrepartie. Les caractéristiques sont négociées librement entre les deux parties ce qui permet plus de flexibilité mais implique une moindre transparence sur les prix en comparaison avec le marché organisé. Les contrats étant sur mesure, il est plus complexe de s'en désengager, ce qui expose l'investisseur à un risque de liquidité plus important.

Il est principalement composé de transactions entre banques commerciales, mais également entre autres institutions financières. Ces transactions se font généralement pour des durées très courtes, allant de quelques jours à quelques semaines.

Les opérations sur le marché interbancaire peuvent revêtir différentes formes.

Les prêts interbancaires non garantis. Des banques prêtent des fonds à d'autres banques sans garantie, basant souvent ces prêts sur la confiance mutuelle et la réputation des emprunteurs.

Les opérations de pensions livrées. Les banques peuvent emprunter de l'argent en utilisant des titres en garantie. Cela fonctionne comme un accord de prêt temporaire où les titres sont vendus avec un accord de rachat à une date ultérieure à un prix convenu.

Les facilités de crédit de la Banque centrale. Dans certains cas, les banques centrales agissent en tant que prêteurs de dernier recours pour les banques commerciales en leur offrant des liquidités à des taux d'intérêt spécifiques pour maintenir la stabilité financière. Les banques centrales utilisent parfois le marché interbancaire pour mettre en œuvre leur politique monétaire en influençant les taux d'intérêt ou la quantité de liquidités disponibles. Pendant les périodes de crise financière ou d'incertitude économique, le marché interbancaire peut rencontrer des difficultés, avec une confiance réduite entre les banques et des problèmes de liquidités. C'est souvent à ces moments-là que les banques centrales interviennent pour fournir une liquidité adéquate et maintenir la stabilité du système financier ; en France, c'est la Banque de France en tant que Banque Centrale qui va assumer ce rôle.

Le marché interbancaire permet aux banques de gérer leurs réserves de liquidités en empruntant ou en prêtant des fonds pour répondre aux exigences réglementaires ou pour équilibrer leurs besoins de liquidités quotidiens. Une banque peut en même temps être prêteuse et emprunteuse sur le marché interbancaire. Par exemple, une banque peut prêter des liquidités aux autres banques sur le marché interbancaire pour une durée de 4 jours. Si le 3ème jour, elle a un besoin important de liquidités (pour honorer ses réserves obligatoires auprès de la Banque Centrale par exemple), elle empruntera pour une seule journée ces fonds sur le marché interbancaire. Les échanges entre les banques se font au taux du marché interbancaire : le prix de l'argent au jour le jour. Ce prix est calculé en faisant la moyenne des taux pratiqués dans la journée. C'est l'Eonia (*Euro Overnight Index Average*) qui sert de référence. Pour les prêts plus longs, on calcule l'Euribor (*Euro Interbank Offered Rate*) à différentes échéances (Euribor un mois, Euribor deux mois, jusqu'à Euribor douze mois).

Les taux d'intérêt sur le marché interbancaire sont souvent utilisés comme référence pour fixer d'autres taux d'intérêt dans l'économie. Les transactions sur le marché interbancaire influencent les taux d'intérêt de référence, tels que le taux interbancaire offert (TIO) ou le taux interbancaire offert de Londres (LIBOR), qui à leur tour impactent les taux d'intérêt globaux.

Pendant les périodes de crise financière ou d'incertitude économique, le marché interbancaire peut rencontrer des difficultés, avec une confiance réduite entre les banques et des problèmes de liquidités. C'est souvent à ces moments-là que les banques centrales interviennent pour fournir une liquidité adéquate et maintenir la stabilité du système financier ; en France, c'est la Banque de France en tant que Banque Centrale qui va assumer ce rôle.

• Le marché des titres de créances négociables

Le marché des titres de créances négociables (TCN) est un marché à court terme (durée inférieure ou égale à un an) et à moyen terme (au-delà d'un an) permettant une diversification des sources de financement des émetteurs et de placement offertes aux investisseurs, en euro et en devises. Les principaux atouts de ce marché reposent sur la transparence et la fiabilité, le respect des conditions d'émission des émetteurs étant garanti par la Banque de France.

Second marché de titres à court terme en Europe et leader en zone euro (avec un total d'encours supérieur à 300 milliards d'euros), ce marché a fait l'objet d'une réforme, entrée en vigueur le 1er juin 2016 qui vise à :

- simplifier le cadre juridique des TCN ;
- moderniser le marché ;
- favoriser l'accès aux émetteurs français et étrangers.

DÉFINITION

Les **titres de créances négociables** sont des « titres financiers émis au gré de l'émetteur, négociables sur un marché réglementé ou de gré à gré, qui représentent chacun un droit de créance ». Ils peuvent être émis par les banques, les entreprises, les organismes publics (collectivités locales, hôpitaux, etc.) et certains fonds d'investissement dont l'objet est d'acquérir des créances et d'émettre des obligations ou des actions représentatives de ces créances.

Depuis le 1er juin 2016, le marché est désormais composé de titres dénommés :

- **Titres de créances négociables à court terme** (*Negociable European Commercial Papers* ou NEU CP). D'une durée initiale inférieure ou égale à 1 an, ils correspondent aux anciens billets de trésorerie émis par les entreprises ainsi qu'aux anciens certificats de dépôt émis par les établissements de crédit ou la Caisse des dépôts et consignations (CDC).
- **Titres de créances négociables à moyen terme** (*Negociable European Medium Term Notes* ou NEU MTN). Anciennement appelés « bons à moyen terme négociables », ce sont des titres d'une durée initiale supérieure à un an.

Les spécificités des TCN

Les TCN peuvent avoir une échéance fixe comprise entre un jour et un an pour les TCN à court terme, et supérieure à un an pour les TCN à moyen terme.

Le montant unitaire des TCN doit être au moins égal à la contrevaleur de 150 000 € (200 000 si la documentation financière est rédigée en anglais) ; ils peuvent toutefois être émis à un prix différent de leur valeur nominale et comporter une prime de remboursement (la prime de remboursement correspond à la différence entre le prix de remboursement et la valeur nominale. Les TCN sont alors remboursés à un prix supérieur à leur valeur nominale).

Les TCN portent intérêt. Les intérêts sont fixés et négociés librement lors de l'émission. Ils sont en principe calculés sur la base d'un taux fixe et par référence au marché monétaire. Ils peuvent avoir également un coupon indexé sur une référence variable. Lorsque la rémunération varie en application d'une clause d'indexation qui ne porte pas sur un taux usuel du marché interbancaire, du marché monétaire ou du marché obligataire, cette clause doit être portée à la connaissance de la Banque de France. Les émetteurs doivent faire connaître, le cas échéant, lors de l'émission, le taux de rendement actuariel annuel.

Les TCN peuvent être libellés en devises étrangères sauf en cas de suspension temporaire de cette possibilité décidée par la Banque de France.

Enfin, ils peuvent éventuellement être garantis par un établissement de crédit habilité par son statut à délivrer une telle garantie. Ils peuvent également être garantis par une entreprise d'investissement ou une entité elle-même habilitée à émettre des TCN, lorsque cette entreprise ou cette entité détient, directement ou indirectement 20 % au moins du capital de l'émetteur ou dont le capital est détenu, directement ou indirectement, par l'émetteur à concurrence de 20 % au moins.

Les atouts des TCN

Les TCN présentent divers avantages pour l'émetteur et pour l'investisseur.

Les avantages pour l'émetteur :

- une grande flexibilité pour le choix des échéances ;
- un coût inférieur à celui d'autres financements à court terme ;
- un instrument d'amélioration de la notoriété permettant de faciliter l'accès aux marchés financiers.

Les avantages pour l'investisseur :

- une rentabilité égale ou supérieure à celle des autres produits du marché monétaire,
- une rémunération à taux fixe,
- une transaction encadrée : seules les sociétés qui bénéficient d'une bonne notation peuvent accéder au marché des TCN, dont la transparence est garantie par la Banque de France.

Enfin, l'attribution en temps réel du numéro d'identification des titres (code ISIN), indispensable à toute transaction, assure une meilleure efficacité et sécurité juridique des opérations.

Les conditions d'émission des TCN

Sont habilitées à émettre des titres de créances négociables, les entités suivantes :

- les établissements de crédit, les entreprises d'investissement et la Caisse des dépôts et consignations ;
- les sociétés de financement ;
- les autres entreprises (sociétés par actions, sociétés coopératives agricoles, sociétés coopératives par action) ;
- les entreprises du secteur public ;

- les groupements d'intérêt économique et les sociétés en nom collectif ;
- les institutions de l'Union européenne et les organisations internationales ;
- la caisse d'amortissement de la dette sociale ;
- les collectivités locales et leurs groupements ;
- les associations ;
- les États ;
- les organismes de titrisation ;
- l'Agence centrale des organismes de sécurité sociale ;
- les centres hospitaliers régionaux (CHR).

Avant toute première émission de TCN, les émetteurs doivent établir une documentation financière, détaillant leur activité, leur situation économique et financière ainsi que le programme d'émission. Cette documentation financière, rédigée en français ou en anglais, est déposée auprès de la Banque de France, qui est chargée de veiller au respect des conditions d'émission par les émetteurs. ; cette documentation financière doit être mise à jour chaque année ou à l'occasion d'un changement important. Les émetteurs doivent également rendre publique une notation de leur programme d'émission, obtenue auprès d'une agence agréée par l'Autorité européenne des marchés financiers (ESMA), exceptés les établissements de crédit et les entreprises d'investissement établis dans l'Espace économique européen, la Caisse des dépôts et consignations, les émetteurs dont les titres sont admis en négociation sur un marché réglementé de l'Espace économique européen ou ceux qui disposent d'un garant bénéficiant déjà d'une telle notation.

Ils doivent domicilier leurs titres auprès d'un établissement de crédit, d'une entreprise d'investissement installée en France ou de la Caisse des dépôts et consignations dans les conditions fixées par le règlement général de l'Autorité des marchés financiers.

Outre sa mission de surveillance, la Banque de France assure également la transparence du marché des TCN en rendant publique sur son site internet la documentation financière des émetteurs et les informations statistiques sur les titres émis (notamment publications quotidiennes, hebdomadaires et mensuelles). Par ailleurs, elle a mis en place à destination des nouveaux émetteurs des titres négociables, une solution digitale qui permet de simplifier les échanges entre la Banque de France et les émetteurs.

• La politique monétaire

La politique monétaire est l'une des composantes de la politique macroéconomique, avec la politique budgétaire et les politiques structurelles qui sont du domaine de l'État.

La politique monétaire désigne l'ensemble des décisions et des actions mises en œuvre par les autorités monétaires afin de réguler la quantité de monnaie qui circule dans l'économie.

La politique monétaire agit pour contrer une inflation trop forte ou, au contraire, des risques de déflation. Dans la zone euro, l'objectif principal de la politique monétaire est la stabilité des prix, qui est définie comme une inflation de 2 % à moyen terme ; c'est le rôle de la Banque centrale européenne (BCE) qui organise la politique en Europe et impose sa politique à chaque banque centrale, c'est donc en France, la Banque de France en tant que BCN qui est maîtresse d'œuvre.

Quelques chiffres de la BCE dans la zone euro

15 972 milliards d'euros de masse monétaire en circulation à fin octobre 2023.

Plus de 4 830 institutions financières monétaires, dont 616 en France.

3,9 % de taux d'inflation en France à fin octobre 2023.

0,5 % taux d'intérêt des opérations principales de refinancement (principal taux directeur), fixé par le Conseil des gouverneurs de la Banque centrale européenne, depuis juillet 2022.

La mise en place de l'euro implique une politique monétaire unique qui se caractérise par :

- une autorité monétaire unique : la Banque centrale européenne ;
- une seule courbe de taux d'intérêt en euros ;
- un seul mode de refinancement des banques par les banques centrales ;
- un seul système de règlement interbancaire (TARGET) ;
- un marché interbancaire et monétaire en euros ;
- une seule politique de change vis-à-vis des pays tiers.

Les politiques économiques et budgétaires continuent de relever de la compétence des États membres. Depuis le 1er janvier 1999, l'instance responsable au sein de l'UEM est, pour la politique économique, le Conseil ECOFIN, qui assure la coordination des politiques économiques et budgétaires des États membres de la zone euro. Il définit et adopte chaque année les grandes orientations de la politique économique des États membres de la zone euro et surveille les finances publiques des États membres de la zone euro. Il pourra leur adresser des recommandations ou leur imposer des sanctions sur le fondement des règles incluses dans le pacte de stabilité.

Les relations entre la BCE et les banques centrales nationales

Le Système européen de banques centrales (SEBC) fixe le cadre de la coopération entre la Banque centrale européenne (BCE) et les banques centrales nationales (BCN).

La définition de la politique monétaire ainsi que les grandes décisions opérationnelles sont du ressort de la BCE, les BCN mettant en œuvre cette politique. Cette organisation obéit au principe de déconcentration :

- les BCN sont les interlocuteurs naturels des établissements de crédits implantés dans le pays pour l'exécution de la politique monétaire et de change décidée par la BCE ;
- le règlement des opérations transfrontières obéissant au même principe de déconcentration, est assuré par le système TARGET (*Trans-European Automated Real-Time Gross Settlement Express Transfer*).

Le Système européen de banques centrales (SEBC)

Le SEBC a pour mission principale de maintenir la stabilité des prix dans la zone euro c'est-à-dire contrôler l'inflation et éviter les fluctuations excessives des taux de change. En plus de la politique monétaire, le SEBC joue un rôle clé dans la surveillance et la régulation du système financier de la zone euro.

Il doit aussi veiller au bon fonctionnement des systèmes de paiement (*via* le système TARGET).

Le Système européen de banques centrales (SEBC) regroupe les banques centrales nationales (BCN) et la Banque centrale européenne (BCE). Ce système fixe le cadre de la coopération entre les BCN et la BCE, cette dernière définissant et assurant le contrôle de la politique monétaire.

Les orientations de la politique de change restent du ressort du Conseil européen, donc des autorités politiques.

La Banque centrale européenne (BCE)

La BCE est l'institution centrale du SEBC. Elle remplace l'Institut monétaire européen (IME) et a son siège à Francfort. Elle est responsable de la formulation et de la mise en œuvre de la politique monétaire de la zone euro. Ses principales missions incluent le contrôle de l'inflation et le maintien de la stabilité des prix dans la zone euro.

Elle prend des décisions concernant les taux d'intérêt, la fourniture de liquidités aux banques, et elle émet la monnaie commune : l'euro.

Son rôle est de :

- mettre en œuvre la politique monétaire des États ayant opté pour la monnaie unique ;
- conduire les opérations de change ;

- détenir et gérer les réserves officielles de change des États-membres ;
- promouvoir le bon fonctionnement des systèmes de paiement ;
- autoriser les émissions de billets.

La BCE est dirigée par le conseil des gouverneurs, qui se compose des membres du directoire de la BCE et des gouverneurs des banques centrales nationales. C'est le conseil des gouverneurs qui définit la politique monétaire, fixe les taux directeurs et assure les fonctions consultatives du SEBC et sa représentation internationale.

Les Banques centrales nationales (BCN)

Chaque pays membre de la zone euro dispose de sa propre banque centrale nationale. Ces banques centrales nationales font partie intégrante du SEBC et collaborent avec la BCE pour mettre en œuvre la politique monétaire unique de la zone euro. Elles sont également impliquées dans la surveillance des institutions financières de leur pays et peuvent agir en tant qu'intermédiaires pour la BCE dans certaines opérations.

Chaque BCN reste l'interlocuteur naturel des établissements de crédit implantés dans son pays pour l'exécution de la politique monétaire et de change définie par la BCE.

Les BCN, dont l'indépendance est une condition préalable à la participation de leur État à l'euro, sont étroitement liées à la BCE sur le plan institutionnel. Les gouverneurs des BCN siègent au Conseil des gouverneurs de la BCE.

Le règlement des opérations transfrontalières est effectué par le système TARGET.

La politique monétaire et les opérations relevant de la Banque de France, notre BCN nationale

La comptabilité de la Banque de France, le compte central du Trésor à la Banque de France et les comptes des établissements de crédit dans les livres de la Banque de France sont tenus en euros.

Les opérations de politique monétaire sont conduites en euros selon des modalités arrêtées en 1998 dès la création du Système européen de banques centrales (SEBC) et de la Banque centrale européenne (BCE). Les appels d'offres réguliers, des facilités permanentes, des mises en pension et les réserves obligatoires figurent parmi les outils à disposition de la BCE.

L'organisation des opérations de politique monétaire et de change est décentralisée. La Banque centrale européenne prend les décisions, mais les opérations sont mises en œuvre par chaque Banque centrale nationale.

La Banque de France opère sur le marché des changes pour les besoins éventuels d'intervention sur le taux de change de l'euro contre des monnaies tierces. La Banque de France continue de gérer des réserves de change, pour le compte de la Banque centrale européenne s'agissant des réserves transférées à cette dernière, et pour son propre compte s'agissant des réserves qu'elle a conservées.

Toute opération de prêt doit faire l'objet d'une garantie appropriée conformément aux statuts de la Banque centrale européenne et du Système européen des banques centrales. Les garanties remises à l'appui des opérations doivent répondre à des critères précis d'éligibilité et faire l'objet de procédures de livraison rapides et sûres.

Les cotations de devises tierces sont exprimées exclusivement en euros.

Les informations issues de SURFI communiquées à l'Autorité de contrôle prudentiel par les établissements de crédit sont libellées en euros.

Les outils de la politique monétaire

Afin d'atteindre les objectifs de la politique monétaire, trois instruments sont utilisés : la liquidité bancaire, les taux d'intérêt directeurs et les taux de change. Pour réguler la masse monétaire, la BCE agit sur la liquidité des banques afin de réduire indirectement les montants des crédits accordés à l'économie.

Dans le but d'atteindre son objectif de stabilité des prix, la BCE a recours à des opérations d'*open market* et à deux facilités permanentes ; elle peut, le cas échéant, mettre en place un système de réserves obligatoires.

Les opérations d'open market

Les banques centrales achètent ou vendent des titres (comme des obligations d'État) sur le marché ouvert pour influencer la quantité de liquidités disponibles dans le système financier. Lorsqu'elles achètent des titres, elles injectent de l'argent dans l'économie, et lorsqu'elles vendent des titres, elles retraitent de l'argent.

Achats de titres. Lorsqu'une banque centrale achète des titres sur le marché ouvert, elle injecte de la liquidité dans le système financier. Ces titres peuvent être des obligations d'État, des bons du Trésor ou d'autres titres de dette. En ces acquéreurs de titres, la banque centrale verse de l'argent aux détenteurs de titres, conserve ainsi la disponibilité de liquidités dans le système bancaire.

Ventes de titres. À l'inverse, lorsque la banque centrale vend des titres sur le marché ouvert, elle retire la liquidité du système financier. Les acheteurs des titres payaient la banque centrale, impliquant ainsi la quantité d'argent en circulation dans l'économie.

Les opérations d'*open market* permettent à la banque centrale de moduler la quantité de monnaie en circulation dans l'économie, ce qui peut influencer les taux d'intérêt et le niveau d'activité économique. En acquérant ou vendant des titres, la banque centrale peut influencer les taux d'intérêt de court terme. Par exemple, des achats de titres peuvent abaisser les taux d'intérêt en prolongeant la demande pour ces titres, tandis que des ventes peuvent avoir l'effet inverse.

Elles peuvent être utilisées pour stimuler l'économie en période de ralentissement en injectant de la liquidité, ou pour freiner l'inflation en retirant de la liquidité.

Les opérations d'*open market* qui jouent un rôle prépondérant dans la régulation monétaire répondent à trois finalités : pilotage des taux d'intérêt, gestion de la liquidité bancaire et signal d'orientation de la politique monétaire.

Ces opérations comportent plusieurs catégories :

- les appels d'offres hebdomadaires en monnaie centrale (opérations principales de refinancement). Ils constituent l'instrument essentiel de refinancement et de pilotage des taux d'intérêt à court terme. Les concours octroyés par cette voie prennent la forme d'opérations de cession temporaire. Ces concours sont d'une durée d'une semaine ;
- des refinancements à des échéances plus éloignées (trois mois) sont également assurés par voie d'appels d'offres mensuels. Ils sont principalement destinés à satisfaire le besoin de refinancement des petits établissements peu actifs sur le marché interbancaire ;
- des opérations de réglage fin peuvent être mises en œuvre de façon non régulière afin d'atténuer des chocs importants sur la liquidité bancaire et permettent, le cas échéant, de piloter l'évolution au jour le jour du taux du marché monétaire. Contrairement aux précédentes, elles sont effectuées avec un cercle plus limité de contreparties agréées à cet effet par les banques centrales nationales et choisies dans chaque État membre parmi les établissements les plus actifs sur le marché monétaire. Elles peuvent revêtir des formes variées : opérations de cession temporaire, swaps de devises contre euros, reprises de liquidités. Ces opérations sont lancées, en tant que de besoin, à l'initiative de la BCE, et peuvent être exécutées par voie d'appels d'offres rapides ou sur la base de transactions bilatérales négociées avec les contreparties ;
- des opérations structurelles, sous forme d'opérations de cession temporaire, d'émissions de certificats de dette du SEBC, ont vocation à agir durablement, si besoin est, sur la liquidité bancaire ; les premières peuvent servir à des apports de liquidités de longue durée au système bancaire et les secondes, à accroître son besoin de refinancement afin de le remettre éventuellement « en banque ».

Les facilités permanentes

Les facilités permanentes sont des outils de la politique monétaire utilisés par les banques centrales pour réguler la liquidité du système financier et contrôler les taux d'intérêt de court terme. Elles sont généralement mises à disposition des banques commerciales pour qu'elles puissent gérer leurs besoins en liquidités et maintenir la stabilité financière.

Il existe deux types de facilités permanentes : les facilités de prêt marginal (FPM) et les facilités de dépôt (FD).

Les **facilités de prêt marginal (FPM)** sont des mécanismes par lesquels les banques commerciales peuvent emprunter des fonds auprès de la banque centrale à un taux d'intérêt légèrement supérieur au taux directeur. Elles sont généralement utilisées en cas de besoin urgent de liquidités pour une durée courte. Ce taux est souvent fixé au-dessus du taux directeur pour dissuader un recours excessif à ces facilités.

Les **facilités de dépôt (FD)** sont l'inverse des FPM. Les banques commerciales peuvent déposer des fonds excédentaires auprès de la banque centrale et gagner un intérêt, généralement inférieur au taux directeur. Ces facilités permettent aux banques de placer leurs excédents de liquidités en toute sécurité, bien que le taux d'intérêt soit souvent inférieur à celui des prêts entre banques mais elles préfèrent placer ces liquidités auprès de la banque centrale plutôt que de les prêter sur le marché interbancaire.

Ces deux facilités permanentes permettent de fournir ou de retirer des liquidités au jour le jour et d'indiquer l'orientation générale de la politique monétaire et d'encadrer le taux du marché interbancaire au jour le jour. Ces facilités utilisables à la discrétion des contreparties servent, dans le premier cas, à satisfaire des besoins temporaires de liquidité et, dans le second, à drainer d'éventuels surplus. En outre, leur taux constitue respectivement les jalons haut et bas délimitant le corridor de fluctuation du loyer de l'argent au jour le jour : compte tenu du caractère symétrique de ces guichets, le loyer de l'argent au jour le jour du marché interbancaire de l'euro se maintient dans ce corridor.

Les contreparties peuvent utiliser la facilité de prêt marginal pour obtenir des banques centrales nationales des liquidités au jour le jour contre des actifs éligibles. Dans des circonstances normales, il n'existe aucune limite ni aucune restriction à l'accès des contreparties à la facilité, étant entendu que les tirages doivent être couverts par des garanties éligibles. Le taux d'intérêt de la facilité de prêt marginal constitue donc normalement un plafond pour le taux d'intérêt du marché au jour le jour.

Les contreparties peuvent utiliser la facilité de dépôt pour effectuer des dépôts au jour le jour auprès des banques centrales nationales. Dans des circonstances normales, il n'existe aucune limite de dépôt ni autre restriction à l'accès des contreparties à cette facilité. Le taux d'intérêt de la facilité de dépôt constitue donc normalement un plancher pour le taux du marché.

Les facilités permanentes sont gérées de façon déconcentrée par les banques centrales nationales.

Les réserves obligatoires

Les banques centrales peuvent exiger des banques commerciales de maintenir un pourcentage spécifique de leurs dépôts sous forme de réserves. En modifiant ce pourcentage, les banques centrales peuvent augmenter ou diminuer la quantité de liquidités disponibles pour les prêts bancaires.

Le Conseil des gouverneurs de la BCE a décidé l'introduction par le SEBC d'un système de réserves obligatoires, s'appliquant aux établissements de crédit établis dans la zone euro, rémunérées à un taux correspondant au taux des opérations principales de refinancement de la BCE.

Le système de réserves obligatoires du SEBC remplit deux fonctions principales :

- contribuer à la stabilisation des taux d'intérêt du marché monétaire ;
- élargir la demande de monnaie de banque centrale en créant ou accentuant un déficit structurel de liquidités sur le marché, ce qui permet également à long terme de répondre au développement de nouvelles technologies en matière de paiements, comme la monnaie électronique.

Les caractéristiques principales du système de réserves obligatoires, sont les suivantes :

- sont incluses dans l'assiette des réserves les catégories d'exigibilités « dépôts », « titres de créance » et « instruments du marché monétaire », telles que définies dans le cadre du dispositif de la BCE relatif à la collecte des statistiques monétaires et bancaires. Les exigibilités interbancaires et les exigibilités vis-à-vis du SEBC ne sont pas assujetties à la constitution de réserves. En outre, un taux zéro de réserves est appliqué aux « pensions », aux « dépôts assortis d'une échéance convenue supérieure à deux ans » et aux « titres de créance assortis d'une échéance convenue supérieure à deux ans » ;
- le SEBC applique un taux de réserves de 2 % aux postes du passif du bilan inclus dans l'assiette des réserves ;
- les réserves obligatoires sont rémunérées à un niveau correspondant au taux des opérations principales de refinancement du SEBC. En pratique, la rémunération est calculée sur la base de la moyenne, sur la période de constitution, du taux d'intérêt, fixe ou marginal selon la technique d'adjudication mise en œuvre, (pondéré en fonction du nombre de jours de calendrier) appliqué par le SEBC à ses opérations principales de refinancement.

Les garanties éligibles au refinancement

Dans le cadre des opérations de refinancement de l'Eurosystème, la Banque de France demande des garanties à ses contreparties en échange des liquidités qu'elle leur fournit : c'est ce qu'on appelle **le « collatéral » de politique monétaire**. Ce mécanisme s'apparente à une sûreté classique, comme pour un crédit immobilier assorti d'une hypothèque, qui permet au créancier de se rembourser en cas de défaillance de son débiteur. Ainsi, pour protéger son bilan, la Banque de France exige que ses contreparties remettent en garantie des actifs pour une valeur au moins équivalente à leur encours de refinancement. Ces actifs doivent se conformer à un cadre règlementaire défini au niveau de l'Eurosystème.

Les actifs acceptés en garantie des opérations de refinancement de l'Eurosystème sont classés en deux catégories, selon qu'ils sont négociables (sur un marché financier) ou non.

Les **actifs négociables** acceptés sont des titres de dette obligataire émis par des entreprises, des émetteurs publics (souverains, supranationaux ou collectivités territoriales) et des banques : obligations seniors non sécurisées, sécurisées (*covered bonds*) ou titres adossés à des actifs (*asset-backed securities ou* ABS).

Les **actifs non négociables** prennent la forme de prêts bancaires remis directement par les contreparties de politique monétaire (les créances privées). Les débiteurs et les garants des créances privées éligibles sont des sociétés non financières, des entités du secteur public (à l'exclusion des sociétés financières publiques), des banques multilatérales de développement ou des organisations internationales. Jusqu'au 30 juin 2023, la Banque de France acceptait également des crédits immobiliers octroyés à des particuliers.

Tous les actifs appartenant aux catégories acceptées dans le cadre du collatéral ne sont pas éligibles. Ils doivent en effet répondre à des **critères d'éligibilité** assurant leur simplicité et leur qualité, afin de protéger le bilan de l'Eurosystème. Ceux-ci sont relatifs à leur qualité de crédit, leur structure et leurs modalités de remboursement. Ces critères sont communs à l'ensemble de l'Eurosystème.

Chaque jour, de nouveaux actifs sont analysés par les agents de la Banque de France, qui vérifient s'ils répondent ou non à l'ensemble des critères définis dans le cadre de collatéral. Les actifs respectant tous les critères sont réputés « éligibles » et pourront être apportés en garantie des opérations de refinancement. La liste des titres éligibles négociables est mise à jour quotidiennement ; elle est consultable publiquement sur les sites Internet de la Banque de France et de la Banque centrale européenne (BCE).

Deux listes de garanties publiques ou privées éligibles au refinancement du SEBC sont établies :

- la première liste est constituée de garanties négociables répondant à des critères d'éligibilité uniformes pour l'ensemble de la zone euro, fixés par le SEBC ;
- la seconde liste est composée de garanties additionnelles, négociables ou non, que les banques centrales nationales jugent essentielles pour leur marché national ; elle est établie et mise à jour par les banques centrales nationales.

Il est possible d'utiliser des garanties éligibles domiciliées dans un autre État membre de la zone euro pour des opérations de refinancement ou pour des facilités intra journalières consenties par la banque centrale nationale du pays d'implantation.

2 • LE MARCHÉ FINANCIER

Le marché financier peut être défini comme le marché des capitaux à long terme. Il comprend un marché primaire, celui des émissions, et un marché secondaire, celui de la revente, appelé plus communément la Bourse.

C'est un lieu, physique ou virtuel, où les acteurs du marché (acheteurs, vendeurs) se rencontrent pour négocier des produits financiers. Il permet de financer l'économie, tout en permettant aux investisseurs de placer leur épargne.

• Le marché primaire

Les demandeurs de capitaux à long terme

Les demandeurs peuvent être l'État, les collectivités locales ou les entreprises.

L'État, comme une entreprise, doit faire face à des charges, appelées dépenses de fonctionnement (fournitures de bureau, traitement des fonctionnaires, etc.), mais il doit aussi assurer des dépenses d'équipements collectifs (routes, hôpitaux, etc.), appelées dépenses d'investissements. L'impôt doit, en principe, suffire à assurer les dépenses de fonctionnement, mais il ne peut couvrir les dépenses d'investissement et l'État doit alors émettre des emprunts.

Les collectivités locales (départements, régions, communes) ont les mêmes types de dépenses et procèdent de la même manière.

Comme les autres agents économiques, les entreprises doivent assurer des charges financées par les recettes ou des crédits de trésorerie, mais elles doivent aussi investir. On a vu que pour financer ses investissements, une entreprise avait diverses solutions dont le recours au marché financier.

Les offreurs de capitaux à long terme

Les offreurs de capitaux à long terme peuvent être des Investisseurs institutionnels, des particuliers, des fonds souverains, des fonds d'investissement, des banques, des entreprises et des groupements collectifs de placement.

Les investisseurs institutionnels comprennent principalement la Caisse des dépôts et consignations, les compagnies d'assurances, les caisses de retraite et les fonds de pension. La Caisse des dépôts et consignations a pour mission de recueillir des fonds collectés notamment par le réseau des caisses d'épargne, ainsi que ceux qui ont été drainés par les sociétés mutualistes. Elle gère aussi les disponibilités de la Sécurité sociale, de certains organismes publics ou d'entreprises publiques. L'importance des fonds qu'elle recueille fait de la Caisse des dépôts et consignations un important prêteur sur le marché financier. Les compagnies d'assurances et caisses de retraite perçoivent des primes ou des cotisations qui sont payées pour couvrir certains risques ou financer les retraites et ont, de ce fait, à leur disposition des disponibilités importantes qu'elles peuvent placer à long terme.

Les fonds souverains sont des entités gérées par les gouvernements investissent souvent à long terme dans des actifs étrangers, des infrastructures ou d'autres investissements stratégiques dans le but de sécuriser les réserves financières à long terme du pays.

Les intermédiaires

Les intermédiaires sont les banques et institutions financières, les sociétés de gestion d'actifs, les courtiers et plateformes de financement participatif, les sociétés de capital-risque et d'investissement, les courtiers en valeurs mobilières, les conseillers financiers et experts en investissement et les Bourses et marchés financiers.

Les **banques** sont des intermédiaires traditionnels dans le processus de prêt et de mobilisation de fonds. Elles collectent des dépôts à court terme des particuliers et des entreprises et utilisent ces fonds pour accorder des prêts à long terme aux demandeurs de capitaux. Elles peuvent offrir une garantie de bonne fin du placement en souscrivant eux-mêmes les titres et en les replaçant auprès de leur clientèle. Cette garantie est pratiquée moyennant la perception d'une commission proportionnelle aux capitaux garantis.

Les **sociétés de gestion d'actifs** gèrent des fonds d'investissement, tels que des fonds communs de placement et des fonds indiciels, qui investissent dans une gamme d'actifs à long terme, offrant ainsi aux offreurs de capitaux une exposition diversifiée.

Les **courtiers et plateformes de financement** participatif mettent en relation des prêteurs ou des investisseurs individuels avec des emprunteurs ou des entreprises à la recherche de capitaux à long terme. Elles facilitent souvent les transactions en ligne.

Les **sociétés de capital-risque** et d'investissement investissent des fonds dans des entreprises à fort potentiel de croissance à long terme, réunissant les capitaux des investisseurs et les dirigeants vers des startups ou des entreprises émergentes.

Les **courtiers en valeurs mobilières** agissent en facilitant l'achat et la vente d'actions, d'obligations et d'autres instruments financiers sur les marchés boursiers.

Les **conseillers financiers et experts en investissement** fournissent des conseils et des recommandations aux demandeurs et aux offreurs de capitaux en fonction de leurs objectifs financiers et de leur appétit pour le risque. Ils permettent de créer des stratégies d'investissement à long terme adaptées aux besoins spécifiques des investisseurs et des emprunteurs.

Enfin, les **Bourses et les marchés financiers** fournissent une plateforme où les investisseurs et les émetteurs peuvent s'échanger des actifs financiers. Ces marchés permettent aux investisseurs d'acheter et de vendre des titres à long terme, offrant ainsi aux émetteurs une source de capitaux provenant d'investisseurs potentiels.

Le fonctionnement du marché

Le dépôt des fonds se fait contre remise d'un titre.

Il peut s'agir de fonds propres (actions ordinaires, certificats d'investissement, actions à dividende prioritaire sans droit de vote ou actions à bons de souscriptions d'actions), de fonds empruntés (obligations classiques, obligations à bons de souscription d'actions ou d'obligations, obligations du Trésor) ou de fonds à régime mixte (titres participatifs, obligations remboursables en actions ou en certificats d'investissement, titres subordonnés à durée indéterminée).

• Le marché secondaire : la Bourse

Sur le marché financier, on distingue le marché primaire, marché de l'émission appelé aussi marché du neuf du **marché secondaire**, la Bourse[1] appelé aussi marché de l'occasion, car c'est là que s'échangent des titres financiers déjà émis. La Bourse est donc le lieu de rencontre de l'offre et de la demande de valeurs mobilières qui ont déjà été émises sur le marché financier primaire.

Contrairement au prix d'émission déterminé sur le marché primaire, le marché secondaire est utile car c'est lui qui permet de déterminer un prix de marché à un titre. Ce prix résulte de l'équilibre entre l'offre et la demande des investisseurs.

Le marché secondaire est l'un des poumons financiers de l'économie moderne, entre autres il permet d'assurer la liquidité des titres circulant sur les différents marchés puisque tout investisseur souhaitant vendre un actif y trouve une contrepartie et donc des liquidités.

Il permet de trouver les prix de marché : les agents économiques reçoivent (théoriquement) les mêmes informations au même moment. Les cours traduisent donc une réelle situation du marché. Ils intègrent les informations susceptibles de peser (positivement ou négativement) sur les cotations qu'il s'agisse d'éléments micro ou macro-économiques.

1. La Bourse fera l'objet d'un développement particulier dans le chapitre 15.

• Le rôle de la banque sur le marché financier

La loi du 21/01/1988 a aboli le monopole détenu par les agents de change sur la négociation des titres et des valeurs mobilières.

La banque et les sociétés émettrices

Le rôle de la banque lors de l'émission

Lorsqu'une société émet des titres, la banque peut la conseiller et l'aider à placer ses titres.

La banque peut conseiller l'entreprise émettrice sur le type de valeurs à émettre (actions ou obligations), sur le montant, sur l'opportunité de l'émission, etc.

La banque peut également se charger des modalités pratiques de l'émission : formalités légales, publicité, mise à la disposition des guichets, information auprès de la clientèle, collecte des fonds, remise des titres.

Il faut noter que bien souvent la banque garantit le placement des titres non souscrits par le public en les conservant pour son propre compte.

Le rôle de la banque après l'émission

Une fois les titres émis, la banque peut assurer le paiement des coupons et le remboursement des obligations.

Elle peut aussi assurer la tenue du registre des transferts sur lequel sont notés les noms des détenteurs de titres nominatifs.

Enfin, la banque peut effectuer la convocation aux assemblées générales et l'information de la clientèle sur leur existence.

La banque et les porteurs de valeurs mobilières

La banque peut assurer aux porteurs de valeurs mobilières des services matériels comme la conservation des titres, le paiement des coupons ou le remboursement des obligations.

Elle peut aussi transmettre leurs ordres d'achat ou de vente ou les conseiller sur la gestion de leur portefeuille.

Les services matériels

Il s'agit de la conservation des titres et des services qui y sont attachés (encaissement des coupons, remboursement des obligations, etc.). Avec la dématérialisation des titres, ces services se généralisent.

À ces services purement matériels s'ajoute la diffusion des informations concernant la vie des sociétés émettrices et des titres concernés (nouvelles souscriptions, attributions gratuites, etc.).

Les transactions sur valeurs mobilières nécessitent souvent un processus de compensation et de règlement. Les banques fournissent des services pour assurer la bonne exécution et le règlement des transactions de manière efficace et sécurisée.

Les conseils et services de gestion

Les banques proposent des services de courtage pour l'achat et la vente de titres, tels que des actions, des obligations, des fonds communs de placement, etc. marchés financiers, facilitant les transactions et offrant des conseils sur les opportunités d'investissement.

L'épargnant n'étant pas toujours, loin de là, au fait des mécanismes boursiers et des conditions d'évolution du marché. Le banquier a alors un devoir d'information, de conseil et de mise en garde, pour l'aider à faire ses choix dans la gestion de son portefeuille : choix qualitatifs ou quantitatifs sur les titres à acheter ou à vendre.

Les banques effectuent des recherches approfondies et fournissent des analyses sur les entreprises, les secteurs et les tendances du marché, offrant ainsi des informations utiles pour les décisions d'investissement.

Les banques offrent des services de gestion de portefeuille pour les clients ayant des besoins divers en matière d'investissement. Elles peuvent créer et gérer des portefeuilles d'investissement adaptés aux objectifs, aux préférences et au niveau de tolérance au risque de leurs clients.

Les banques peuvent aussi offrir des services de financement sur titres, permettant aux investisseurs d'emprunter contre la valeur de leurs actifs détenus (par exemple, en utilisant leurs actions ou obligations comme garantie) pour accéder à des liquidités supplémentaires.

L'ESSENTIEL

- Les marchés de capitaux ont pour rôle de mettre en relation demandeurs et offreurs de capitaux.
- Il existe deux principaux marchés de capitaux : le marché monétaire et le marché financier.
- Le marché monétaire est le marché des capitaux à court terme ; il comprend le marché interbancaire et le marché des titres de créances négociables.
- Le marché financier est le marché des capitaux à moyen ou long terme ; il comprend un marché primaire qui est celui des émissions et un marché secondaire qui est celui de la revente, appelé plus communément la Bourse.

Quiz : Généralités sur les marchés de capitaux

http://dunod.link/techbanc13

14 • LES VALEURS MOBILIÈRES

Executive summary

- Les valeurs mobilières peuvent être émises soit par des sociétés, et plus rarement des associations, soit par l'État et les collectivités locales. Elles comprennent principalement les actions et les obligations.
- Quels sont les titres représentatifs de fonds propres ? Quels sont ceux qui représentent des fonds empruntés ? Quels sont ceux qui se situent à mi-chemin entre les fonds propres et les fonds empruntés ? Quelles sont les différentes formes de détention des titres ?

1 • LES ACTIONS ET TITRES REPRÉSENTATIFS DE FONDS PROPRES

• Les actions ordinaires

DÉFINITION

Une **action** est une valeur mobilière de placement à revenu variable qui donne à son détenteur, l'actionnaire, deux droits : celui de la propriété partielle d'une entreprise et celui d'associé au prorata de ses apports. Ces actionnaires, possèdent ainsi une part des actifs et des bénéfices de l'entreprise proportionnelle au nombre d'actions qu'ils détiennent.

Lorsqu'une entreprise décide de lever des fonds, par offre publique à l'épargne, elle va émettre des actions, chacune représentant une part de propriété dans ladite entreprise.

Pour constituer une société, il faut un capital. Dans une société de capitaux (type société anonyme) que l'on oppose à la société de personnes (type société en nom collectif), le capital est réparti entre les actionnaires.

Le capital est exprimé en euros et divisé en fractions égales que l'on appelle actions. Chaque action représente une part du capital. Le montant de cette part est la valeur nominale de l'action. Toutes les actions d'une même société ont une même valeur nominale.

L'actionnaire peut apporter des biens (ex. immeuble ou matériel) ; on parle alors d'apports en nature et les actions qu'on lui remet sont appelées actions d'apport. S'il apporte des fonds, on lui remet des actions de numéraire. Actions d'apport et actions de numéraire sont toutes des actions de capital, car elles représentent ensemble la totalité du capital.

On peut aussi classer les actions en actions de jouissance représentant le capital amorti (si la société a remboursé les actionnaires d'une partie de leur apport) et en actions de capital pour le capital non amorti (part non remboursée).

La forme des actions

Les actions peuvent être émises au porteur ou au nominatif.

L'action est au porteur lorsque la société émettrice ne connaît pas l'identité du propriétaire du titre. Elle est nominative au contraire lorsque l'actionnaire est connue de l'émetteur.

Les **actions au porteur** sont des titres non nominatifs, c'est-à-dire qu'elles ne sont pas enregistrées au nom d'une personne spécifique dans les livres de la société émettrice. Au lieu de cela, elles étaient détenues physiquement par la personne qui les possédait mais depuis la dématérialisation des titres en 2007 tous les titres sont inscrits dans les livres de la société de compensation Euroclear.

L'action est nominative au contraire lorsque l'actionnaire est connue de l'émetteur.

Dans le cas d'une **action nominative pure**, l'action est enregistrée au nom de son propriétaire dans les livres de la société. L'identité de l'actionnaire est connue de la société émettrice. Les droits de vote et les dividendes sont directement gérés par la société.

Dans le cas d'une **action nominative administrée**, les actions sont enregistrées au nom de l'actionnaire dans les livres de la société émettrice, mais la gestion administrative (dividendes, droits de vote, etc.) peut être déléguée à un intermédiaire financier tel qu'une banque ou un courtier. L'identité de l'actionnaire est connue de la société, mais la gestion quotidienne peut être confiée à un tiers.

Les grands droits juridiques et commerciaux de l'actionnaire

Le droit de vote. À l'occasion de l'Assemblée générale, chaque action détenue est égale à un droit de vote et les actionnaires ont le droit de participer aux décisions collectives et ainsi poser des questions. Tout actionnaire est un associé et peut poser par écrit des questions en rapport avec l'ordre du jour de l'AG annuelle.

Le droit à l'information. Les actionnaires ont le droit de demander la communication de certains documents avant l'assemblée générale annuelle comme le bilan, le compte de résultat et l'annexe, le rapport de gestion, le texte des résolutions proposées et le rapport des commissaires aux comptes.

Le droit aux dividendes. Lorsque l'entreprise réalise des bénéfices, elle doit distribuer une partie de ces bénéfices sous forme de dividendes aux actionnaires. Cependant, le versement des dividendes est décidé par le conseil d'administration et peut varier d'une année à l'autre, en général la société donne 50 % des bénéfices à ses actionnaires et les autres 50 % vont dans les réserves.

Le droit d'ester en justice. Afin de défendre l'intérêt de la société et aussi en cas de désaccord avec certaines décisions de l'entreprise ou de conflits d'intérêts, les actionnaires peuvent avoir le droit de contester ces décisions via des procédures légales.

Le droit de cession. Les actionnaires ont le droit de vendre ou de transférer leurs actions à d'autres parties, cela peut se faire sur le marché boursier ou en dehors de celui-ci, selon les règles établies par la société émettrice, sous réserve des restrictions éventuellement établies par la société ou par la loi.

Le droit au boni de liquidation ou de participer à la liquidation de la société. Si la société cesse son activité, elle ne le fera pas forcément parce que les affaires se portent mal. La liquidation peut être décidée pour d'autres raisons et après avoir liquidé l'ensemble des biens sociaux (outils de production, stock, créances, etc.), la société réglera ses créanciers. Le surplus éventuel sera réparti entre les actionnaires sous forme de ce que l'on appelle le boni de liquidation. Si les dettes sont supérieures à l'actif, les actionnaires ne recevront rien ou ne recevront qu'une part de leur mise initiale. En aucun cas ils n'auront de perte supérieure à leur mise. Leur responsabilité est limitée à leur apport initial.

Le droit préférentiel de souscription. Lorsque de nouvelles actions sont émises, les actionnaires existants ont parfois le droit d'acheter prioritairement ces actions proportionnellement à leur participation actuelle, afin de maintenir leur pourcentage de propriété dans l'entreprise. C'est ainsi que l'actionnaire a le droit de participer aux augmentations de capital, un droit fondamental des actionnaires. Il en existe plusieurs sortes.

L'**augmentation de capital en numéraire** est un processus par lequel une entreprise augmente ses fonds propres en émettant de nouvelles actions et en recevant en échange des apports en espèces (argent liquide) de la part des investisseurs. On parle alors de droit préférentiel de souscription. Cette méthode est utilisée pour renforcer les fonds propres d'une entreprise et financer des projets de croissance, l'expansion de l'entreprise, rembourser des dettes, pour renforcer la situation financière globale de l'entreprise ou pour d'autres besoins financiers sans avoir recours à un emprunt bancaire beaucoup plus onéreux.

L'**augmentation de capital à titre onéreux** peut être à titre irréductible ou à titre réductible. À titre irréductible signifie que la souscription d'actions nouvelles est réservée aux seuls titulaires de droits préférentiels de souscription, c'est-à-dire uniquement aux actionnaires anciens. On parle d'**augmentation de capital à titre irréductible**, car la société ne pourra pas refuser les souscriptions demandées à concurrence des droits présentés (on ne peut pas réduire les droits des actionnaires anciens).

Si tous les actionnaires n'utilisent pas leurs droits, l'augmentation de capital se fera pour le restant à titre réductible (réductible car les candidats peuvent être plus nombreux que les possibilités de souscription offertes et se fera en pourcentage).

L'actionnaire n'est pas obligé d'utiliser ses droits ; il peut les céder, c'est-à-dire les vendre sur le marché ; il peut aussi en acquérir d'autres s'il n'en possède pas assez pour souscrire à l'augmentation de capital.

Calcul de la valeur théorique du droit de souscription dans le cas d'une augmentation de capital à titre onéreux

Lorsqu'une société augmente son capital à titre onéreux, les actionnaires en place disposent d'une priorité de souscription représentée par des droits appelés droits de souscription. Ce droit peut être négocié et a donc une valeur théorique.

Exemple : soit une société au capital de 2 000 000 €, divisé en 20 000 actions de 100 € cotées 125 €. Cette société augmente son capital, qui passe à 3 000 000 €, en émettant 10 000 actions nouvelles émises à 110 € pour une valeur nominale de 100 € (les 10 € supplémentaires représentent ce que l'on appelle la prime d'émission).

Calcul : le capital passe de 2 000 000 € à 3 000 000 € ; il augmente donc de 1 million ; il y a donc deux actions anciennes pour une nouvelle. Chaque action ancienne se verra attribuer un droit de souscription et il faudra deux droits pour souscrire à une action nouvelle.

Celui qui n'a pas suffisamment d'actions peut en acheter en plus sur le marché, droits attachés ; pour souscrire il lui en faut deux à chaque fois, achetées à 125 € ; l'action nouvelle lui coûte 110 € :

$(2 \times 125 = 250) + (1 \times 110 = 110)$, soit un total de 360 € pour un total de 3 actions.

Le prix de revient de chaque action est donc de : $360/3 = 120$ €.

Auparavant, l'action cotait 125 € ; calcul du DPS : $125 - 120 = 5$ €, c'est la valeur théorique du droit préférentiel de souscription (DPS) (car le DPS est coté et subit la loi de l'offre et de la demande).

En achetant deux droits à 5 €, on aura en payant 110 €, une action nouvelle pour un total de 120 € au lieu des 125 € de l'action cotée sur le marché.

$(2 \times 5 = 10) + (1 \times 110 = 110)$, soit un total de 120 €.

L'**augmentation de capital gratuite**, également appelée « augmentation de capital par incorporation de réserves », elle est un moyen pour une entreprise d'augmenter son capital sans demander de nouveaux fonds aux actionnaires ou à des investisseurs externes.

Pour ce faire, ces augmentations de capital sont réalisées en utilisant des réserves déjà présentes dans l'entreprise, celles qui ont été constituées et accumulées tous les ans, les 50 % restants autres que les 50 % de dividendes distribués.

Les actionnaires vont recevoir des actions gratuites au prorata des actions détenues auparavant. Par exemple, si un actionnaire détient 50 actions anciennes, il aura 50 droits d'attribution et il recevra en plus 50 actions gratuites distribuées dans le cas de une distribuée pour une détenue. Droit préférentiel d'attribution à l'occasion d'augmentation de capital à titre gratuit :

Lorsque la société va augmenter son capital par incorporation de réserves, elle va accorder à chaque actionnaire en place un droit préférentiel d'attribution, c'est-à-dire un droit à recevoir de nouvelles actions gratuitement.

Comme pour le droit préférentiel de souscription dans la Numéraire, il faut à l'actionnaire un certain nombre de droits pour pouvoir obtenir une action nouvelle gratuite (ex. si le capital passe de 4 millions à 5 millions, on aura 1 million de plus d'où une augmentation de 25 % ; il faudra quatre droits pour une action nouvelle). L'actionnaire peut, bien entendu, négocier ses droits d'attribution ou en acquérir d'autres sur le marché selon la loi de l'offre et de la demande, tout comme il peut le faire pour les droits de souscription dans l'augmentation en numéraire.

Calcul de la valeur théorique du droit d'attribution dans l'augmentation de capital à titre gratuit

Si la société a constitué des réserves (50 % des bénéfices non distribués), elle peut les incorporer au capital en procédant à une augmentation de capital à titre gratuit. Pour recevoir des actions nouvelles, les actionnaires en place disposeront de droits appelés droits d'attribution.

Exemple : soit une société au capital de 3 000 000 €, divisé en 30 000 actions de 100 €, qui procède à une augmentation de capital à titre gratuit pour 1 000 000 €. L'action ancienne est cotée 120 €.

Calcul : Le capital augmente de 1 million ; on a donc une action nouvelle pour trois anciennes. Il faut donc trois droits pour souscrire une action nouvelle. Celui qui n'a pas de droits peut acheter des actions, droits attachés, sur le marché.

3 actions × 120 = 360 €.

Avec trois actions anciennes, l'actionnaire détiendra trois droits et aura donc la possibilité de recevoir une action nouvelle ; prix de revient d'une action : 360/4 = 90 € au lieu de 120 € cotée.

Donc la valeur théorique du droit d'attribution sera de 120 – 90 = 30 €.

On peut aussi acheter trois droits : 3 × 30 = 90.

Pour les droits de souscription lors d'une augmentation de capital à titre onéreux en numéraire comme pour les droits d'attribution dans une augmentation de capital à titre gratuit :

- celui qui n'a pas de droits ou pas assez peut en acheter ;
- celui qui ne veut pas les utiliser peut les vendre sur le marché selon la loi de l'offre et de la demande.

Celui qui veut souscrire à une augmentation de capital peut donc acheter des droits ou acheter des actions.

• Les certificats d'investissement (CI ou CIP)

Conçus principalement pour procurer des capitaux frais aux entreprises nationalisées sans décaissement de l'État ni partage de ses pouvoirs, les certificats d'investissement résultent de la scission d'une partie des actions de la société émettrice (au plus égale à 25 % du capital) en deux titres distincts : le certificat d'investissement (CI) et le certificat de droit de vote (CV).

Le certificat d'investissement (CI) représente les droits pécuniaires attachés à l'action ; il est dit privilégié (CIP) lorsqu'un dividende prioritaire lui est accordé ;

Le certificat de droit de vote (CV) reste la propriété de l'ancien actionnaire, si la scission porte sur des actions déjà existantes, ou le devient dans le cas général où la scission porte sur des actions nouvelles, émises à l'occasion d'une augmentation de capital.

Utilisés largement dans le secteur public, les certificats ont été aussi émis par des sociétés privées pour renforcer leurs fonds propres tout en préservant le contrôle de l'entreprise par les actionnaires en place.

• Les actions à dividende prioritaire sans droit de vote (ADP)

Ces actions présentent plusieurs points communs avec les certificats d'investissement privilégiés (dividende prioritaire, limitation à 25 % du capital...), mais leur émission n'est pas accompagnée de celle de certificats de droit de vote. D'autre part, les sociétés émettrices ont la possibilité de procéder à leur rachat.

Principalement destinées à accroître les fonds propres des entreprises familiales, soucieuses d'éviter l'ingérence de tiers dans la direction des affaires, elles ont également été utilisées par de grandes sociétés, auxquelles on a reproché de développer un « sous-actionnariat ».

• Les actions à bons de souscriptions d'actions (ABSA)

Ces actions sont assorties d'un ou plusieurs bons permettant à leurs détenteurs de souscrire ultérieurement d'autres actions au même prix ou à un prix encore supérieur.

Tout au long de leur existence, les bons de souscription – qui font l'objet d'une cotation distincte – se valorisent ou se déprécient en fonction d'anticipations sur l'évolution du cours de l'action, et présentent donc un caractère spéculatif marqué.

À noter que de tels bons, que l'on appelle aussi warrants, peuvent également être émis isolément sans qu'il soit nécessaire de procéder à une augmentation de capital initiale.

• Les dividendes-titres en actions

La loi du 3 janvier 1983 a autorisé les sociétés françaises à proposer le paiement de leurs dividendes en actions, sur option des bénéficiaires. Cette possibilité présente l'avantage, pour l'actionnaire, d'augmenter sa participation dans l'entreprise à des conditions favorables (un rabais lui est consenti sur le prix normal de l'action) et, pour la société, d'éviter un décaissement immédiat. Un nombre croissant de sociétés en fait usage. À signaler que le régime fiscal des dividendes payés en titres est identique à celui des dividendes réglés en espèces.

Les dividendes en espèces. Lorsque des dividendes sont versés en espèces, ils sont soumis à l'impôt sur le revenu. Les dividendes sont prélevés à la source, et un prélèvement forfaitaire obligatoire, appelé PFU (Prélèvement Forfaitaire Unique), est appliqué au taux de 30 %, composé de 12,8 % d'impôt sur le revenu et de 17,2 % de prélèvements sociaux. Cependant, les contribuables ont la possibilité d'opter pour l'imposition au barème progressif de l'impôt sur le revenu.

Les dividendes payés en actions. Lorsque des dividendes sont versés sous forme d'actions supplémentaires, ils ne sont généralement pas imposables au moment de leur distribution. Cependant, la valeur des actions reçues est considérée comme un revenu imposable à sa juste valeur marchande au moment de la distribution. Cette valeur est ajoutée au revenu imposable de l'actionnaire au titre de l'année fiscale concernée.

Le PFU se calcule sur le dividende brut ; il n'y a ni abattement ni CSG déductible, ce droit étant réservé aux associés ayant opté pour l'imposition de leurs dividendes au barème progressif. Il s'agit d'un taux forfaitaire car ce taux ne prend pas en compte la tranche d'imposition ni le revenu fiscal de référence.

2 • LES OBLIGATIONS ET TITRES REPRÉSENTATIFS DE FONDS EMPRUNTÉS

• Les obligations classiques

DÉFINITION

Une **obligation** est une valeur mobilière de placement, le plus souvent à revenu fixe qui donne à son détenteur, l'obligataire, deux droits : un de créance sur l'entreprise émettrice et un autre de prêteur de capitaux.

Bien souvent, les capitaux apportés par les associés ne suffisent pas à assurer le financement de l'ensemble des besoins de l'entreprise et la société, pour assurer son expansion, doit faire appel à des capitaux extérieurs.

Parmi les différentes solutions qui lui sont offertes, la société peut, si sa forme juridique et sa taille le lui permettent, recourir à l'émission d'un emprunt obligataire.

Contrairement à l'actionnaire, l'obligataire est un simple prêteur et en tant que tel, il court beaucoup moins de risques que l'actionnaire, car il sera remboursé de sa mise avant lui, si la situation de l'entreprise le permet, bien entendu.

Insistons un peu et rappelons que l'actionnaire est associé alors que l'obligataire n'est qu'un simple créancier.

Si la valeur nominale d'une obligation ne peut être légalement inférieure à 15 €, elle est le plus souvent de l'ordre de 150 €, voire 500 € ou plus.

La forme des obligations

Tout ce qui a été dit à ce sujet à propos des actions reste valable pour les obligations.

Toutefois, on peut préciser qu'il n'existe pas d'obligations essentiellement nominatives.

On trouve plusieurs types d'obligations sur le marché :

- les obligations à taux fixe sont les plus courantes : leur taux d'intérêt est déterminé dès l'origine et elles servent un revenu constant pendant toute la durée de l'emprunt.
- les obligations à taux variable.
- les obligations convertibles en actions.

Les droits de l'obligataire

L'obligataire a des droits attachés à sa qualité de créancier particulier, mais jamais comme associé de l'entreprise émettrice, Il détient juste une part d'emprunt représentant une créance sur l'organisme émetteur sur une certaine durée.

À l'échéance, il est remboursé à une valeur fixée lors de l'émission.

Le rendement est calculé sur la base de la valeur nominale de l'obligation et il est dû quelle que soit la situation de l'émetteur, qu'il fasse des bénéfices ou des pertes.

En contrepartie de son investissement, l'investisseur obligataire est rémunéré sous forme de "coupons", c'est-à-dire sous forme d'un intérêt fixe (ou indexé) versé à une échéance donnée (par exemple, chaque trimestre ou chaque année) et ce, jusqu'à la date de maturité de l'obligation (son échéance).

Les détenteurs d'obligations ont le droit d'être remboursés du montant nominal de l'obligation à sa date d'échéance, à moins que l'émetteur ne fasse défaut. En cas de faillite ou de liquidation de l'entreprise émettrice, les obligataires ont souvent droit à un remboursement prioritaire par rapport aux actionnaires. Cela signifie qu'ils sont généralement remboursés avant que les détenteurs d'actions ne reçoivent une compensation. Cependant, cela peut dépendre de la structure de la dette et d'autres clauses spécifiques.

Certaines obligations, appelées obligations convertibles ou obligations échangeables, offrent à leurs détenteurs le droit de convertir leurs obligations en actions de la société émettrice ou d'échanger leurs obligations contre d'autres titres, conformément aux conditions définies.

Les obligataires ont souvent le droit de recevoir des informations financières régulières de la part de l'émetteur, afin de suivre la performance financière de celui-ci et d'évaluer la capacité de l'émetteur à honorer ses obligations de remboursement.

Bien que les obligataires n'aient pas le droit de vote comme les actionnaires, ils sont convoqués généralement par l'émetteur des obligations lors des AG pour les informer en tant qu'investisseurs et prendre des décisions qui affectent les droits des obligataires (changements contractuels ; restructuration de la dette ; fusions et acquisitions ; défaut ou événements extraordinaires).

Les obligations les plus courantes sont celles émises par l'État et celles émises par les entreprises, mais il en existe d'autres.

• Les autres types d'obligations

Les obligations convertibles en actions

Elles offrent à leurs détenteurs la possibilité de convertir leurs obligations en actions de la société émettrice à un prix prédéterminé. Cela donne aux investisseurs la possibilité de profiter de la croissance potentielle de l'entreprise et d'avoir des dividendes en tant qu'actionnaires plus importants que le seul coupon d'intérêt.

Les obligations à bons de souscription d'actions (OBSA)

Voir plus loin : les titres intermédiaires entre les actions et les obligations.

Les obligations à bons de souscription d'obligations (OBSO)

Lors de leur émission, ces obligations à taux fixe sont chacune assorties d'un bon permettant de souscrire ultérieurement, pendant un certain laps de temps et à un prix prédéterminé, une obligation de même nature.

Cela fonctionne de la manière suivante : lors de l'émission des OBSO, les investisseurs reçoivent à la fois des obligations et des bons de souscription. Ces bons de souscription permettent aux détenteurs d'acheter un nombre spécifique d'obligations supplémentaires à un prix prédéterminé pendant une période donnée.

Par exemple, un investisseur qui détient des OBSO pourrait se voir accorder le droit d'acheter une ou plusieurs obligations supplémentaires à un prix fixe dans les cinq prochaines années après l'émission. Ce prix est souvent fixé en dessous du prix actuel du marché au moment de l'émission, ce qui donne un avantage à l'investisseur si le prix du marché des obligations augmente par la suite.

Les obligations indexées

Les obligations indexées sont des titres de créance dont les intérêts ou le capital sont liés à un indice ou à un taux de référence, souvent l'inflation. Elles sont conçues pour protéger les investisseurs contre les effets de l'inflation en ajustant les paiements d'intérêts ou la valeur nominale en fonction des variations de l'indice de référence. Il existe principalement deux types d'obligations indexées.

- Les **obligations indexées sur l'inflation** ajustent leurs paiements d'intérêts et/ou leur valeur nominale en fonction de l'évolution de l'indice des prix à la consommation ou d'un autre indice d'inflation. Si l'inflation augmente, les paiements d'intérêts et la valeur nominale de ces obligations augmenteront également pour refléter cette hausse.
- Les **obligations indexées sur d'autres indices** sont indexées sur d'autres indices financiers ou économiques, tels que des indices boursiers, des taux de change, des taux d'intérêt, ou même des indices sectoriels spécifiques.

Les obligations à taux variable ou révisable

Ces obligations ont été introduites en France en 1974 dans le dessein de prémunir les émetteurs et les porteurs contre les risques que les obligations à taux fixe font courir aux uns et aux autres pendant la durée de l'emprunt.

Le coupon d'une obligation à taux variable n'est pas fixe, mais indexé sur un taux observable (généralement un taux court terme, l'Euribor six mois par exemple). À chaque échéance du coupon, la valeur de celui-ci sera calculée en fonction de ce taux de marché. Ceci permet d'annuler le risque de taux car l'émetteur de ce titre est sûr qu'à tout instant, il est endetté au taux du marché, ni plus, ni moins. Il existe plusieurs mécanismes pour déterminer le taux d'intérêt des obligations à taux variable.

- Le **taux révisable** est révisé à des intervalles spécifiques en fonction des conditions du marché financier ou d'un indice de référence comme le taux interbancaire (Euribor, Libor) ou le taux directeur de la Banque centrale.
- Le **taux flottant** est lié à un taux de référence et est généralement fixé comme un pourcentage au-dessus ou en dessous de cet indice. Par exemple, une obligation pourrait offrir un taux égal au taux Libor plus 2 %.
- Le **taux indexé** est ajusté en fonction de facteurs spécifiques, tels que l'inflation ou d'autres indices économiques.

Les obligations prorogeables

Les obligations prorogeables, également appelées obligations à option de prolongation, offrent à leur détenteur la possibilité de prolonger la durée de l'obligation au-delà de sa date d'échéance initiale.

Ce sont des obligations dont la date de remboursement peut être différée dans le temps, au-delà de celle fixée dans le contrat, ce qui enlève le caractère automatique dudit remboursement. Cette extension est généralement à l'initiative de l'investisseur et peut être exercée selon des conditions spécifiques prédéfinies lors de l'émission de l'obligation.

Si les conditions du marché ne sont pas favorables au moment de la prolongation, l'investisseur pourrait être confronté à des taux d'intérêt moins avantageux ou à d'autres désavantages.

Les obligations échangeables

Les contrats d'émission peuvent stipuler qu'à partir d'une certaine date et pendant un certain délai, des obligations émises à taux fixe pourront être échangées contre des obligations à taux variable ou inversement. Cette faculté d'échange est en général très appréciée par les investisseurs institutionnels (compagnies d'assurances, organismes de placements collectifs) qui disposent ainsi de la possibilité de modifier, sans frais, l'orientation de leurs placements en fonction de l'évolution des taux.

Les obligations « à fenêtres »

Une obligation à fenêtres est une obligation à long terme (entre quinze et dix-huit ans), mais le porteur aura l'opportunité de se faire rembourser pendant ces fenêtres. Il subira dans ce cas une réduction de son dernier coupon, à titre de pénalité.

Ces périodes de rachat, également appelées «fenêtres de remboursement anticipé», permettent à l'émetteur d'obligations de racheter les titres avant la date d'échéance, offrant ainsi une certaine flexibilité. Cela peut être avantageux pour l'émetteur si les taux d'intérêt ont baissé depuis l'émission de l'obligation, car il peut se refinancer à des taux plus bas.

Pour les détenteurs d'obligations, ces périodes de rachat anticipé peuvent être à la fois avantageuses et risquées.

L'émetteur peut profiter de conditions de marché favorables pour se refinancer à des taux d'intérêt plus bas et les détenteurs peuvent recevoir un paiement anticipé s'ils choisissent de vendre leurs obligations lors d'une fenêtre de remboursement anticipé.

Si l'obligation est rachetée pendant une période de taux d'intérêt bas, les détenteurs peuvent être confrontés à des difficultés pour réinvestir leurs fonds à des taux équivalents ou meilleurs.

Les obligations renouvelables du Trésor (ORT)

Les obligations renouvelables du Trésor (ORT) sont des fonds d'État, émis pour une durée de six à huit ans, pour lesquels sont prévues des possibilités de conversion au gré du porteur. Rappelons qu'une obligation est un titre d'emprunt collectif remis par une société ou par une collectivité publique à ceux qui lui prêtent des capitaux dans le cadre d'une demande d'emprunt. Ce sont des emprunts remboursables à échéance par l'emprunteur (la société émettrice), mais restent négociables sur le marché secondaire.

Leur caractéristique est qu'elles peuvent être échangées contre d'autres obligations d'État à leur échéance, à un taux supérieur, selon les modalités prévues dans le contrat d'émission.

Il s'agit d'un produit original, intermédiaire entre l'obligation et le bon du Trésor et comme ce mécanisme les transforme en outils financiers à long terme, les investisseurs leur préfèrent les OAT, obligations assimilables du Trésor.

Les ORT ont une durée initiale fixe, mais elles sont automatiquement renouvelées chaque année à leur échéance, offrant ainsi une certaine continuité pour les investisseurs.

Contrairement aux obligations à taux fixe, elles sont émises à taux variable, généralement révisables annuellement. Ces taux peuvent être indexés sur différents référentiels, tels que les taux interbancaires ou d'autres indices de marché. Le taux d'intérêt de ces obligations est généralement fixe pour la durée initiale de l'obligation et reste inchangé lors de la reconduction annuelle.

Elles sont considérées comme des titres sûrs en raison de la solvabilité de l'État français. Elles sont généralement liquides sur le marché secondaire, ce qui signifie qu'elles peuvent être facilement achetées ou vendues entre investisseurs. Bien que ces obligations offrent une option de liquidité annuelle pour les investisseurs, ils ont également la possibilité de les conserver pour bénéficier de taux d'intérêt constants sur une période prolongée.

Les détenteurs d'ORT reçoivent des coupons d'intérêt réguliers, généralement annuels, en fonction du taux fixé au moment de l'émission. Les ORT peuvent avoir différentes échéances, ce qui permet à l'État de diversifier les durées d'emprunt en émettant des obligations de maturités variées, par exemple de deux, cinq, dix ou trente ans.

L'émission des obligations renouvelables se fait lors d'enchères régulières, où les investisseurs soumettent des offres pour acheter ces titres. L'adjudication détermine le montant alloué et le taux auquel les obligations sont émises.

Les obligations assimilables du Trésor (OAT)

Les OAT (obligations assimilables du Trésor) sont des valeurs assimilables du Trésor à moyen et long terme, de maturité de deux à cinquante ans. La technique de l'assimilation consiste à rattacher une nouvelle émission à une OAT déjà créée et émise antérieurement.

Ce sont des titres de dette émis par l'État français via l'Agence France Trésor pour financer la dette publique à moyen et long terme. Elles constituent l'un des principaux instruments de financement de l'État français sur les marchés financiers.

Les OAT sont émises avec différentes échéances, allant de quelques années jusqu'à plusieurs décennies. Cela permet à l'État de diversifier ses emprunts en fonction des besoins de financement et d'étaler les remboursements sur le long terme. Ces échéances sont de deux, cinq, dix, quinze ou trente ans, permettant ainsi à l'État de diversifier les durées d'emprunt pour répondre à ses besoins financiers.

Elles peuvent être émises à taux fixe ou à taux variable, par exemple indexées sur des références comme l'Euribor. Les taux peuvent être révisables à différentes fréquences en fonction des spécifications de l'émission.

L'émission des OAT se fait lors d'enchères régulières où les investisseurs soumettent des offres pour acheter ces titres. L'adjudication détermine le montant alloué et le taux auquel les obligations sont émises.

Les détenteurs d'OAT reçoivent des intérêts, généralement payés semi-annuellement, en fonction du taux d'intérêt fixé au moment de l'émission. À l'échéance, l'État rembourse le capital emprunté.

Les OAT sont considérées comme des titres de dette souveraine relativement sûrs car elles sont émises par l'État français, bénéficiant généralement d'une solvabilité élevée. Cependant, comme tout investissement, il existe un risque de contrepartie associé à la dette souveraine. Elles sont généralement liquides sur le marché secondaire, offrant ainsi aux investisseurs la possibilité de les acheter ou de les vendre relativement facilement.

Les obligations à coupon unique

Une obligation à coupon unique désigne une créance dont les intérêts se capitalisent pendant toute sa durée de vie. Au lieu de percevoir des dividendes réguliers par la société émettrice, son détenteur attend l'échéance, pour en recevoir la totalité en une seule fois. Donc ces intérêts ne seront fiscalisés que lors du remboursement de l'obligation. L'avantage, c'est que la gestion et la déclaration fiscale sont simplifiées pour son détenteur, comme pour un placement bloqué à terme.

Les obligations à coupon unique sont des instruments financiers à revenu fixe émis avec un seul paiement d'intérêt, généralement à l'échéance de l'obligation. Contrairement aux obligations traditionnelles qui versent des intérêts périodiques tout au long de leur durée de vie, les obligations à coupon unique ne versent pas d'intérêts réguliers aux détenteurs pendant la période de détention. À la place, elles sont émises avec un rendement (coupon) intégré qui est remboursé en totalité à l'échéance de l'obligation.

Le prix d'émission initial de l'obligation à coupon unique est généralement inférieur à sa valeur nominale (valeur à l'échéance) en raison du fait que les intérêts ne sont pas versés périodiquement. Le rendement perçu par l'investisseur est déterminé par la différence entre le prix d'émission et la valeur nominale à l'échéance.

La durée de détention de ces obligations peut varier en fonction de leur échéance, qui peut être à court, moyen ou long terme en fonction des besoins de l'émetteur.

Les obligations à coupon unique présentent un risque potentiel pour les investisseurs car ils ne reçoivent pas de flux de trésorerie réguliers sous forme d'intérêts. La rentabilité de ce type d'obligations dépend en grande partie du prix d'émission, de la valeur nominale à l'échéance et du taux de rendement implicite pour l'investisseur.

Les obligations à coupon zéro

Les obligations à coupon zéro ne génèrent pas de coupons durant toute leur durée de vie. Les obligations à coupon unique : le montant du coupon est capitalisé et versé en une seule fois à l'échéance de l'obligation. L'obligation à coupon zéro est un titre dont la rémunération est constituée exclusivement par l'écart entre son prix d'émission et son prix de remboursement.

Ces obligations particulières sont sensibles aux variations des taux d'intérêt, puisque aucun flux financier intermédiaire ne vient rémunérer de façon certaine l'obligataire. Leur rendement est réalisé sous la forme de la différence entre le prix d'achat initial et la valeur nominale remboursée à l'échéance.

Elles peuvent avoir différentes maturités, allant de quelques mois à plusieurs années voire décennies, en fonction des besoins de l'émetteur et des investisseurs. Elles comportent un risque de taux d'intérêt et peuvent être sensibles aux fluctuations du marché.

Ces obligations sont souvent utilisées dans la planification financière pour financer des besoins futurs spécifiques, tels que l'éducation des enfants, la retraite ou d'autres objectifs à long terme

Les obligations subordonnées convertibles en actions remboursables (OSCAR)

Une OSCAR (obligation subordonnée convertible en actions remboursables ou rachetables en espèces) permet aux investisseurs, s'ils le souhaitent, d'utiliser le coupon de l'obligation pour souscrire à de nouvelles obligations du même type.

C'est un type spécifique d'obligations émises en France. Elles sont conçues pour permettre aux investisseurs de réinvestir automatiquement les intérêts qu'ils perçoivent sous forme de nouveaux titres similaires à l'obligation d'origine, plutôt que de recevoir des paiements d'intérêts en espèces.

Les détenteurs d'OSCAR peuvent généralement choisir entre réinvestir les intérêts sous forme de nouveaux titres ou recevoir des paiements d'intérêts en espèces. Cette flexibilité leur permet d'adapter leurs besoins financiers ou leurs stratégies d'investissement. Cela permet aux investisseurs de bénéficier de la capitalisation des intérêts. Le coupon représente les intérêts annuels.

Les OSCAR offrent une opportunité de capitalisation des intérêts réinvestis, permettant à l'investisseur de bénéficier de l'intérêt composé au fil du temps. Le réinvestissement des intérêts peut offrir certains avantages fiscaux aux investisseurs, en particulier s'ils sont réinvestis dans des titres à long terme bénéficiant de taux d'imposition avantageux.

La rentabilité d'un OSCAR dépend des taux d'intérêt, des conditions du marché et de la décision du détenteur concernant le réinvestissement des coupons.

Les obligations remboursables en actions (ORA) ou en certificats d'investissement) (ORCI)

Les obligations remboursables en actions (ORA) sont avant tout des obligations ordinaires. Mais, à la différence des obligations classiques, ces titres ne sont pas remboursés en espèces, mais en titres de la société émettrice. Ils se situent à mi-chemin entre les obligations ordinaires et les convertibles.

Ce sont des types d'obligations hybrides qui offrent la possibilité aux détenteurs de ces titres de choisir entre le remboursement en actions de la société émettrice (pour les ORA) ou en certificats d'investissement (pour les ORCI) à l'échéance de l'obligation.

Les ORA permettent aux détenteurs, à l'échéance de l'obligation, de choisir entre se faire rembourser en espèces ou en actions de la société émettrice. Si le cours de l'action de la société est avantageux à l'échéance, le détenteur peut choisir de convertir son obligation en actions. Cela permet à l'émetteur de bénéficier d'un financement par endettement tout en offrant aux investisseurs la possibilité de participer potentiellement aux hausses de valeur des actions de la société.

Les ORCI fonctionnent de manière similaire aux ORA, mais offrent aux détenteurs la possibilité de choisir entre se faire rembourser en certificats d'investissement plutôt qu'en actions de la société. Les certificats d'investissement sont des titres représentatifs d'une fraction du capital social de la société, mais sans droits de vote. Cette option permet à l'émetteur de conserver le contrôle de la société tout en remboursant une partie de sa dette sous forme de certificats d'investissement.

Les obligations subordonnées à durée indéterminée avec bons de souscription d'actions rachetables (OSDIBSAR)

Les OSDIBSAR sont des instruments financiers complexes qui combinent différentes caractéristiques et clauses spécifiques. Ces instruments financiers sophistiqués sont souvent réservés à des investisseurs institutionnels ou qualifiés en raison de leur complexité et de leur niveau de risque élevé.

Ce sont sont des obligations subordonnées, ce qui signifie qu'elles sont inférieures aux autres types de dette en cas de liquidation de l'entreprise. Elles comportent un niveau de risque plus élevé pour les investisseurs que les obligations ordinaires.

Elles ont une durée indéterminée, ce qui implique qu'elles ne sont pas dotées d'une échéance fixe comme les obligations traditionnelles. Elles peuvent être remboursées à la discrétion de l'émetteur dans le temps, généralement à long terme.

En plus de la composante obligataire, ces titres incluent également des bons de souscription d'actions rachetables, ce qui signifie que les détenteurs ont le droit, mais pas l'obligation, de convertir une partie ou la totalité de leurs obligations en actions de la société émettrice à un prix et dans des conditions préalablement établies.

Ces obligations sont hybrides car elles comportent à la fois une composante de dette (les obligations) et une composante de potentiel d'augmentation du capital (les bons de souscription d'actions). Cette structure permet à l'émetteur de lever des fonds tout en offrant une opportunité aux investisseurs de bénéficier potentiellement de la croissance future de l'entreprise à travers la conversion en actions.

La société émettrice peut racheter ces titres selon des conditions spécifiques, ce qui peut être avantageux pour l'émetteur s'il souhaite retirer ces titres du marché ou réduire sa dette.

Les obligations convertibles en actions nouvelles ou existantes (OCEANE)

Depuis 1998 est apparu un nouveau type d'obligations échangeables, les OCEANE, qui se sont développées en particulier dans le cadre des programmes de rachat d'actions. Les OCEANE sont donc des titres hybrides

Les OCEANE sont des instruments financiers intéressants, offrant une combinaison d'obligations à revenu fixe avec la possibilité de participer aux mouvements du marché boursier.

Comme pour tout investissement, il est important de comprendre les termes de la conversion, les risques associés et les implications en termes de rendement et de volatilité avant d'investir dans des OCEANE.

On parle d'OCEANE quand l'émetteur d'une obligation convertible peut remettre au détenteur du titre soit de nouvelles actions émises pour l'occasion, soit des actions existantes qu'il détient en portefeuille, par exemple à la suite d'un rachat d'actions.

Ce sont des instruments financiers hybrides d'obligations convertibles et d'obligations échangeables émis par les entreprises qui combinent des caractéristiques d'obligations avec la possibilité de conversion en actions.

Lorsque les détenteurs choisissent de convertir leurs obligations, ils peuvent recevoir soit des actions nouvellement émises par la société (actions nouvelles), soit des actions existantes déjà en circulation sur le marché. En cas de non-conversion, les détenteurs reçoivent le paiement d'intérêts et le remboursement du capital à l'échéance, conformément aux termes de l'obligation.

Pour l'entreprise émettrice, les OCEANE offrent une source de financement flexible en permettant de lever des fonds via une émission d'obligations tout en conservant la possibilité de convertir ces obligations en actions pour augmenter son capital si nécessaire.

Les OCEANE comportent un risque lié à la performance des actions de la société émettrice, car la valeur de la conversion dépend du cours des actions au moment de la conversion. Elles peuvent également représenter une opportunité d'investissement pour les détenteurs cherchant à diversifier leur portefeuille ou à bénéficier d'une potentielle appréciation des actions.

• Mode de cotation des obligations

Les obligations sont cotées sur Euronext « en pourcentage de leur valeur nominale et au pied du coupon ». Cela signifie que le mode de cotation distingue le capital (le titre) du revenu (le coupon). On appelle coupon couru la fraction d'intérêt acquise depuis l'émission de l'obligation ou depuis le dernier versement d'intérêts. La cotation doit tenir compte de l'évolution du nominal et du coupon couru. Le cours d'une obligation cotée en Bourse est égal à la somme du pourcentage du nominal et du coupon couru.

Il existe plusieurs modes de cotation des obligations.

La **cotation en pourcentage du nominal** indique le prix de l'obligation en pourcentage de sa valeur nominale. Traditionnellement, les obligations sont cotées en pourcentage de leur valeur nominale. Par exemple, une cotation de 95 pour une obligation de 1 000 € signifie qu'elle se négocie à 95 % de sa valeur nominale, soit 950 €.

Dans la **cotation en points de base**, il est fait référence à un taux, comme les taux d'intérêt. Un point de base équivaut à 0,01 %, donc une cotation de + 150 points de base au-dessus d'un taux de référence signifierait un rendement supérieur de 1,5 %.

Dans certains marchés, les obligations peuvent être cotées directement en prix, indiquant le prix réel de l'obligation plutôt que son pourcentage par rapport à la valeur nominale.

Parfois, les obligations sont cotées en termes de rendement pour indiquer le taux de rendement auquel l'obligation se négocie sur le marché. Le rendement représente le taux d'intérêt de l'obligation ajusté en fonction de son prix actuel sur le marché. Plus le prix de l'obligation baisse, plus son rendement augmente et vice versa. Par exemple, si une obligation est cotée à un rendement de 3 %, cela signifie que son rendement annuel est de 3 %.

Si les obligations sont cotées en termes de taux d'intérêt, notamment les taux d'intérêt courus, cette méthode indique le montant des intérêts courus accumulés sur l'obligation depuis la dernière période de paiement des intérêts. Par exemple, dans le cas d'une obligation d'une valeur nominale de 500 € qui cote 99 %, cela signifie que sa valeur de marché est de 500 € x 99 % = 495 €.

Celui qui revend une obligation est assuré de toucher la rémunération correspondante à la période pendant laquelle il l'a conservé, et celui qui achète le titre en Bourse doit payer au vendeur le coupon couru, mais il sera remboursé en touchant l'intégralité des intérêts lorsque ceux-ci seront versés.

EXEMPLE DE COTATION

Soit une obligation à 6 % au nominal de 1 000 €, jouissance au 31/12 (date de paiement du coupon).

L'obligation vaut au 30/09 : 925 €.

Intérêt annuel brut : 1 000 x 6 % = 60 €.

Le coupon couru au 30/09 est de : 60 x 9/12 = 45 €.

Cotation au pied du coupon : 925 – 45 = 880 €.

Cotation en pourcentage : 880 x 100/1 000 = 88 %.

Le cours porté sur la cote sera : 88 %.

Le titre a donc perdu : 100 – 88 = 12 % de sa valeur d'émission.

Celui qui achètera le titre devra payer : 880 + 45 = 925 €.

3 • LES TITRES INTERMÉDIAIRES ENTRE LES ACTIONS ET LES OBLIGATIONS

• Les titres participatifs (TP)

Les titres participatifs (TP) ont été créés en 1983 afin de favoriser à la recapitalisation d'entreprises d'État. Ils sont émis uniquement par les sociétés du secteur public, les sociétés anonymes coopératives et des compagnies d'assurance.

Les TP représentent un instrument de dette subordonnée, ce qui signifie qu'ils sont classés après d'autres types de dettes en cas de liquidation de l'entreprise émettrice. En raison de leur complexité et de leur nature spécifique, ils nécessitent une compréhension approfondie des conditions contractuelles et des risques associés avant d'être inclus dans un portefeuille d'investissement.

Contrairement à la plupart des autres obligations, les TP n'ont pas de date d'échéance fixe. Ils sont émis pour une durée indéterminée, bien que certaines clauses puissent permettre à l'émetteur de les rembourser ou de les racheter après une période spécifiée.

Les intérêts versés sur les TP peuvent être fixes ou variables, mais ils peuvent également être liés aux bénéfices ou aux résultats financiers de l'entreprise émettrice.

Les TP offrent une certaine flexibilité à l'émetteur en cas de difficultés financières, car ils peuvent suspendre le paiement des intérêts ou le remboursement du capital sans risque de défaut de paiement, sous réserve des conditions contractuelles.

Les TP offrent généralement un taux d'intérêt potentiellement plus élevé que les autres dettes subordonnées, mais cela s'accompagne également d'un niveau de risque plus élevé pour les investisseurs en raison de leur subordination et de leur absence de date d'échéance fixe.

Les TP sont souvent émis par des banques ou des institutions financières pour renforcer leur structure de capital et répondre aux exigences réglementaires en matière de fonds propres.

• Les obligations à bons de souscription d'actions (OBSA)

Tout comme les obligations convertibles en actions, échangeables ou remboursables en, les obligations à bons de souscription d'actions (OBSA) sont des valeurs dites « composées ». Une obligation à bon de souscription d'actions est une obligation ordinaire à laquelle est attaché un bon de souscription d'actions. Ce bon de souscription permet de souscrire à une future augmentation de capital à un prix fixé à l'avance. Le souscripteur d'une OBSA est d'abord un investisseur obligataire, mais aussi un actionnaire potentiel de la société émettrice.

Ainsi, l'OBSA est un produit hybride qui réunit un titre de créance et un bon de souscription d'actions qui est composée de deux éléments.

- **L'obligation**. C'est la partie de l'OBSA qui représente une dette de la société envers l'investisseur ; elle garantit le paiement d'un revenu fixe, généralement sous la forme de coupons périodiques, jusqu'à l'échéance de l'obligation.
- **Les bons de souscription d'actions**. Ce sont des options attachées à l'obligation qui donnent à l'investisseur le droit, mais non l'obligation, d'acheter un certain nombre d'actions de la société émettrice à un prix fixe et pendant une période déterminée.

• Les obligations remboursables en actions (ORA) ou en certificats d'investissement (ORCI)

Les ORA sont avant tout des obligations ordinaires. Mais, à la différence des obligations classiques, ces titres ne sont pas remboursés en espèces, mais en titres de la société émettrice. Ce sont des titres hybrides qui se situent à mi-chemin entre les obligations ordinaires et les convertibles.

Dans le cas des ORA, à l'échéance de l'obligation, l'investisseur peut choisir de se faire rembourser soit en numéraire, soit en actions de la société émettrice, généralement à un prix fixé à l'avance ou selon une formule spécifique.

Les ORCI fonctionnent de manière similaire aux ORA, mais au lieu de recevoir des actions directement, l'investisseur reçoit des certificats représentatifs d'actions. Ces certificats donnent droit à des actions de la société émettrice selon les conditions spécifiées lors de l'émission de l'obligation.

• Les titres subordonnés à durée indéterminée (TSDI)

Les TSDI sont des instruments financiers hybrides, souvent émis par les banques et les institutions financières dont la durée est infinie, le remboursement se faisant au gré de l'émetteur. Ces titres font partie des fonds propres réglementaires d'une institution et sont considérés comme des instruments de dette subordonnée.

Ils sont utilisés par les institutions financières pour renforcer leur base de capital tout en offrant un certain niveau de rendement aux investisseurs. Cependant, du point de vue de l'investisseur, il est important de comprendre les risques associés, notamment la subordination aux créanciers seniors en cas de problèmes financiers de l'émetteur.

Les TSDI combinent des caractéristiques de la dette (paiement d'intérêts réguliers) avec des aspects de fonds propres (subordination aux créanciers seniors en cas de liquidation).

Contrairement à de nombreux autres instruments de dette, les TSDI n'ont généralement pas de date d'échéance fixe. Cependant, l'émetteur peut se réserver le droit de rembourser ces titres dans certaines conditions spécifiques.

En cas de liquidation de l'institution émettrice, les détenteurs de TSDI sont remboursés après les créanciers seniors (comme les détenteurs d'obligations classiques) mais avant les actionnaires ordinaires.

Ces titres peuvent souvent être comptabilisés comme fonds propres réglementaires par les institutions financières, ce qui leur permet de renforcer leur base de capital sans diluer immédiatement la propriété de l'entreprise.

• Les titres associatifs (TA)

Créés en 1985, les titres associatifs émis par des associations à but non lucratif (loi de 1901) sont longtemps restés peu connus et peu utilisés car la complexité de leur mise en place en termes d'ingénierie financière et de démarches administratives mais aussi leur faible taux de rentabilité pour les investisseurs au regard du risque pris.

Outil souvent jugé complexe par rapport aux enjeux de financement des associations, les titres associatifs ont évolué avec la Loi ESS de 2014 pour devenir à la fois plus attractifs pour les investisseurs et plus simples à manier pour les associations émettrices.

• Les warrants

Les *warrants* sont des instruments financiers dérivés qui donnent à leur détenteur le droit, mais non l'obligation, d'acheter (*warrant call*) ou de vendre (*warrant put*) un actif financier (généralement des actions) à un prix prédéterminé (prix d'exercice) avant une date spécifique (date d'expiration). Ils sont souvent émis par des institutions financières ou des entreprises pour lever des fonds ou pour offrir des incitations à leurs investisseurs.

Attention, il s'agit de produits de spéculation très risqués qui ne répondent généralement pas à des besoins d'investissement de moyen ou long terme.

Le prix du warrant (prime) évolue en fonction de plusieurs paramètres : sa durée de vie, son prix d'exercice, le cours du sous-jacent, les dividendes attendus, la volatilité et les taux d'intérêt. Son prix est très faible par rapport au prix du sous-jacent, mais sa valeur peut fortement fluctuer puisque le warrant suit l'évolution de l'actif sous-jacent. C'est l'effet de levier.

Chaque warrant spécifie un prix d'exercice (également appelé prix de levée) auquel l'actif sous-jacent peut être acheté ou vendu, ainsi qu'une date d'expiration à laquelle le warrant cesse d'être valide.

Les warrants sont souvent liés à des actions, des indices boursiers ou d'autres actifs financiers. Ils permettent aux investisseurs de spéculer sur la variation du prix de l'actif sous-jacent sans avoir à détenir l'actif réel.

Ils peuvent offrir un effet de levier car leur valeur peut varier de manière plus significative que l'actif sous-jacent pour de petits mouvements de prix. Cela peut amplifier les gains potentiels, mais aussi les pertes.

La liquidité des warrants peut varier, et leur valeur peut être affectée par des facteurs tels que la volatilité du marché et le temps restant avant l'expiration. Les warrants peuvent expirer sans valeur si leur prix d'exercice n'est pas atteint avant la date d'expiration.

Enfin, la plupart des warrants ne sont pas vendus à l'unité mais par quotités (lots) de 1 000, voire 10 000. Les warrants sont cotés en interne par quatre principaux émetteurs (Société Générale, Citigroup, Deutsche Bank, Commerz Bank et BNP-Paribas) qui assurent eux-mêmes la tenue de marché de leurs warrants. Ces émetteurs de warrants assurent eux-mêmes l'encadrement des cours et la liquidité du carnet d'ordres de leurs propres warrants selon des règles définies par l'entreprise de marché, Euronext.

EXEMPLE

Un *warrant call* porte sur une action Peugeot, il a un prix d'exercice de 10 € et une date de maturité fixée au 30 juin 2024. La parité est de 100 warrants pour une action. La fourchette de cotation est la suivante : achat à 0,50 € et vente à 0,52 €. Si vous souhaitez acheter 1 000 warrants, vous payez 520 € (1 000 x 0,52). Ainsi, vous avez en théorie le droit d'acheter 10 actions (1 000 / 100) à 10 € avant le 30 juin 2024 mais pas en réalité car l'émetteur ne vous donnera jamais d'actions Peugeot, il vous créditera au mieux d'un règlement espèces ou *cash settlement*.

Un warrant s'échange comme une action. Il possède un code international ISIN et peut être négocié tout au long d'une séance de Bourse. Plusieurs éléments influencent la valeur d'un warrant vu que le prix d'un warrant est composé de deux parties : la valeur intrinsèque et la valeur temps.

La **valeur intrinsèque** est le gain résultant d'un exercice immédiat du warrant et elle peut être nulle. Pour un call, c'est la différence entre le cours du support et le prix d'exercice et pour un Put, c'est la différence entre le prix d'exercice et le cours du support.

EXEMPLE

Un *warrant call* permet d'acheter une action à 5 €. Sa parité est de 1 warrant pour 1 action. Si l'action cote 4 €, la valeur intrinsèque du warrant est de 1 €. La durée de vie d'un warrant et la probabilité de variation du cours du sous-jacent ne sont pas pris en compte dans la valeur intrinsèque du warrant. Ces éléments forment la valeur temps.

La **valeur temps** peut être rapidement calculée en soustrayant la valeur intrinsèque du cours du warrant.

EXEMPLE

Un *warrant put* permet de vendre une action à 10 €. Il cote 0,20 €. Sa parité est de 1 warrant pour 1 action. Si l'action cote 12 €, sa valeur intrinsèque est nulle. Sa valeur temps est de 0,20 €.

Plus un warrant se rapproche de sa date d'échéance, plus sa valeur temps tend vers zéro. Le prix du warrant devient égal à sa valeur intrinsèque, si elle positive. Dans le cas contraire, le prix du warrant tend vers zéro et sa valeur devient nulle.

Les *warrants* offrent un **effet de levier** car ils permettent d'amplifier la variation du sous-jacent. Si vous pensez que l'action sous-jacente Peugeot va monter, vous achetez un *warrant call* qui vous offre un effet de levier à la hausse mais si vous pensez que l'action sous-jacente va baisser, vous achetez le *warrant put* à la baisse. À tout instant, l'élasticité qui est un indicateur fourni par l'émetteur, permet de mesurer le pourcentage de variation du warrant pour une variation de 1 % du sous-jacent. L'élasticité est positive pour un *call* et négative pour un *put* mais n'est pas fixe car elle évolue en permanence.

> **EXEMPLE**
>
> L'élasticité d'un *call* est de 10 %. Lorsque le sous-jacent grimpe de 1 %, le prix du warrant monte de 10 %. Grâce à l'effet de levier, le potentiel de gain d'un warrant peut être très élevé. Dans le même temps, la perte maximale est limitée au prix du warrant, donc, si on investit dans les warrants on peut juste tout perdre mais pas plus. Contrairement aux options cotées par la Bourse de Paris où il y a quatre positions de base (achat de call, vente de *call*, achat de *put* et vente de *put*), sur les warrants il n'y a que deux possibilités d'achat car la vente à découvert n'est pas permise par les émetteurs qui perdraient face aux investisseurs.

Achat de *warrant call* (position longue). Cette position implique l'achat d'un warrant call à son émetteur. Un warrant call donne à l'acheteur le droit, mais pas l'obligation, d'acheter l'actif sous-jacent à un prix spécifié (prix d'exercice) avant une date d'expiration donnée. Cette position est souvent prise si l'on anticipe une hausse du prix de l'actif sous-jacent.

Achat de *warrant put* (position longue). Dans cette position, l'investisseur achète un warrant put. Un *warrant put* donne à son détenteur le droit, mais pas l'obligation, de vendre l'actif sous-jacent à un prix spécifié avant une date d'expiration donnée. Cette position est souvent prise si l'on anticipe une baisse du prix de l'actif sous-jacent.

• Les options

Les options, tout comme les warrants, offrent également quatre positions de base que les investisseurs peuvent prendre pour spéculer sur les mouvements de prix des actifs sous-jacents.

Chacune de ces positions offre des opportunités de profit ou de protection contre les mouvements de prix de l'actif sous-jacent. Cependant, elles comportent également des risques spécifiques, notamment en ce qui concerne le montant de la prime payée ou perçue, la volatilité du marché et la liquidité de l'option. Comprendre les quatre positions de base est crucial pour utiliser efficacement les options dans une stratégie d'investissement ou de couverture.

Les quatre positions de base des options

L'**achat d'une option d'achat ou achat de *call***. L'acheteur d'une option d'achat a la possibilité d'acheter la quantité d'actif support prévue ou sous-jacent, au prix fixé au moment de l'achat de l'option ; le prix d'exercice...

La **vente d'une option d'achat ou vente de *call***. La vente de call correspond à une vision de stabilité ou de baisse du cours de l'action d'ici l'échéance de l'option.

L'**achat d'une option de vente ou achat de *put***. L'achat de *put* permet de profiter d'une baisse du cours de l'action d'ici l'échéance de l'option.

La **vente d'une option de vente ou vente de *put***. La vente de *put* correspond à une vision de stabilité ou de hausse du cours de l'action d'ici l'échéance de l'option.

Donc si vous prévoyez la hausse de l'action sous-jacente vous pouvez soit être acheteur de *call* ou vendeur de *put* et si vous prévoyez la baisse de l'action sous-jacente vous pouvez soit être vendeur de call ou acheteur de put.

Sur la Bourse de Paris, ces positions de base d'options sont disponibles sur la plateforme de trading Euronext Paris, où les investisseurs peuvent acheter ou vendre des options sur différents actifs, notamment des actions, des indices ou d'autres produits financiers, en fonction de leurs stratégies d'investissement ou de couverture.

Les options sont également associées aux quatre positions de base que l'on retrouve généralement sur les marchés financiers mondiaux.

Les quatre positions de base sur les marchés financiers mondiaux

L'achat d'une option d'achat (position longue). Sur Euronext Paris, l'achat d'une option d'achat (*call*) donne à l'acheteur le droit, mais pas l'obligation, d'acheter un actif sous-jacent à un prix spécifique (prix d'exercice) avant une date d'expiration déterminée. Cette position est souvent prise si l'on anticipe une hausse du prix de l'actif sous-jacent.

Vente d'une option d'achat (position courte). La vente d'une option d'achat signifie que le vendeur perçoit la prime de l'option mais assume l'obligation potentielle de vendre l'actif sous-jacent si l'acheteur exerce l'option. Cette position est souvent prise si l'on anticipe une stabilité ou une baisse du prix de l'actif sous-jacent.

Achat d'une option de vente (position longue). L'achat d'une option de vente (put) donne à l'acheteur le droit, mais pas l'obligation, de vendre l'actif sous-jacent à un prix spécifique avant une date d'expiration déterminée. Cette position est souvent prise si l'on anticipe une baisse du prix de l'actif sous-jacent.

Vente d'une option de vente (position courte). La vente d'une option de vente signifie que le vendeur perçoit une prime mais prend l'obligation potentielle d'acheter l'actif sous-jacent si l'acheteur exerce l'option. Cette position est souvent prise si l'on anticipe une stabilité ou une hausse du prix de l'actif sous-jacent.

4 • LES DIFFÉRENTES FORMES DE DÉTENTION DES TITRES

Depuis le début du XIVe siècle et la 1re Bourse en 1460 jusqu'en1984, les valeurs mobilières existaient sous la forme papier, et après six siècles, par la loi du 5 novembre 1984, elles ont été « dématérialisées ».

Les valeurs mobilières peuvent être détenues sous plusieurs formes : au porteur ou au nominatif. En principe l'actionnaire peut opter entre la forme au porteur et la forme nominative. Dans certains cas cependant, cette dernière forme peut lui être imposée par des dispositions statutaires ou légales.

Chaque forme de détention de titres présente des avantages et des inconvénients en termes de simplicité de transfert, de facilité de gestion, de protection des droits du détenteur et, dans certains cas, d'avantages fiscaux. Les investisseurs doivent choisir la forme de détention qui correspond le mieux à leurs besoins et à leur style d'investissement.

Les titres au porteur. Ce sont des titres détenus physiquement par leur propriétaire. Ils ne sont pas enregistrés au nom d'une personne spécifique, mais plutôt détenus physiquement par celui qui les possède. Le transfert de propriété se fait par la simple remise des titres au porteur. Depuis la loi du 5 novembre 1984, les titres au porteur ont été « dématérialisées » et inscrits en compte chez Euroclear, la chambre de compensation Française.

Les titres nominatifs. Ces titres sont enregistrés au nom d'une personne spécifique auprès de l'émetteur ou d'un registre. Le détenteur est identifié nommément dans les livres de l'entreprise. Les dividendes et les droits de vote sont généralement exercés par le titulaire nominatif.

Il existe différentes sortes de titres nominatifs.

- le « nominatif pur » : les actions sont inscrites uniquement sur les comptes de la société et sont détenues par son intermédiaire financier.
- le « nominatif administré » : les actions sont inscrites sur le compte-titres de la société et sur un compte « reflet » tenu par votre intermédiaire financier.
- l'« occasionnellement nominatif » : ces titres ne sont pas exclusivement émis ou détenus sous forme nominative, mais peuvent être temporairement détenus de

cette manière pour répondre à des besoins spécifiques. Ils sont à l'origine « au porteur » et ne sont pas légalement ou statutairement exigés d'être nominatifs en permanence, mais peuvent être transférés temporairement au nom d'une personne spécifique pour des raisons telles que des exigences réglementaires, des opérations spéciales ou des besoins de communication directe entre l'émetteur et le détenteur. Leur détention sous forme nominative est temporaire et peut être utilisée de manière ponctuelle pour répondre à des circonstances particulières.

- l'« essentiellement nominatif » : il s'agit de titres qui, d'après la loi ou les statuts de la personne morale émettrice, ne peuvent exister que sous la forme nominative.

Les valeurs essentiellement nominatives (VEN) sont des titres financiers « qui ne peuvent, d'après la loi ou d'après les statuts de la personne morale émettrice, exister que sous la forme nominative ».

La tenue du registre des actionnaires des VEN est effectuée par l'émetteur ou par son mandataire teneur de registre au moyen de l'enregistrement de bordereaux de références nominatives (BRN), distincts des instructions de règlement/livraison.

• La gestion des titres et les différentes formes de compte-titres

Le compte-titres peut être :

- un compte titres ordinaire ;
- un compte géré ;
- un compte PEA[1].

Les différentes formes du dépôt

Il existe plusieurs formes de dépôt des titres, chacune ayant ses propres caractéristiques en termes de gestion, de sécurité et d'accès aux marchés financiers.

Le dépôt auprès d'une institution financière : les investisseurs peuvent déposer leurs titres auprès d'une banque, d'une société de gestion d'actifs ou d'un courtier. Ces institutions conservent les titres au nom des investisseurs dans des comptes dédiés.

Le dépôt auprès d'un dépositaire central : les titres peuvent être déposés auprès d'un dépositaire central, une entité chargée de la conservation et du règlement des titres financiers. Ces dépositaires centraux agissent souvent en tant qu'intermédiaires entre les investisseurs, les courtiers et les Bourses.

Le dépôt direct auprès de l'émetteur : certains investisseurs déposent directement leurs titres auprès de l'émetteur des titres financiers, enregistrant ainsi leur propriété dans les registres de l'entreprise ou de l'organisation émettrice.

1. Voir chapitre 5.

Le dépôt sous forme dématérialisée : de plus en plus, les titres sont déposés sous forme dématérialisée, où ils ne sont pas physiquement représentés par des certificats papier, mais enregistrés électroniquement dans des systèmes informatiques.

Le dépôt au porteur : historiquement, les titres pouvaient être détenus sous forme de certificats physiques, ce qu'on appelle le dépôt au porteur. Cependant, cette méthode est de moins en moins courante en raison de la transition vers des formes de détention électroniques.

Le dépôt de titre peut être :

- un dépôt libre ;
- un dépôt nantissement ;
- un dépôt contentieux (valeurs appartenant à des incapables ou faisant l'objet d'un démembrement du droit de propriété : usufruit, nue-propriété).

La capacité du client peut être :

- légalement limitée (incapacité des mineurs et de certains majeurs) ;
- partagée (par un démembrement ou une indivision).

Les comptes-titres détenus collectivement

Les comptes-titres détenus collectivement sont des comptes dans lesquels plusieurs investisseurs détiennent des titres en commun. Ces comptes peuvent prendre différentes formes et sont utilisés pour faciliter la gestion et la propriété partagée des titres financiers.

Les **comptes joints** sont détenus par plusieurs personnes conjointement. Chaque titulaire a des droits de propriété sur les titres détenus dans le compte et peut généralement effectuer des transactions sur ce compte.

Les **comptes communautaires** sont détenus par un couple marié ou en union civile, où les biens et actifs sont considérés comme communs. Les titres détenus dans ce type de compte sont la propriété des deux partenaires.

Les **comptes de société** permettent à plusieurs personnes d'avoir des droits sur les titres pour des objectifs commerciaux ou d'investissement. Les entreprises ou les partenaires commerciaux peuvent en effet détenir des titres en commun dans des comptes de société.

Les **comptes fiduciaires** permettent de détenir des titres pour le compte de bénéficiaires multiples, tels que dans un fonds de fiducie ou un plan de retraite collectif.

Les **comptes d'associations ou de clubs d'investissement** : des groupes d'individus peuvent créer des comptes-titres collectifs pour investir ensemble dans divers actifs financiers. Chaque membre a généralement des droits de propriété et peut participer aux décisions d'investissement

5 • LA FISCALITÉ DES VALEURS MOBILIÈRES

• La taxation des revenus provenant de valeurs mobilières

Il peut s'agir de revenus provenant d'obligations ou titres assimilés (produits ou intérêts) ou revenus provenant d'actions ou titres assimilés (dividendes, de primes d'émission ou de boni de liquidation).

La taxation à l'impôt sur le revenu

Les revenus des placements financiers perçus depuis le 1er janvier 2018 sont soumis, sauf exceptions, au prélèvement forfaire unique de 12,8 % (7,5 % pour certains produits d'assurance vie). Toutefois, s'il y a intérêt, le contribuable peut opter pour l'imposition au barème progressif de l'ensemble de vos revenus de capitaux mobiliers et plus-values de cession de valeurs mobilières.

Lors du versement de ces revenus, un prélèvement forfaitaire obligatoire mais non libératoire est effectué par l'établissement payeur, sauf cas de dispense. Ce prélèvement constitue un acompte d'impôt sur le revenu.

Le prélèvement forfaitaire obligatoire non libératoire

Acquitté au moment du versement des revenus de placements financiers par l'établissement payeur, le prélèvement forfaitaire obligatoire constitue une avance d'impôt sur le revenu.

Le contribuable peut demander à être dispensé de ce prélèvement sur les revenus de l'année n si le revenu fiscal de référence de votre foyer fiscal au titre de l'avant-dernière année (n-2) ne dépasse pas certaines limites :

Pour les produits de placement à revenu fixe (obligations et titres assimilés) : peuvent être dispensés du prélèvement forfaitaire obligatoire les contribuables dont le revenu fiscal de référence de l'année n-2 est inférieur à :

- 25 000 € pour les célibataires, veufs ou divorcés ;
- 50 000 € pour les mariés ou pacsés soumis à une imposition commune.

Pour les revenus distribués (dividendes et produits assimilés), peuvent être dispensés du prélèvement forfaitaire obligatoire les contribuables dont le revenu fiscal de référence de l'année n-2 est inférieur à :

- 50 000 € pour les célibataires, veufs ou divorcés ;

- 75 000 € pour les mariés ou pacsés soumis à une imposition commune.

Le contribuable peur aussi demander à être dispensé de ce prélèvement en fournissant à son établissement financier une attestation sur l'honneur certifiant que le revenu de votre foyer fiscal de l'avant-dernière année ne dépasse pas les limites susvisées. Cette demande de dispense doit être présentée à sa banque avant le 30 novembre de l'année précédant l'encaissement des revenus.

Lors de la taxation de sa déclaration de revenus, le prélèvement obligatoire sera restitué au contribuable sous la forme d'un crédit d'impôt, pris en compte dans le calcul de son impôt. Si son montant excède l'impôt dû, l'excèdent lui sera remboursé.

En outre, lors de leur versement, les produits de placement sont soumis aux prélèvements sociaux au taux de 17,2 %.

Le principe : l'imposition au PFU

Lorsque les revenus de capitaux mobiliers sont imposés au PFU, l'abattement de 40 % sur les dividendes ne s'applique pas, les frais et charges ne sont pas déductibles, les déficits RCM des années antérieures ne s'imputent pas et aucune CSG déductible n'est calculée au titre des RCM.

Sur option globale : imposition au barème progressif

S'il y a intérêt, le contribuable peut opter pour l'imposition au barème progressif de l'ensemble de ses revenus de capitaux mobiliers et de ses plus-values de cession de valeurs mobilières lors de sa déclaration de revenus.

Les dividendes d'actions ou autres revenus distribués sont soumis au barème après déduction d'un abattement forfaitaire de 40 %. Il est calculé automatiquement par l'administration sur le montant brut des revenus.

Certains revenus distribués sont exclus de l'abattement de 40 % : il s'agit notamment des jetons de présence, des revenus distribués à titre d'avance ou d'acomptes aux associés, des revenus distribués par des sociétés établies dans des États avec lesquels la France n'a pas signé de convention fiscale, des bénéfices provenant de participations dans des structures soumises à un régime fiscal privilégié, des distributions provenant de bénéfices dans des sociétés d'investissements immobiliers cotées ou des sociétés de placement à prépondérance immobilière à capital variable.

La déduction des frais financiers

En cas d'option pour l'imposition au barème progressif, les revenus de placements financiers sont pris en compte pour le calcul de l'impôt sur le revenu au barème après déduction de certains frais engagés pour leur acquisition et leur conservation.

Ainsi sont admis en déduction pour leur montant réel et justifié :

- les frais de garde des titres ;
- les frais d'encaissement des coupons (en général l'établissement payeur les a déjà déduits) ;
- les frais de location de coffre ;
- les primes d'assurance concernant des valeurs mobilières si l'objet n'est pas de garantir une dépréciation de ces valeurs.

Par exception, ne sont pas déductibles :

- les frais et charges destinés à accroître ou à conserver le capital, par exemple les intérêts des emprunts contractés pour l'acquisition de valeurs mobilières ;
- les frais relatifs aux revenus de créances ;
- les frais relatifs aux revenus exonérés (ex. : frais de garde de titres figurant dans un PEA), aux revenus ayant supporté le prélèvement libératoire et aux revenus imposés à un taux forfaitaire.

Lorsque les frais déductibles sont supérieurs aux revenus de placement financiers imposables, un déficit est constaté. Ce déficit est uniquement reportable sur les revenus de capitaux mobiliers des six années suivantes.

La taxation aux prélèvements sociaux

La plupart des RCM ont été soumis aux prélèvements sociaux lors de leur encaissement au taux de 17,2 %.

Les produits qui n'auraient pas fait l'objet de ce prélèvement sont soumis aux prélèvements sociaux lors du traitement de la déclaration de revenus, au taux global de 17,2 %. Ils comprennent :

- la contribution sociale généralisée (CSG) : 9,2 % ;
- la contribution pour le remboursement de la dette sociale (CRDS) : 0,5 % ;
- le prélèvement de solidarité : 7,5 %.

Les revenus ouvrant droit à CSG déductible

Si le contribuable a opté pour l'imposition de ses revenus et gains mobiliers au barème progressif, une partie de la CSG afférente aux revenus de capitaux mobiliers imposés au barème est déductible de son revenu imposable de l'année de son paiement à hauteur de 6,8 %.

• La taxation des plus-values sur cessions de valeurs mobilières

Les opérations imposables

Les plus-values de cessions à titre onéreux de valeurs mobilières et de droits sociaux réalisées directement par les particuliers, par personne interposée ou par l'intermédiaire d'une fiducie, sont imposables à l'impôt sur le revenu.

Certaines cessions ou opérations sont néanmoins exonérées.

Les cessions à titre onéreux et les opérations assimilées imposables

Les cessions imposables concernent :

- les valeurs mobilières (actions, obligations, autres titres d'emprunt négociables) et droits sociaux ;
- les opérations de Bourse ;
- les gains ou retraits de PEA ou PEA-PME dans les cinq ans de son ouverture ;
- les gains résultant de rachat d'actions de sociétés à capital variable (SICAV) et de fonds commun de placement (FCP) ;
- les cessions directes (de gré à gré) comme les ventes, les partages, les prêts, les échanges ou les apports de titres ;
- les opérations de rachats ou de retraits assimilées à des cessions à titre onéreux comme les rachats d'actions de SICAV ou dissolution de telles sociétés, les rachats de parts de FCP ou dissolution de tels fonds ou les rachats par une société de ses propres titres, que ce rachat soit réalisé par une société établie en France ou à l'étranger.

Les cessions exonérées

Les plus-values réalisées lors de la cession des titres suivants sont exonérées d'impôt sur le revenu :

- les titres détenus dans un plan d'épargne entreprise (PEE) ;
- les titres détenus dans un PEA ou dans un PEA-PME en cas de retrait après cinq ans ;
- les parts de certains fonds de placements à risque (FCPR et FCPI), sous réserve du respect de certaines conditions.

Le calcul de la plus-value imposable

La plus ou moins-value constatée lors d'une opération correspond à la différence entre le prix de cession des valeurs, titres ou droits, nets des frais et taxes que vous avez acquittés et le prix d'acquisition ou de souscription des titres.

Le cas échéant, après compensation entre ses plus-values et ses moins-values, les plus-values subsistantes sont réduites d'un abattement forfaitaire, variable selon la durée de détention des titres cédés lorsque le contribuable opte pour l'imposition selon le barème progressif de l'impôt sur le revenu.

En principe, les plus-values et moins-values sont calculées par l'établissement financier dépositaire des titres.

Le **prix de cession** : il est constitué du prix effectif de cession et des charges éventuelles supportées pour la cession.

Le **prix d'acquisition** : c'est le prix payé pour acquérir des titres ou la valeur retenue pour le calcul des droits de donation ou de succession, si vous avez reçu des titres à titre gratuit. Peuvent être ajoutés au prix d'acquisition les frais supportés à l'achat (frais de courtage et commissions, honoraires d'experts, droits d'enregistrement, frais d'actes, droits de mutation à titre gratuit).

Le sort des moins-values

Les moins-values subies au cours d'une année sont imputables exclusivement sur les plus-values de même nature pour leur montant et sur les plus-values de votre choix réalisées au cours de la même année, ou des dix années suivantes.

Seules les moins-values résultant d'opérations imposables sont imputables sur vos plus-values. Les moins-values constatées lors d'une cession à titre gratuit ne le sont pas.

Si le contribuable dispose de moins-values réalisées au cours des dix années antérieures qui n'ont pas pu être imputées les années précédentes, ces moins-values s'imputent (après imputation des moins-values de l'année) également sur les plus-values de l'année.

Les plus-values de l'année doivent être réduites de la totalité de vos moins-values disponibles (de l'année et antérieures) dans la limite de ces mêmes plus-values.

Les modalités d'imposition des plus-values de cession de titres depuis le 1er janvier 2018 (hors PEA)

Le principe : taux forfaitaire de 12,8 %

Les plus-values de cession de valeurs mobilières et droits sociaux réalisées par les particuliers depuis le 1er janvier 2018 sont soumises de plein droit à l'impôt sur le revenu au taux forfaitaire de 12,8 %. Les contribuables peuvent toutefois opter pour l'imposition de l'ensemble de leurs revenus de capitaux mobiliers et plus-values de cession de valeurs mobilières au barème progressif de l'impôt sur le revenu (auquel s'ajoutent les prélèvements sociaux de 17,2 %).

Le taux forfaitaire de 12,8 % est applicable à l'ensemble des plus-values des cessions de valeurs mobilières et de droits sociaux du foyer fiscal, réalisées dans le cadre de la gestion du patrimoine privé du foyer. Sont également concernés les gains, profits et distributions relevant du régime des plus-values mobilières privées :

- les distributions de plus-values par certains organismes de placement collectif ainsi que les répartitions d'actifs par les fonds communs de placement à risque (FCPR) et les fonds professionnels de capital investissement (FPCI) ;
- les distributions de plus-values de cessions de valeurs mobilières réalisées par les fonds de placement immobilier (FPI) ;
- lorsqu'elles sont imposables, les distributions de plus-values aux actionnaires de sociétés de capital-risque (SCR) ;
- les profits réalisés à titre occasionnel sur instruments financiers à terme ;
- les gains issus d'un compte PME-innovation (CPI) ;
- les plus-values et créances soumises à l'exit tax.

Sur option : barème progressif

Par dérogation à l'application du taux forfaitaire de 12,8 %, les plus-values et autres gains entrant dans son champ d'application peuvent, sur option expresse et irrévocable du contribuable, être soumis au barème progressif de l'impôt sur le revenu. Les revenus sont alors pris en compte dans le revenu net global.

L'option est globale : elle porte sur l'ensemble des revenus de capitaux mobiliers, des plus-values de cession de valeurs mobilières et de droits sociaux, des distributions, des gains nets, profits et créances du foyer fiscal entrant dans le champ d'application du taux forfaitaire. Elle est exercée chaque année lors du dépôt de la déclaration de revenus.

À l'inverse de la taxation au taux forfaitaire de 12,8 %, l'imposition selon le barème progressif permet l'application des abattements pour durée de détention sur les plus-values de cession de titres acquis ou souscrits avant le 1er janvier 2018. Une fraction de la CSG est par ailleurs déductible.

Les plus-values de cession de titres acquis ou souscrits à compter du 1er janvier 2018 sont exclues du champ d'application des abattements.

L'abattement pour durée de détention

En cas d'imposition selon le barème progressif, les plus-values résultant de la cession de titres acquis ou souscrits avant le 1er janvier 2018 sont réduites d'un abattement proportionnel. Cet abattement s'applique aux plus-values restantes après compensation avec les moins-values. L'abattement proportionnel peut être de droit commun ou renforcé.

Remarque : les plus-values de cessions et distributions avant application de l'abattement pour durée de détention sont retenues pour la détermination du montant des prélèvements sociaux et du revenu fiscal de référence.

L'abattement pour durée de détention de droit commun

Lorsque les titres cédés sont détenus depuis moins de deux ans, décomptés de date à date, ou lorsque la distribution perçue est afférente à des titres détenus depuis moins de deux ans, la plus-value de cession ou la distribution considérée ne sont pas éligibles à l'abattement pour durée de détention de droit commun.

À l'inverse, l'abattement s'applique, après compensation avec les moins-values, dans les conditions suivantes :

- 50 % du montant de la plus-value réalisée ou de la distribution perçue lorsque les actions, parts, droits ou titres sont détenus depuis au moins deux ans et moins de huit ans à la date de la cession ou de la distribution ;
- 65 % du montant de la plus-value réalisée ou de la distribution perçue lorsque les actions, parts, droits ou titres sont détenus depuis au moins huit ans à la date de la cession ou de la distribution.

La durée de détention est décomptée à partir de la date de souscription ou d'acquisition des actions, parts, droits ou titres cédés. La date qui constitue le terme de la durée de détention est celle du fait générateur de l'imposition, c'est-à-dire du transfert de la propriété juridique des actions, parts, droits ou titres.

L'abattement pour durée de détention renforcée

Pour certaines plus-values de cession d'actions, de parts de sociétés ou de droits démembrés portant sur ces titres, le taux de l'abattement est plus important. L'abattement renforcé s'applique, après compensation avec les moins-values, aux plus-values de cessions de titres acquis ou souscrits avant le 1er janvier 2018 lorsque l'option au barème progressif est exercée.

Il est égal à :

- 50 % pour les titres détenus depuis au moins un an et moins de quatre ans ;
- 65 % pour les titres détenus depuis au moins quatre ans et moins de huit ans ;
- 85 % pour les titres détenus au moins huit ans.

Les deux « types » de plus-values de cession de titres ouvrant droit à l'abattement renforcé sont les suivants : les gains de cession de titres de PME de moins de dix ans à la date de souscription ou d'acquisition des titres et les titres de dirigeants de PME prenant leur retraite ne bénéficiant pas de l'abattement fixe lorsque l'option au barème progressif est exercée.

Les plus-values de cession de titres de PME de moins de dix ans à la date de souscription ou d'acquisition des titres

Les plus-values de cession de titres de petites et moyennes entreprises (PME) ou de droits démembrés portant sur des titres acquis ou souscrits avant le 1er janvier 2018 sont réduites, lorsque le contribuable opte pour l'imposition selon le barème progressif, de l'abattement pour durée de détention renforcé. Par ailleurs, les plus-values réalisées par le bénéficiaire lors du rachat par la société émettrice de ses propres titres ou actions sont réduites dudit abattement dans les mêmes conditions.

La société émettrice des titres ou des droits cédés doit respecter l'ensemble des conditions suivantes :

- elle doit être créée depuis moins de dix ans (décomptée de date à date, à compter de son immatriculation au registre du commerce et des sociétés) ;
- elle est une PME au sens du droit de l'Union européenne (c'est à dire qu'elle emploie moins de 250 salariés et qu'elle réalise un chiffre d'affaires qui n'excède pas 50 millions d'euros, ou que son bilan annuel total n'excède pas 43 millions d'euros). Cette condition s'apprécie à la date du dernier exercice précédant la souscription ou l'acquisition des titres cédés ;
- elle n'est pas issue d'une concentration, restructuration, extension ou reprise d'activités préexistantes ;
- elle n'accorde aucune garantie en capital à ses actionnaires ou associés en contrepartie de leurs souscriptions. Elle n'accorde que les droits résultant de leur qualité d'associés ou d'actionnaires ;
- elle est passible de l'impôt sur les bénéfices (ou d'un impôt équivalent) ;
- elle doit être établie dans un État membre de l'Espace économique européen (EEE) ou dans un État partie à l'accord sur l'EEE ayant conclu avec la France une convention d'assistance en vue de lutter contre la fraude et l'évasion fiscale ;
- elle doit exercer une activité commerciale, industrielle, artisanale libérale ou agricole au sens des articles 34 ou 35 du CGI (mais il ne peut s'agir de la gestion de son propre patrimoine mobilier ou immobilier). Si la PME est une société holding animatrice, ces conditions doivent être respectées dans chacune des sociétés du groupe.

Les titres de dirigeants de PME prenant leur retraite

Les plus-values de cession de titres ou de droits de PME réalisés par des dirigeants prenant leur retraite sont réduites d'un abattement fixe de 500 000 €, quelles que soient les modalités d'imposition des plus-values (taux forfaitaire de 12,8 % ou barème progressif). Cet abattement est réservé aux titres détenus depuis au moins un an. Il n'est pas cumulable avec un abattement proportionnel de droit commun ou renforcé. Pour bénéficier de cet abattement, certaines conditions doivent être remplies.

L'ESSENTIEL

- Les entreprises et les collectivités publiques peuvent émettre des valeurs mobilières pour financer notamment leurs investissements.
- Il existe trois grandes catégories de valeurs mobilières : les actions et les titres représentatifs de fonds propres, les obligations représentatifs de fonds empruntés et les titres mixtes à mi-chemin entre les deux premières catégories.
- Les valeurs mobilières peuvent être détenues sous différentes formes : au porteur, au nominatif ou au porteur « identifiable ».
- Les revenus des valeurs mobilières sont taxés différemment selon qu'il s'agit d'actions ou d'obligations et selon que l'émetteur a son siège ou non dans un pays de l'Union européenne.
- Les plus-values sur cessions à titre onéreux de valeurs mobilières et de droits sociaux réalisées directement par les particuliers, par personne interposée ou par l'intermédiaire d'une fiducie, sont imposables à l'impôt sur le revenu.
- Certaines cessions ou opérations sont néanmoins exonérées.

Quiz : Les valeurs mobilières

http://dunod.link/techbanc14

15 • LA BOURSE

Executive summary

- La Bourse fait partie du marché secondaire et est le lieu de rencontre de l'offre et de la demande de valeurs mobilières qui ont déjà été émises (marché de l'occasion) sur le marché financier primaire (marché du neuf).
- Comment est organisée la Bourse ? Comment fonctionne-t-elle ? Quels sont les frais supportés par l'investisseur ? Comment sont publiés les cours ?

1 • L'ORGANISATION DE LA BOURSE

La Bourse appelée aussi Palais Brongniart, du nom de son architecte, fait référence à un marché organisé à Paris où s'effectue les échanges de valeurs mobilières, tels que les actions ou les obligations. Ces échanges sont réalisés entre des acheteurs et des vendeurs, et sont supervisés par des organismes de régulation.

La Bourse est une alternative moins onéreuse que les emprunts bancaires qui permet aux entreprises de lever des capitaux en émettant des actions (parties de la propriété d'une entreprise) ou des obligations (titres de dette), offrant ainsi aux investisseurs la possibilité d'acheter, de vendre ou d'échanger ces instruments financiers.

La Bourse permet d'investir dans des projets, et offre aux particuliers et aux entreprises de générer des revenus en faisant fructifier leur capital. La cotation qui s'effectue selon la loi de l'offre et de la demande, permet de fixer les prix des actifs qui peuvent fluctuer en fonction de divers facteurs tels que les conditions économiques, les nouvelles politiques ou les performances des entreprises.

Les principaux objectifs de la Bourse sont de faciliter le financement des entreprises, de permettre aux investisseurs de réaliser des bénéfices en achetant et en vendant des valeurs mobilières qui peuvent fluctuer en fonction de divers facteurs économiques, politiques ou sociétaux, ainsi que de contribuer au financement économique et à la formation des prix en fonction de l'information disponible et des anticipations des investisseurs.

• Les organismes de contrôle et de surveillance

Ce sont principalement l'Autorité de contrôle prudentielle et de résolution (ACPR), l'Autorité des marchés financiers (AMF) et la Banque de France.

L'Autorité de contrôle prudentiel et de résolution (ACPR)

Elle est chargée de la supervision et du contrôle des établissements financiers tels que les banques et les assurances. Son rôle principal est d'assurer la stabilité du système financier en surveillant et contrôlant les établissements bancaires, les sociétés d'assurance et les mutuelles pour garantir leur solidité financière et la protection des clients.

Elle s'assure qu'elles respectent les réglementations en vigueur et en intervenant si nécessaire pour prévenir les risques systémiques.

L'Autorité des marchés financiers (AMF)

Elle est spécifiquement dédiée à la régulation et à la surveillance des marchés financiers en France. Son objectif est de veiller au bon fonctionnement des marchés, à la protection des investisseurs et à la transparence des opérations financières. L'AMF régule les activités des sociétés cotées en Bourse, des intermédiaires financiers (courtiers, sociétés de gestion), des offres publiques et privées, en imposant des règles et en sanctionnant les pratiques illégales.

La Banque de France (BDF)

Elle joue un rôle crucial dans le système financier français, mais elle a un rôle distinct des organismes spécifiques de contrôle et de surveillance de la Bourse comme l'AMF ou l'ACPR.

Bien que la BDF ne soit pas directement responsable de la surveillance et de la régulation des marchés boursiers ou des acteurs opérant sur ces marchés, elle joue quand même un rôle de surveillance au sens large. En tant que banque centrale française, son rôle principal est de contribuer à la politique monétaire de la zone euro, notamment en mettant en œuvre les décisions prises par la Banque centrale européenne (BCE) pour maintenir la stabilité des prix et soutenir la croissance économique. Dans ce cadre, elle surveille également le système financier pour prévenir les risques systémiques et maintenir la stabilité financière.

Au plan international, la Banque de France participe aussi au CSPR (Comité sur les systèmes de paiement et de règlement, *Committee on payment and settlement systems* – CPSS), forum de discussion pour les banques centrales du G10.

Bon à savoir

En 2014, le CSPR/CPSS a fusionné avec un le Comité des marchés financiers (CMF) pour former le Comité sur les marchés et l'infrastructure de paiement (CMIP) au sein de la Banque des règlements internationaux (BRI). Ce nouveau comité élargi continue à se concentrer sur la surveillance et la réglementation des systèmes de paiement et d'autres infrastructures financières cruciales pour la stabilité du système financier mondial.

• Les organes de fonctionnement

Euronext

Euronext est une des principales Bourses paneuropéennes. Il s'agit d'une société multinationale de marchés financiers qui opère des marchés au comptant et dérivés en Europe. Fondée en 2000, Euronext est née de la fusion de différentes Bourses européennes, notamment Paris, Amsterdam, Bruxelles et Lisbonne. Ce réseau boursier paneuropéen a élargi sa présence en acquérant d'autres Bourses en Europe. Par exemple, Euronext a acquis la Bourse de Lisbonne en 2002, la Bourse de Dublin en 2018, ainsi que la Bourse d'Oslo en 2019.

La particularité d'Euronext réside dans le fait qu'elle offre un accès à différents marchés européens au sein d'une plateforme unique. Les entreprises cotées sur Euronext ont la possibilité de lever des capitaux à l'échelle paneuropéenne, facilitant ainsi l'accès des investisseurs à une gamme diversifiée d'entreprises et de produits financiers au-delà des frontières nationales.

En plus des marchés d'actions, Euronext propose des marchés dérivés, des ETF (*Exchange Traded Funds*), des matières premières et d'autres produits financiers. Sa position de Bourse paneuropéenne en fait une plateforme clé pour les investisseurs et les entreprises cherchant à élargir leur portée au-delà de leur marché domestique.

À la Bourse de Paris, il y avait plusieurs marchés : le Marché officiel du comptant pour les actions et les obligations, le MATIF pour les produits agricoles et le MONEP pour les options dérivées sur les actions.

Le MATIF et le MONEP

Le MATIF (Marché à terme international de France) était un marché à terme créé en France en 1986. À l'origine, il était spécialisé dans les contrats à terme sur des produits agricoles tels que le blé, le cacao, le café, le maïs, le sucre et d'autres produits. Son objectif principal était de permettre aux acteurs du secteur agricole de se couvrir contre les fluctuations des prix des matières premières et plus tard, il s'est élargi pour inclure d'autres contrats à terme sur des produits financiers comme les taux d'intérêt et les obligations.

Le MONEP (Marché des options négociables de Paris), quant à lui, était un marché français spécialisé dans la négociation d'options, permettant d'acheter ou de vendre des options sur des actions cotées à la Bourse de Paris. Il a été créé en 1987 et proposait une plateforme pour la négociation d'options standardisées sur des actions individuelles.

La relation entre Euronext et ces deux marchés réside dans le fait qu'Euronext, en tant qu'opérateur boursier majeur, a intégré le MATIF et le MONEP au sein de ses activités après plusieurs fusions et acquisitions dans le secteur financier français.

Ainsi, le MATIF, en tant que marché à terme et le MONEP, en tant que marché d'options, ont été inclus dans l'ensemble des offres de produits financiers proposés par Euronext, élargissant ainsi la gamme d'instruments financiers disponibles sur les différentes plateformes d'Euronext et offrant ainsi aux investisseurs la possibilité de négocier des options sur actions cotées à la Bourse de Paris au sein de l'écosystème plus large d'Euronext.

Euronext Paris, en tant que marché financier majeur en France, comprend plusieurs compartiments ou segments spécialisés pour la négociation de différents types d'instruments financiers.

Euronext Paris comprend un marché réglementé et d'autres marchés.

Le marché réglementé (Eurolist by Euronext) (compartiment A et B) est le principal marché d'Euronext Paris pour la cotation des grandes entreprises européennes. Il est divisé en trois segments :

- **Eurolist A** : destiné aux grandes capitalisations, où sont cotées les actions du CAC40 (ex Premier Marché).
- **Eurolist B** : pour les entreprises de taille moyenne (ex : second marché).
- **Euronext Growth** : anciennement appelé Alternext, c'est un marché dédié aux PME-ETI (petites et moyennes entreprises et entreprises de taille intermédiaire) souhaitant accéder aux marchés financiers pour lever des fonds avec des exigences de cotation moins contraignantes que celles du marché réglementé.

Les autres marchés

- Le **marché libre** : il est moins contraignant en termes de règles de cotation que le marché réglementé. Il permet à des entreprises de tailles diverses de coter leurs actions.
- Le **marché des dérivés ou Euronext Derivatives** : il propose la négociation de produits dérivés tels que les contrats à terme (futures) et les options sur actions, indices boursiers, matières premières, etc. (ex. : MATIF et MONEP).
- Le **marché des ETF (*Exchange-Traded Funds*) : Euronext Fund Service** : c'est le segment pour la négociation des ETF, qui sont des fonds indiciels cotés en Bourse.
- Le **marché des obligations** : Euronext Paris propose également un marché pour la négociation d'obligations au marché secondaire pour les obligations émises par des entreprises et des institutions financières.

La Chambre de compensation LCH-Clearnet SA

LCH SA contrepartie centrale

En tant que chambre de compensation, LCH SA agit comme une contrepartie centrale pour les transactions sur les marchés financiers. Elle intervient comme un intermédiaire entre les acheteurs et les vendeurs de produits dérivés, d'obligations et d'autres instruments financiers, garantissant la bonne exécution des transactions (garantie de bonne fin), l'intégrité du marché et offrant une sécurité financière pour les participants.

Elle gère les dépôts de garantie des participants pour assurer l'exécution des transactions et couvrir les éventuelles pertes. Elle facilite le *netting*, c'est-à-dire la compensation simultanée de multiples transactions entre les mêmes contreparties, ce qui réduit le montant global des transactions à compenser. En agissant comme contrepartie centrale, elle permet souvent aux participants du marché de réduire les coûts liés aux marges de garantie, car elle consolide et gère efficacement ces exigences.

LCH-Clearnet SA vise à réduire les risques associés aux transactions en compensant les positions des participants. En agissant comme contrepartie centrale, elle prend en charge une partie du risque lié à la défaillance éventuelle d'une des parties à la transaction. Elle assure la gestion des marges de garantie et des fonds propres afin de garantir la sécurité financière des participants. Cela implique l'exigence de marges initiales et de marges de variation pour couvrir les variations de prix des actifs. Elle surveille constamment les positions des participants et évalue les risques pour garantir la stabilité et la sécurité du marché.

LCH-Clearnet SA opère conformément aux réglementations financières et aux normes internationales, assurant ainsi le respect des règles et des exigences établies pour les transactions financières.

LCH SA et les adhérents compensateurs

Avant qu'un adhérent compensateur ne puisse commencer à utiliser les services de compensation de LCH, une évaluation détaillée de ses activités, de ses procédures opérationnelles, de ses finances et de sa conformité aux règlements est effectuée. Cette évaluation permet de déterminer le niveau de risque que l'adhérent peut représenter pour la chambre de compensation.

Une fois qu'un adhérent est autorisé à compenser des transactions, LCH surveille en permanence ses activités. Cela implique la surveillance des risques financiers, opérationnels et réglementaires associés aux opérations de l'adhérent. Tout changement significatif dans les activités de l'adhérent peut faire l'objet d'une réévaluation et d'un suivi par LCH.

LCH veille à ce que les adhérents compensateurs respectent les normes réglementaires et opérationnelles définies par les autorités de régulation. Tout manquement aux normes peut entraîner des mesures correctives ou des sanctions.

LCH impose des exigences de marges pour garantir que les adhérents compensateurs disposent des fonds nécessaires pour couvrir les risques liés aux transactions. Ces marges sont évaluées régulièrement et peuvent être ajustées en fonction des risques perçus.

LCH effectue des tests de résistance et des simulations pour évaluer la capacité des adhérents compensateurs à faire face à des scénarios de stress financiers ou opérationnels. Cela permet de s'assurer que les adhérents sont prêts à gérer des situations extrêmes.

• Les acteurs et intervenants des marchés

Les négociateurs

Ils interviennent en Front Office et ont la charge de passer les ordres, ils ont le statut de membres négociateurs ou celui de négociateurs pour compte propre (NCP).

Les membres négociateurs sont des entités ou des individus autorisés à négocier des titres ou des produits financiers sur une Bourse ou un marché financier. Ces membres ont généralement un accès direct à la plateforme d'échange et peuvent agir au nom de leurs clients ou pour leur propre compte. Les membres négociateurs peuvent être des courtiers, des banques ou d'autres institutions financières habilitées à exécuter des transactions pour le compte de tiers.

Les **négociateurs pour compte propre (NCP)** sont des entités ou des individus qui négocient des titres ou des instruments financiers en utilisant leurs propres fonds, sans représenter des clients externes. Les négociateurs pour compte propre prennent des positions sur les marchés dans le but de réaliser des bénéfices pour leur propre compte. Ils peuvent être des firmes de trading propriétaire, des *hedge funds* ou même des banques qui négocient avec leurs propres capitaux.

Les adhérents compensateurs

Les adhérents compensateurs sont des membres autorisés d'une chambre de compensation, leur permettant de soumettre des transactions à cette chambre pour compensation. Ils interviennent en back-office et ont la charge de traiter les ordres.

Par convention avec LCH-Clearnet SA, les prestataires en services d'investissement peuvent être adhérents à la compensation.

Ces adhérents enregistrent les opérations réalisées sur le marché par les membres négociateurs et en garantissent la bonne fin aux clients.

Les fonctions de négociation et de compensation n'étant pas exclusives l'une de l'autre, les membres d'Euronext peuvent donc être :

- des membres négociateurs courtiers ;
- des adhérents compensateurs multiples (compensant les opérations de plusieurs négociateurs) ;
- des membres négociateurs compensateurs simples ;
- des membres négociateurs compensateurs multiples.

Lorsqu'une transaction est compensée, la chambre de compensation devient la contrepartie centrale pour cette transaction. Cela signifie que la chambre de compensation devient légalement responsable du règlement de la transaction en cas de défaut d'une des parties.

Les adhérents compensateurs doivent se conformer aux réglementations financières et aux normes de la chambre de compensation. Cela inclut souvent des exigences de capital, des audits réguliers et des rapports sur leurs activités financières. Ils doivent respecter des normes strictes en matière de gestion des risques. Ils doivent fournir des garanties financières adéquates pour couvrir les risques liés aux transactions qu'ils soumettent à la chambre de compensation.

Certains adhérents compensateurs peuvent également agir en tant que courtiers ou institutions financières fournissant des services de compensation à d'autres participants du marché qui ne sont pas directement membres de la chambre de compensation.

Les membres de marchés étrangers

Dans le cadre d'accords de réciprocité avec des Bourses étrangères, Euronext Paris SA admet également comme membres du marché de produits dérivés d'actions des prestataires de services d'investissement membres de marchés relevant de pays de l'Union européenne et reconnus comme tels par leur pays d'origine et les membres de marchés relevant de pays n'appartenant pas à l'Union européenne sous réserve, dans ce dernier cas, de leur habilitation par l'AMF.

Ces membres étrangers peuvent intervenir en France grâce à l'usage du passeport européen soit en libre prestation de services (LPS) soit en libre établissement (LE).

Libre prestation de services (LPS) : Avec la LPS, une entreprise financière établie dans un État membre de l'UE peut offrir ses services dans d'autres États membres sans établir de présence physique permanente dans ces pays. Par exemple, une banque établie en France peut offrir des services bancaires à des clients en Espagne sans ouvrir de succursale à Madrid.

Libre établissement (LE) : Le LE permet à une entreprise financière d'établir une succursale ou une filiale dans un autre État membre de l'UE pour offrir ses services. Par exemple, une société de gestion d'actifs basée au Royaume-Uni peut ouvrir une succursale en Italie pour gérer des fonds pour des clients romains.

Les prestataires de services d'investissement (PSI)

Déjà défini dans la directive des services d'investissement (DSI) en 1993, le rôle des prestataires de services d'investissement fut confirmé dans la loi MAF du 2 juillet 1996.

Les prestataires de services d'investissement (PSI) sont des entités financières autorisées à fournir des services d'investissement au sein de l'Union européenne, conformément à la directive sur les marchés d'instruments financiers (directive MIF II).

Les PSI peuvent être des banques, des sociétés de gestion d'actifs, des courtiers, des entreprises d'investissement, ou d'autres institutions financières habilitées à fournir des services d'investissement à leurs clients. Ces services d'investissement peuvent inclure :

- l'exécution d'ordres (achat et vente d'instruments financiers pour le compte des clients) ;
- la réception et transmission d'ordres (transmission d'ordres d'achat ou de vente d'instruments financiers pour le compte des clients) ;

- le conseil en investissement (fourniture de recommandations ou de conseils personnalisés sur des investissements financiers) ;
- la gestion de portefeuille (gestion discrétionnaire ou non discrétionnaire de portefeuilles d'investissement pour le compte de tiers) ;
- la souscription et placement d'instruments financiers (souscription ou placement d'instruments financiers pour le compte de tiers).

Les sociétés de Bourse (ex-agents de change)

Jusqu'à la loi du 22 janvier 1988, les agents de change détenaient le monopole de la négociation des valeurs mobilières : toutes les transactions boursières passaient par cette catégorie d'officiers ministériels depuis 1572 (Édit de Charles IX).

Par cette loi du 22 janvier 1988, les agents de change ont été remplacés par les sociétés de Bourse, fédérées par la Société des Bourses françaises (SBF) devenue Euronext, dans le capital de laquelle sont entrées des banques françaises ou étrangères. Les SDB sont de fait pratiquement toutes affiliées à un groupe financier, pour pouvoir faire face à la croissance des sommes en jeu.

À ce jour, il ne reste plus qu'une seule société de Bourse indépendante : ODDO à Paris.

Les sociétés de Bourse sont des entités financières spécialisées dans la négociation et la facilitation des transactions sur les marchés financiers qui agissent en tant qu'intermédiaires entre les acheteurs et les vendeurs d'actifs financiers tels que les actions, les obligations, les devises, les matières premières, etc.

Leur rôle principal est de fournir des services liés à la négociation d'actifs financiers, et elles peuvent offrir plusieurs services, notamment l'exécution des ordres, le conseil en investissement, la recherche et l'analyse financière et les services de courtage : elles agissent souvent en tant que courtiers, facilitant les transactions entre les acheteurs et les vendeurs, gagnant généralement des commissions sur les transactions effectuées.

Les sociétés de Bourse exécutent les ordres d'achat et de vente d'actifs financiers pour le compte de leurs clients. Elles facilitent ces transactions sur les marchés financiers, que ce soit sur les marchés boursiers traditionnels, les marchés de gré à gré ou les plateformes de trading électroniques.

Certaines sociétés de Bourse fournissent des conseils en investissement et des analyses de marché à leurs clients, les aidant à prendre des décisions éclairées concernant leurs investissements. Elles peuvent mener des recherches approfondies sur les entreprises, les industries ou les marchés financiers, et fournir des analyses et des rapports détaillés à leurs clients pour les aider dans leurs décisions d'investissement.

Elles agissent souvent en tant que courtiers, facilitant les transactions entre les acheteurs et les vendeurs, gagnant généralement des commissions sur les transactions effectuées et offrent aux investisseurs et aux clients un accès aux différents marchés financiers nationaux et internationaux.

Les banques

Bien qu'elles n'interviennent pas directement sur les marchés, mais à travers la soixantaine de sociétés de Bourse qu'elles ont rachetées, après la loi du 22 janvier 1988, les banques jouent un rôle primordial à la Bourse.

L'augmentation du volume des ordres, suite à l'informatisation des marchés et la substitution des sociétés de Bourse (qui avançaient l'argent à leurs clients) aux agents de change (qui ne faisaient que transmettre les ordres), a considérablement accru leur rôle.

Elles sont aujourd'hui à l'origine de la grande majorité des ordres transmis chaque jour par les sociétés de Bourse, émanant aussi bien des particuliers, des sociétés clientes ou bien d'elles-mêmes pour compte propre.

Les émetteurs

Les émetteurs en Bourse peuvent être des sociétés, des institutions financières, des fonds négociés en Bourse (ETF), des États ou entreprises publiques.

Les sociétés cotées en Bourse sont des entreprises privées qui ont choisi de vendre une partie de leurs actions dans le public en faisant un « appel publique à l'épargne ». Ces entreprises peuvent être de toutes tailles, des petites entreprises aux grandes multinationales ; elles représentent divers secteurs de l'économie.

La levée de fonds des entreprises par emprunt bancaire est une méthode traditionnelle courante pour obtenir des financements qui coûte beaucoup plus cher qu'une émission en Bourse car l'entreprise doit rembourser les intérêts du prêt dès le mois qui suit son obtention.

Comme l'État, elles sont les premières concernées par le marché financier car, grâce à la Bourse, par mobiliérisation (terme qui signifie que l'allocation des capitaux emprunte le canal des valeurs mobilières au lieu du canal classique bancaire), elles peuvent se financer directement en émettant des titres sur le marché financier.

Les entreprises agissent également en tant qu'investisseurs, en ayant recours au marché pour placer des liquidités ou chercher à prendre une participation dans le capital d'une autre entreprise, voire d'en prendre le contrôle en achetant des pourcentages de droits de vote supplémentaires.

• Les introductions en Bourse

Quelle est l'intérêt d'une introduction en Bourse (IPO) ?

En introduisant leur capital en Bourse, ou IPO (*Initial Public Offering*), les sociétés peuvent poursuivre plusieurs objectifs.

Une IPO permet à une entreprise de lever des capitaux importants en vendant des actions au grand public. Ces fonds levés peuvent être utilisés pour financer la croissance de l'entreprise, investir dans de nouveaux projets, développer de nouvelles technologies, ouvrir de nouveaux marchés ou rembourser des dettes. L 'entreprise va trouver les capitaux nécessaires au développement de son activité plus rapidement que lors de transactions de gré à gré ou par un crédit octroyé par son ou ses banquiers.

Les propriétaires et investisseurs existants, tels que les fondateurs, les investisseurs en capital-risque ou les employés détenant des actions de l'entreprise, peuvent obtenir une liquidité en vendant leurs actions sur le marché boursier. Cela peut diversifier leur portefeuille et leur permettre de réaliser des gains financiers.

Être cotée en Bourse augmente notoriété et la visibilité de l'entreprise. Cela va renforcer indéniablement la notoriété de la marque, améliorer la confiance des clients et des partenaires commerciaux, et faciliter l'accès à de nouveaux partenariats et opportunités commerciales.

Les actions cotées en Bourse peuvent être utilisées comme une monnaie d'échange pour des acquisitions. Les entreprises peuvent utiliser leurs actions pour acquérir d'autres sociétés sans avoir à déBourser de grandes sommes d'argent comme c'est le cas dans une OPE (Offre publique d'échange).

Les actions de l'entreprise peuvent être utilisées comme incitation pour attirer et retenir les talents. Les plans d'options d'achat d'actions ou d'autres programmes de participation des employés peuvent être basés sur la valeur des actions de l'entreprise une fois cotée en Bourse.

Une entreprise cotée en Bourse peut avoir un accès plus facile aux marchés financiers pour des levées de fonds ultérieures, telles que des émissions d'obligations, des offres secondaires d'actions ou d'autres instruments financiers.

Une introduction de son capital en Bourse va coûter bien moins cher à l'entreprise qu'un financement par prêt bancaire : en effet, l'entreprise ne paiera des dividendes à ses actionnaires que si elle réalise des bénéfices au cours de l'année contrairement à un crédit octroyé par son ou ses banquiers et de plus la levée des fonds par « appel public à l'épargne » ne sera pas bloquée par des ratios bancaires.

Le processus d'une introduction en Bourse

Le processus d'IPO comporte plusieurs étapes :

1. **Sélection des conseillers :** l'entreprise engage des banques d'investissement ou des conseillers financiers pour l'aider tout au long du processus. Ces conseillers évaluent l'entreprise, déterminent sa valorisation, conseillent sur la structuration de l'IPO et aident à préparer les documents nécessaires.
2. **Dépôt du dossier d'IPO :** l'entreprise prépare un dossier d'IPO comprenant des informations financières, des détails sur l'entreprise, son modèle commercial, ses perspectives, etc. Ce dossier est déposé auprès de l'autorité de régulation financière compétente.
3. **Roadshow :** avant le lancement de l'IPO, l'équipe de direction de l'entreprise et les conseillers organisent un roadshow. Ils rencontrent des investisseurs potentiels pour présenter l'entreprise, discuter de ses performances passées et futures, et répondre aux questions des investisseurs.
4. **Fixation du prix :** sur la base des réactions des investisseurs, de l'analyse des conseillers et des conditions du marché, le prix des actions de l'IPO est fixé.
5. **Émission et négociation des actions :** une fois que le prix est fixé, les actions de l'entreprise sont émises et mises à disposition des investisseurs lors de la phase de souscription. Elles sont ensuite négociées sur le marché boursier après leur introduction.
6. **Première cotation et levée de fonds :** lorsque les actions sont négociées sur le marché boursier, l'entreprise peut lever des fonds en vendant les actions nouvellement émises aux investisseurs.

2 • LE FONCTIONNEMENT DE LA BOURSE

• Les différents marchés

Pendant longtemps, les autorités de marchés ont compartimenté les valeurs suivant plusieurs marchés : premier marché, second Marché, nouveau Marché.

Les actions des différentes sociétés y étant classées par ordre décroissant de liquidité, suivant leur taille et leur volume d'activité.

Des changements majeurs sont cependant intervenus au début de l'année 2005, avec une nouvelle organisation. Désormais, toutes les sociétés, quelle que soit leur taille, font partie du même marché : Eurolist.

Euronext

Euronext est la société qui gère plusieurs marchés boursiers européens, répartis sur six pays[1]. En tant qu'entreprise de marché, elle est un rouage essentiel dans l'organisation des Bourses de valeurs. De ce fait, l'AMF, le gendarme de la Bourse, exerce un contrôle vigilant sur ses activités.

Les différents marchés de la Bourse de Paris

Euronext Paris : c'est le marché réglementé de la Bourse de Paris. La régularité de son fonctionnement (conditions d'admission, organisation et publicité des transactions, etc.) est garantie par des règles de marché établies par Euronext et contrôlée par son autorité de tutelle, l'AMF. Fin 2021, Euronext cotait les titres de plus de 1 000 émetteurs représentant une capitalisation boursière totale de 5 654 milliards d'euros.

Euronext Growth : c'est la nouvelle dénomination d'Alternext Paris depuis juin 2017 : c'est un marché dédié aux PME, qui prend la forme juridique d'un système multilatéral de négociation organisé (SMNO), géré par l'entreprise de marché Euronext et agréé et supervisé par l'AMF. Les conditions d'accès y sont moins strictes que sur un marché réglementé, mais les sociétés y sont tout de même tenues de publier périodiquement leurs comptes. La communication financière y est encadrée et surveillée. Fin 2021, ce sont 390 sociétés qui sont cotées sur ce marché, représentant une capitalisation boursière de 43,9 milliards d'euros.

Euronext Access : il a remplacé le Marché Libre en 2017 ; c'est un marché non réglementé, mais organisé puisque, comme Euronext Growth, il a le statut de SMNO. Les transactions sont conclues de gré à gré. Les sociétés inscrites sur le marché libre n'ont pas les mêmes obligations que celles inscrites sur Euronext Growth ou sur Euronext. Fin 2021, on en comptait 195, ce qui représente une capitalisation totale de 8,8 milliards d'euros.

Chaque jour ce sont en moyenne près de 7 milliards d'euros qui s'échangent sur les marchés des actions gérés par Euronext.

Les compartiments du marché des actions en France : les entreprises sont sur l'Eurolist et sont réparties en trois compartiments (A, B et C) suivant leur capitalisation boursière. Toutes ces sociétés, qu'elles soient françaises ou internationales, ont l'obligation de répondre à un certain nombre d'engagements, notamment en ce qui concerne les publications d'informations. Ce cadre réglementaire est un gage de sécurité pour les particuliers.

1. Euronext détient en effet la Bourse de Paris, la Bourse d'Amsterdam, la Bourse de Bruxelles, la Bourse de Lisbonne, la Bourse de Dublin et la Bourse d'Oslo.

Le service de règlement différé (SRD)

Le règlement mensuel (RM), spécificité française, s'est éteint le 25 septembre 2000. Depuis, le mode de négociation et de règlement est identique sur tous les marchés, avec une généralisation du comptant.

Cette décision est née de plusieurs facteurs et notamment des objectifs de modernisation et de convergence des différents marchés européens. Paris étant le seul à utiliser ce mode de règlement, cette modification répond à une harmonisation des procédures des Bourses européenne, mais pour le client particulier le RM était plus intéressant car il était gratuit, alors que le SRD est considéré comme un service et est payant.

Cependant, pour permettre aux actionnaires qui souhaitent différer le règlement de leur opération et ainsi bénéficier des joies de l'effet de levier, de la vente à découvert et du règlement différé, les intermédiaires financiers proposent un palliatif : le service de règlement différé (SRD) qui est une spécificité de la Bourse de Paris.

Les valeurs éligibles au SRD

Le SRD n'est pas autorisé sur toutes les valeurs, il concerne uniquement les principales sociétés françaises et étrangères négociées à Paris. Ces valeurs sont dites les plus «actives» de la cote, c'est-à-dire que ce sont celles qui ont le plus fort volume de transactions. Les autres seront obligatoirement négociées au comptant. C'est avec 40 valeurs de ce marché qu'est calculé le CAC40. Pour être éligibles au SRD, les valeurs doivent avoir une capitalisation qui dépasse 1 milliard d'euros.

Dès qu'une valeur remplit cette condition, elle fait son entrée au SRD quatre semaines plus tard. Cependant, les éventuels retraits ne se font qu'une fois par an. Il y a environ 130 sociétés qui sont éligibles au SRD sur la place parisienne, elles peuvent donc être achetées à crédit ou encore vendues à découvert.

On distingue d'ailleurs deux éligibilités selon qu'on peut les vendre à découvert (*short*) ou uniquement les acheter (*long only*).

Les formes les plus courantes de SRD

SRD Classique ou Short. C'est la forme la plus répandue qui permet d'acheter des actions à crédit et de les revendre pour bénéficier d'une éventuelle plus-value. Il est également possible de conserver les actions en attendant une évolution favorable du marché. Ce sont généralement les valeurs du SBF 120.

SRD Long Only. Comme évoqué précédemment, cette forme du SRD impose la règle selon laquelle les investisseurs ne peuvent pas vendre à découvert. Ils ne peuvent acheter des actions que s'ils possèdent les fonds nécessaires pour les acquérir ou s'ils empruntent via le SRD pour les acheter. Les actions de cette catégorie bénéficient donc comme pour le SRD de l'achat à crédit et de l'effet de levier mais uniquement dans le sens de l'achat. La vente à découvert de ces titres est donc interdite.

Pour rentrer dans cette catégorie, les titres doivent présenter une liquidité minimale (nombre d'échanges par jour) de 100 000 €. Environ 120 sociétés sont éligibles au SRD « long only ».

SRD bonifié ou renforcé. Ce type de SRD accorde des facilités supplémentaires, comme la possibilité d'obtenir un crédit supplémentaire pour acheter des actions, mais avec des règles plus strictes en matière de garanties à fournir. Il permet d'investir sur un plus large éventail d'actions que le SRD classique, généralement en incluant des valeurs plus petites que celles du SBF 120.

SRD « ollimité ». Ce type de SRD offre une plus grande flexibilité en termes d'emprunt. Il n'y a pas de limite sur le montant que l'investisseur peut emprunter pour investir dans des actions. Cela implique toutefois un risque potentiellement accru car les montants empruntés peuvent devenir très importants.

SRD « option ». Cette modalité permet d'utiliser des options pour réaliser des opérations sur le SRD. Les options d'achat (*call*) ou de vente (*put*) peuvent être utilisées pour tirer parti des fluctuations du marché, en utilisant le SRD comme un levier pour amplifier les gains ou les pertes potentiels.

SRD en PEA (Plan d'épargne en actions). Cette variante est spécifique au PEA, un compte d'investissement français bénéficiant d'avantages fiscaux. Le SRD dans un PEA permet d'acheter des actions à crédit, mais il est soumis à des règles particulières propres au fonctionnement du PEA.

Les avantages du SRD

Le SRD ou Service de Règlement Différé a deux grands avantages par rapport à l'achat au comptant : l'effet de levier et la vente à découvert.

L'**effet de levier** permet d'investir avec un effet de levier qui consiste à emprunter pour investir au-delà de sa mise initiale et le paiement différé revient, en fait, à bénéficier d'une avance qui devra être remboursée plus tard. L'effet de levier permet ainsi de multiplier ses gains potentiels, mais attention, cela va dans les deux sens, car les pertes seront aussi multipliées.

La **vente à découvert** donne la possibilité de vendre une action que l'investisseur ne possède pas et ainsi de parier sur la baisse de son cours. Cela peut permettre de saisir une opportunité ou de se protéger contre une crise ou un krach boursier.

Sur le SRD, le dénouement des opérations (paiement pour des achats ou encaissement pour des ventes) ne se fait qu'à la fin du mois boursier. En d'autres termes, il est possible d'acheter et de vendre la même action durant le mois boursier sans avoir à déBourser de liquidités. Au dénouement, l'investisseur encaisse des liquidités si le prix de vente est supérieur au prix d'achat, et décaisse des liquidités si le prix d'achat est supérieur au prix de vente.

Le coût de ce crédit considéré comme un découvert est calculé par chaque intermédiaire financier (Broker, banque ou société de Bourse). Pour bénéficier du report de paiement, l'opérateur doit spécifier lors du passage de son ordre « ordre avec service de règlement différé (SRD) ».

Un autre gros avantage du SRD, c'est la notion de couverture qui permet d'acheter des titres pour une valeur supérieure au montant de ses liquidités, mais cela dans une certaine limite. Chaque actif financier détenu apporte une couverture plus en moins forte en fonction de sa nature. Cette limite répond aux règles suivantes :

- pour des liquidités ou OPCVM monétaires, l'effet de levier de 5, car il permet d'investir 5 fois le montant détenu soit une couverture de seulement 20 % ;
- pour des obligations ou OPCVM obligataires , l'effet de levier est de 4, car il permet d'investir 4 fois le montant détenu soit une couverture de seulement 25 % ;
- pour des actions françaises ou OPCVM d'actions, l'effet de levier est de 2,5, car il permet d'investir 2,5 fois le montant détenu soit une couverture de seulement 40 %.

EXEMPLE

M. Max dispose d'un compte titres ouvert auprès d'un courtier en ligne ; il possède 12 800 € en valeurs d'actifs qui sont réparties de la manière suivante : Liquidités : 2 000 € ; OPCVM monétaires : 4 000 € ; Obligations : 2 000 € et OPCVM d'actions : 4 800 €.

La capacité d'investissement en SRD maximale de M. Max sera de :

(2 000 × 5) + (4 000 × 5) + (2 000 × 4) + (4 800 × 2,5) = 50 000 € au lieu des 12 800 € d'origine.

• Les modalités de négociation

Le règlement et la livraison des titres

En 1984, la France a procédé à la dématérialisation de l'ensemble de ses titres, qui ont alors fait l'objet d'un dépôt auprès d'intermédiaires habilités (banques, entreprises d'investissement (PSI) détenteurs de comptes à la SICOVAM, la chambre de compensation française devenue Euroclear.

Qu'il s'agisse des titres au porteur ou des titres nominatifs, ceux-ci n'existent plus aujourd'hui sous la forme papier mais sous forme d'inscriptions informatiques et leur circulation se fait uniquement par virement de compte d'intermédiaire à compte d'intermédiaire ayant un compte à la chambre de compensation française Euroclear.

Les systèmes de règlement et livraison sont organisés à partir de deux principes fondamentaux et d'un système informatique. De plus, il intègre une fonction de garantie, qui est assurée par Euronext *via* sa filiale LCH-Clearnet SA.

Les systèmes de règlement de titres (« systèmes de règlement-livraison » ou encore *securities settlement systems* – SS) sont gérés par les dépositaires centraux de titres (*central securities depositories* ou CSD et ICSD).

Les deux principes fondamentaux sont la livraison contre paiement et des délais standard de dénouement. Lors de chaque dénouement, un contrôle de provision sur le compte des intermédiaires est effectué, tant sur les titres que les espèces ; ce contrôle permet d'éviter que les titres soient payés sans être livrés ou qu'ils soient livrés sans être payés. Les négociations sont inscrites au compte des clients à J., jour de leur exécution sur le marché mais le transfert de propriété ne s'effectue que le jour effectif du règlement-livraison (en livraison contre paiement– ou DVP). Les comptes des intermédiaires sont crédités et débités en titres et en capitaux à J+3, c'est-à-dire trois jours de Bourse après la négociation.

Les transferts de titres entre les teneurs de comptes conservateurs (TCC) participant au SSS (*securities settlement systems*) peuvent intervenir selon deux modalités principales : livraison contre paiement (DVP) et franco de paiement (FOP).

Le système de règlement de titres agit comme une plateforme centrale où les ordres de transaction sont enregistrés et appariés entre les acheteurs et les vendeurs.

Une fois les ordres appariés, le SSS assure le suivi des détails de la transaction. Il enregistre la propriété des titres échangés. Il maintient une base de données centralisée des propriétaires légaux de ces titres, ce qui simplifie le processus de transfert de propriété lors des transactions. Il facilite le règlement des opérations en garantissant que les fonds et les titres sont échangés de manière transparente et sécurisée. Il s'assure que les titres sont livrés du vendeur à l'acheteur et que les fonds sont transférés en conséquence.

En agissant comme une contrepartie centrale, le SSS réduit les risques liés aux transactions en offrant des garanties et des mécanismes de sécurité. Il minimise les risques de défaut de l'une des parties et assure l'exécution des transactions de manière fiable.

Le SSS opère sous des réglementations strictes pour garantir la conformité aux normes légales et réglementaires du marché financier. Il doit respecter les règles de transparence, de sécurité et de gouvernance.

Les modes de cotation

À la Bourse de Paris, les actions peuvent être cotées selon différents modes. Les deux principaux modes de cotation utilisés sont le mode de cotation en continu et le mode de cotation au fixing.

Le prix déterminé résulte de la confrontation des ordres selon l'offre et la demande et s'appelle le « cours ». La confrontation des offres et des demandes s'effectue selon différentes méthodes, appelées modes de cotation.

Les séances ont lieu tous les jours ouvrés (du lundi au vendredi) de 9h à 17h35. La quasi-totalité des titres fait l'objet d'une cotation en continu : système CAC/NSC.

Il n'y a plus de cotations « à la criée » qui mobilisait près de 2000 personnes tous les jours au Palais Brogniart comme dans le passé car tous les coteurs ont été licenciés après la loi du 22/01/1988. Désormais, tous les échanges se font sur le système informatique central d'Euronext. La collecte des ordres est réalisée par les intermédiaires dont les terminaux informatiques sont reliés à ceux d'Euronext.

Au fur et à mesure de leur arrivée, les ordres sont classés par limite de prix puis, par ordre d'arrivée dans le système électronique de cotation selon la technique du premier entré, premier servi (PEPS).

En fonction du volume de titres échangés habituellement, les valeurs sont classées et cotées de différentes manières. Ainsi, les valeurs sont cotées selon une liquidité décroissante, les plus liquides en continu A, celles qui le sont un peu moins en continu B, encore moins liquides au Fixing A et enfin les dernières au Fixing B.

La cotation assistée en continu

C'est le mode de cotation le plus courant. Les transactions sont effectuées tout au long de la séance de Bourse, et les prix varient en fonction de l'offre et de la demande. Les ordres d'achat et de vente sont exécutés en temps réel, et les prix fluctuent en fonction de ces transactions. Le minimum de transactions est de 2 500 titres sauf si l'on possède un contrat de liquidité avec un établissement agréé afin d'assurer la liquidité.

Il existe deux catégories de continu : le continu A pour les valeurs du CAC40 et le continu B pour les autres valeurs importantes. Elles permettent d'acheter ou de vendre des titres à n'importe quel moment de la journée dès qu'une contrepartie existe.

La cotation en continu A

Le groupe continu A est destiné aux valeurs sur lesquelles il y a beaucoup d'échanges. La séance de cotation en continu A à la Bourse de Paris se déroule en cinq phases :

- De 7h15 à 9h (pré-ouverture) : les ordres transmis par les intermédiaires boursiers s'accumulent dans l'ordinateur central, sans qu'aucune transaction n'intervienne.
- À 9h : l'ordinateur confronte tous les ordres enregistrés et détermine le prix d'équilibre (ou cours d'ouverture) qui permet l'échange du plus grand nombre de titres.
- De 9h01 à 17h30 : le marché fonctionne en continu ; les prix (cours) varient en permanence en fonction des offres de vente et des demandes d'achat.
- De 17h30 à 17h35 (préclôture) : une préclôture rassemble les derniers ordres de la séance.
- À 17h35 : comme pour l'ouverture, l'ordinateur confronte les derniers ordres de la séance et calcule les cours de clôture.

La cotation en continu B

Le groupe continu B est destiné aux valeurs liquides, mais avec des volumes inférieurs aux valeurs du continu A. La cotation est continue de 9h à 17h30.

La cotation au *fixing*

Ce mode de cotation se déroule en deux phases distinctes. Il y a une première phase de pré-ouverture où les ordres sont enregistrés, mais aucune transaction n'a lieu. Ensuite, il y a une période de cotation pendant laquelle les ordres d'achat et de vente sont appariés pour déterminer un prix d'équilibre unique auquel toutes les transactions seront exécutées. À la Bourse de Paris, cette période de fixing se déroule deux fois par jour : à l'ouverture de la séance (à 9h00) et en milieu de séance (à 14h30).

Il y a deux catégories de *fixing* : le f*ixing* A pour les valeurs les moins liquides et le fixing B pour les ex-valeurs du marché libre qui font l'objet d'une confrontation des ordres à un ou deux moments de la journée (11h30 et 16h30). À chaque catégorie correspond un mode de cotation et, ce qui détermine le groupe de cotation auquel appartient une valeur, est le degré de liquidité de celle-ci.

- **La cotation au *fixing* A.** Les cotations ont lieu deux fois par jour, à 11h30 et à 16h. À 11h30, les écarts autorisés sont de 5 % par rapport au cours de la veille et à 16h, ils sont à nouveau de 5 % soit 10 % dans une journée.
- **La cotation au *fixing* B.** Elle concerne les titres du marché libre uniquement. Les cotations ont lieu une fois par jour à 15h et l'écart autorisé est de 10 %.

La cotation après clôture

Après la clôture officielle de la séance boursière, certaines transactions peuvent encore avoir lieu. Ces transactions sont souvent enregistrées à des prix fixés après la clôture principale et sont connues sous le nom de cotation après clôture. Cela peut inclure des transactions effectuées via des systèmes de négociation spécifiques après la fin de la séance officielle et servira à des transactions internationales Hors Séance en fonction des fuseaux horaires.

Les ordres de Bourse

Pour passer un ordre de Bourse, il faut s'adresser à un intermédiaire financier. Ce dernier le transmet sur le marché et rend compte de son exécution. Les systèmes électroniques modernes permettent la transmission des ordres et leur exécution en temps réel.

Les types d'ordre

L'ordre au marché ou au mieux. Il est exécuté immédiatement au meilleur prix disponible sur le marché au moment de son placement. Il garantit l'exécution rapide de l'ordre, mais le prix peut varier. L'ordre au marché est prioritaire par rapport à tous les autres. Quel que soit le moment où il est transmis, on est sûr de son exécution dans la mesure où il y a une cotation. « Au marché » veut dire à n'importe quel prix mais l'acheteur risque de payer ses titres trop cher et le vendeur de les vendre trop bon marché.

L'ordre à cours limité. Avec cet ordre, l'investisseur spécifie un prix limite auquel il est prêt à acheter ou vendre. L'ordre ne sera exécuté que si le prix du marché atteint ou dépasse le niveau spécifié ou meilleur. Si le prix ne correspond pas à la limite fixée, l'ordre peut rester en attente ou être annulé. Cet ordre spécifie un prix maximum d'achat ou minimum de vente pour un titre. L'ordre à prix limité évite d'être victime de variations importantes de cours. Son inconvénient est que l'on peut rater un achat ou une vente à quelques euros près.

L'ordre *stop-loss*. Il est utilisé pour limiter les pertes. Il spécifie un prix seuil pour vendre un titre si son prix chute en dessous d'un certain niveau. Une fois ce seuil atteint, l'ordre se transforme en ordre de marché et est exécuté au meilleur prix disponible. Cet ordre est conçu pour limiter les pertes en spécifiant un prix au-dessous duquel vendre une action pour éviter de plus grandes pertes en cas de déclin des prix.

L'ordre stop d'achat. À l'inverse de l'ordre *stop-loss*, il est utilisé pour acheter un titre à un prix supérieur à celui du marché. Il est souvent utilisé pour profiter d'une tendance haussière ou pour confirmer une hausse des prix avant d'acheter.

L'ordre à seuil de déclenchement ou stop suiveur. Il combine un ordre stop avec un ordre à cours limité. Il spécifie un prix déclencheur (seuil) où l'ordre devient actif en tant qu'ordre à cours limité. Similaire à l'ordre stop, mais il suit la hausse du prix d'une action. Une fois que le prix atteint un niveau déterminé, l'ordre devient actif et se transforme en un ordre au marché ou à cours limité pour vendre ou acheter le titre. Cet ordre permet de mettre à profit les retournements de tendance dès qu'ils se produisent pour acheter ou vendre. Toutefois, en cas de brusque inversion de tendance, l'opérateur risque de vendre ou d'acheter ses titres dans de très mauvaises conditions, car il n'y a pas, pour ce type d'ordre, de limite haute ou basse, contrairement aux ordres à plage de déclenchement

L'ordre à plage de déclenchement. Similaire à l'ordre à seuil de déclenchement, mais au lieu d'un prix spécifique, cet ordre s'active lorsque le prix évolue dans une fourchette de prix définie par l'investisseur. Ce type d'ordre combine les caractéristiques de l'ordre stop et de l'ordre à seuil de déclenchement. Il s'active lorsqu'un titre atteint un certain niveau, mais ne se déclenche que si le prix reste dans une plage spécifiée (ex 100/120 signifie que l'on ne pourra l'acheter qu'entre ces deux prix), mais au lieu de se transformer en ordre à tout prix au moment où le seuil est atteint, il devient un ordre à cours limité. Il doit donc être assorti en plus, lorsqu'on le passe, d'une limite maximale à l'achat ou minimale à la vente. Cet ordre permet de profiter des retournements de tendance sans courir le risque d'acheter trop cher ou de vendre trop bon marché. Son inconvénient est qu'il peut rapidement devenir inexécutable si le retournement du marché est trop brutal ou qu'il peut n'être exécuté que partiellement dans la mesure où, devenu un ordre à cours limité, il n'est pas prioritaire.

L'ordre caché ou iceberg. Il cache la quantité totale d'actions à vendre ou à acheter en divisant l'ordre en plusieurs petits lots visibles par le marché, tandis que le reste est caché pour éviter de trop influencer le prix du marché.

L'ordre à la meilleure limite. Cet ordre prioritaire vise à obtenir l'exécution immédiate au meilleur prix disponible. Cet ordre est exécuté au meilleur prix disponible sur le marché, tout en respectant une limite de prix spécifique fixée par l'investisseur. L'ordre à la meilleure limite n'est assorti d'aucune limite de prix lorsque vous le passez. S'il arrive avant l'ouverture du marché, il est considéré pendant toute la séance comme un ordre limité au niveau du premier cours coté. S'il arrive en cours de séance, il est considéré comme un ordre limité au prix de la meilleure offre s'il s'agit d'un ordre d'achat, ou au prix de la meilleure demande s'il s'agit d'un ordre de vente.

La durée de vie d'un ordre de Bourse

Par défaut, la validité d'un ordre de Bourse est une validité « jour », c'est-à-dire seulement pour la journée de négociation en cours (la séance). Mais la validité d'un ordre peut également être « à date déterminée » (qui prend fin à cette date) ou « à révocation » (c'est-à-dire valable 365 jours).

Les ordres sont en principe limités dans le temps. Un ordre peut être donné pour une seule Bourse, mais il peut être valable pour une période plus longue.

Les durées de vie les plus courantes pour les ordres de Bourse sont les suivantes.

- **Jour** : un ordre de Bourse avec une durée de vie d'une journée est valable uniquement pendant la séance de trading de la journée où il a été placé. S'il n'est pas exécuté pendant cette journée, il est automatiquement annulé et tombe à la clôture du marché.
- **À date** : certains ordres peuvent être valables jusqu'à une date spécifique déterminée par l'investisseur. Par exemple, un ordre « à date » peut rester actif pendant plusieurs jours, semaines ou mois jusqu'à ce qu'il soit exécuté ou annulé par l'investisseur.
- **Jusqu'à annulation (IOC)** : un ordre « jusqu'à annulation » reste actif sur le marché jusqu'à ce qu'il soit exécuté ou annulé manuellement par l'investisseur. Ces ordres ne sont pas valables au-delà de la journée de trading où ils ont été passés, mais ils peuvent être réenregistrés chaque jour jusqu'à ce qu'ils soient exécutés ou annulés.
- **Valable jusqu'à la fin de la séance** : certains marchés proposent des options pour que les ordres restent actifs jusqu'à la fin de la séance de trading en cours, quelle que soit la durée spécifique de cette séance.

Le carnet d'ordre

Le carnet d'ordres ou order book en anglais, indique les cinq meilleures demandes et les cinq meilleures offres pour chaque valeur, ainsi que ses cinq dernières cotations. Il permet de connaître l'état du marché et le rapport de forces entre acheteurs et vendeurs. C'est donc un outil indispensable pour fixer sa propre limite d'intervention avec le maximum de chances de réussite. Le carnet d'ordres figure sur la plupart des sites Internet dédiés aux opérations de marché.

Le carnet d'ordres affiche les détails suivants pour chaque ordre :

- **Prix** : prix auquel l'acheteur ou le vendeur est prêt à acheter ou vendre le titre.
- **Quantité** : nombre d'actions ou d'unités de titre que l'acheteur ou le vendeur souhaite échanger à ce prix.

Il est divisé en deux parties distinctes :

- **Côté acheteur (demande)** : montre les ordres d'achat, du prix le plus élevé au prix le plus bas, avec les quantités correspondantes.
- **Côté vendeur (offre)** : répertorie les ordres de vente, du prix le plus bas au prix le plus élevé, avec les quantités correspondantes.

Les traders et les investisseurs utilisent le carnet d'ordres pour :

- observer la demande et l'offre du marché pour un titre particulier ;
- prendre des décisions basées sur la liquidité et la profondeur du marché ;
- estimer la direction potentielle des prix en fonction des niveaux de demande et d'offre.

Les mentions devant figurer dans un ordre

- **L'identification du titre** : il s'agit du nom du titre financier à acheter ou à vendre, souvent accompagné de son code ISIN (*International Securities Identification Number*) pour une identification précise.
- **Le type d'ordre** : cela indique si l'ordre est un ordre d'achat ou de vente, et spécifie le type d'ordre tel qu'un ordre au marché, un ordre à cours limité, un ordre stop, etc.
- **Le sens de l'ordre** : il précise si l'ordre est pour Acheter ou Vendre des titres.
- **La quantité** : nombre d'actions ou d'unités de titre à acheter ou à vendre.
- **Le prix** : pour un ordre à cours limité ou tout autre ordre spécifiant un prix, l'investisseur doit indiquer le montant spécifique auquel il est prêt à acheter ou à vendre les titres.
- **La durée de validité** : période pendant laquelle l'ordre est actif sur le marché (par exemple, ordre à « date spécifique », « Jour, valable pour la journée », « jusqu'à annulation », « à révocation », etc.).

- **Les instructions spéciales** : instructions particulières données à l'intermédiaire financier, comme les instructions de remplissage partiel (pour un ordre iceberg) ou les instructions de déclenchement spécifiques ordres à seuil de déclenchement ou pour les ordres Stop, etc.
- **Le compte ou l'identifiant de l'investisseur** : l'ordre doit être associé au compte ou à l'identifiant de l'investisseur pour lequel l'ordre est placé, c'est-à-dire le numéro d'identification requis par votre courtier ou l'entité qui exécute l'ordre.
- **La signature ou validation électronique** : dans certains cas, une signature manuscrite ou une validation électronique peut être requise pour confirmer l'ordre.

• Les marchés dérivés

Les produits dérivés (options, *swaps*, CDO, etc.) servent d'abord à couvrir des positions boursières, mais sont aussi utilisés à des fins spéculatives. Ce sont des instruments financiers qui reposent sur des valeurs mobilières ou des « sous-jacents », voire des indices de marché.

DÉFINITION

Un **marché dérivé** est un marché où l'on traite tous les contrats à terme et les produits optionnels (options, *warrants*, bons de souscription) sur des actifs supports, comme des actions, des indices boursiers, des taux d'intérêt, des devises ou des matières premières. On oppose les marchés dérivés aux autres marchés sur lesquels on traite tous les actifs sous-jacents.

C'est au début de l'année 2002 que la plateforme paneuropéenne Euronext a racheté le marché des dérivés anglais : le LIFFE (*London International Financial Futures and options Exchange*).

Aujourd'hui, les activités sur les contrats dérivés d'Euronext et du LIFFE ont été regroupées sous l'appellation Euronext.liffe, marché unique centralisé à Londres. Celui-ci gère les marchés électroniques réglementés d'Amsterdam, Bruxelles, Lisbonne, Londres et Paris où chaque jour plus de 2 000 milliards d'euros en valeur nominale sont échangés sur les produits dérivés par des intervenants du monde entier.

Les marchés de produits dérivés du LIFFE portent aujourd'hui sur les taux d'intérêt à court terme (STIRS), les obligations, les swaps, les actions et les matières premières.

Le produit phare du LIFFE est le contrat Euribor trois mois (*European Interbank Offered Rate*), taux moyen auquel régulièrement 41 banques de l'Union européenne et huit banques internationales de premier rang se prêtent et s'empruntent des euros pour une période de trois mois.

Sur les marchés dérivés, il faut y distinguer les options des futures ou contrats à terme.

Les principaux types de produits dérivés sont :

- les contrats à terme (futures) ;
- les options ;
- les swaps ;
- les produits structurés ;
- les produits dérivés, qui sont négociés de gré à gré entre teneurs de marché (TM) ou sur un marché organisé et peuvent s'adapter précisément aux stratégies des clients.

DÉFINITIONS

Les **produits structurés** sont des instruments financiers créés sur mesure, souvent en combinant des produits dérivés avec d'autres éléments financiers. Ils visent à répondre à des besoins spécifiques en matière de risque et de rendement pour les investisseurs.

Sur un **marché organisé**, les transactions sont exécutées par l'intermédiaire d'une chambre de compensation. Les acheteurs et vendeurs n'entrent pas directement en contact car c'est la chambre de compensation assure l'interface entre les acheteurs et les vendeurs. Cette chambre de compensation assure le bon déroulement de l'opération pendant toute la durée de la transaction, ce qui permet d'éviter le risque de contrepartie.

Le vocabulaire des marchés

Les termes utilisés sur les marchés dérivés sont les suivants :

- *call* : droit d'acheter ;
- *put* : droit de vendre ;
- sous-jacent, support ou titre de Base : valeur de référence, (action, obligation, indice...) cotée sur un marché organisé ;
- prix d'exercice ou *strike* : prix du contrat fixé aujourd'hui ;
- date d'échéance ou maturité : l'une des 4 échéances trimestrielles annuelles ;
- *prime* ou *premium : %* du prix d'exercice à payer par l'acheteur au vendeur ;
- parité : quand le prix d'exercice est proche ou égal au cours du titre support ;
- quotité : nombre de contrats nécessaires à réunir pour être négociés ;
- cours : prix d'équilibre établi selon la loi de l'offre et de la demande ;
- code ISIN : carte d'identité du produit financier le personnalisant ;
- effet de levier : rapport entre le montant de la prime versée et le montant initial du contrat.

Les options sur les marchés dérivés

Les produits dérivés sont donc des instruments adaptés à des stratégies de couverture de portefeuille. Ils sont utilisés dans la mise en œuvre de stratégies de diversification de portefeuille mais surtout en spéculation avec un très fort effet de levier puisque l'on ne paye que la prime (environ 10 % du prix d'exercice).

Une option comprend plusieurs éléments clés.

- Le **sous-jacent** : actif financier sur lequel porte l'option. Il peut s'agir d'actions, d'obligations, de devises, de matières premières ou même d'indices.
- La **date d'expiration** : date à laquelle l'option expire et où elle peut être exercée ou devient caduque.
- Le **prix d'exercice (*strike*)** : prix auquel l'acheteur de l'option peut acheter (pour une option d'achat) ou vendre (pour une option de vente) l'actif sous-jacent.
- Le **prix de l'option (*prime*)** : prix payé pour acquérir l'option. Il représente le coût de l'opportunité d'acheter ou de vendre l'actif sous-jacent à un prix spécifique à l'avenir.
- Le **sens** : une option d'achat (*call option*) donne à l'acheteur le droit d'acheter l'actif sous-jacent à un prix convenu (prix d'exercice) avant la date d'expiration de l'option. Une option de vente (*put option*) accorde à l'acheteur le droit de vendre l'actif sous-jacent à un prix déterminé (prix d'exercice) avant la date d'expiration de l'option.

Ces options se négocient sur un marché d'options spécialisé (géré par Euronext – Bourse de Paris, ou de gré à gré, contre un certain prix, appelé *prime* ou *premium*).

Les options peuvent être utilisées à diverses fins.

Spéculation : les investisseurs peuvent acheter des options pour parier sur la hausse ou la baisse des prix des actifs sous-jacents sans avoir à les posséder réellement. Les investisseurs peuvent acheter des options dans l'espoir que leur valeur augmente, leur permettant de réaliser un profit en les revendant à un prix supérieur.

Couverture ou Hedging : les investisseurs utilisent souvent des options pour se protéger contre les risques de mouvements inverses des prix des actifs sous-jacents. Par exemple, une entreprise exposée aux fluctuations des taux de change pourrait utiliser des options pour se protéger contre ces variations ou bien, un producteur de matières premières peut acheter des options de vente pour se protéger contre une baisse des prix ou acheter des options d'Achat pour se protéger contre une hausse des produits agricoles.

Génération de revenus : certains investisseurs se mettent vendeurs d'options d'Achat ou de Vente pour percevoir des primes mais en échange, ils s'engagent et doivent être prêts à exécuter leurs obligations. Les vendeurs d'options peuvent générer des revenus en encaissant les primes des options qu'ils ont vendues. Cela peut être une stratégie pour les investisseurs qui cherchent à tirer profit de la stabilité des prix.

Arbitrage : les traders peuvent rechercher des opportunités d'arbitrage en exploitant les différences de prix entre les options et les actifs sous-jacents sur le marché.

Stratégies de trading complexes : les options peuvent être combinées de différentes manières pour créer des stratégies de trading sophistiquées, telles que les spreads, les straddles et les condors, permettant aux investisseurs de prendre des positions complexes sur le marché.

Gestion de portefeuille : les investisseurs peuvent utiliser des options pour ajuster le risque et le rendement de leur portefeuille global, en les utilisant comme outils de diversification ou de protection.

Accès au marché avec un capital limité : les options permettent aux investisseurs de prendre des positions sur les marchés financiers avec un capital limité, car l'achat d'options nécessite beaucoup moins de capital que l'achat d'actifs sous-jacents car on ne paye que la Prime (le Premium) et pas le montant total de l'investissement.

Les principaux risques et contraintes

Risque de marché : les prix des instruments dérivés sont influencés par les fluctuations des prix des actifs sous-jacents. Les changements soudains et importants des prix peuvent entraîner des pertes pour les investisseurs.

Risque de crédit ou de contrepartie : la performance réalisée par un instrument dérivé peut ne refléter que partiellement la performance du sous-jacent sur lequel il est adossé. Par exemple, si l'investisseur vend des calls et que le sous-jacent baisse fortement, ses gains sont limités à la prime reçue initialement. En revanche, sa perte est potentiellement illimitée en cas de forte hausse du sous-jacent. Lorsque les investisseurs souhaitent négocier des ventes d'options, ils doivent immobiliser soit de la trésorerie, soit des titres (dépôts de garantie portant intérêts), pour pouvoir faire face à leurs engagements, en cas d'exercice de l'option par l'acheteur. En effet, dans ce cas, l'investisseur vendeur d'option devra soit livrer les sous-jacents, soit les acheter.

Risque de liquidité : certains marchés dérivés peuvent manquer de liquidité, ce qui signifie qu'il peut être difficile de trouver des acheteurs ou des vendeurs pour les contrats à un prix raisonnable. Cela peut rendre difficile la vente d'une position dérivée au moment souhaité.

Risque de modèle : les prix des instruments dérivés reposent souvent sur des modèles mathématiques complexes. Si ces modèles sont incorrects ou mal utilisés, cela peut entraîner des erreurs d'évaluation et des pertes exponentielles pour les investisseurs.

Risque opérationnel : les marchés dérivés impliquent souvent des processus complexes de compensation, de règlement et de gestion des risques. Les erreurs opérationnelles, telles que les erreurs de saisie des données ou les défaillances des systèmes informatiques, peuvent entraîner des pertes financières.

Risque réglementaire : les marchés dérivés sont souvent soumis à une réglementation complexe et en évolution, ce qui peut avoir un impact sur la façon dont les contrats sont négociés, compensés et réglés. Les changements réglementaires peuvent également avoir des répercussions sur la rentabilité des activités de trading dérivées.

Risque de modèle de comportement : ce risque concerne la possibilité que les comportements des acteurs du marché ne correspondent pas aux hypothèses sous-jacentes des modèles utilisés pour évaluer les dérivés. Par exemple, dans le cas des produits structurés, les comportements des investisseurs peuvent différer de ce qui est prévu, entraînant des résultats imprévus.

Risque de perte en capital : ces produits sont exposés aux risques de marché liés notamment à la volatilité et aux évolutions de leur(s) sous-jacent(s) et comprenant parfois un effet de levier pouvant amplifier les risques de perte. Le risque de perte en capital est élevé et peut même aller au-delà de l'investissement initial. Certains de ces produits peuvent se désactiver prématurément et perdre une grande partie de leur valeur, voire l'intégralité avant leur échéance. Les stratégies de vente d'options peuvent exposer le vendeur d'option à un risque de perte en capital illimité.

Risque lié aux taux d'intérêt : les mouvements des taux d'intérêt peuvent avoir un impact significatif sur la valeur des instruments dérivés sensibles aux taux d'intérêt, tels que les contrats à terme sur taux d'intérêt, les options sur taux d'intérêt et les swaps. Par exemple, une hausse des taux d'intérêt peut entraîner une baisse de la valeur des obligations, ce qui peut affecter la valeur des dérivés liés à ces obligations, (sans oublier : le risque de courbe des taux, le risque de réinvestissement, le risque de prépaiement, le risque de base qui est différent du taux de référence ou du taux interbancaire habituel).

Risque de change : les entreprises qui effectuent des transactions commerciales à l'étranger sont exposées au risque de change, car les fluctuations des taux de change peuvent avoir un impact sur la valeur des flux de trésorerie futurs libellés dans des devises étrangères. Les dérivés de change, tels que les contrats à terme sur devises et les options de change, sont souvent utilisés pour gérer cette exposition (sans oublier : la volatilité des taux de change, le risque de convertibilité, le risque de liquidité, le risque de modèle, le risque de contrepartie...).

L'effet de levier : augmentation du potentiel de gains et de pertes : L'effet de levier permet aux investisseurs d'exposer une plus grande valeur notionnelle d'actifs avec un montant de capital initial relativement faible. Cela signifie que les investisseurs peuvent potentiellement réaliser des gains plus importants par rapport à leur investissement initial, mais cela augmente également le risque de pertes importantes (sans oublier : la multiplication des gains et des pertes car les variations de prix des actifs sous-jacents sont amplifiées. Par conséquent, les investisseurs peuvent subir des gains ou des pertes plus importants que s'ils avaient investi le même montant sans effet de levier ; les exigences de marge, la gestion du risque et une complexité accrue des mécanismes de marché, des produits dérivés utilisés et des risques associés).

Pour certains produits dérivés, les banques requièrent une opération de collatéralisation à la mise en place de l'investissement sous la forme d'un pourcentage du nominal investi. Le pourcentage peut varier en fonction de la fluctuation de la valeur de marché du produit pendant sa durée de vie. En cas d'augmentation de ce pourcentage, l'investisseur est appelé à effectuer un apport de trésorerie supplémentaire ou des titres complémentaires (appel de marge).

Les quatre positions de base

Acheter un *call*

Acheter une option d'achat (AOA) permet :

- un **droit d'achat**, car vous acquérez le droit d'acheter l'actif sous-jacent à un prix déterminé, quel que soit le prix réel du marché à l'échéance. Cela peut être avantageux si le prix du sous-jacent augmente, car vous pouvez acheter l'actif à un prix inférieur au prix du marché ;
- un **potentiel de profit illimité**, car si le prix de l'actif sous-jacent augmente considérablement, votre profit potentiel est pratiquement illimité. Vous pouvez exercer votre option et acheter l'actif à un prix inférieur au prix du marché, puis le vendre à un prix plus élevé sur le marché ;
- une **perte limitée au coût de l'option**, car si le prix de l'actif ne monte pas comme prévu, votre perte se limite généralement au coût initial de l'option (la prime payée pour acheter l'option). Cela diffère de la détention de l'actif lui-même, où la perte peut être beaucoup plus grande si le prix de l'actif chute, là vous ne perdez que la *prime/premium.*

Vendre un *call*

Vendre une option d'achat (VOA) permet :

- un **encaissement de la prime**, car en vendant l'option, vous recevez une prime (le prix de l'option) immédiatement. Cette prime représente votre profit potentiel car si l'acheteur de l'option ne l'exerce pas, cette prime reste acquise et donc votre gain ;
- une **obligation potentielle de vendre**, car si l'acheteur de l'option décide d'exercer son droit, vous êtes obligé de vendre l'actif sous-jacent au prix d'exercice, quel que

soit le prix du marché à ce moment-là. Cela peut être désavantageux si le prix du sous-jacent augmente considérablement, car vous seriez contraint de vendre à un prix inférieur au prix du marché ;

- une **perte potentielle illimitée**, car contrairement à l'achat d'un call où la perte est limitée au montant de la prime payée, la vente d'un call peut potentiellement entraîner des pertes illimitées si le prix de l'actif sous-jacent augmente fortement et vous devez acheter cet actif sur le marché plus cher pour le revendre à perte à l'acheteur de l'option.

Acheter un *put*

Acheter une option de vente (AOV) permet :

- un **droit de vente**, car vous acquérez le droit de vendre l'actif sous-jacent à un prix déterminé, quel que soit le prix réel du marché à l'échéance. Celaeut être avantageux si le prix du sous-jacent diminue, car vous pouvez vendre l'actif à un prix plus élevé que le prix du marché.
- un **potentiel de profit illimité**, car si le prix de l'actif sous-jacent diminue considérablement, votre profit potentiel est pratiquement illimité. Vous pouvez exercer votre option et vendre l'actif à un prix plus élevé que le prix du marché.
- une **perte limitée à la prime**, car si le prix de l'actif ne baisse pas comme prévu, votre perte est limitée au coût initial de l'option (la prime payée pour acheter l'option). Cela diffère de la détention de l'actif lui-même, où la perte peut être beaucoup plus grande si le prix de l'actif augmente.

Vendre un *put*

Vendre une option de vente (VOV) permet :

- un **encaissement de la prime**, car en vendant l'option, vous recevez une prime (le prix de l'option) immédiatement. Cette prime représente votre profit potentiel. Si l'acheteur de l'option ne l'exerce pas, cette prime devient votre gain.
- une **obligation potentielle d'achat**, car si l'acheteur de l'option décide d'exercer son droit, vous êtes obligé d'acheter l'actif sous-jacent au prix d'exercice, quel que soit le prix du marché à ce moment-là. Cela peut être désavantageux si le prix du sous-jacent baisse fortement, car vous seriez contraint d'acheter à un prix plus élevé que le prix du marché.
- un **risque potentiel de pertes illimitées**, car contrairement à l'achat d'une option de vente où la perte est limitée au montant de la prime payée, la vente d'une option de vente peut potentiellement entraîner des pertes illimitées si le prix de l'actif sous-jacent chute fortement et que vous devez acheter cet actif sur le marché à un prix beaucoup plus élevé suite à l'assignation par l'acheteur de *put*.

Si nous récapitulons les quatre positions, dans le cas d'achat de *call* ou d'achat de *put*, la perte est limitée à la prime payée par l'acheteur alors que pour une vente de *call* ou une vente de put, les pertes sont illimitées et obligent le Vendeur à racheter plus cher que sur le marché, un actif qu'il devra revendre moins cher à l'acheteur. Le vendeur est toujours tenu de se plier à la décision de l'acheteur.

Les contrats à terme (futures)

DÉFINITION

Les « **futures** » sont des contrats à terme organisé par la Bourse de Paris, par lesquels deux parties s'engagent à acheter ou vendre une quantité déterminée d'un actif sous-jacent (une action ou un indice boursier par exemple), à une date d'échéance et à un prix convenus à l'avance. Ce sont des instruments financiers utilisés pour anticiper les variations futures d'un actif sous-jacent (une action, un indice boursier, etc.) : vous achetez ou vendez une quantité déterminée de cet actif sous-jacent, à une date d'échéance et à un prix connu à l'avance.

Le future permet d'anticiper les variations futures d'un actif sous-jacent et peut donc servir à couvrir un portefeuille contre les fluctuations à venir du marché. Il permet aussi de dynamiser les performances de son portefeuille. Le future constitue un engagement ferme, il doit être exécuté à sa date d'échéance par ses contreparties : l'acheteur du future doit acheter l'actif sous-jacent au prix convenu et le vendeur doit livrer l'actif.

Un contrat à terme (future) est un engagement ferme de livraison standardisé, dont les caractéristiques sont connues à l'avance, portant sur :

- une quantité déterminée d'un actif sous-jacent précisément défini,
- une date, appelée échéance et un lieu donnés.
- Toutefois, les futures sont des produits spéculatifs très risqués.

Les *swaps*

Le *swap* (de l'anglais *to swap* : échanger) ou échange financier, est un produit dérivé financier. Il s'agit d'un contrat d'échange de flux financiers entre deux parties qui sont généralement des banques ou des institutions financières. On identifie cinq types de *swaps* parmi les plus courants.

Le *swap* de taux d'intérêt (*interest rate swap* – IRS)

C'est le type le plus répandu de *swap*. Dans un *swap* de taux d'intérêt, deux parties échangent des flux de paiement basés sur des taux d'intérêt différents. Par exemple, dans un swap de taux d'intérêt fixe contre taux d'intérêt variable, une partie peut payer un taux d'intérêt fixe tandis que l'autre paie un taux d'intérêt variable, permettant à chaque partie de bénéficier de la variation des taux d'intérêt selon sa position.

Deuxième exemple, une partie peut payer un taux d'intérêt variable basé sur un taux de référence comme l'Euribor ou le Libor, tandis que l'autre partie paie un taux d'intérêt fixe. Ces *swaps* sont souvent utilisés pour transformer des flux de trésorerie à taux fixe en taux variable, ou vice versa.

Le swap de devises (*currency swap*)

Ce type de swap implique l'échange de devises entre deux parties, accompagné du retour des montants échangés à une date ultérieure. Les *swaps* de devises sont souvent utilisés pour obtenir des taux d'intérêt plus favorables dans une autre devise ou pour gérer les risques de change. Les deux parties conviennent de s'échanger des montants équivalents dans des devises différentes à un taux de change spécifié à la date de début du contrat, puis de se rééchanger les montants initiaux à un taux de change différent à la fin du contrat.

Le swap de crédit (*credit default swap* – CDS)

Ce type de *swap* est lié à la contrepartie (appelé à tort crédit) et est utilisé pour transférer le risque de défaut de crédit/contrepartie entre deux parties. Dans un CDS, une partie paie une prime à une autre partie en échange de la garantie d'être payé en cas de défaut sur une dette spécifique. Si le défaut survient, la partie recevra un paiement pour compenser la perte due au défaut.

L'acheteur du CDS verse des paiements périodiques à la contrepartie vendeuse en échange d'une protection contre le défaut de l'actif de référence (comme une obligation d'entreprise ou une obligation souveraine).

En cas de défaut, le vendeur du CDS verse au détenteur du CDS une compensation équivalente à la perte encourue sur l'actif de référence.

Le swap de matières premières (*commodity swap*)

Ce type de *swap* implique l'échange de flux de paiement basés sur les prix des matières premières, tels que le pétrole, le gaz, les métaux, etc. Les parties peuvent échanger des paiements basés sur les variations des prix des matières premières sans effectuer de transactions physiques.

Le swap de taux de rendement total (*total return swap* – TRS)

Dans un TRS, une partie reçoit le rendement total (dividendes et appréciation du cours) d'un actif sous-jacent, généralement une action ou une obligation, tandis qu'elle paie un taux d'intérêt fixe ou variable en échange. Ce type de *swap* permet à un investisseur de bénéficier du rendement d'un actif sans en détenir réellement la propriété.

Les intervenants sur les marchés dérivés

Sur les marchés dérivés, on trouve quatre types d'acteurs :

- **les opérateurs en couverture** qui veulent se prémunir contre un risque de hausse ou de baisse et qui, moyennant le paiement d'une prime (*premium*), vont acheter un *call* ou un *put* ;
- **les opérateurs en rentabilité de portefeuille** qui, détenant l'actif sous-jacent, vont vendre un *call* ou un *put* pour encaisser la prime ;
- **les spéculateurs** qui vont prendre des positions sèches (achat ou vente de contrats à terme sans détenir la valeur support) et espèrent des gains de la réalisation de leurs anticipations ; ils vont donc vendre des *call* et des *put* pour encaisser la prime ;
- **les arbitragistes et teneurs de marché** qui vont intervenir afin de supprimer les écarts anormaux et dégager un bénéfice des sous ou surévaluations provoquées par l'intervention permanente des opérateurs en couverture et des spéculateurs qui vont entrainer les cours réels à s'écarter des cours théoriques ; les arbitragistes assurent la cohérence du marché et la convergence progressive des cours à terme et des cours au comptant.

Les types d'arbitrages

Arbitrer consiste à effectuer un ensemble d'opérations dans le but de garantir l'obtention d'un gain et d'annihiler les risques éventuels pouvant aboutir à une perte.

On distingue plusieurs types d'arbitrages :

- **comptant-terme** : entre les cours du comptant et ceux à terme visant à l'égalisation entre les prix à terme réels et théoriques ;
- **terme-terme** : entre les différentes échéances, arbitrage temporel ou *straddle ;*
- **inter-produits** : entre les différents contrats ;
- **spatiaux** : entre différentes places financières.

Les anciens marchés dérivés

À la Bourse de Paris, les marchés dérivés sont apparus dès 1986.

Le Marché à terme international de France (MATIF)

Le MATIF était un marché à terme de couverture, qui permettait de se prémunir contre les variations de taux d'intérêt sur les obligations, mis en place le 21 février 1986 par la Bourse de Paris pour répondre aux besoins des participants. Il était géré par Euronext Paris, qui est devenu plus tard une partie du groupe Euronext après plusieurs fusions et acquisitions.

Le MATIF était aussi spécialisé dans la négociation organisée, de contrats à terme sur des produits dérivés financiers, en particulier sur des instruments liés aux produits agricoles, aux taux d'intérêt et aux devises.

Le Marché des options négociables de Paris (MONEP)

Le MONEP était en effet un marché à terme français organisé, spécialisé dans la négociation d'options. Créé en septembre 1987, le MONEP a été un marché important pour la négociation d'options sur actions, d'Indices et d'autres instruments financiers dérivés.

Le MONEP offrait un marché où les investisseurs pouvaient négocier des options sur actions individuelles, des options sur indices boursiers et d'autres produits dérivés financiers basés sur des actions cotées en Bourse et sur des indices boursiers spécifiques.

Le MONEP était un marché à terme de couverture, qui permettait de se prémunir contre les variations de cours sur les actions, on y trouvait environ 70 classes d'options sur des actions les plus liquides de la Bourse de Paris, où les quatre catégories d'opérateurs prenaient des positions de couverture, de rentabilité de portefeuille, de spéculation, d'arbitrage et de tenue de marché.

Sur la MONEP, il y avait quatre positions de base : achat de *call*, vente de *call*, achat de *put*, vente de *put*.

• Les frais de Bourse

Lorsqu'on affecte des opérations à la Bourse, cela entraîne des frais de courtage, des droits de garde et des frais divers.

Le courtage

On appelle courtage la commission qui revient aux intermédiaires. Cette commission est proportionnelle au montant de l'opération et au type de valeur sur lequel l'ordre est donné.

Les frais de courtage se situent entre 0,65 % et plus de 3 %, auxquels s'ajoute la TVA. Ils sont perçus, aussi bien à l'achat qu'à la vente, sur le montant total de l'opération.

Les frais de courtage peuvent être composés de plusieurs éléments :

- un montant forfaitaire fixe, peu importe la taille de l'ordre d'achat/vente ;
- un pourcentage du montant, variable selon le type d'ordre et son montant ;
- un mélange de frais forfaitaire et de frais variables.

Les frais de courtage facturés peuvent fortement varier d'un intermédiaire à l'autre.

Les droits de garde

Les **droits de garde** sont des « frais de garde » qui couvrent généralement les services de tenue de compte, l'émission de relevés, la gestion administrative des titres, et parfois l'accès à des services en ligne ou des outils de gestion de portefeuille. D'un point de vue juridique, les droits de garde n'ont plus lieu d'être car depuis la dématérialisation physique des titres en 1984, les banques et Intermédiaires financiers ne gardent plus rien chez eux, vu que les titres sont inscrits en compte et conservés chez Euroclear, la chambre de compensation. Ce sont plus des frais de gestion perçus sur les compte-titres qui couvrent les frais de conservation des actifs payés par les PSI à Euroclear lors d'opérations sur titres ou lors du versement des dividendes sur les actions ou de coupons d'Intérêts sur les obligations. Pour les PEA, ils sont calculés sur la base du portefeuille valorisé au dernier cours de la Bourse de l'année civile précédente et n'ont rien à voir donc avec de la garde.

Ces « frais de garde » sont libres et peuvent varier selon la composition du portefeuille du client ; ils sont associés à des services supplémentaires tels que des conseils en investissement, des rapports de recherche ou des services de conseil financier ; ils servent aussi à couvrir le coût des infrastructures informatiques nécessitant des mesures de sécurité et des technologies coûteuses.

Les autres frais

On trouve dans cette catégorie :

- les **frais de change** sont facturés en cas d'échange entre plusieurs devises monétaires ;
- les **frais d'annulation d'ordres** qui peuvent être perçus si une transaction programmée est abandonnée par le client ;
- la **commission de règlement différé (CRD)** est un type de frais prélevé lors de l'utilisation d'un service de règlement différé (SRD) sur un compte-titres ('intermédiaire avance des fonds ou emprunte des titres, cette opération génère donc des frais) ;

- plus rares, les **frais d'inactivité** peuvent « sanctionner » les comptes n'ayant pas effectué d'opérations depuis une certaine période.

• La publication des cours

L'établissement des cours

Le système de négociation est celui d'un marché centralisé dirigé par les ordres et animé par des courtiers.

Les transactions sont effectuées au travers du système informatique, à partir de terminaux ou stations de travail installés chez les négociateurs et reliés aux ordinateurs centraux d'Euronext.

L'architecture générale du système est constituée de **quatre systèmes** œuvrant en synergie :

- le marché règlementé (SRD) pour les grandes entreprises ;
- le marché libre pour les petites et moyennes entreprises ;
- le marché des produits dérivés des warrants et certificats ;
- le marché des obligations et titres de créances.

Le système central de cotation le plus important est le « *continuous trading* » ou « marché continu » où les actions sont négociées selon le principe de l'offre et de la demande en continu tout au long de la journée de 9h à 17h30. Celui-ci est lié en amont aux systèmes de routage qui assurent la transmission des ordres ; en effet, la saisie d'un ordre peut se faire au niveau d'un négociateur ou d'un collecteur d'ordres ou du client lui-même qui utilise alors son smartphone ou son PC. Le système de cotation est également lié en aval au système de diffusion en temps réel de l'information et au système de règlement-livraison.

La diffusion de l'information

Le système de négociation d'Euronext nourrit automatiquement le système de diffusion. Ainsi, les clients peuvent recevoir en temps réel les cinq dernières transactions (heure, cours, nombre de titres échangés), les cinq meilleures offres et les cinq meilleures demandes en prix et quantités, telles qu'elles figurent sur les écrans des négociateurs.

Aujourd'hui, plus de 500 000 écrans permettent de suivre Euronext en temps réel et les investisseurs ont accès à un grand nombre d'applications gratuites.

La surveillance et le contrôle

La cellule de surveillance d'Euronext opère un contrôle strict de toutes les opérations. Elle est habilitée, si elle l'estime nécessaire à l'intérêt du marché, à suspendre provisoirement les transactions sur une valeur ou à limiter les fluctuations de cours.

À cet effet, les valeurs sont classées, selon leur degré de liquidité, en groupes de cotation disposant chacun de règles spécifiques : horaires, écarts de cours autorisés, durées de réservation.

Les médias d'information

Les agences de presse et les médias, qu'ils soient directs (comme les agences de presse) ou indirects (presse économique, médias financiers), jouent un rôle significatif dans le fonctionnement de la Bourse. Leurs reportages, analyses et commentaires peuvent avoir un impact sur les marchés financiers de plusieurs manières.

Le rôle des médias d'information

Les agences de presse, les médias financiers, les analystes spécialisés et les experts diffusent des informations sur les entreprises, les secteurs économiques, les tendances économiques mondiales, et les divers événements qui pourraient avoir un impact sur les marchés financiers. Ces informations peuvent influencer les décisions des investisseurs.

Ils fournissent souvent des analyses approfondies et des commentaires sur les performances des entreprises, les prévisions économiques, les tendances du marché, etc. Ces analyses peuvent influencer les perceptions des investisseurs et avoir un impact sur leurs décisions d'investissement.

L'impact sur la perception du marché

Les articles, les analyses et les rapports des médias économiques peuvent influencer la perception des investisseurs sur la santé d'une entreprise ou d'un secteur. Des nouvelles positives ou négatives peuvent entraîner des variations de prix sur les actions, les indices boursiers ou d'autres actifs financiers.

Les rapports médiatiques, en particulier ceux concernant des événements importants tels que les résultats financiers des entreprises, les annonces de fusions-acquisitions, les développements technologiques majeurs, peuvent entraîner des réactions immédiates sur les marchés financiers. Les cours des actions peuvent fluctuer en réponse à ces informations.

Les médias économiques contribuent à façonner les attentes du marché ; les commentaires, les analyses et les prévisions influencent parfois la manière dont les investisseurs perçoivent l'évolution future des marchés et des entreprises, ce qui peut conduire à des décisions d'investissement.

La responsabilité des médias

Les médias ont la responsabilité de fournir des informations précises, vérifiées et équilibrées. Des erreurs ou des informations inexactes peuvent avoir un impact significatif sur les marchés, pouvant mener à des décisions d'investissement basées sur des données fausses.

Ils doivent éviter de publier des informations trompeuses ou manipulatrices dans le but d'influencer les cours des actions ou d'autres actifs financiers dans un sens particulier. La diffusion de fausses informations pouvant causer des fluctuations artificielles des marchés peut être illégale et entraîner des conséquences juridiques.

Ils ont la responsabilité de présenter une analyse objective et équilibrée des événements économiques et financiers. Une présentation biaisée ou sensationnaliste peut influencer les perceptions des investisseurs, entraînant des réactions excessives ou inappropriées sur les marchés. Ils ont également la responsabilité d'éduquer les investisseurs sur la façon de comprendre les informations financières, d'interpréter les nouvelles économiques et de prendre des décisions d'investissement informées plutôt que réactives.

Les médias doivent être conscients de leur impact potentiel sur la volatilité des marchés. La diffusion d'informations sensationnalistes ou spéculatives peut augmenter la volatilité et causer des mouvements excessifs sur les marchés.

• Les indices boursiers

Pour mesurer la tendance de la Bourse, il existe un certain nombre d'indices qui permettent de connaître et de suivre l'évolution des valeurs les plus représentatives du marché. Le principal intérêt d'un indice est de fournir un point de référence. Pour les investisseurs, le trading sur indice présente de nombreux avantages car ils donnent :

La capitalisation boursière : le calcul des indices les plus populaires repose sur d'importantes capitalisations boursières, des sociétés en pleine croissance, avec des résultats positifs stables.

La liquidité : ce critère garantit la rapidité des transactions boursières et réduit les risques de marché. Néanmoins, tous les indices boursiers n'offrent pas le même niveau de liquidité.

La diversification : composés de 40, 100 ou 500 titres, les indices boursiers regroupent différents secteurs d'activités, aux performances variées.

La visibilité : les indices offrent une vision en temps réel d'une partie du marché, par activité ou par zone géographique. Ils permettent aux traders d'ajuster efficacement leur position d'achat ou de vente.

Les indices français

Voici quelques-uns des indices boursiers les plus connus de Paris :

- **CAC40 (Cotation Assistée en Continu)** : le CAC40 est l'indice boursier le plus largement suivi en France. Il est composé des 40 plus grandes capitalisations boursières cotées à la Bourse de Paris. Il est utilisé comme baromètre de la performance globale du marché français.
- **CAC Next 20** : il regroupe les 20 valeurs cotées après les 40 premières du CAC40. Ces entreprises font également partie des plus importantes du marché français.
- **CAC Mid 60** : cet indice représente les 60 sociétés françaises suivantes en termes de capitalisation boursière, après le CAC40 et le CAC Next 20. Il inclut un éventail plus large d'entreprises.
- **CAC Small** : l'indice CAC Small rassemble des sociétés françaises plus petites en termes de capitalisation boursière par rapport aux indices mentionnés précédemment.
- **SBF 120** : il s'agit d'un indice plus large qui englobe les entreprises du CAC40, du CAC Next 20 et du CAC Mid 60, ainsi que d'autres sociétés cotées à la Bourse de Paris. Le SBF 120 représente un ensemble plus complet du marché français.
- **Euronext CAC All Tradable** : cet indice englobe toutes les sociétés éligibles à la cotation sur Euronext Paris, offrant une vision exhaustive des performances boursières françaises.

Les autres indices boursiers dans le monde

Les indices américains

- **S&P 500** : composé de 500 des plus grandes sociétés américaines, il est largement utilisé pour évaluer la santé générale du marché boursier américain.
- **Dow Jones Industrial Average (DJIA)** : il comprend 30 sociétés américaines de premier plan dans différents secteurs, souvent considéré comme un indicateur de l'économie américaine.
- **Nasdaq Composite** : composé de plus de 2 500 sociétés technologiques, il suit la performance de la Bourse Nasdaq et est utilisé pour évaluer les entreprises technologiques et internet.

Les indices européens

- **Euro Stoxx 50** : composé des 50 plus grandes entreprises de la zone euro, représentant différents secteurs.
- **FTSE 100** : comprend les 100 plus grandes sociétés cotées à la Bourse de Londres (London Stock Exchange).

- **DAX** : indice boursier phare de la Bourse de Francfort, composé des 30 plus grandes entreprises allemandes.

Les indices asiatiques

- **Nikkei 225** : indice principal de la Bourse de Tokyo, composé de 225 sociétés cotées à la Bourse de Tokyo.
- **Hang Seng Index** : mesure la performance des 50 plus grandes entreprises cotées à la Bourse de Hong Kong.
- **Shanghai Composite** : comprend toutes les actions cotées sur la Bourse de Shanghai.

Les indices mondiaux

- **MSCI World Index** : mesure la performance des marchés boursiers mondiaux développés.
- **MSCI Emerging Markets Index** : suit les performances des marchés boursiers des pays émergents.

• Les agences de notation

Ce sont des entreprises normalement « indépendantes » qui évaluent le risque de solvabilité financière d'une entreprise, d'un État, d'une collectivité territoriale (commune, département, région, pays d'Outre-mer) ou d'une opération financière.

Le rôle des agences de notation

Le rôle d'une agence de notation est de mesurer le risque de non-remboursement des dettes que présente l'emprunteur. Chaque agence possède son système de notation qui peut varier d'une agence à une autre, mais en général, elles utilisent une échelle de lettres pour indiquer le niveau de risque de non-remboursement des dettes :

AAA, AA, A : Ces notations représentent généralement des niveaux élevés de solvabilité et sont considérées comme des notations de qualité, avec AAA étant la meilleure note possible.

Ensuite, les notations peuvent aller de BBB à D, avec des notations intermédiaires et inférieures à BBB indiquant un risque croissant de non-remboursement. Les notations en dessous de BBB peuvent être considérées comme spéculatives ou à haut risque, selon les agences.

La notation D est souvent utilisée pour indiquer un défaut de paiement réel ou imminent de la dette et traduit souvent une situation de faillite de l'emprunteur.

Schématiquement, les notes s'établissent de A à D avec des échelons intermédiaires. Les notes peuvent être ainsi accompagnées d'un « + » ou « – » ou encore d'un « 1 » ou « 2 ».

De manière générale, plus la note est élevée, plus le risque est faible. Les notes AAA correspondent à une très bonne solvabilité, les notes BBB définissent une solvabilité moyenne, les CCC indiquent un risque très important de non-remboursement.

La notation obtenue par une entreprise ou une collectivité publique a un impact immédiat sur le coût de son endettement : une note élevée permettra d'emprunter à des taux d'intérêt faibles, alors qu'une mauvaise note conduira à subir des taux d'intérêt élevés, voire l'impossibilité d'emprunter.

L'impact de la notation pour les émetteurs et les investisseurs

La notation obtenue par une entreprise ou une collectivité publique a un impact immédiat sur le coût de son endettement : une note élevée permettra d'emprunter à des taux d'intérêt faibles, alors qu'une mauvaise note conduira à subir des taux d'intérêt élevés, voire l'impossibilité d'emprunter.

Les notations attribuées par les agences de notation aux obligations d'entreprises, aux titres de dette souveraine ou à d'autres instruments financiers peuvent influencer les décisions d'investissement des acteurs du marché. Par exemple, une révision à la baisse de la notation d'une entreprise peut conduire à une vente massive de ses actions ou obligations par les investisseurs, ce qui peut entraîner une baisse des prix sur le marché boursier. Une notation élevée peut renforcer la confiance des investisseurs, tandis qu'une notation basse peut susciter des inquiétudes et entraîner des mouvements de prix sur le marché boursier. Les notations attribuées par les agences de notation peuvent également influencer le coût du financement pour les entreprises. Des notations élevées peuvent permettre aux entreprises d'emprunter à des taux d'intérêt plus bas, tandis que des notations plus basses peuvent augmenter les coûts d'emprunt, ce qui peut avoir un impact sur la performance financière des entreprises cotées en Bourse.

Dans de nombreux cas, les agences de notation jouent un rôle clé dans le cadre réglementaire, car les régulateurs financiers peuvent exiger des notations spécifiques pour certains investissements ou instruments financiers. Ces réglementations peuvent influencer la manière dont les investisseurs agissent sur les marchés boursiers.

La cotation Banque de France

Bien que la Banque de France ne fournisse pas de notations de crédit comme les agences de notation étrangères (telles que Moody's, Standard & Poor's, Fitch Ratings, etc.), en tant qu'agence de notation Française, elle produit des évaluations, des analyses économiques et des rapports qui peuvent avoir un impact sur la perception du marché et sur les politiques économiques et monétaires.

Chaque cotation Banque de France correspond à une évaluation de la santé financière d'une entreprise, par exemple :

- **J1** : il s'agit de la notation la plus élevée parmi ces cotations internes. Une entreprise ayant une cotation J1 est considérée comme présentant une très faible probabilité de défaut de paiement ou de problèmes financiers. Cela indique une solvabilité et une santé financière très solides.
- **J2** : la cotation J2 est attribuée à des entreprises qui présentent un niveau de risque légèrement plus élevé par rapport à celles ayant une cotation J1. Cependant, elles restent globalement stables et fiables sur le plan financier, bien que leur profil de risque soit légèrement supérieur à celui des entreprises avec une cotation J1.
- **J3** : la cotation J3 est attribuée à des entreprises qui présentent un niveau de risque plus élevé que celles ayant une cotation J1 ou J2. Cela peut indiquer des problèmes potentiels de solvabilité ou des risques financiers plus importants associés à ces entreprises.

L'ESSENTIEL

- La Bourse est le marché secondaire de la revente des valeurs mobilières déjà émises.
- C'est un marché organisé avec des organes de fonctionnement et des intervenants de marché.
- Le marché est contrôlé par l'Autorité de contrôle prudentiel et de résolution (ACPR), l'Autorité des marchés financiers (AMF) et la Banque de France (BDF).
- Les intervenants de marché sont principalement les négociateurs, les adhérents compensateurs, les prestataires de services d'investissement et les entreprises émettrices.
- Les valeurs mobilières peuvent être cotées au fixing ou par cotation informatisée en continu.
- Pour vendre ou acheter des titres à la Bourse, il faut passer un ordre qui peut être au marché, à cours limité, à la meilleure limite, à seuil ou à plage de déclenchement.
- Le passage d'un ordre entraîne des frais de courtage et la détention d'un portefeuille de titres des droits de garde.

Quiz : La Bourse

http://dunod.link/techbanc15

CONCLUSION

De nouveaux moyens de paiement ont marqué les années 2020 à 2023 en raison de la pandémie mondiale qui a bouleversé le quotidien des Français. En effet, le covid a favorisé l'émergence des transactions en ligne et du e-commerce. Pour répondre à ces nouvelles manières de concevoir les achats, le secteur bancaire français a dû s'adapter afin de faire évoluer son plan d'affaires.

Les années 2021, 2022 et 2023 ont vu se confirmer les transformations engagées en 2020 : digitalisation accélérée et augmentation du nombre de sites marchands. Ces évolutions sont les conséquences des changements d'habitudes des consommateurs, en attente de plus de flexibilité dans leurs parcours clients et de plus de sécurité dans les paiements. En conclusion, bienvenue dans le monde de demain !

À mesure que les consommateurs et les entreprises continueront de s'adapter à de nouvelles façons de magasiner, l'adoption du commerce numérique est un avantage concurrentiel qui se traduit par une augmentation des ventes et plus de confiance de la part des consommateurs.

Alors que nous clôturons cette exploration des fondements de la technique bancaire, il est essentiel de regarder vers l'avenir avec anticipation et adaptabilité. Le paysage financier évolue à un rythme sans précédent, propulsé par des avancées technologiques telles que l'intelligence artificielle, la blockchain et les services financiers décentralisés. Ces innovations redéfinissent la manière dont les institutions bancaires interagissent avec leurs clients, offrant des expériences plus personnalisées, sécurisées et accessibles.

Cependant, avec ces progrès viennent également de nouveaux défis, notamment la nécessité de garantir la confidentialité des données, de maintenir la cybersécurité et de s'adapter à une clientèle de plus en plus exigeante et diverse. Les principes fondamentaux de la technique bancaire restent des piliers inébranlables, mais leur application évolue au sein d'un écosystème financier en mutation constante et avec la vitesse à laquelle le virage se produit, le commerce axé sur le numérique deviendra bientôt la nouvelle norme.

Ainsi, pour prospérer dans ce paysage en mutation, il est impératif pour les professionnels de la finance et les institutions bancaires de cultiver une mentalité agile, de continuer à investir dans l'innovation et de placer la confiance et la transparence au cœur de chaque interaction. Les banques, en s'appuyant sur l'intelligence artificielle, la blockchain, les données massives et d'autres avancées technologiques, sont amenées à repenser leurs modèles opérationnels. L'automatisation croissante des processus, la personnalisation des services financiers et la sécurité renforcée deviendront des piliers essentiels pour rester compétitif dans un paysage en constante évolution.

Parallèlement, la confiance et la transparence resteront au cœur de la relation banque-client. Les institutions financières devront continuer à prioriser la protection des données, la conformité réglementaire et l'éthique dans leurs pratiques commerciales.

Enfin, la collaboration intersectorielle deviendra un moteur clé de l'innovation. Les partenariats entre les banques traditionnelles, les start-up fintech, les régulateurs et d'autres acteurs de l'écosystème financier ouvrent la voie à de nouvelles synergies et à des solutions novatrices. L'avenir de la technique bancaire réside dans la capacité à s'adapter rapidement aux changements, à embrasser la technologie de manière éthique et à répondre aux besoins émergents des clients. En s'engageant dans cette voie, le secteur bancaire peut non seulement prospérer dans un monde en mutation, en adoptant ces principes et en restant à l'écoute des besoins changeants des clients.

En 2023, le paysage financier a connu une évolution significative, influencée par une combinaison de facteurs économiques, technologiques et réglementaires. Cette année a été marquée par des tendances et des transformations majeures qui ont remodelé le fonctionnement et les perspectives de l'industrie financière.

La numérisation et la fintech. L'évolution technologique continue de redéfinir la finance. Les entreprises fintech ont gagné en importance, offrant des solutions innovantes dans les domaines des paiements, des prêts, de l'investissement et de la gestion financière personnelle. Les grandes institutions financières ont également intensifié leurs efforts pour intégrer des technologies, telles que la blockchain, l'intelligence artificielle et l'automatisation.

La réglementation et la conformité. Les régulateurs ont adopté une approche proactive pour encadrer les activités financières. Les normes de conformité ont été renforcées pour garantir la transparence, la sécurité et la stabilité du système financier. Les institutions financières ont dû s'adapter à ces nouvelles exigences, souvent en investissant massivement dans les systèmes et les processus de conformité.

L'impact de la pandémie. La pandémie a eu un impact considérable sur l'économie et la finance. Des mesures de relance économique ont été mises en place pour atténuer les effets de la crise, stimulant ainsi les marchés financiers tout en posant des défis pour la gestion des risques.

La durabilité et l'investissement responsable. La prise de conscience environnementale et sociale a poussé l'industrie financière à intégrer des considérations ESG (environnement, social, gouvernance) dans les décisions d'investissement. Les investisseurs sont de plus en plus enclins à soutenir les entreprises qui adoptent des pratiques durables.

La gestion des données. Les données sont devenues un atout essentiel. Les entreprises financières ont investi dans l'analyse de données avancées pour prendre des décisions plus éclairées, personnaliser les offres et améliorer l'expérience client.

La géopolitique et l'économie mondiale. Les tensions géopolitiques et les fluctuations économiques mondiales ont eu des répercussions sur les marchés financiers. Les acteurs de la finance doivent composer avec un environnement international complexe et parfois instable.

L'inclusion financière. L'accent a été mis sur l'inclusion financière, visant à étendre l'accès aux services financiers à des populations jusqu'ici exclues du système.

En somme, l'année 2023 a été une période charnière pour l'industrie financière. Les acteurs du secteur doivent continuer à s'adapter à ces évolutions rapides, en veillant à concilier innovation, réglementation et responsabilité sociale. L'avenir de la finance dépendra de la capacité à tirer partie de ces tendances pour répondre aux besoins changeants des consommateurs et des entreprises, tout en contribuant à la stabilité et à la croissance économique à long terme.

INDEX

F

G

O

P

Q R

S

T

U

V

W

86190 – (I) – SOP 70 – 072 U – BPE – CMU

DUPLI PRINT MAYENNE
733, rue Saint-Léonard, 53100 MAYENNE
Dépôt légal : juin 2024
N° 2990966B

Imprimé en France